ALGI YÖNETİMİ

Siyasal ve Dijital İletişim,
Sosyal Medya ve Kitle İletişimi

Editör
Doç. Dr. Oğuz GÖKSU

Algı Yönetimi

© academia 288
İnceleme-Araştırma 266

Bu kitap ve kitabın özgün özellikleri tamamen Nüve Kültür Merkezi'ne aittir. Hiçbir şekilde taklit edilemez.
Yayınevinin izni olmadan kısmen ya da tamamen kopyalanamaz, çoğaltılamaz.
Nüve Kültür Merkezi hukukî sorumluluk ve takibat hakkını saklı tutar.

Aralık 2020

Genel Yayın Yönetmeni: **İsmail ÇALIŞKAN**

ISBN 978-605-70091-0-4

T.C.
Kültür ve Turizm Bakanlığı
Yayıncı Sertifika No: **16195**

Kapak Tasarımı:
Baskı Öncesi Hazırlık: **Mehmet ATEŞ**
meh_ates@hotmail.com

Baskı & Cilt: **Şelale Ofset**
Fevzi Çakmak Mh. Hacı Bayram Cad. No. 22   Karatay/KONYA
Tel: +90.532.159 40 91 selalemat2012@hotmail.com
KTB S. No: **46806** - Basım Tarihi: **ARALIK 2020**

KÜTÜPHANE BİLGİ KARTI
- Cataloging in Publication Data (CIP) -

GÖKSU, Oğuz
Algı Yönetimi

ANAHTAR KAVRAMLAR
1. Algı Yönetimi, 2. Siyasal İletişim, 3.Sosyal Medya, 4. Manipülasyon, 5. Dezenformasyon,
6. Dijital İletişim, 7. Kitle İletişimi, 8. Sinema
- **key concepts** -
1. Perception Management, 2. Political Communication, 3. Social Media, 4. Manipülation,
5. Disinformation, 6. Digital Communication, 7. Mass Communication, 8. Cinema

" academia ", Nüve Kültür Merkezi kuruluşudur.
www.literaturkacademia.com

/ Nkmliteraturk

M. Muzaffer Cad. Rampalı Çarşı Alt Kat No: 35-36-41   Ул. М. Музаффер, рынок Рампалы, нижний этаж № 35-36-41
Meram / KONYA Tel: 0.332.352 23 03 Fax: 0.332.342 42 96   Мерам, КОНЬЯ, тел.: +90 332 352 23 03,
                                                                                                                    факс: +90 332 342 42 96

Dağıtım: **EMEK KİTAP**   **ORTA ASYA OFFICE:**
Akçaburgaz Mah. 3137. Sk. Ali Rıza Güvener İş Merkezi No: 28   Mikrareyon Kok Jar/23   Bishkek / KYRGYZSTAN
Esenyurt / İSTANBUL   Tel: +996 700 13 50 00   -   Telefaks: + 996 552 13 50 00
www.emekkitap.com - Telefaks +90 212 671 68 10   **ОФИС В ЦЕНТРАЛЬНОЙ АЗИИ:**
Дистрибьютор: **EMEK KITAP**   Микрорайон Кок Жар/23   Бишкек / КЫРГЫЗСТАН
Район Акчабургаз, ул. Али Рыза 3137, бизнес центр «Гювенер» № 28, Тел.: +996 700 13 50 00 – Телефакс: +996 552 13 50 00
Эсеньюрт / СТАМБУЛ
www.emekkitap.com – Телефакс: +90 212 671 68 10

ALGI YÖNETİMİ
Siyasal ve Dijital İletişim, Sosyal Medya ve Kitle İletişimi

Editör
Doç. Dr. Oğuz GÖKSU

Bilim Kurulu:
(Alfabetik sıraya göre listelenmiştir)
Prof. Dr. Ceyhan KANDEMİR
Prof. Dr. Çetin Murat HAZAR
Prof. Dr. Edibe SÖZEN
Prof. Dr. Emine YAVAŞGEL
Prof. Dr. Ergün YOLCU
Prof. Dr. Levent ERASLAN
Prof. Dr. Mehmet Sezai TÜRK
Prof. Dr. Meltem BOSTANCI
Prof. Dr. Murat ÖZGEN
Prof. Dr. Mustafa AKDAĞ
Prof. Dr. Seda MENGÜ
Prof. Dr. Yusuf ADIGÜZEL
Prof. Dr. Yusuf DEVRAN
Prof. Dr. Zakir AVŞAR

ÖN SÖZ

İletişim yöntem ve teknikleri kullanılarak insanların zihinlerinin ve duygularının etkilenmesi sürecinde pek çok dinamik rol oynamaktadır. İkna etmeyi, rıza üretmeyi, gerçeği ya da dezenformasyonu yaygınlaştırmayı hedefleyen bir düzlemde algı yönetimi, hedef kitle analizinden başlayarak ilmek ilmek örülmesi gereken bir süreçtir. Algı yönetiminde kültürel kodların tahlili, medya planlama, kitle iletişim araçları, mesajların içeriği ve tasarımı, görselleştirme ve ölçümleme ayrı ayrı değerlendirilerek bir izlek oluşturulmakta ve planlanan neticeye ulaşmak için çok boyutlu iletişim kampanyaları gerçekleştirilmektedir.

'Hakikat ötesi' olarak adlandırılan bir dönemde algı yönetiminin hangi amaca hizmet ettiği ve hangi saiklerle yapıldığı en kritik konudur. Bu doğrultuda algı yönetimi, medyanın da etkisiyle büyük oranda negatif söylem ve uygulamalarla anılsa da hakikatin tezvirata galip gelmesi açısından stratejik bir aktördür. Bu noktada, gerçeği bulanıklaştırmaya çalışanlara karşı algı yönetimi yakın geleceğin en işlevsel formasyonu olacaktır.

Algı yönetimini siyasal, dijital ve kişilerarası iletişim, sosyal medya, liderlik, reklam, marka, sinema, fotoğraf, güvenlik, kamu diplomasisi ve kitle iletişimi boyutlarıyla tartışan bu eserin, konuya ilgi duyanlara, araştırmacılara, akademisyenlere, medya profesyonellerine, politikacılara ve literatüre katkı sunmasını temenni ediyorum.

Prof. Dr. Fahrettin ALTUN
Türkiye Cumhuriyeti İletişim Başkanı

İÇİNDEKİLER

ÖN SÖZ 5

İÇİNDEKİLER 7

I. BÖLÜM
Algı Yönetimi ve Siyasal İletişim

Algı Yönetimi: Geleneksel Medya, Siyasal İletişim ve Dijital Medya Üçgeni Üzerine
Oğuz GÖKSU 11

Seçim Kampanyalarında Yeni Nesil Algı Yönetimi ve Propaganda Faaliyetleri: Facebook ve Cambridge Analytica Veri Skandalı
Gözde KURT 37

Siyasal İletişimde Algı Yönetimi
Fatma ÇAKMAK 53

Siyasal İletişim Aracı Olarak Sinemada Öteki Algısı: Kumdan Kale Filmi Örneği
Zühal FİDAN BARİTCİ - Fatih BARİTCİ 71

Şam Rejiminin Kontrolündeki Sana Haber Ajansının Türkiye Karşıtı Algı Operasyonları
Samet KAVOĞLU 89

Sayılarla İkna Etme Sanatı: Algı Yönetimi ve Manipülasyon Aracı Olarak Kamuoyu Araştırmaları
Nil ÇOKLUK 113

Avrupa Birliği'nin Dijital Platformlarda Dezenformasyon ve
Algı Yönetimiyle Mücadele Politikaları
Oğuz GÜNER 133

II. BÖLÜM
Algı Yönetimi ve Liderlik

Liderlik, Dijitalleşme ve Algı Yönetimi: Bir Politik Psikoloji Konteksti
Ekmel GEÇER 153

Kişiselleşme Bağlamında Lider Odaklı Siyasette Algı İnşası
Süleyman ŞAHAN 173

III. BÖLÜM
Algı Yönetimi - Dijital İletişim ve Sosyal Medya

Bir Eylem Simülasyonu: Hacktivizm
Arif YILDIRIM 189

İslamofobi, Dehümanizasyon ve Algı İnşası Bağlamında Pegida Hakkındaki Haber Videolarına Gelen Kullanıcı Yorumlarının Metin Madenciliği ile Analizi
Oğuz KUŞ 227

Dijital İletişim Bağlamında Sosyal Medyada Algı Yönetimi: Sahte Hesaplar, Trollük ve Manipülasyon Üzerine Bir Değerlendirme
Ali YILDIRIM 251

IV. BÖLÜM
Algı Yönetimi - Reklam ve Marka

Markalar Açısından Algı Yönetimi Nedir, Ne Değildir?
Hatun BOZTEPE TAŞKIRAN 269

Tüketici Davranışlarında Bir Algı Yönetimi Aracı Olarak Ürün Yerleştirmenin Rolü
Kübra ECER 283

V. BÖLÜM
Algı Yönetimi - Sinema ve Fotoğraf

Batı Sinemasında Ötekileştirilen Türkler ve Türkiye Algısının Değerlendirilmesi
Mesut AYTEKİN 301

Fotoğraf ve Algı Yönetimi
Onur AKYOL 321

VI. BÖLÜM
Algı Yönetimi ve Kamu Diplomasisi

Algı Yönetimi ve Ulus Markalama İlişkisi: Türkiye Ulus Algısı ve Markası
Ergün KÖKSOY 341

VII. BÖLÜM
Algı Yönetimi – Güvenlik ve Terör

Terör ve Güvenlik Algısında Yeni Paradigmalar
Ali Fuat GÖKÇE 363

VIII. BÖLÜM
Algı Yönetimi ve Kişilerarası İletişim

Kalıpyargılı Algı Gerçekliğimizi Nasıl İnşa Eder?: Kişilerarası İletişim Sürecinde Değerlendirenden Değerlendirilene Kalıpyargılı Çıkarımlar
Derya GÜL ÜNLÜ 383

Yazarlar Hakkında **401**

I. BÖLÜM
Algı Yönetimi ve Siyasal İletişim

ALGI YÖNETİMİ: GELENEKSEL MEDYA, SİYASAL İLETİŞİM VE DİJİTAL MEDYA ÜÇGENİ ÜZERİNE

*Oğuz GÖKSU**

Giriş

Stratejik iletişim yönetimi süreci son yıllarda algı yönetimi ve beyin kontrolü gibi konuları kapsaması nedeniyle politikacılardan stratejistlere, reklamcılardan kurumsal iletişimcilere, yönetmenlerden yazılımcılara kadar son derece geniş bir alanda çok sayıda uzman açısından işlevsel hale gelmiştir. Kitle iletişim araçlarının çeşitlenmesinin yanı sıra yeni iletişim teknolojilerinin kullanım alışkanlıkları ve sıklıkları, stratejik iletişim yönetimi bağlamında algı yönetimini her geçen gün daha da popüler kılmaktadır. Algı yönetimi, ağırlıklı olarak medya ve siyaset alanlarında söylem ve eylem düzeyinde yer almanın yanı sıra hemen her alanda ilgi uyandırmakta, üzerine akademik ve tecimsel çalışmalar yapılmaktadır. Ayrıca bilgi ve iletişim teknolojilerindeki gelişmeler ile yeni medyanın sunduğu fırsatlar algı yönetiminde dijital iletişimi ve sosyal medyayı geleneksel medyanın önünde konumlandırmaktadır.

---

* Doç. Dr., Gaziantep Üniversitesi İletişim Fakültesi, oguzgoxsu@gmail.com

İnsanların algıları; duyularının, geçmişinin, zekâsının, ailesinin, dininin, cinsiyetinin, ırkının, mezhebinin, çevresel uyaranların, medyanın, ikili ilişkilerinin, ideolojisinin doğrudan ya da dolaylı etkisiyle oluşmaktadır. Algının oluşumundan sonraki dönemde bu algıların yenilenmesi, tekrar edilmesi, güçlenmesi ya da değişmesi süreci gelmektedir. Tam bu noktada algının inşa edilmesi; stratejik, bilinçli ve belli saiklerle çeşitli odaklar tarafından gerçekleştiriliyorsa algı yönetimi devreye girmektedir. Bu bağlamda algı yönetimi bir süreç olarak değerlendirilmektedir.

Gündelik hayatta algı ve algı yönetimi kavramlarının eksik, yanlış, çarpıtılmış, tahrif edilmiş ve hatta yalan bilgi ile eş anlamlı olarak kullanıldığı görülmektedir. Bu kullanımın zamanla içselleştirilmesi ve hem geleneksel hem de dijital medyadaki yaygın söylemin de bu eksende olması algıya ve algı yönetimine olumsuz çağrışımların eklemlenmesini beraberinde getirmektedir. Diğer yandan medyanın genelindeki negatif söyleme karşın algı yönetiminin gerçek bilginin geniş kitlelere bir strateji doğrultusunda farklı ikna yöntem ve teknikleriyle sunulması anlamına geldiği gerçeği geri plana iletilmektedir. Yanlış bilginin düzeltilmesi, kara propagandanın etkisinin azaltılması ve/veya yok edilmesi, dezenformasyonla mücadele edilmesi, hakikatin yaygınlaştırılması, manipülasyonun tersine çevrilmesi de algı yönetimi kapsamında ele alınmaktadır.

Çalışmanın amacı, algı yönetimi konusunda genel bir çerçeve çizmek ve algı yönetimi hakkındaki olumsuz izlenimleri vurgulayarak bu alandaki doğru yaklaşımları ortaya koymaktır. Bu çalışmada algı yönetiminin başta siyasal iletişim olmak üzere farklı alanlarda neyi ifade ettiği, algı yönetiminin ilişkili olduğu konular, medya, dijital iletişim ve sosyal medya bağlamında algı yönetiminin nasıl gerçekleştirildiği, manipülasyon ve dezenformasyon konuları ele alınmaktadır.

Algı Yönetimi

Genel olarak algı, dış dünyadan duyumlarla gelen imgelerin ve sembollerin bilinçte gerçekleşen tasarımıdır. E. Lawrence'ın kaleme aldığı 'Henderson's Dictionary of Biological Terms' adlı eserde biyolojik anlamda algı, çevreden gelen uyarıların etkisiyle meydana gelen fiziksel duyuların zihinsel değerlendirmesi olarak tanımlanmıştır. Algı, insanların etrafındaki uyaranların veya olayların farkında olması ve onları değerlendirmesi sürecini ifade etmektedir. Algı, kişilerin ilgi alanlarına göre unsurları ve uyaranları etkin bir biçimde tercih etmesi ile bu unsurları ve uyaranları idrak etmesi manasına sahiptir. Dış dünyadaki tüm nesnelere ilişkin olarak edindiğimiz duyumsal bilgi algılamadır. Algılama, duyumsal bir bilgilenme şeklinde tasvir edildiğinde beş duyu organı ile tatma, görme, duyma, koklama, dokunma duyuları ve hissetme duygusu yardımıyla dış dünyadan bilgi edinildiği bir süreçtir (Özer, 2012, s. 149; Saydam, 2005, s. 80; Mutlu, 1994, s. 3; İnceoğlu, 2000, s. 44-45).

Ronald J. Stupak algılama yönetimine kavramsal düzeyde şu şekilde yaklaşmaktadır: Gündelik hayatta algılamalar, zihinsel algılamalar ve deneysel algılamalar olarak iki şekilde ortaya çıkmaktadır. Deneysel algılamalar: dokunma, tatma, duyma, görme ve koklama gibi beş duyu yoluyla algılananlardır. Bu algılamayı fiziksel ve maddi özellikler meydana getirmektedir Zihinsel algılamalar, bir olgu ya da konuyla ilgili olarak mevcut düşüncelerimiz yoluyla algılananlardır. Bu algılamada hedef kitleyi bilmek ve tanımak çok önemlidir. Hedef kitlenin sınırlarını ve şartlarını bilerek mesajı bu kapsamda oluşturarak vermek gereklidir. Bu noktada davranış biçimlerini akıldan öte duyguların yönettiğini göz önüne almak gereklidir (Stupak, 2001; Saydam, 2005, s. 89).

Algı yönetimi sürecinde belirleyici olan unsur, algı yönetiminin hangi amaca/amaçlara hizmet ettiğidir. Bu süreçte amacın ne olduğu, algı yönetiminin hakikati yaymak için mi yoksa zihinleri istenilen yönde bir üst aklın perspektifiyle -yanlışa, ek-

13

siğe, yalana, asparagas habere, dezenformasyona, ahlaki ve etik ihlallere, manipülasyona, itibar suikastliğine, iftiraya- etkileyerek ve gerçeği bükerek bireyleri hedeflenen tutum ve davranışlara yöneltmek için mi yapıldığını ortaya koymaktadır.

Algı yönetimi; beyin kontrolü, propaganda, manipülasyon, psikolojik harp, asimetrik savaş, beyin yıkama, dezenformasyon gibi negatif içeriklere sahip olmakla birlikte insan zihnini kişinin iradesi dışında kontrol etmeye ve yönlendirmeye yönelik kavramlarla da ilişkilidir. Bu ilişki, algı yönetiminin olumsuz bir izlenim ve anlamlar bütünüyle özdeşleştirilmesine sebep olmuştur. Halbuki algı yönetimi; medya araçlarıyla, kanaat önderleriyle, iletişim teknolojileriyle, siyasal liderlerle, sanatçılarla, sporcularla, ünlülerle, sosyal medya fenomenleriyle, kamu diplomasisi uygulamalarıyla ve yazılımlarla gerçek bilginin yaygınlaştırılması, hakikatin ifade edilmesi, doğrunun ikna temelli olarak farklı kamuoylarına çeşitli iletişim yöntem ve teknikleriyle sunulması, yanlış ya da eksik bilginin düzeltilmesi faaliyetlerinin bütünü olarak da okunabilmektedir.

Algı; gerçekliğin izdüşümü, hakikatin yansıması, olayların ve olguların gölgesi olarak çerçevelenebilmektedir. Bu bağlamda algının ve algı yönetiminin negatif ve manipülatif içeriklerle özdeşleştirilmesi hatalı bir perspektif sunmaktadır. Bu çerçevede algı yönetimi; sermaye, politika ve medya tarafından önceden belirlenmiş kötücül ya da çıkar odaklı amaçlar için kullanıldığında dezenformasyona, zihin kontrolüne ve psikolojik harbe neden olmaktadır. Algı yönetimiyle kişiler, kurumlar, markalar ve devletler düzeyinde bir nevi imajın ve itibarın yönetimi de gerçekleştirilmektedir. Bu minvalde algı yönetiminden sonuç alabilmek için hedef kitlenin çok iyi tanımlanması ve analiz edilmesi gerekmektedir. Algı yönetimi sürecinde amaç sahibinin hedef kitleyi kitlenin kendisinden daha iyi bilmesi ve tanıması bir zarurettir. Algı yönetimi uygulamalarında hedef kitlenin kültürel kodları en kritik dinamiklerden biridir. Yapılacak çalışmalarda, kullanılacak tekniklerde, iletişim araçlarında ve üretilen içeriklerde hedef kit-

Algı Yönetimi

lenin kültürel kodları ve hassasiyetleri mutlaka göz önünde bulundurulmalıdır. Aksi takdirde algı yönetiminden beklenilen neticelerin elde edilmesi mümkün olmayacağı söylenebilir. Diğer yandan algı yönetimi sürecinde görsel kültürün tahakkümüne giren günümüz dünyasında görsel unsurlar olumlu ve olumsuz açıdan doğrudan ve/veya dolaylı şekilde algıları belirleme, şekillendirme ve değiştirme potansiyeline sahiptir. Bu nedenle tasarımın diline büyük önem verilerek hedef kitlenin görsel hafızasında yer edinebilecek ve algı eşiğini geçebilecek görsel enstrümanlar algı yönetimi çalışmalarında kullanılmaktadır.

Algı yönetimi, bir çeşit süreç yönetimi olarak da değerlendirilmektedir. Etkilenmek istenen kişilerde ve kitlede beklenen tutum ve davranış değişikliğine erişebilmek için güvenilir kaynak olarak konumlanmak hayati bir fonksiyon taşımaktadır. Algı(ların) yönetiminde bilimsel verilere, bulgulara ve sonuçlara dayanmak; kaynağın güvenilir olmasına ve dolayısıyla hedef kitleye güven telkin edilmesinde belirleyici role sahiptir. Bu süreçte yalın ve şeffaf olmak da algı(ların) yönetiminde hedef kitlenin zihninde karanlık bölgenin kalmaması, şüphe ve kuşku duyulmaması açısından kritik öneme sahiptir. İkna temeline dayanan algı(ların) yönetiminde güven duygusu kesinlikle deforme edilmemeli ve hedef kitlenin güvendiği kaynaktan gelen bilgiye inanacağı gözden kaçırılmamalıdır.

Algı yönetiminin çok geniş bir etki alanı olduğu düşünülmektedir. Bu bağlamda algı yönetiminin ilişkili olduğu konular ve alanlar şöyle çerçevelebilir: Geleneksel medya, dijital iletişim ve sosyal medya, yapay zeka, algoritma, yazılım, hacktivizm, yeni iletişim teknolojileri, halkla ilişkiler, reklam, pazarlama, markalaşma, tüketici ve satın alma davranışları, siyasal iletişim, siyasal liderlik, kamu diplomasisi, ulus markalama, uluslararası ilişkiler, uluslararası iletişim, sinema, fotoğrafçılık, ürün yerleştirme, haber ajansları, kamuoyu araştırmaları, İslamofobi, nefret söylemi ve ötekileştirme, medya okuryazarlığı, göç, toplumsal cinsiyet, oyun sektörü, e-spor, güvenlik, istihbarat ve terörizm.

Dünya tarihinde algı yönetiminin farklı şekillerde ve çeşitli enstrümanlarla gerçekleştirildiği uygulamaların başında propaganda gelmektedir. 'Dünyanın düşüncesini yönetme'yi hedefleyen İngiliz Propaganda Bakanlığı (Chomsky, 2013) döneminden günümüze kadar algıların olumlu/olumsuz anlamda yönetildiği son derece kritik gelişmeler yaşanmıştır. Günümüzde algı yönetimi faaliyetleri ağırlıklı olarak siyasal iletişim alanında gerçekleştirilmektedir. Bu bir süreç olarak değerlendirildiğinde başta medya olmak üzere siyasal aktörlerin vatandaşların algı alanına girebilmesi için oldukça fazla duyuya hitap etmesi ve bu duyular ile vatandaşları etkilemeye çalışması gerekmektedir (Göksu, 2018, s. 101). Benzer siyasal geçmişe sahip olanlarda, aynı fikri paylaşanlarda, birbirine yakın beklentilere sahip olanlarda benzer siyasal algılar gelişebilmektedir. Kamuoyu araştırma sonuçlarıyla da seçmenler etkilenebilir. Araştırmanın nasıl, ne zaman hangi amaçla yapıldığı, neden, ne zaman ve kimin için yapıldığı özellikle seçimlere yönelik kamuoyu araştırmalarının siyasal iletişim bağlamında algı yönetim aracı olarak kullanılabildiği görülmektedir.

Algı yönetimi; reklam, pazarlama, markalaşma alanlarında da hem çok uluslu şirketler hem de yerel markalar tarafından tüketici davranışlarını belirlemek, etkilemek, güçlendirmek ve değiştirmek ekseninde farklı iletişim teknik ve yöntemleriyle hibrit şekilde değerlendirilmektedir. Markalar; halkla ilişkiler, reklam ve pazarlama kampanyalarına bağlı olarak ürün yerleştirme tekniğinden de yararlanarak algı yönetimi bağlamında bireylerin yumuşak karınları denilebilecek duygusal unsurlar ve cinsellik üzerinden tutum ve davranış değişikliği oluşturmayı hedeflemektedir. Bu kapsamda 25. kare tekniği reklamlarda, televizyon dizilerinde ve sinema filmlerinde kullanılmaktadır.

Reklamlar, toplumlara gerçek bir gösteri sunarak kitleleri ikna etme işlevlerini yerine getirme gayretinin çıktılarıdır. Reklamın çerçevelediği söylem, belli algı kalıplarını tüketicilerin beğenisine sunmaktadır. Bu süreçte reklamın algıları yönetme misyonunun etkinliğini reklamın dili, yaratıcılığı ve mesajıyla birlikte medya planlaması da etkilemektedir. Reklamın hangi hedef kitleye, hangi iletişim araçlarıyla, hangi zaman aralığında ve ne sıklıkla verileceği reklamın bilgilendirme ve satış temelli algı yönetiminde belirleyici role sahiptir. Reklam vaadi insanlara ihtiyaçlarını giderme, daha mutlu bir hayat ve daha saygın bir konum etkisiyle hareket ederken insan zihninde markaları önceden planlanmış konumlara oturtmaktadır. Bu konumlandırma stratejisi, imajlara dayalı olarak aynı zamanda bir algı inşa etme arayışı olarak da değerlendirilmektedir. Reklam kampanyaları yoluyla markalar, ürünleriyle ilgili arzu ettikleri algıların insanların zihinlerinde oluşturmaya çalışmaktadırlar. Böylece reklamın söylemi, markalarla ilgili fikirlerin temel bir anlam ifade etmesine yardımcı olmaktadır (Göksu, 2016).

Algı yönetimi konusunda uluslararası düzeyde devletler arasında ciddi bir güç mücadelesi olduğu gözlemlenmektedir. Bu kapsamda diplomasi, kamu diplomasisi ve ulus markalamada da algı yönetimi çalışmaları yapılmaktadır. Uluslararası düzeyde algıların yönetimi noktasında, gerçeklikler ve gelişmeler olduğu gibi aktarılabildiği gibi ilgili ülkenin dış politikasına bağlı olarak medya ve yeni iletişim teknolojileri vasıtasıyla olayların ve olguların bir bölümünün yansıtılması ve/veya gerçekliğin tahrif edilmesi ya da o ülkenin menfaatlerine yönelik bilgilerin ve gelişmelerin kamuoylarına anlatılması uygulamaları hayata geçirilmektedir. Tüm bu faaliyet sürecinde hem konvansiyonel hem de dijital medya etkin rol oynamaktadır.

Algı Yönetiminde Geleneksel Medyanın Rolü ve İşlevi

Algı yönetimi konusunda medyadaki yaygın söylem, 'algı oluşturmak, algı yapmak ve algı operasyonu gerçekleştirmek' şeklinde tezahür etmektedir. Bu söylemin arka planında algı yönetiminin bilinçli olarak birtakım kişilere, konulara, olaylara ya da odaklara yönelik gerçekleştirildiği ve bu çalışmaların Makyavelist bir tarzla insanları istenilen fikre yöneltmek için gerçekleştirildiği yer almaktadır.

Medya, hem kitle iletişim aracı hem reklam mecrası olarak mesajlarıyla ve argümanlarıyla insan zihnini etkileme ve yönlendirme kabiliyetine sahiptir. Medya, spesifik hedef kitlenin fikirlerini dizayn etmek amacıyla doğruları göstermede pasif kalarak, gerçeğin bir bölümünü anlatarak, hakikati örterek, olayları ve gelişmeleri manipüle ederek, kişi, kurum ya da konuyla ilgili sistematik şekilde olumlu ya da olumsuz haber yaparak algı yönetimi gerçekleştirmektedir.

Medyanın mesajlarının tamamına septik yaklaşılmalı ve alınan bilgi ve veri farklı kaynaklardan teyit edilmelidir. Medya şirketlerinin reklam politikaları, reklam ajanslarıyla bağı, siyasal iktidarla olumlu/olumsuz ilişkileri, medya sahipliği ve ideoloji gibi dinamikler sebebiyle medyanın kamuoyuna sunduğu bilgi ve enformasyon sistematik bir bilinç inşa etmek ve zihni bir yöne kanalize etmek amacı taşıyabilmektedir. Medyada görülenler, aslında görülmesi tercih edilenlerdir. Medyada gerçek olduğuna inanılan içerikler, aslında insanların inanmaları istenilenlerdir. Geleneksel medyada eşik bekçilerinin ve genel yayın yönetmenlerinin haber, format ve içerik tercihleri çok geniş kitlelerin algılarının şekillenmesinde rol oynamaktadır. Bu bağlamda medya mesajlarına karşı mutlaka şüpheci bir tavır takınılmalı ve kaynağın güvenilirliği sorgulanmalıdır.

Genelde medya özelde ise haber medyası -hem geleneksel hem de dijital medya- haberin diliyle ve retoriğiyle bireyleri bilgilendirirken kişilerin geçmişleri, yaşantıları, ideolojileri, konular hakkındaki bilgi birikimleri ve önyargıları zihinlerde farklı algıların oluşmasına neden olmaktadır. Aynı haberi, aynı ortamda, aynı iletişim aracından, aynı koşullarda alan bireylerin o konuya ilişkin algıları değişiklik gösterebilmektedir. Medyanın algı yönetim sürecindeki misyonu bu aşamada başlamakta ve medya farklı cinsiyete, ırka, dine, mezhebe, aileye, geçmişe, eğitime, işe, ideolojiye, sosyal çevreye ve siyasi düşünceye sahip kişilerde benzer algıların oluşmasını sağlamak için sistematik çalışmalar yapmaktadır. Ana akım medya, bilhassa siyaset konusunda algı yönetimini bir amaç olarak görmektedir. Medyanın algı yönetimi enstrümanları; haberde manşet ve spot yazımı vasıtasıyla dikkatleri çekmek, haberde kullanılan fotoğraf ile farkındalık yaratmak ve haberin içeriğinde öne çıkarılan kısımlar üzerinden okuyucuların ve izleyicilerin algısını dizayn etmek üzerine kuruludur. Ayrıca bu süreçte kanaat önderleri, popüler isimler, televizyon programları ve televizyon dizileri birer araç olarak algı yönetim sürecinde yer alabilmektedir. Televizyon haberlerinde videonun kurgusuyla, haberin giriş cümlesiyle, görüntünün dış sesle uyumuyla algılar üzerinde etkili olunabileceği söylenebilir.

Medya, algı yönetimini hemen her konuda farklı teknikler, unsurlar ve iletişim yöntemleri kullanarak uygulayabilmektedir. Medyanın bu anlamda kullandığı en etkin argümanlardan biri korku kültürü oluşturmaktır. Haber yayın politikası, nükleer santraller, iklim değişikliği, küresel ısınma gibi çevresel konuların yanı sıra insanların birincil taleplerinin başında gelen güvenlik ihtiyacı da korku kültürü üzerinden şekillendirilebilmektedir. Terör saldırıları ve terörizm konusundaki algı yönetimi, ABD'nin küresel siyasetinin ve yayılmacı yaklaşımının meşrulaştırıcı ögesi olarak konumlandırılmıştır. Bu konumlandırma, bütünüyle medya ve sinema sektörü ile yabancı devletlerin ve kamuoylarının ikna edilmesi ekseninde gerçekleştirilmiştir.

Covid-19 salgını döneminde Almanya, 2020'nin yaz aylarında turizm açısından kendi vatandaşları için Türkiye'nin riskli bir destinasyon olduğu uyarısında bulunmuştur. Bu durum her iki ülkenin kamuoyunda da siyasi bir yaklaşım olarak değerlendirilmiştir (Eliaçık, 2020). Türkiye, Covid-19 salgınına yönelik gelişmiş Avrupa ülkelerine göre çok sıkı tedbirler almasına ve Türkiye'deki vaka ve vefat sayılarının Avrupa'nın büyük bölümüne göre çok düşük olmasına rağmen Alman devleti ve medyası vatandaşlarına Türkiye'nin turizm açısından tehlikeli bir ülke olduğu mesajını korku ögesini zihinlere ekerek vermiştir. Bu noktada devletler arasında psikolojik harp başlamakta ve buna yönelik faaliyetler gerçekleştirmektedir. Bu mesajlara maruz kalan Alman vatandaşları bu algıyı farklı kaynaklardan aldıkları mesajlarla sorgulamalıdır. Hâli hazırda Türkiye'ye dair olumsuz fikirlere sahip Almanlar, medyanın 'salgın döneminde tatil için Türkiye tehlikelidir' algısına eleştirel yaklaşmadığı takdirde algılar stratejik şekilde yönetilmiş olacaktır. Türkiye, salgın döneminde maruz kaldığı bu asimetrik savaşa karşı dezenformasyonu ortadan kaldırmak için hem dijital iletişim araçlarını hem de sosyal medyayı kullanmıştır. Türkiye, sosyal medya içerikleriyle ve fotoğraflarla kendi söylemini üretmiş, salgınla ilgili yaptığı çalışmaları dünya kamuoyuna anlatmış ve manipülasyonu bertaraf etmek için gerçek bilginin yayılmasını sağlamak üzere ikna temelli olarak algı yönetimi çalışması gerçekleştirmiştir. Türkiye, stratejik iletişim yönetimi bağlamında salgın konusunda dünya kamuoyunda kendisiyle ilgili yanlış, eksik ve hatalı algıları düzeltmek için hakikate dayalı algı yönetimi yaparak asimetrik savaşa karşılık vermiştir.

Gerçekliğin ya da bir fikrin zihindeki ve duygulardaki karşılığını ifade eden algı, olumlu ve olumsuz çağrışımlara sahiptir. Medya aracılığıyla algıların kontrolü, dizaynı ve denetimi uluslararası siyaset, sermaye sahipleri ve güç odakları için yapıldığında etik ve ahlaki problemler meydana gelmektedir. Gerçeği ikame edecek yeni kurgusal gerçeklikler üretilmesinin sorumluluğu kanaat önderlerine, eşik bekçilerine, politikacılara, reklamcılara, toplum mühendislerine ya da medya sahiplerine yani algıları etkilemek isteyenlere ait değildir. Kişisel olarak her birey, medyadan aldığı her türlü enformasyonu, bilgiyi, belgeyi, mesajı ve görsel unsuru sorgulamakla ve teyit etmekle mükelleftir.

Algı Yönetimi ve Siyasal İletişim İlişkisi Üzerine

Algı yönetimi ve siyasal iletişim ilişkisi ekseninde dijital iletişim, sosyal medya kullanımı ve internet haber medyası 2008 yılından itibaren konvansiyonel medyaya çok ciddi bir rakip olmuştur. 2012 ABD Başkanlık seçimlerinde Barack Obama'nın siyasal iletişim kampanyasının merkezinde yeni medyanın yer almasıyla algı yönetimi ve siyasal iletişim sürecinde dijital platformlar ile sosyal medya, geleneksel medyanın önüne geçmiştir. Siyasal içerikli beğeni ve paylaşımların yanı sıra kullanıcıların girdikleri internet siteleri, okudukları bloglar ve takip ettikleri yazarlar ekseninde sosyal medya kullanıcılarının politik eğilimleri ve oy kullanacakları adaylar/siyasal partiler öngörülebilir hale gelmiştir. Kullanıcıların dijital ayak izlerine bağlı olarak özellikle seçim kampanyası dönemlerinde mevcut siyasal fikirlerin güçlenmesi, karşı olunan görüşlere yönelik düşüncelerin keskinleşmesi ve kararsız olan vatandaşların ikna edilmesini hedefleyen sosyal medya içerikleri kullanıcılara sunulmaktadır. Dijital platformların sağladığı bu veriler algı yönetimi süreci için son derece kullanışlı ve işlevsel bir yapı inşa etmektedir.

Siyasal aktörler, vatandaşları kendi fikirleri doğrultusunda kümelemeye odaklanarak politik vizyonlarını stratejik iletişim çerçevesinde siyasal iletişim uygulamalarına bağlı olarak kamuoyuna aktarmaktadır. Siyasal iletişim yurt içinde yapılan çalışmalar kadar uluslararası düzeyde de yapılmak zorundadır. Özellikle devletleri temsil eden hükümetler ve siyasal liderler ülkesinin algısını doğru şekilde yönetmek, ülkesinin itibarını proaktif bir yaklaşımla geliştirmek durumundadır. Bu kapsamda Türkiye de son yıllarda bölgesinde yaşanan uluslararası gelişmelere doğrudan entegre olmuş ve uluslararası düzeyde etkin bir aktör konumuna yükselmiştir. Türkiye başta Suriye iç savaşı, mülteciler ve Doğu Akdeniz konuları olmak üzere sınır ötesi askeri harekatlar, Covid-19 salgınıyla mücadele, Libya'daki gelişmeler, Filistin meselesi, Azerbaycan-Ermenistan arasındaki Dağlık Karabağ sorunu gibi gelişmelerde aktif rol oynamaktadır. Türkiye, dış politikadaki aktif rolüne bağlı olarak yurt içinde ve yurt dışında hem geleneksel hem de dijital medya odaklı birçok psikolojik savaş faaliyeti ve propagandist eylemle karşılaşmaktadır. Bu bağlamda Türkiye, Cumhurbaşkanlığı İletişim Başkanlığı bünyesinde 'Stratejik İletişim ve Kriz Yönetimi Dairesi Başkanlığı'nı kurmuştur. Bu bağlamda stratejik iletişim ve kriz yönetimine ilişkin politikaları belirlemek ve bu kapsamda ulusal ve uluslararası alanda yürütülecek faaliyetlerde tüm kamu kurum ve kuruluşları arasında koordinasyonu sağlamakla görevlendirilen daire, Türkiye'ye yönelik olarak gerçekleştirilen propagandist faaliyetlere karşı gerektiğinde küresel çapta uluslararası topluma, yabancı ülkelere ve kamuoylarına yönelik olarak algı yönetimi çalışmalarını siyasal iletişim perspektifiyle gerçekleştirecektir.

Stratejik İletişim ve Kriz Yönetimi Dairesi Başkanlığı, Türkiye Cumhuriyeti'ne yönelik iç ve dış tehdit unsurlarını analiz ederek stratejik iletişim ve kriz yönetimi açısından gerekli tedbirleri uygulamakla mükelleftir. Diğer yandan Türkiye'ye karşı yürütülen psikolojik harekât, propaganda ve algı operasyonu faaliyetlerini belirleyerek her tür manipülasyona ve dezenformasyona karşı faaliyette bulunmak bu dairenin asli görevleri arasında yer almaktadır. Türkiye Cumhuriyeti Devleti, oluşturulan bu yapıyla özellikle yurt dışı merkezli olarak Türkiye'ye yönelik negatif imaj ve itibar oluşturma girişimlerine, manipülasyon odaklı haberlere ve sosyal medya içeriklerine karşı hakikati benimseyen, doğru bilgiyi yaymayı hedefleyen, dezenformasyona hızlı ve etkin şekilde cevap veren bir algı yönetimi mekanizması kurarak vizyoner bir siyasal iletişim stratejisini devreye sokmuştur.

Dijital İletişimde ve Sosyal Medyada Algı Yönetimi

Yapay zekâ ve algoritmalar yoluyla insanların dijital alandaki varlıkları, dijital kimlikleri, yeni iletişim teknolojilerini kullanım alışkanlıkları ve sıklıkları, sosyal medya kullanım alışkanlıkları ve sıklıkları üzerinden kişilerin tutum ve davranışları öngörülmeye çalışılmaktadır. Bu öngörüler de politikada, askeriyede ve reklam uygulamalarında kullanıcıların tercihlerini şekillendirmek amacıyla kullanılabilmektedir.

Arama motorları yalnızca bilgiye ve merak ediler, konu hakkında enformasyona sahip olmaya yarayan yazılımlar olarak değerlendirilmemelidir. Arama motorları, veri toplama merkezleri ve algı yönetiminin merkez üsleri olarak da düşünülmelidir. Diğer yandan arama motorları küresel kapitalist sistemin reklam finansörleridir. Çünkü arama motorları kişiler hakkında topladıkları verileri şirketlere, siyasal aktörlere ve reklam ajanslarına satarak çok büyük gelirler elde etmekte ve dolayısıyla sağladıkları datalarla bireylerin tutum ve davranışlarını etkileme potansiyeline sahiptir. Başka bir deyişle arama motorları daha fazla gelir elde etmek amacıyla kişisel verilerin gizliliğini ihlal ederek kullanıcıların dijital alanda mahrem sayılacak bilgilerini farklı maksatlarla şirketlere, organizasyonlara ve siyasal aktörlere servis ederek kullanıcıların dijital davranışlarını ve gündelik hayatta kritik konulardaki tutumlarını yazılımlar yoluyla öngörülebilir kılmaktadır. Teknoloji şirketlerinin kişisel verileri toplaması, işlemesi ve kullanması hususunda devletler nezdinde ve uluslararası hukuk çerçevesinde küresel çapta alınmış tedbirler sınırlıdır ve yaptırımlar henüz yeterince uygulanmamaktadır. Arama motorlarının, internet sitelerinin ve sosyal medya platformlarının veri güvenliği ve dijital mahremiyet bağlamında kullanıcılarının verilerini onların izni olmadan işlemesi durumunda dijital kamusal alanda algı yönetimi faaliyetlerinin kısa süre içinde çok ciddi boyutlara ulaşacağı söylenebilir.

Dijital iletişim vasıtasıyla medya organları uluslararası düzeyde siyasal algıları etkileme ve şekillendirme kapasitesine sahiptir. ABD, İngiltere ve Rusya gibi ülkeler bu kapasitelerini farklı ülkelerde kurulan ve o ülkelerin kendi dilleriyle yayın yapan internet haber siteleriyle yoğun şekilde kullanmaktadır. Diğer yandan birçok devlet dijital iletişime ciddi yatırımlar yaparak dijital diplomasi vasıtasıyla kendisiyle ilgili algıları dijital platformlar üzerinden inşa ve restore etmeye çalışmaktadır (Göksu, 2020, s. 157).

Algı yönetimi sürecinin doğasında var olan psikolojik ve asimetrik savaş, dijital platformlarda 'dijital psikolojik savaş' ve 'dijital asimetrik savaş' olarak adlandırılmaktadır. Bu dijital savaş biçimleri devletler arasında olduğu gibi karşıt görüşe sahip siyasal aktörler, lobiler, diasporalar, rakip markalar ve şirketler arasında da gerçekleşebilmektedir. Bot ve trol olarak ifade edilen örgütlenmiş ve bir merkezden yönetilen önceden belirlenmiş amaçları yerine getirmek için çalışan hesaplar vasıtasıyla siyasal gelişmeler, uluslararası konular ve gündelik politik olaylarla ilgili spesifik hedef grupların algıları yönetilmeye çalışmaktadır. Ayrıca bu hesapların paylaşımlarına bağlı olarak gündem oluşturulmakta ve kamuoyunun dikkati bir yöne doğru çekilmektedir. Bunu sağlamak için de manipülatif içeriklerin medya araçlarında yaygınlaştırılmasına ve dezenformasyon çalışmalarına sıklıkla başvurulmaktadır. Ekim 2020'de Azerbaycan ve Ermenistan arasında Dağlık Karabağ ihtilafına bağlı olarak başlayan savaşla ilintili olarak Twitter'da çok sayıda etiket çalışması yapılmıştır. Bu etiket çalışmalarının bir kısmı Azerbaycan'ı, bir kısmı da Ermenistan'ı destekleyecek şekilde gerçekleştirilmiştir. Böylece sosyal medya üzerinden devletler ve uluslararası kuruluşlar 'dijital psikolojik savaş' yaparak dünya kamuoyunun algılarını etkilemeye yönelik iletişim çalışmalarına imza atmıştır.

Arama motorlarında yapılan aramalara bağlı olarak yapay zekâ o konuyla ilişkili olabilecek dijital reklamları girilen internet sitelerinde ve sosyal medyada platformlarında kullanıcıların karşısına çıkarmaktadır. Diğer yandan aldığınız ve gönderdiğimiz e-postaların ve telefon konuşmalarının içeriğine göre o konuyla, alanla ya da markayla ilgili reklamlar dijital iletişim platformlarında kullanıcıların karşısına çıkartılmaktadır. Böylece kullanıcıların ilgilendiği konularda algıları yönetilerek satın alma

Algı Yönetimi

davranışının gerçekleştirilmesi için zemin hazırlanmaktadır. Yapay zekâ, bireylerin telefon konuşmalarının içeriğine göre mekân, restoran, marka ya da spor karşılaşması önerisinde bulanarak insanları planlanan yönde ikna etmeye çalışmaktadır.

Kredi kartı ekstrelerini e-posta olarak alan kullanıcıların ekstrelerinde akaryakıt alımı varsa buna uygun akaryakıt reklamları, girilen internet sitelerinde görülmekte ve kullanılan sosyal medya platformlarında sponsorlu reklamlar olarak kullanıcılara sunulmaktadır. Markaların mağazalarına bırakılan bilgilere göre kullanıcıların e-postalarına ilgili markanın tanıtımlarını içeren e-postalar gelmektedir. Eğitim alanında yapılan faaliyetlere bakılarak kişilerin okul görüşmelerinde verdikleri bilgiye göre, o okulun tanıtımları ve reklamları dijital platformlarda kullanıcılara servis edilmektedir. Kullanılan sosyal mesajlaşma uygulamaları, bireylerin hangi konularda nasıl fikirlere sahip olduklarını tespit edebilmektedir. Kullanıcıların yazılı ve sözlü mesajlarına göre istekleri, talepleri, hayalleri ve beklentileri hakkında bilgi sahibi olunabilmektedir. Bu bilgilerin satış, pazarlama ve siyasi amaçlı olarak kullanıldığına dair henüz veri oluşmamıştır. Ancak dijital hukuk, yasalar ve uluslararası hukuk, bu bilgileri teknoloji ve yazılım şirketlerinin kullanıcıların iradesi ve bilgisi dışında kullanmayacağını garanti edememektedir. 2016 ABD Başkanlık seçimlerinde yaşanan Cambridge Analytica skandalı ve 2020 yılında Zoom ve TikTok hakkındaki veri güvenliği tartışmaları bu durumun en bariz göstergeleridir.

Facebook ve TikTok güçlü yazılımlarıyla kullanıcılarının beğenilerine, izlemelerine, takipçilerine ve kişisel bilgilerine göre kullanıcıların ilgilenebileceği içerikleri önermektedir. Benzer bir yöntemi abonelik tabanlı video izleme platformu Netflix de uygulamaktadır. Kullanıcılarının beğenilerini, ilgi alanlarını ve sevdiği içerikleri öğrenen sosyal medya platformları ve dijital platformlar, bu verilere bağlı olarak, kullanıcılarının algılarını kısmî olarak etkileme ve geliştirilen içeriklerle çeşitli konularda doğrudan ya da örtük olarak verdikleri mesajlar, görseller, semboller, metaforlar ve imgelerle insanların algılarını yönetme eğilimi geliştirebilmektedirler. Netflix yapımı olan The Great Hack ve The Social Dilemma belgeselleri dijital iletişim, yeni iletişim teknolojileri ve sosyal medya kullanımı üzerinden insanların çeşitli konularda nasıl yönlendirilmeye ve zihinlerinin nasıl denetim altında tutulmaya çalışıldığını ve dolayısıyla büyük veri ekseninde algı yönetiminin nasıl gerçekleştirildiğini anlatması bakımından önemli yapımlar olarak görülmektedir.

Modern kent insanının yaşam pratiklerine ve dijital platformlardaki aktivitelerine bağlı olarak, özellikle tüketim kültürü bağlamında, sosyal medya fenomenleri üzerinden de algı inşa edilmektedir. Ürünlerin, hizmetlerin ve markaların pazarlanmasında, sosyal medya fenomenlerinin takipçilerinin üzerindeki etkisi ve gündem oluşturma özellikleri nedeniyle markalar, organizasyonlar ya da sivil toplum örgütleri fenomenleri ücret karşılığında veya gönüllü olarak algı yönetim aracına dönüştürmektedir. Bu stratejiyle kullanıcılar, kendi talepleri ve rızalarıyla fenomenlerin mesajlarını sosyal medya hesapları vasıtasıyla alarak algı yönetim sürecine bizatihi dahil olmaktadır.

Tüm bu göstergeler, öngörüler ve olaylar bağlamında dijital iletişim uygulamaları ve sosyal medya kullanımları doğrultusunda, kullanıcıların arkalarında bıraktıkları dijital ayak izleri; bireyleri dijital alanda teşhir etmekte ve yapay zekâ, algoritma ve güçlü yazılımlar üzerinden, kullanıcıların algıları kolaylıkla etkilenebilir ve yönetilebilir hâle gelmektedir. Bu nedenle devletler üstü bir çalışmayla dünya genelinde geçerli olacak dijital hukuk normları belirlenerek, teknoloji ve yazılım şirketleri, algı yönetimi konusunda uluslararası hukuk çerçevesinde sorumluluk altına mutlaka alınmalıdır. Aksi takdirde dijital alandaki mahremiyetin yok olmasıyla birlikte, bu teknoloji şirketlerinin üst düzey yöneticileri ve mühendisleri, etik ve ahlak ilkelerini bir kenara bırakarak internete, teknolojiye ve sosyal medyaya bir şekilde bağlı herkesin beynine ve duygularına kısmen hükmetme, doğrudan ve/veya dolaylı olarak kullanıcıların algılarını az ya da çok yönetme kabiliyetini her geçen gün artıracaktır. Böylece bireylerin, kitlelerin, devletlerin ve hatta uluslararası toplumun kritik konularda çeşitli şekillerde manipüle edilmesine zemin hazırlanacaktır.

Algı Yönetiminde Manipülasyon ve Dezenformasyon Süreci

Medyanın neleri öne çıkarttığı, nelere vurgu yaptığı ya da neleri göstermediği, neleri geri plana ittiği, medyanın algı yönetimindeki stratejisini ortaya koymaktadır (Herman ve Chomsky, 1998; Chomsky, 2014). Medya, insanların zayıf noktaları olan duyguları yakalayarak düşünce sistemlerini etkilemekte ve bireylerin karar süreçlerinde ciddi bir rol oynamaktadır (Rigel, 1993, s. 111). İnsanlar, karar alma süreçlerinde rasyonel davrandıkları kadar biyolojik etkenler, geçmiş yaşantılar, çevresel uyaranlar, medya, kişisel arzular çerçevesinde duygularıyla da hareket etmektedirler. Bu bağlamda algı yönetiminde duygular üzerinden bireylere mesajlar iletilerek insanların hassas oldukları konularda duygusal manipülasyona zemin hazırlanmaktadır.

Yapay zekanın çok sayıda sektörde etkin şekilde kullanılması, güçlü yazılımlar yoluyla dijital platformlarda uzun vakitler geçirilmesi ve sosyal medyayı hayatının ayrılmaz bir parçası haline getiren insanların tüm dünyada çok hızlı şekilde artması, kullanıcıların zihinlerini ve kalplerini istenilen yönde etkilemek amacıyla manipülasyonun ve dezenformasyonun hiç olmadığı kadar tartışılmasını ve bunlara yönelik alınması gereken tedbirleri gündeme getirmiştir.

İkna edici, yönlendirici, tahrik edici her türlü mesaj, fotoğraf, içerik, haber, görsel ve video bireylerin mensubiyet, bağlam ve öznel taleplerine bağlı olarak algı yaratma amacına bağlı olarak insanları manipüle edebilmektedir (Eraslan, 2020, s. 73). Türk Dil Kurumu, manipülasyonu, yönlendirme veya seçme, ekleme ve çıkarma yoluyla bilgileri değiştirme; dezenformasyonu ise bilgi çarpıtması olarak tanımlamaktadır (TDK, 2020). Manipülasyon, hemen her konuda özellikle dijital platformlarda ve internet haber medyasında bilginin ve kaynağın güvenirliği sorgulanmadan gerçekleştirilebilmektedir. Yanlış ve eksik bilgiye dayalı manipülasyonun reytingi, satışı, pazarlanması ve tıklanması hem konvansiyonel hem de dijital medyada daha yüksek skorlara ulaşmakta ve manipülatif içerikler sosyal medyada daha hızlı yayılma kabiliyetine sahip olabilmektedir. Manipülasyon ve dezenformasyon temelli algı yönetiminde sosyal medyada belirsizlik oluşturmak ve/veya belirsizliği yok etmek hedeflenmektedir. Zihni bulanıklaşan bireyler kendilerini aydınlatan bilgiye ve kaynağa inanmayı tercih ederken diğer taraftan aynı konu/olay hakkındaki sayısız bilgi ve kaynak arasında, bireyler neyin doğru neyin yanlış, neyin güvenilir neyin güvenilmez olduğu konusunda kararsız kalmaktadır. Bu ikilemi neden olabilmek de algı yöneticilerinin temel hedefidir.

Kötü bir niyet olmaksızın dağıtılan yanlış ve hatalı bilgi ve art niyetle oluşturulup yaygınlaştırılan dezenformasyon, sosyal medyanın önemli bir gerçeği haline gelmiştir (Kreps, 2020). Dijital medyada paylaşılan öngörülemez yazılı ve görsel içerikler, insanları manipüle ederek algılarını yönetmek üzere hazırlanmaktadır. Kullanıcıların içeriklerin doğruluğunu sorgulamadan kabul ettiği iletiler (Ayhan ve Çakmak, 2018) çok geniş kitlelerin hızlı ve kolay biçimde manipüle edilmesine altyapı oluşturmaktadır. Manipülasyon ve dezenformasyon çalışmalarının neticesi olarak bir çeşit illüzyon inşa edilmekte; gerçeğin geri planda kalması, dikkatin gerçekten uzaklaştırılması ve insanların öne çıkarılan unsurlara odaklanması sağlanmaktadır.

Dezenformasyon çalışmaları politikanın birincil gündem maddeleri arasında yer almaktadır. Seçim dönemlerinde siyasi rakipler ve hatta siyaseten rekabet içinde olan ülkeler, dijital platformları kullanarak negatif anlamda algı yönetimi çalışmaları gerçekleştirebilmektedir. 2016 ABD Başkanlık seçimlerinde veri madenciliği, yapay zeka kullanımı ve sosyal medya üçgeni üzerinden Rusya destekli olarak manipülasyon yapıldığı iddiaları gündeme gelmiştir. Bu kapsamda Facebook'un CEO'su Mark Zuckerberg ABD Senatosu'na Facebook'un kullanıcılarının kişisel verilerini herhangi bir manipülasyonda kullanıp kullanmadığını içeren ifade vermek zorunda kalmıştır.

2016 ABD Başkanlık seçimlerinin sosyal medya platformlarındaki içerikler vasıtasıyla manipüle edildiği, ABD'deki genç nüfusun Instagram ve Snapchat gibi platformlara akın ettiği ve Rus trollerinin de onların peşinden gittiği bilinmektedir. 2016 seçimleriyle ilgili bir raporda, Rusya'nın dezenformasyon kampanyalarının Donald Trump'ın seçilmesinden sonraki ilk altı ayda Instagram'da 116.000 kez paylaşıldığı, bunun Facebook'taki gönderi sayısının iki katı olduğu ortaya koyulmuştur (Kreps, 2020).

Manipülasyon ve dezenformasyon konuları Ocak 2020'den beri tüm dünyanın mücadele ettiği Covid-19 salgınında büyük bir sorunsala dönüşmüştür. Dünya tarihinde benzerine çok az rastlanan Covid-19 salgınının yönetilmesi, stratejik iletişimi ve krizin atlatılması hemen her ülkenin ana gündemi olmuştur. Günümüz teknolojisi, internet altyapısı ve sosyal medya kullanımı salgınla ilgili kamuoylarını bilgilendirmede ve salgının seyri konusunda önemli avantajlar sağladığı gibi birtakım dezavantajlar da oluşturmuştur. Özellikle sosyal medyada manipülatif bilgiler ve dezenformasyona yönelik içerikler kısa sürede çok geniş kitlelerin ilgisini çekebilmektedir. Bu durumun üstesinden gelebilmek ve kriz iletişimini etkili şekilde yönetebilmek için Türkiye de salgınla ilgili dezenformasyona yönelik çalışmalar yapmıştır. Sağlık Bakanı Fahrettin Koca, Çin'den başlayıp dünyaya yayılan yeni tip koronavirüsün 11 Mart 2020 tarihinde Türkiye'de de görülmesiyle birlikte sürekli bilgilendirmeler yapmış, basın toplantıları gerçekleştirmiş ve sosyal medyayı etkin şekilde kullanmıştır. Sağlık Bakanlığı ve Sağlık Bakanı, konu hakkında dezenformasyona izin vermeden tek yetkili mercii olarak kendisini konumlandırmış ve kamuoyunu tüm iletişim yöntem ve tekniklerini kullanarak bilinçlendirmeye çalışmıştır. Emniyet teşkilatının siber suçlarla mücadele birimleri, salgın konusunun yanı sıra, toplumda infial uyandırabilecek çok kritik meselelerde sosyal medyadaki provakatif içeriklerle ve dezenformasyon yayan kullanıcılarla mücadele etmekte; insanlara korku, panik pompalanmasını önlemeye yönelik çalışmalar yapmaktadır. Covid-19 salgını hakkında küresel düzeyde dezenformasyonun önüne geçmek ve genç nesile ulaşmak için Dünya Sağlık Örgütü, 2020 yılında kullanımı ve popülerliği hızlı şekilde artan ancak üzerinde çok fazla tartışma yapılan video paylaşım uygulaması TikTok'ta hesap açarak, kullanıcıları bu platform üzerinden bilinçlendirmeyi ve salgınla ilgili doğru bilginin yaygınlaştırılmasını hedeflemiştir. Bu örnekte de görüldüğü gibi dijital platformlar ve sosyal medya, dezenformasyon yapmak için son derece elverişlidir. Ancak tüm dijital platformlarda dezenformasyonu önlemek için gerçeğin yaygınlaştırılması algı yönetimi çatısı altında yapılabilmektedir.

Sosyal medyada manipülasyon ve dezenformasyon odaklı algı yönetimiyle mücadelede Twitter, devlet destekli sosyal medya hesaplarına yönelik yeni bir etiketleme sistemini uygulamaya koymuştur. Twitter'ın duyurusuna göre devlete bağlı sosyal medya hesaplarındaki etiketler; belirli resmi devlet temsilcileri, devlete bağlı medya kuruluşları ve bu kuruluşlarla yakından ilişkili kişiler tarafından kontrol edilen hesaplara uygulanmaktadır. Sputnik Türkiye (@sputnik_TR) Twitter hesabı, Rusya destekli bir hesap olarak işaretlenmiş ve kullanıcıların bu durumu ilgili hesapta görmesi sağlanmıştır. Bu etiketleme sistemiyle ilgili hesabın bağlı olduğu ülke ve bu hesabın bir devlet temsilcisi veya devlete bağlı medya kuruluşu tarafından işletilip işletilmediği hakkında bilgilendirme yapılarak kullanıcılar uyarılmaktadır.

Günümüz modern insanı dijital bir kuşatma altındadır. Veri bilimciler ve veri madencileri, büyük veri ekseninde manipüle

Algı Yönetimi

etme, rıza gösterme, ikna etme, propaganda, marka iletişimi, dijital aktivizm, pazarlama ve nöro marketing bir kavramlarla dijital platformlar üzerinden insanları etkileme ve yönlendirme kabiliyetine sahiptir. Teknoloji ve yazılım şirketleri, verileri istedikleri gibi işleyerek anlamlandırabilmekte ve buna bağlı olarak kullanıcıların tutumları hakkında öngörüde bulunabilmektedir. Dijital platformlarda psikolojik savaş ve dezenformasyon kampanyaları doğrudan algıları yönlendirmek, kontrol etmek ve güçlendirmek maksadıyla gerçekleştirilmektedir. Hangi konuda yapılırsa yapılsın, dezenformasyon çalışmalarının ana hedefi o alanla ilgili bir 'kakofoni' oluşturmaktır. Böylece insanların zihinleri bulanıklaştırılarak kişilerin algı yönetimine açık hale gelmesi sağlanmaktadır.

Terör örgütleri ve yandaşları, özellikle dijital medyayı taktiksel olarak algı yönetimi amacıyla kullanmaktadır (Ayhan ve Çakmak, 2018, s. 18). Algı yönetimi sürecinde ilk olarak stratejik hedefler belirlemektedir (Bakan ve Kefe, 2012, s. 24). Terör örgütleri bu hedeflere bağlı olarak oluşturmaya çalıştıkları manipülasyonla kendi propagandalarını yapmakta, devletleri güçsüz, çaresiz olarak göstermekte ve korku kültürü oluşturmaktadır. Haber fotoğrafları, konuyla ilgisi olmayan yanlış fotoğraflar farklı konularda kullanılarak dezenformasyon üretilmekte ve sosyal medyada dolaşıma sokulmaktadır. Sosyal medyada kaynağın belirsizliği dezenformasyonun sistematik şekilde yapılmasını sağlamaktadır. Bu noktada dijital platformlar önlem alarak, çok güçlü yazılımlarla daha önce kullanılan görsellerin aynısını tekrar kullanıldığında bilgilendirme ve eşleştirme yaparak görselin kullanımını engellemelidir.

Siyasetin, medyanın, küresel teknoloji şirketlerinin ve sermaye sahiplerinin önderliğinde yapılabilen geniş kapsamlı manipülasyon ve dezenformasyon çalışmaları, tüketici davranışlarını etkilemek maksadıyla da gerçekleştirilebilmektedir. Bu bağlamda reklam, çizdiği imajlar yoluyla algıları yönlendirme ve kontrol etme amacıyla kültürel göstergeleri kullanarak tüketicinin duygularını hedef almaktadır. Reklam, inşa ettiği hiper gerçeklikle kendi simülasyonunu oluşturmakta ve satın alma vaadiyle tüketicinin mutluluğu arasında bir bağ kurmaktadır. Bu süreçte reklamlar, ürün ve hizmetleri sunarken ütopik göstergelerle müşterileri manipüle edilebilmektedir. Böylece markaya, ürüne ve hizmete yönelik sempati oluşturmak hedeflenmektedir (Göksu, 2016). Buradaki algı yönetimi markaların arz ettiği ürünlerin talep edilmesini ve satılmasını sağlamak üzerine kurgulanmıştır. Yeni ihtiyaçlar yaratılarak ürünler ve hizmetler cazip, çekici kılınmakta ve arzulanır hale getirilmektedir.

Tartışma ve Sonuç

'Algı yönetimi nedir?' Sorusuna verilebilecek en basit, yalın ve anlaşılır yanıt: "Ölümü gösterip sıtmaya razı etmektir." Eylemle, söylemle ya da görsel unsurlarla verilen mesajın düşünsel ve duygusal karşılığına bağlı olarak kişinin rızasının üretilerek iknanın istenilen yönde gerçekleşmesi, algı yönetiminin temelini oluşturmaktadır. Bu süreçte geçmişten günümüze algı yönetiminde küresel düzeyde ana belirleyici aktörün güvenilir kaynak olduğu akla gelse de asıl dinamik; insanların neye ve kime inanmayı tercih ettikleridir.

Algı yönetimi ağırlıklı olarak siyaset, askeriye ve medya alanlarında gündem oluşturmakta ve bu alanlarla ilişkili konularda ve gelişmelerde algı yönetimi tartışmaları yaşanmaktadır. Algı yönetimi siyaset ve medya bağlamında stratejik iletişim çerçevesinde gerçekleştirilmekte ve fikirlere meşruiyet kazandırmakta, gerçekliğe ya da tahrif edilmiş olgulara yönelik rıza üretmektedir. Günümüz toplumlarında gerçeğin ne olduğundan öte algının ne olduğu daha büyük öneme sahiptir. Zira insanların bir kısmı gerçekle değil, popüler olanla, gürültü çıkaranla, gündeme gelenle ve olumsuz içeriklerle ilgilenmeyi tercih etmektedir. Başka bir ifadeyle birey, genellikle var olanı, gördüğünü ya da olması gerekeni değil, kendi zihin ve duygu

Algı Yönetimi

dünyasında algılarını destekleyen politikaları, haberleri, gelişmeleri, görüntüleri ve içerikleri hakikat olarak tercih edebilmektedir. Siyasal iletişimin ana amaçlarından biri, kararsız olan seçmenlerin ikna edilmesi ve istenilen yönde tutum geliştirmesidir. Algı yönetimi ve siyasal iletişim ilişkisinde mevcut konularda ve geleceğe dair gündem oluşturacak politik gelişmeler hakkında kararsız olan bireyler hedef alınmakta ve karasız seçmenlerin algılarının biçimlendirilmesi, güçlendirilmesi ve/veya değiştirilmesi planlanmaktadır. Bireylerin, toplulukların ve kitlelerin algılarını olumlu ya da olumsuz anlamda yönetmek için öncelikle ön yargılarının ve savunma mekanizmalarının kırılması gerekmektedir. İnsanların net bir tavır takındığı konulardaki içeriklerde, iletişim araç ve yöntemlerinde ısrar edilerek algı yönetiminin gerçekleştirilmesi mümkün gözükmemektedir. Bir siyasal fikre, lidere ya da partiye ilkesel olarak karşı olan, ideolojik açıdan taban tabana zıt görüşlere sahip kişilere yönelik olarak yapılacak algı yönetimi çalışmalarından ters tepki alınabileceği göz önünde bulundurulmalıdır.

Baudrillard'ın simülasyon kuramına göre gerçeğin yerini alan bir dünya, bir üst gerçeklik oluşturulmaktadır (2013b). Algı yönetimi kapsamında hiper gerçek tasarlanmakta, kitle iletişim araçlarıyla bu gerçeklik yaygınlaştırılarak gerçeği geçen, gerçeği geri planda ve sahne arkasında bırakan bir gerçek inşa edilmektedir. Spesifik hedef kitlenin inanmayı tercih edeceği 'gerçek', algı yöneticileri tarafından bu kitleye doğru zamanda, doğru mecrada ve doğru iletişim araçlarıyla sunulduğunda insanların zihinlerde ve kalplerinde planlanan çağrışımlar oluşturulabilmektedir. Bu durumun somut örnekleri siyasette, medyada, marka yönetiminde, dijital aktivizmde, reklam ve pazarlama sektörlerinde defalarca yaşanmıştır.

Kişisel açıdan ve kurumsal düzeyde sosyal medya yönetiminde başarıyı getiren en önemli kuralların başında, hedef kitlenin aklındaki sorulara cevap verecek içeriği üretmek gelmektedir. Sosyal medyadaki dezenformasyon ve manipülasyon çabaları göz önüne alındığında algı yönetimi ve sosyal medya ilişkisinde kaynağın güvenilirliği ekseninde kullanıcıların algı eşiğini geçecek işlevsel bilgi, görsel kültür ile desteklenerek anlaşılır tasarım ile sunulmaktadır. Diğer yandan sosyal medyada algı yönetimi sürecinde mitler, metaforlar, semboller kullanılmakta, popüler kültürün nesneleri araçsallaştırılarak imajlar üzerinden hedef kitlenin algıları hedef alınmaktadır. Algılamada uyaranın etkisi, sıklığı ve gücü de belirleyicidir. Algı eşiğinin geçilmesi mesajın fark edilmesini, kişinin konuya dikkat kesilmesini ve mesajı algılayıp anlamlandırdıktan sonra zihnindeki anlam haritasında konumlandırması süreci sosyal medyada algı yönetimi sürecini ifade etmektedir. Algı yönetimi sürecinde hem olumlu hem de olumsuz bağlamda rıza üretmeye dayalı ikna temelli iletişim yürütülmektedir. Etkili ve yoğun mesajlar, doğru medya aracıyla farkındalığın yüksek olduğu dönemde algı eşiğini geçecek düzeyde verilmektedir. Manipülasyon için cazibe oluşturmak, ayartmak, beğenilme isteği, mükemmel olma, ünlüye benzeme, dikkat çekme, cinsellik ve ilgi alanlarına hitap etme etkili enstrümanlar olarak değerlendirilmektedir.

İnsanlar artık anlam yerine gösteri talep etmektedirler ve içinde gösteri olması durumunda mesaj ya da içerik geniş kitlelerden kabul almaktadır. Medya, tam bu noktada mesajı bir şov olarak izleyiciye sunmakta ve izleyicinin tüm dikkatine gösteriye çekmektedir. Bu süreçte gösteriye odaklanan kitleler mesajın ne olduğunun çok da farkına varmadan mesajı kabul etmektedir (Baudrillard, 2013a, s. 17). Böylece algı yönetimi sürecinde gösteriye dönüştürülen mesajlar, kişilerin kendi rızasıyla kabul edilebilirken algı yönetimi ekseninde tutum ve davranış değişikliğine zemin hazırlanmaktadır.

Algı yönetimi sürecinde dikkat edilmesi gereken en önemli nokta; kesinlikle propagandist yaklaşımdan uzak durmaktır.

Maksatlı şekilde yönlendirildiğini fark eden bireylerde algı yönetimi faaliyetlerinin ters yönde etki edeceği gözden kaçırılmamalıdır. Algılanan 'şey'in insanın zihninde ve kalbinde karşılık bulmasının ardından bu durumun tutum ya da davranışa dönüşüp dönüşmeyeceği ise başka çalışmaların konusu olarak ele alınmalıdır.

Kaynakça

Ayhan, A. ve Çakmak, F. (2018). Türkiye'ye yönelik algı operasyonlarının dijital medyaya yansımaları. *Akdeniz İletişim Dergisi, 29,* 11-35.

Bakan, İ. ve Kefe, İ. (2012). Kurumsal açıdan algı ve algı yönetimi. *Kahramanmaraş Sütçü İmam Üniversitesi İktisadi ve İdari Bilimler Fakültesi Dergisi,* (2) 1, 19-34.

Baudrillard, J. (2013a). *Sessiz yığınların gölgesinde.* (O. Adanır, Çev.). 5. bs., İstanbul: Doğu Batı Yayınları.

Baudrillard, J. (2013b). *Simularklar ve simülasyon.* (O. Adanır, Çev.). 7. bs., İstanbul: Doğu Batı Yayınları.

Chomsky, N. (2013). *Medya denetimi.* (E. Baki, Çev.). 3. bs., İstanbul: Everest Yayınları.

Chomsky, N. (2014). *Propaganda ve toplumsal zihin.* (Z. Atam, Çev.). İstanbul: İthaki Yayınları.

Eliaçık, Z. (2020, 27 Haziran). Algı ve gerçeklik arasında Türkiye. *Sabah.* Erişim adresi: https://www.sabah.com.tr/yazarlar/perspektif/zelihaeliacik/2020/06/27/algi-ve-gerceklik-arasinda-turkiye

Eraslan, L. (2020). *Sosyal medya ve algı yönetimi.* Ankara: Anı Yayıncılık.

Göksu, O. (2016). Algı yönetimi ve reklam. S. Çakar Mengü (Ed.). *Reklamı anlamlandırmak* içinde (s. 205-232). İstanbul: Der'in Yayınları.

Göksu, O. (2018). *Siyasal iletişim "iktidar" için yapılır.* Konya: Literatürk Academia.

Göksu, O. (2020). Siyasal iletişim ve kamu diplomasisinde algı yönetiminin dijitalleşmesi. M. Akgül ve M. Başarır (Ed.). *Siyasal iletişim yazıları* içinde (s. 149-166). Konya: Palet Yayınları.

Herman, E. S. ve Chomsy, N. (1998). *Medya halka nasıl evet dedirtir.* (B. Akyoldaş Çev.). İstanbul: Minerva Yayınları.

İnceoğlu, M. (2000). *Tutum algı iletişim.* Ankara: İmaj Yayınevi.

Kreps, S. (2020). *Social media and international relations.* Cambridge: Cambridge University Press.

Mutlu, E. (1994). *İletişim sözlüğü.* Ankara: Ark Yayınevi.

Özer, M. A. (2012). Bir modern yönetim tekniği olarak algılama yönetimi ve iç güvenlik hizmetleri. *Karadeniz Araştırmaları, 33*, 147-180.

Rigel, N. (1993). *Medya ninnileri*. İstanbul: Sistem Yayıncılık.

Saydam, A. (2005). *Algılama yönetimi*. İstanbul: Rota Yayınları.

Stupak, R. J. (2001). Perceptions management: An active strategy for marketing and delivering academic excellence at liberal arts colleges. *Public Administration Quarterly*, Erişim adresi: https://www.questia.com/library/journal/1P3-125343361/perceptions-management-an-active-strategy-for-marketing

TDK, (2020, 15 Eylül). Manipülasyon, dezenformasyon. Erişim adresi: https://sozluk.gov.tr/

SEÇİM KAMPANYALARINDA YENİ NESİL ALGI YÖNETİMİ VE PROPAGANDA FAALİYETLERİ: FACEBOOK VE CAMBRIDGE ANALYTICA VERİ SKANDALI

*Gözde KURT**

Giriş

Seçim kampanyaları sürecinde sosyal ağlarda veri madenciliği ve duygusal profilleme yöntemlerinin kullanılmaya başlanması, algı yönetimi ve propaganda faaliyetlerine yeni bir boyut kazandırmıştır. Sosyal ağ kullanıcılarının bilgisi ve izni olmadan kişisel verilerinin propaganda amacıyla kullanılması hukuki ve etik sorunları da beraberinde getirmektedir. Bu çalışma kapsamında, Facebook ve Cambridge Analytica'nın 2016'da ABD'de gerçekleşen başkanlık seçimlerinin sonucunu etkileyen veri skandalı ele alınmaktadır. Cambridge Analytica şirketi veri madenciliği ve psikolojik profilleme yöntemlerini kullanarak yaklaşık 87 milyon ABD'li Facebook kullanıcısının kişisel verilerini analiz etmiş, psikografik hedefleme[1] yöntemini kullanarak ilgili seçmenin karakter özelliklerine göre özel olarak hazır-

---

* Dr. Öğr. Üyesi, Beykent Üniversitesi İletişim Fakültesi, gozdekurt@gmail.com.
[1] Cambridge Analytica'nın CEO'su Alexander Nix 2016'da New York'da Concordia Zirvesi'nde yaptığı sunumunda psikografik hedeflemenin oy verme kararı üzerindeki etkisini şu şekilde açıklamaktadır: *"Açık bir şekilde demografi, coğrafya ve ekonomik koşullar dünya görüşünüzü etkileyecektir ama eşit ölçüde, hatta belki daha da önemli ölçüde, psikografik sizin karakterinizi anlamaya yarar çünkü karakter davranışı yönlendirir ve davranış açık bir şekilde nasıl oy verdiğinizi etkiler. (...) Psikografik tüketim ve yaşam tarzı alışkanlıklarınızı ortaya koyar."* (Nix, 2016)

ladığı propaganda içeriklerini bu kişilere ulaştırmıştır ("The Science Behind Cambridge Analytica: Does Psychological Work?", 2018). Bu çalışmanın amacı, veri madenciliğinin ve psikografik hedeflemenin propaganda alanındaki işlevini kavramsal çerçevede ele almak ve söz konusu yöntemleri Facebook ve Cambridge Analytica veri skandalı örneği üzerinden incelemektir. Çalışmanın birinci bölümünde veri madenciliğinin kavramsal tanımları ve kişisel verilerin korunması kapsamındaki sınırları ele alınmakta, ikinci bölümde ise Facebook ve Cambridge Analytica veri skandalında Facebook'un iş modelinin rolünün üzerinde durulmaktadır. İkinci bölümde, söz konusu veri skandalının ortaya çıkması sonucunda Twitter'da başlayan #deletefacebook (Facebook'u Silin) kampanyasına da değinilerek çalışma noktalanmaktadır.

Sosyal Ağlarda Veri Madenciliği: Tanımlar ve Sınırlar
Veri Madenciliği: Tanımlar
Bilgiye dönüştürülen veri sayesinde geleceğe ilişkin planlama yapmak, strateji geliştirmek ve kararlar almak mümkündür. Bu anlamda, veriyi işleyerek kullanışlı bilgi üreten veri bilimcileri, veriyi içgörüye dönüştürerek geleceğe ışık tutabilmektedir. Akcan, içgörüyü "belli bir durum hakkında derinlemesine kavrayış" olarak tanımlamaktadır (Akcan, 2016, s. 312). Verinin bu büyük potansiyeli ile birlikte kullanım amaç ve yöntemlerinin gizlilik konusunda yarattığı riskleri de göz önünde bulundurmak gerekmektedir. Van Dijk, en geleneksel gizlilik ihlalinin veri tabanları ve veri madenciliğinden kaynaklanmakta olduğunu ve bu türün yüz yıldan eski olduğunu belirtmektedir (Van Dijk, 2016, s. 175). Bu noktada, söz konusu riskleri anlayabilmek için, öncelikli olarak veri madenciliğinin tanımlarını ele almak yararlı olacaktır.

Han, Kamber ve Pei veri madenciliğini büyük miktarda verideki ilginç desenleri ve bilgiyi keşfetme süreci olarak tanımlamaktadır (Han, Kamber, Pei, 2012, s.8). Esgin'e göre veri madenciliği, büyük ölçekli veriler arasından bilgiye ulaşma, bilgiyi

Algı Yönetimi

madenleme işidir (Esgin, 2015, s. 53). Esgin, veri madenciliğini büyük veri yığınları içerisinden gelecekle ilgili tahminde bulunabilmeyi sağlayabilecek bağıntıların bilgisayar programı kullanılarak aranması olarak da tanımlamaktadır (Esgin, 2015, s. 53). Silahtaroğlu, veri madenciliğini "daha önceden bilinmeyen, geçerli ve uygulanabilir bilgilerin geniş veri tabanlarından elde edilmesi ve bu bilgilerin işletme kararı verirken kullanılması" olarak açıklamaktadır (Silahtaroğlu, 2016, s. 12). Bu yöntem ile elde edilen bilgiler doğrultusunda kişi ya da kurumlar planlama ve karar süreçlerini şekillendirebilmektedir. Sütçü ve Aytekin, veri madenciliğinin verinin altında yatan yapıları keşfetmeye ve verileri bilgiye dönüştürmeye yardımcı olduğunu, verilerden örtük, önceden bilinmeyen ve potansiyel olarak yararlı bilginin çıkarılmasını sağladığını belirtmektedir (Sütçü ve Aytekin, 2018, s. 172). Veriyi "stratejik bir enformasyon" olarak tanımlayan van Dijk ise, veri madenciliğini şöyle tanımlamaktadır (Van Dijk, 2016, s. 175-176):

"Verilerde üstü kapalı olarak bulunan, önceden bilinmeyen ancak kullanım potansiyeline sahip enformasyonun çıkartılması. Bu amaç için çok çeşitli, istatistik ve yapay zekanın kombinasyonuna dayanan araştırma teknikleri geliştirilmiştir. Veri ambarları ve veri madenciliği kişilerle ilgili stratejik açıdan önemli enformasyonun üretilmesine yardımcı olur. Bu sürece dahil olan kişilerin bundan haberi yoktur."

Verileri kullanılan kullanıcılar çoğu zaman verilerinin analiz edildiğinden haberdar değildirler ya da haberdar olsalar bile verilerinin analiz edildiğini fark etmemekte veya umursamamaktadır (Akgül, 2014, s. 34). Løkke, tüketicilerin ticari şirketler ile veri kullanımı üzerine yaptıkları anlaşmalarda, tüketicilerin verilerinin kullanılmasını bir sorun olarak görmediğini ve halk arasında verilerin kötüye kullanılmayacağına ilişkin yaygın bir inancın söz konusu olduğunu belirtmektedir (Løkke, 2018, s. 72). Han ve diğerleri kullanıcıların veri madenciliği süreçlerinde mağdur olmaması için, çok daha fazla sayıda sistemin kendi içinde yapılandırılmış şekilde veri madenciliği işlevinin olması gerektiğini şu şekilde açıklamaktadır (Han ve diğerleri, 2012, s. 625):

"Toplumdaki herkesin veri madenciliği yöntemlerini öğrenmesini ve uzmanı olmasını bekleyemeyiz. İnsanların veri madenciliği algoritmalarına ilişkin hiçbir bilgisi olmadan veri madenciliğini kullanabilmesi veya veri madenciliği sonuçlarından tek bir fare tıklamasıyla yararlanabilmesi için çok daha fazla sayıda sistemin kendi içinde yapılandırılmış şekilde veri madenciliği işlevinin olması gerekir. Akıllı arama motorları ya da internet tabanlı mağazalar bu türde görünmez veri madenciliğini bileşenlerine işlevselliklerini ve performanslarını iyileştirmek için dahil etmektedir. Bu genelde kullanıcıyı haberdar etmeden yapılmaktadır."

Veri madenciliğine etki eden disiplinler geniş bir yelpazeye sahiptir. Yapay zekâ, görselleştirme, istatistik, dil bilimi, coğrafi enformasyon sistemi ve veri tabanı alanlarından yararlanılarak veri madenciliği yapılmaktadır (Akpınar, 2017, s. 55). Fayyad, Piatetsky-Shapiro ve Symth veri madenciliğini veya veri tabanlarında bilgi keşfini, veri dizilerinden geçerli, yeni, mümkünse faydalı ve anlaşılır örüntülerin ortaya çıkartılabilmesi için gerçekleştirilen ve apaçık olmayan bir süreç olarak tanımlamaktadır (Fayyad, Piatetsky-Shapiro ve Symth'den akt. Akpınar, 2017, s. 54). Veri madenciliğinde çeşitli bilgi parçaları arasında ilişkiler kurularak, kullanıcıların kişisel verilerinin işlenmesi ve ortamda bıraktıkları dijital izler üzerinden yapılan veri eşleştirmesi ile kullanıcılara yönelik profil bilgileri çıkartılabilmektedir (Binark ve Bayraktutan, 2013, s. 74). Veri madenciliğinin kritik rolü bu aşamada ortaya çıkmaktadır. Van Dijk, söz konusu kritik eşiğe ilişkin şunları aktarmaktadır (Van Dijk, 2016, s. 176):

"Farklı dosyalardaki veriler arasında bağlantılar üretilince daha fazla olasılık belirir – bu sürece dosya eşleştirme adı verilir. Bu süreç basit karşılaştırmalardan VTBK'nın[2] ileri arama tekniklerinin kullanımına kadar değişebilir. İki veya daha fazla dosyanın birleştirilmesi bu dosyaların tek bir dosyada tamamen bütünleştirilmesiyle sonuçlanabilir. Böyle bir bütünleştirme bir kişi (ve grup veya şirketler için) profilinin oluşturulmasına yardımcı olur. Bu profiller, belirli özelliklere sahip birinin belli şeyleri

---

[2] VTBK'nın açılımı: "Veri tabanlarında bilgi keşfi."

Algı Yönetimi

yapma şansını tahmin etmek için davranış psikolojisi ve istatistik kullanılarak yaratılır." Veri madenciliği yöntemleri ile sosyal ağlardan elde edilen kişisel ve hassas verilerin kullanıcıların bilgisi ve izni olmadan kullanılması hukuk ve etik sorunları beraberinde getirmektedir ve insan hakları ve özel hayatın gizliliğinin ihlali kapsamında değerlendirilmektedir. Bu noktada, veri madenciliğinde kişisel verilerin korunması ve mahremiyet konusunun öneminin üzerinde durulması gerekmektedir.

Veri Madenciliği ve Kişisel Verilerin Korunması: Sınırlar

Türk Dil Kurumu'nun tanımına göre, mahremiyet "gizlilik" anlamına gelmektedir ("Mahremiyet", t.y.). Westin, gizlilik kavramını şu şekilde açıklamaktadır: "Gizlilik, bireyin, grupların veya kurumların kendileri hakkındaki enformasyonun ne zaman, nasıl ve ne derecede diğerlerine iletileceğini kendileri için belirleme talebidir." (Westin'den akt. Fuchs, 2016, s. 215). Ficher-Hubner mahremiyet kavramının mekânsal mahremiyet, kişi mahremiyeti ve bilgi mahremiyeti olarak üç özelliğinin olduğunu belirtmektedir (Ficher-Hubner'den akt. Arık, 2013, s. 104). Buna göre, mekânsal mahremiyet, kişiyi çevreleyen yakın fiziksel alanı korumayı, kişi mahremiyeti kişiyi haksız müdahalelere karşı korumayı, bilgi mahremiyeti ise, kişisel verilerin toplanma, saklanma, işlenme ve dağıtımın nasıl yapılacağını veya yapılmayacağını kontrol etmeyi gerektirmektedir (Ficher-Hubner'den akt. Arık, 2013, s. 104). Bu noktada, bilgi mahremiyeti kapsamında değerlendirilen kişisel verinin ve hassas verinin kavramsal tanımlarına bakmak yararlı olacaktır.

Kişisel veri temelde, "kişinin herkesle paylaşmayacağı veya herhangi bir kimse ile paylaşmama hakkının bulunduğu olay, inanç ve duygularının, isteği üzerine o kişiyle paylaşılması" olarak tanımlanmaktadır (Küzeci'den akt. Akgül, 2014, s. 72). Henkoğlu kişisel verinin tanımına ilişkin şunları aktarmaktadır (Henkoğlu, 2015, s. 28):

"Kişisel verilerin tanımı yapılırken, dünyanın farklı yerlerinde birbirinden farklı ifadelerin kullanıldığı görülmektedir. Örneğin ABD'nin Kaliforniya Eyaleti'nde 'bireyin isim ve soyadının; sosyal güvenlik numarası, güvenlik kodu, erişim kodu, kredi kartı numarası, sağlık bilgileri, kişisel uygulamalara ait kayıtlar ve/veya sigorta bilgileri ile birlikte kullanılması' şeklinde tanımlanırken (California Information Practices Act, 2012); AB ülkelerinde 'belirli ya da kimliği belirlenebilir (doğrudan ve/veya dolaylı yollarla) gerçek kişi ile ilgili her türlü bilgi' şeklinde tanımlanmaktadır (Avrupa Konseyi, 1995). (...) Türkiye'de de AB veri koruma kanununda yapılan tanım 2014 yılında hazırlanan Kişisel Verilerin Korunması Kanun Tasarısı'nda (KVKKT) kullanılmıştır (T.C. Başbakanlık, 2014a)."

Hassas veriler ise, açıklanması halinde kişinin toplum içinde ayrımcılığa uğramasına ya da ötekileştirilmesine neden olabilecek inanç, politik görüş, sağlık bilgileri, cinsel yaşamı, etnik kökeni vb. bilgilerdir. Henkoğlu, uluslararası hukuksal düzenlemelerde, hassas verilerin özellikli veri kategorileri altında yer aldığı ve bu bilgilerin iç hukukta uygun güvence sağlanmadıkça otomatik işleme tabi tutulamayacağının temel ilke olarak belirtildiğini vurgulamaktadır (Henkoğlu, 2015, s. 28-29). Kişisel ve hassas verilerin korunmaması hukuki ve etik sorunların ortaya çıkmasına neden olmaktadır. Han ve diğerleri, verinin hatalı ifşasını veya kullanımını ve potansiyel olarak kişisel mahremiyetin ve veri koruma haklarının ihlalini veri madenciliği alanında üzerinde durulması gereken sıkıntılı alanlar olarak işaret etmektedir (Han ve diğerleri, 2012, s. 625). Han ve diğerlerine göre, veri madenciliğinde işin felsefesi, başarılı veri madenciliği yapılırken veri hassasiyetine dikkat etmek ve insanların mahremiyetini korumaktır (Han ve diğerleri, 2012, s. 625).

Kişisel verilerin korunması hakkı ve verinin gizli tutulması ile ilgili ağırlıklı olarak ABD'de ve Avrupa'da çeşitli raporlar yayınlanmaktadır. Örneğin, Danimarka'da Datatilsynet (The Danish Data Protection Agency) tarafından 2013'te hazırlanan "Big Data-Privacy Principles Under Pressure" başlıklı raporda büyük veri kullanılırken uygulanması gerekli görülen şu beş ana mahremiyeti koruma ilkesi tavsiye edilmektedir (Ackerman'dan akt. Løkke, 2018, s. 67-68):

Algı Yönetimi

- *"Kişisel bilgilerin işlenmesi esasen onaya bağlı olacaktır. Onay almanın mümkün olmadığı ya da istenmediği durumlarda bilgiler anonim kalacaktır.*
- *Bilgilerin anonimleştirilmesi ve kimliksizleştirilmesi için iyi yöntemlere sahip olmak büyük önem taşımaktadır. Bu durum yeniden kimlik saptama tehlikesini azaltacaktır.*
- *Büyük Veri, tümleşik mahremiyet hakkı ilkelerine uyularak kullanılmalıdır (varsayılan olarak mahremiyet).*
- *Büyük Veri'yi kullanan şirketler, topladıkları kişisel bilgileri nasıl işledikleri hakkında açık olmak zorundadır. Bu da, profilleri geliştirmek için hangi karar kriterlerinin (algoritmaların) temel alındığını ve hangi kaynaklardan bilgilerin toplandığını kişinin görebilmesini sağlamayı gerektirir.*
- *Kişi, şirketlerin elinde tuttuğu tüm verilerin, kullanıcı dostu formatta kendisine teslim edilmesi olanağına sahip olmalıdır. Veri taşınabilirliği, müşterilerin kabul edilemez koşullara sahip hizmetlere mahkûm kalmasını engellemelidir."*

Løkke bu raporadaki ilkelerin güzel tavsiyeler olduğunu belirtmekle birlikte, hem Büyük Veri analizindeki olanakları sonuna kadar kullanıp hem de bu ilkelere uyabilmenin zor olduğunu ve bu tür analizlerin potansiyelinden faydalanma ve geleneksel anlamdaki mahremiyet arasında bir çelişki olduğunu vurgulamaktadır (Løkke, 2018, s. 68). Bu noktada, Løkke'nin işaret ettiği çelişkiyi yansıtan Facebook ve Cambridge Analytica veri skandalını detaylı bir şekilde incelemek yararlı olacaktır.

Facebook ve Cambridge Analytica Veri Skandalı ve #Deletefacebook (Facebook'u Silin) Kampanyası

Facebook'un İş Modeli

Facebook'un iş modeli, kullanıcı sayısı ve elindeki devasa veri havuzu göz önünde bulundurulduğunda, Facebook'un bir propaganda makinesine dönüşmeye son derece elverişli bir yapısının olduğu söylenebilir. Facebook'ta kullanıcıların yorumları, özel mesajları, bağlantıları, paylaşımları, üye olduğu sayfalar ve beğenmeleri veriye dönüşmekte ve kullanıcının profilini çıkarmak için kullanılmaktadır. Facebook'ta durum bildirimi kısmında yer bildirimi yapılması, hislerin paylaşılabilmesi, yapılan aktivitenin yazılabilmesi bireylerin gündelik yaşamlarında gerçekten kim olduklarına dair kavram haritası çıkarmak için kullanılmaktadır (Akcan, 2016, s. 322-323). Davidowitz, Facebook'un veri depolama ihtiyacına ilişkin olarak insanlara ne düşündüklerini sormak zorunda olmasını veri kümelerini tamamlama çalışması olduğunu şöyle aktarmaktadır (Davidowitz, 2018, s. 191):

"Facebook da devasa veri havuzundaki boşlukları doldurmak amacıyla eski moda bir yaklaşım benimsemek zorunda kaldı: İnsanlara ne düşündüklerini sormak. Her gün İçerik Akışı'nı yüklerken yüzlerce Facebook kullanıcısına orada gördükleri hikayeler ya da haberlerle ilgili sorular soruluyor. Başka bir deyişle, Facebook'un otomatik olarak toplanan veri kümeleri (beğeniler, tıklamalar, yorumlar) küçük verilerle ('Bu mesajı İçerik Akışı'nızda görmek ister misiniz?', 'Neden?' gibi) takviye ediliyor. (...) Facebook, sosyal psikologları, antropologları ve sosyologları tam da rakamların gözden kaçırabileceği şeyleri yakalamak için istihdam ediyor."

Facebook'ta veri madenciliği ilkelerinden yararlanarak sosyal medya madenciliği yapmak mümkündür. Ünver sosyal medya madenciliğinin tanımını şu şekilde yapmaktadır (Ünver, 2015, s. 79-83):

"Sosyal Medya Madenciliği, kullanıcılar tarafında üretilmiş olan içeriği ve kullanıcıların üretilmiş olan içeriklere yönelik tepkilerinin incelenmesi ve değerlendirilmesi ile anlamlı sonuçlar çıkartmayı hedefleyen bir araştırma dalıdır. Sosyal medya madenciliği veri madenciliği ilkelerinin sosyal medya üzerinde uygulanması ile başlar. Veriler toplanır, düzenlenir ve analiz edilerek anlamlı sonuçlar çıkartılmaya çalışılır. (...) Sosyal medya madenciliği uygulamaları ciddi bir insan gücü, algoritma havuzu ve işlemci gücüne ihtiyaç duyar. Kapsamlı uygulama geliştirmeler ve analiz için uzmanlardan oluşan disiplinlerarası bir ekibin kurulması ve kuvvetli bir iletişimin sağlanması önerilir. Ancak daha az kaynak kullanarak da etkin analizler yapabilmek mümkündür."

Facebook'un iş modeli, Facebook kullanıcılarını gönüllü veri işçisine dönüştürmektedir. Buna göre, kullanıcılar Facebook'u herhangi bir ücret ödemeden kullanmakta, ancak ticari bir ilişki içinde olduklarını bilmeksizin Facebook'a veri sağlamaktadır. Arık'ın belirttiği üzere, "Facebook başta olmak üzere sosyal

Algı Yönetimi

medya pazarının hâkim oyuncularının kullanıcıların mahremiyet haklarıyla ilişkisi doğal olarak sorunludur. Çünkü bu oyuncular iş modellerini kullanıcı bilgilerinin değişimi üzerine kurmak zorundadır." (Arık, 2013, s. 121). Løkke verinin ticari değeri ve mahremiyet ile olan ilişkisine dair şunları aktarmaktadır (Løkke, 2018, s. 69-71):

"Google ve Facebook'un, ana hizmetlerinin bedava olmasına rağmen pazar değerlerinin bu kadar yüksek olmasının nedeni, kullanıcı sayısı ve firmaların büyük miktarda veriye erişimidir. Şirketler verileri ve kullanıcıları gelire dönüştüren pek çok iş modeli yarattıklarında, hayal bile edilemeyecek kadar gelir olanakları ve mahremiyet sorunları ortaya çıkar. Mahremiyet sorunları, bir anlamda, şirketlerin bedava hizmetlerinden kaynaklanmaktadır. Ürün siz olduğunuzdan, hizmetler ücretsizdir. Sizin kişisel verileriniz, ücretsiz hizmetlerin karşılığını ödemenin bir yolu olarak anlaşılır."

Fuchs da benzer şekilde, Dallas Symth'in izleyici metası kavramına atıfta bulunarak Facebook'un bir meta olarak üretketicilerini reklam müşterilerine sattığını vurgulamaktadır (Fuchs, 2016, s. 233). Fuchs'a göre, Facebook'un iş modelinde para, kullanıcıların ekonomik olarak gözetimine izin verilen kullanıcı verileri erişimi için mübadele edilmektedir (Fuchs, 2016, s. 233). Fuchs, Facebook'un iş modelini şu şekilde değerlendirmektedir (Fuchs, 2016, s. 226):

"Facebook kitle gözetimi kullanır, çünkü yüz milyonlarca kullanıcının, kullanım davranışı ve kişisel verilerini depolar, karşılaştırır, değerlendirir ve satar. Fakat bu kitle gözetimi aynı zamanda kişiselleştirilmiş ve bireyselleştirilmiştir. Çünkü her kullanıcının gezinme davranışı ve ilgi alanlarının ayrıntılı analizi ve diğer kullanıcıların ilgi alanları ve çevrimiçi davranışlarıyla karşılaştırılması, Facebook'a kullanıcıları tüketici ilgi alanı gruplarına göre sınıflandırma ve her bireysel kullanıcıya reklam sağlama olanağı verir. Bu reklamların, algoritmik seçme ve karşılaştırma mekanizmalarını temel alarak kullanıcıların tüketim ilgilerini yansıttığına inanılıyor. Facebook gözetimi kitlesel öz gözetimdir. Kitlesel öz gözetim, kapitalist koşullar altında kitlesel öz iletişiminin gölge tarafıdır (Castells 2009). Web 2.0'ın özgül karakteri, özellikle kullanıcı kaynaklı içeriğin yüklenmesi ve sürekli iletişim akışı, gözetimin bu biçimini devreye sokar."

Gözde KURT

Facebook'un iş modelinin ve veri politikasının yarattığı açıkları kullanan Cambridge Analytica'nın Facebook'tan elde ettiği kullanıcı verileri üzerinden duygusal profilleme yaparak propaganda faaliyetlerini şekillendirdiğinin ortaya çıkması bu çalışmanın odak noktası olan veri skandalının dünya çapında ses getirmesine neden olmuştur.

Facebook ve Cambridge Analytica Veri Skandalı

Facebook'ta veri madenciliği ve psikolojik profilleme yöntemleri ile kullanıcıların politik görüşünü ve ideolojilerini keşfetmek ve analiz etmek mümkündür. 2014 yılında "The Big Five" kişilik analizi testini geliştiren Cambridge Analytica Facebook'ta testi indiren kişilerin ve testi indiren kişilerin Facebook'ta arkadaşı olan kişilerin kişisel verilerine ulaşmıştır (Aksoy ve Türkölmez, 2020). Bu kişilerin Facebook arkadaşlarının herhangi bir test yapmamasına rağmen kişisel verilerinin Cambridge Analytica'nın eline geçmesi durumun vahametini ortaya koymaktadır. 2016'da ABD'deki başkanlık seçimlerinde yaklaşık 87 milyon ABD'li Facebook kullanıcısının kişisel verisi Cambridge Analytica firması tarafından veri madenciliği ve psikolojik profilleme yöntemleri kullanılarak analiz edilmiş ve politik görüş ve ideolojileri keşfedilen seçmenlere özel olarak hazırlanmış propaganda içerikleri ilgili seçmenlere ulaştırılmıştır. 2016'da veri skandalı gölgesinde gerçekleşen ABD'deki başkanlık seçimleri sonucunda Donald J. Trump başkanlık koltuğuna oturmuştur. Seçimde özellikle hangi adaya oy vereceği konusunda kararsız olan bir seçmenin kararını vermiş bir seçmene dönüştürülmesi veri madenciliği ve psikolojik profilleme ile kişiye özel oluşturulan propaganda içeriklerinin psikografik hedeflemeden yararlanılarak ilgili seçmenin siyasi tercihinin manipüle edilmesi ile mümkün olmuştur. Örneğin, bireysel silahlanmayı desteklediği keşfedilen ve hangi adaya oy vereceği konusunda kararsız olan bir seçmene Facebook üzerinden bireysel silahlanmayı destekleyen adaya ilişkin propaganda içerikleri gönderilerek, ilgili seçmen

Algı Yönetimi

kendi görüşlerine ve değerlerine daha yakın olan adaya oy vermesi için ikna edilmeye çalışılmaktadır (Nix, 2016). Buna bağlı olarak, bu içeriklere maruz kalan seçmenler, farkında olsun ya da olmasınlar, siyasi seçim kampanyaları sürecinde Facebook'ta algı yönetiminin ve propagandanın birer öznesi haline gelmektedir.

2016'da gerçekleşen Facebook ve Cambridge Analytica veri skandalı sonucunda, sosyal ağlarda veri madenciliğinin ve psikolojik profillemenin seçimlerin kaderini etkileyebilme potansiyeli ile kritik önemi ve gizli gücü fark edilmiştir. Facebook kurucusu ve CEO'su Mark Zuckerberg veri skandalı ile ilgili olarak ABD Senatosu'nda verdiği ifadede, "Kullanıcılarımızın verilerini tam olarak koruyamadık" diyerek özür dilemiş ve veri skandalını kabul etmiştir ("Kullanıcı Bilgilerini Sızdıran Facebook'a Ceza", 2018). Bu olay sonucunda Facebook, İngiltere ve ABD'de ciddi para cezalarına çarptırılmıştır. Yaşanan krizin ardından Twitter'da "Facebook'u Silin" (#deletefacebook) kampanyası başlamıştır ve kampanya kısa sürede dünya çapında yayılmıştır. Birçok Facebook kullanıcısı, Facebook hesabını silse bile, Zuckerberg kayda değer sayıda hesap silinmediğini belirtmiştir ("#deletefacebook" hareketinde kayda değer sayıda hesap silinmedi", 2018). Zuckerberg bu kampanya ile ilgili olarak şunları dile getirmiştir ("'#deletefacebook' hareketinde kayda değer sayıda hesap silinmedi", 2018): "Açıkça görülüyor ki bu durum insanlar için büyük bir güven sorunu ve bunu anlıyorum. İnsanların uygulamayı silmeleri veya Facebook'u kullanırken kendilerini iyi hissetmemeleri çok büyük bir problem ve bunu düzeltmek bizim öncelikli sorumluluğumuz." Türkiye'den ise, 223 kişinin "The Big Five" testini indirdiği, bu testi indirenlerin Facebook arkadaşlarıyla birlikte toplam 234.584 kişinin kişisel verilerine erişildiği açıklanmıştır (Aksoy ve Türkölmez, 2020). Dünya çapında ses getiren bu veri skandalı sonrasında, Facebook veri gizliliğini koruma konusunda bazı düzenlemeler yapmıştır. Facebook kurumsal blogunda "Veri ve Gizlilik" (Data and Privacy) başlığı altında kullanıcıların kişisel verilerini korumak için yaptığı düzenlemeler hakkında bilgilendirici içerikler paylaşmaktadır.

Cambridge Analytica'nın Facebook kullanıcılarının kişisel verilerini kullanıcıların bilgisi ve izni olmadan 2016'daki ABD başkanlık seçim kampanyaları sürecinde propaganda yapma amacıyla kullandığının ve Brexit sürecinde de propaganda faaliyetlerinin olduğunun ortaya çıkması sonrası, şirket 2018'de kapatılmıştır. Söz konusu veri skandalını ele alan "The Great Hack" adlı belgeselde, Cambridge Analytica'nın birçok ülkede benzer yöntemleri kullanarak seçim sonuçlarını etkilediği vurgulanmaktadır (Amer ve Noujaim, 2019). Dünyada şirketler, araştırmacılar, pazarlama uzmanları ve devletler veri madenciliği yapmaya devam etse de, önemli olan veri madenciliği faaliyeti yapan kişi ya da kuruluşların hukuki ve etik sınırlar dahilinde faaliyetlerini gerçekleştirmesidir. Bu alandaki eksiklikleri gidermek amacıyla, Han ve diğerlerinin altını çizdiği gibi, "teknoloji uzmanlarının, sosyal bilimcilerin, hukukçuların, hükümetlerin ve şirketlerin iş birliği yaparak dikkatli bir şekilde veri yayınlama ve veri madenciliğine yönelik gizlilik ve güvenliği sağlama mekanizması üretmeleri gerekmektedir." (Han ve diğerleri, 2012, s. 32-33).

Tartışma ve Sonuç

Günümüzde dünyanın birçok yerinde, internet ve sosyal ağlar insanların günlük yaşamının vazgeçilmez bir parçası haline gelmiştir. 2020 verilerine göre, dünyada 4,5 milyar kişi internet kullanıcısıyken, 3,8 milyar kişi ise sosyal ağ kullanıcısıdır (Digital in 2020, 2020). Bu kullanıcıların internette ve sosyal ağlarda bıraktığı dijital izler, Büyük Veri evreninin içinde bilgiye dönüşmeyi beklemektedir (Silahtaroğlu, 2016, s. 11). Han ve diğerlerinin belirttiği gibi, "her ne kadar 'bilgi çağında yaşıyoruz' popüler bir söylem olsa da, aslında bizler veri çağında yaşamaktayız." (Han ve diğerleri, 2012, s.1).

Algı Yönetimi

Veri madenciliği bilgi üretmeyi ve içgörü sahibi olmayı sağlaması bakımından geleceğe ışık tutabilen bir yöntem olmasıyla birlikte, kullanım amacına göre bazı riskler de taşımaktadır. İnternette ve sosyal ağlarda kişisel ve hassas verilerin gizliliğinin ihlali hukuki ve etik sorunları beraberinde getirmekte ve Facebook ve Cambridge Analytica veri skandalı örneğinde olduğu gibi, seçimlerin sonucunu dahi etkileyebilmektedir.

Önümüzdeki yıllarda, seçimler öncesi veriyi bilgiye dönüştürebilen veri bilimciler, seçimlerin kaderini etkileme gücünü haizdir. Bu anlamda, veri madenciliği ile ilgilenen kişi, kuruluş ya da ilgili tarafların bu alanı keşfetmesi yalnızca seçim sonuçlarına değil, bilgiye ve dolayısıyla geleceğe hükmetmesi anlamına gelmektedir. Bu alanda faaliyet gösterilirken, hukuki düzenlemeler ve etik ilkelere uygun bir faaliyet alanı belirlenmesi ve bunun için gerekli çalışmaların ve düzenlemelerin yapılması gerekmektedir.

Facebook ve Cambridge Analytica veri skandalında görüldüğü üzere, seçim kampanyalarında veri madenciliği ve duygusal profilleme yöntemlerinden hukuki düzenlemeler ve etik ilkeler ışığında yararlanılmadığında, seçmenlerin siyasi tercihleri kişiye özel olarak hazırlanmış propaganda içerikleri ile manipüle edilebilmektedir. Bunun sonucunda, seçim sonuçlarına gölge düşebilmekte ve demokrasi ciddi anlamda yara almaktadır. Bu türdeki veri skandallarının önüne geçebilmek için, sosyal ağların kişisel verilerin korunması hususunda standartlar belirleyip hukuki ve etik ihlallere sebebiyet vermeyecek şekilde düzenlemeler yapması ve bu düzenlemelere uygun bir iş modeli geliştirmesi, kullanıcıların ise sosyal ağlarda kişisel verilerin korunmasına ilişkin hakları ile ilgili daha fazla bilgi sahibi olması ve bu konudaki olası ihlallere ilişkin farkındalık edinmesi gerektiği ortadadır.

Kaynakça

Akcan, B. (2016). Yeni medya araştırmaları - 2. M. G. Genel (Ed.). *Big data: Üreticiler ve tüketiciler* içinde (s. 311-330). Bursa: Ekin Yayınevi.

Akgül, A. (2014). *Kişisel verilerin korunması*. İstanbul: Beta Yayınevi.

Akpınar, H. (2017). *Data veri madenciliği veri analizi*. İstanbul: Papatya Yayıncılık.

Aksoy, A. ve Türkölmez, O. (2020) Dijital çağda demokrasiyi çağırmak: Cambridge Analytica skandalı. Journal of Political Administrative and Local Studies (JPAL) Cilt:3, Sayı:1, 41-59. Erişim adresi: https://dergipark.org.tr/en/download/article-file/1095149.

Amer, K. ve Noujaim, J. (Yönetmenler). (2019). *The great hack* [Video]. Erişim adresi: netflix.com

Arık, E. (2013). Sosyal medya araştırmaları 1. A. Büyükaslan ve A. M. Kırık (Ed.). *Sosyal medyada mahremiyet görünümleri* içinde (s. 103-132). Konya: Çizgi Kitabevi Yayınları.

Binark, M. ve Bayraktutan, G. (2013). *Yeni medya ve etik*. İstanbul: Kalkedon Yayınevi.

Budak, B. (2018, 23 Mart). Mark Zuckerberg, "#deletefacebook" hareketinde kayda değer sayıda hesap silinmedi." Webrazzi. Erişim adresi: https://webrazzi.com/2018/03/23/mark-zuckerberg-deletefacebook-hareketinde-kayda-deger-sayida-hesap-silinmedi/.

Davidowitz, S. S. (2018). *Bana yalan söylediler internet ve gerçek yüzümüz*. İstanbul: Koç Üniversitesi Yayınları.

Esgin, M. S. (2015). Sosyal medya madenciliği. A. Baloğlu (Ed.). *Web teknolojileri dünyasında yeni trendler* içinde (s. 17-58). İstanbul: Beta Yayınları.

Fuchs, C. (2016). *Sosyal medya eleştirel bir giriş*. Ankara: Nota Bene Yayınları.

Gandy, O. H., JR. (2018). Yeni medya kuramları. F. Aydoğan (Ed.). *Siber uzayda tüketicinin korunması* içinde (s. 198-219). İstanbul: Der Yayınevi.

Han, J., Kamber, M. ve Pei, J. (2012). *Data mining : concepts and techniques*. USA: Elsevier.

Henkoğlu, T. (2015). *Bilgi güvenliği ve kişisel verilerin korunması*. Ankara: Yetkin Yayınları.

Kullanıcı bilgilerini sızdıran Facebook'a ceza (2018, Ekim). Gazete Vatan. Erişim adresi: http://www.gazetevatan.com/kullanici-bilgilerini-sizdiran-facebook-a-ceza-1213828-teknoloji/.

Løkke, E. (2018). *Mahremiyet*. İstanbul: Koç Üniversitesi Yayınları.

Mahremiyet. (t.y.). *Türk Dil Kurumu güncel Türkçe sözlük* içinde. Erişim adresi: https://sozluk.gov.tr/.

Nix, A. (2016, 27 Eylül). Cambridge Analytica-The Power of Big Data and Psychographics [Video]. Erişim adresi: https://www.youtube.com/watch?v=n8Dd5aVXLCc

Özyurt, B. ve Akcayol, M. A. (2018). Fikir madenciliği ve duygu analizi, yaklaşımlar, yöntemler üzerine bir araştırma. S.U. Muh. Bilim ve Tekn. Derg.,

6, 668-693. Erişim adresi http://sujest.selcuk.edu.tr/sumbtd/article/view/584.

Silahtaroğlu, G. (2016). *Veri madenciliği kavram ve algoritmaları.* İstanbul: Papatya Yayıncılık.

Sütçü, C. S. ve Çiğdem, A. (2018). *Veri bilimi.* İstanbul: Paloma Yayınları.

The Science Behind Cambridge Analytica: Does Psychological Work? (2018, Nisan). Stanford Business. Erişim adresi: https://www.gsb.stanford.edu/insights/science-behind-cambridge-analytica-does-psychological-profiling-work#:~:text=The%20Science%20Behind%20Cambridge%20Analytica%3A%20Does%20Psychological%20Profiling%20Work%3F,-The%20researchers%20who&text=%E2%80%9COur%20latest%20research%20confirms%20that,tool%20of%20digital%20mass%20persuasion.%E2%80%9D.

Ünver, O. (2015). Sosyal medya madenciliği, A. Baloğlu (Ed.). *Sosyal medya madenciliği* içinde (s. 79-92). İstanbul: Beta Yayınları.

Van Dijk, Jan. (2016). *Ağ toplumu.* İstanbul: Kafka Yayınları.

We Are Social (2020). Digital in 2020. Erişim adresi: https://wearesocial.com/digital-2020.

SİYASAL İLETİŞİMDE ALGI YÖNETİMİ

*Fatma ÇAKMAK**

Giriş

Genel anlamda halkı, spesifik anlamda hedef kitleyi belli düşünceler etrafında şekillendirmek, onların hedeflenen yönde tutum ve davranış geliştirmesini sağlamak ve özünde iktidar olmak ve iktidarı korumak amacıyla yapılan bir dizi siyasal iletişim uygulamasının temelinde, algıları yönetmek yer almaktadır. Algı yönetimi bugün birçok disiplin için ilgi gören bir konudur. İletişimden siyasete, pazarlamadan reklamcılığa, psikolojiden sosyolojiye, halkla ilişkilerden uluslararası ilişkilere birçok alanda doğrudan veya dolaylı yollarla algılar yönetilmeye çalışılmaktadır. Ekonomik veya ideolojik amaçlarla belli kitleler, belli duygular ve düşünceler etrafında şekillendirilmeye çalışılmaktadır. Nitekim tüm bu alanların ortak özelliği, hedef kitlede istenilen yönde duygu, düşünce, tutum ve davranış oluşturabilmeyi hedeflemesidir. Ancak algı yönetimi denince ilk akla gelen; doğru ve gerçek iletilerden daha çok, hedefe ulaştıracak yönde oluşturulan olumlu, olumsuz, doğru, yanlış, gerçek, gerçek dışı, her türlü manipülatif içerikle, hedef kitlenin zihninin bilinçli bir biçimde şekillendirilmesinin söz konusu olmasıdır. Diğer taraftan ise doğrunun, gerçeğin ve şeffaf bilginin daha ön planda olduğu halkla ilişkiler ya da politikadan uzak siyasetin özünde algı yönetimi; daha çok gerçeklikten uzaklaşmadan, güven ve itibar ortamında algıların yönetilmesi şeklinde

---

* Doç. Dr., Muğla Sıtkı Koçman Üniversitesi, fatmacakmak@mu.edu.tr

ortaya çıkmaktadır. Bu bağlamda algı yönetiminin hangi amaçla ve hangi biçimde uygulandığı değişmekle birlikte algıların yönetilmediği bir alan görmek neredeyse mümkün değildir.

Söz konusu siyasal ortam olduğunda iktidar, muhalefet, adaylar veya partiler belli ideolojileri temsil etmek, hedef kitleri etkilemek, yönlendirmek ve kamuoyu oluşturmak üzere yapılanmaktadır. Bu durumda hedef kitlenin ne hissetmesi, düşünmesi ve nasıl davranması hedefleniyorsa, o yönde bir iletişim süreci devreye girmektedir ve bu siyasal iletişim süreci, hedef kitlenin algılarının da yönetilmesi anlamına gelmektedir. Siyasi liderlerin ve partilerin tercih edilmelerini sağlamanın yolu algı yönetiminden geçmektedir.

Yapılan bu çalışmada; algı yönetiminin kapsamı teorik çerçevede ele alınmış ve verilen güncel örnekler üzerinden, siyasal iletişimde nasıl hayata geçtiğinin ortaya konması amaçlanmıştır. Bu bağlamda; siyasal iletişimin ve algı yönetiminin teorik çerçevesine ışık tutacak konu başlıklarına yer verilmiştir. Siyasal iletişim ve algı yönetimi söz konusu olunca medyanın merkezi konumu göz önünde bulundurularak, medyanın bu noktada önemine ve işlevine de değinilmiş, konu ile ilgili bütünlük oluşturulmuştur. Literatürde daha çok olumsuz bir konuma yerleştirilen ve siyasal iletişim bağlamında yeteri kadar değerlendirilmemiş olan algı yönetiminin farklı açılarla ele alınıyor olması ve güncel örnekler üzerinden değerlendirilmiş olması çalışmanın önemini ortaya koymaktadır.

Siyasal İletişim Kavramsal Çerçeve
Siyasal İletişim

Siyasal iletişim; kişilerin veya grupların iktidar mücadelelerinin özel bir biçimi olarak içerisinde propagandanın, dedikodunun, ast-üst ilişkilerinin, iktidar kurumlarındaki işleyişlerin, baskı gruplarının faaliyetlerinin, halkla ilişkilerin, haberin, televizyondaki açıkoturumların, beyin yıkamaların ve siyasal reklamcılığın yer aldığı, oldukça geniş bir alana yayılan siyasal amaçlı her türlü iletişim etkinliği olarak ifade edilebilir. İnsanlık tarihine bu pencereden bakıldığında her türlü iletişimin, siyasal iletişimin bir unsuru olduğu, iktidar olmak ya da bunu sürdürmek amacıyla kitle manipülasyonunda kullanıldığı görülmektedir (Çankaya, 2015, s. 13).

Bugün siyasal iletişim, iletişimin siyasal alandaki yerinin, medyayı, kamuoyu yoklamalarını, siyasal pazarlamayı ve reklamcılığı içine dâhil ederek incelenmesini kapsamaktadır (Wolton, 1991, s. 51). Siyasal iletişimin temel amacı; hiç şüphesiz devleti ve halkı yönetenlerin ve yönetmeye aday olanların, iktidarlarını kurması ve koruması üzerine yapılanmaktadır. Demokratik yönetim biçiminin yaygınlaşmasıyla siyasal iletişim çalışmalarına halkı tanımak, siyasi erklerin kendilerini halka tanıtması ve onların desteğini ve oyunu almak üzere ikna etme amacı da eklenmiştir (Çakmak, 2019, s. 70). Seçimlerin sonrasında iktidarda yer alan aktörler, seçmenleri doğru bir seçim yaptıklarına dair ikna etmeye, buna inandırmaya çalışmakta ve bu doğrultuda icraatlarının reklamını yapmaktadır. Bu bir meşruluk arayışıdır. Siyasal iletişim aslında ikna etmeye kilitlenmiş bir iletişimdir (Yavaşgel, 2004, s. 146).

Siyasal iletişim günlük hayatta da sıkça yer almaktadır. Oktay'a göre (2002, s. 9); siyasal iletişime her türlü politik haber, yorum, köşe yazısı, siyasi konuşma ve demeç, siyasilere atfedilen sözler, yorum, görsel, idari makamların savunma ve açıklamaları, meclis tutanakları, meclisten yapılan yayınlar, açık oturumlar, propaganda içeren konuşmalar ve filmler, siyasal reklamlar, parti programları, broşürler ve el ilanları, danışmanların yürüttüğü tanıtımlar, siyasal partilerin ve adayların halkla ilişkiler faaliyetleri, görünürde politik amaç taşımayan, gizli mesajlar içeren bazı sinema ve televizyon filmler dâhil edilebilir.

Siyasal İletişimde Hedef Kitle

Siyasal iletişim denilince akla ilk olarak bir siyasi iktidar, beraberinde muhalefet ve diğer siyasi partiler ve elbette ki oyu alınmayı hedeflenen bir seçmen kitle yani halk gelmektedir. Buradaki iletişimsel süreçte iktidar başta olmak üzere diğer siyasi partiler halka daha çok bilgilendirici ve onları belli düşünceler etrafında şekillendirici iletiler gönderen kaynak rolündeyken, halk da yönlendirilen kesim olmasından dolayı hedef kitle olarak karşımıza çıkmaktadır. Ancak siyasal iletişim daha geniş perspektiften ele alınarak, sadece seçim dönemlerinde değil, yöneten ve yönetilenin olduğu her an aktif bir iletişim süreci olarak değerlendirildiğinde; halkın da iktidar ve diğer siyasi partilere her an düşüncelerini açıklama gereksinimi, isteklerini kabul ettirme arzusu, herhangi bir konuya dikkatlerini çekme isteği gibi gerekçelerle, farklı kitle iletişim araçları üzerinden sıklıkla iletiler gönderdiği ve böylece de kaynak rolüne geçtiği görülmektedir. Özellikle demokratik rejimlerde seçme hakkının halkın elinde olması, onları sıklıkla kaynak tarafına geçirerek, siyasileri belli konularda düşünmeye ve davranmaya itebilmektedir. Bu durumu okuma yazma oranının ve eğitim seviyesinin yüksek olduğu ülkelerde görme ihtimali artmakla birlikte, ciddi denetim ve manipülasyon gücü olan medyanın da halkın yanında aynı role büründüğü görülebilmektedir. Halkın içerisinde yer alan belli grupların toplumu ilgilendiren sağlık, eğitim ve ekonomi gibi konularda yanlış veya eksik olduğunu düşündükleri uygulamaları değiştirmeleri için sıklıkla medya ve sivil toplum örgütlerinin de desteğini alarak belli siyasi aktörlere ulaştıkları, kanuni yollarla bu değişiklikleri talep ettikleri görülebilmektedir. Bazen iktidar partisinden, bazen muhalefetten, bazen de yasama, yürütme veya yargı organlarından yetkilileri hedefleyerek istek ve beklentilerini sunabilmektedirler. İletişimin çift yönlü gerçekleşmesi demokrasinin de gereklerinden biri olmakla birlikte, siyasal iletişimde de aynı çift yönlülük beklenmektedir. Böylece siyasal iletişimde yöneten ve yönetilenin, kaynak ve hedef kitle olarak sıklıkla yer değiştirdiği söylenebilir.

    Halkın öncelikle hedef kitle bazen de kaynak olarak karşımıza çıktığı siyasal iletişim sürecinde, kaynak rolüne girdiğinde çoğunlukla medyanın desteğini aldığı görülmektedir. Özellikle dijital iletişim araçlarının adeta bir bağımlılık şeklinde hayatımıza girdiği içinde bulunduğumuz çağ, aynı zamanda halkın güçlenmesini de sağlamıştır. Hem herkesin kendi düşüncelerini ifade edebileceği ortamlar sunmuştur hem de her an erişilebilir olmasıyla her durum ve olaydan hızlıca haberdar olmasını sağlamıştır. Elbette ki bununla beraber ciddi bir içerik kirliliğini, etik sorununu ve güven problemini de beraberinde getirmiştir. Ancak halkın bu durumu sorgulama eğiliminde olmadığı ve dijital iletişim araçlarının ciddi bir kullanım oranı olduğu düşünüldüğünde, yönlendirme gücü de ortaya çıkmaktadır.

Bu şartlar altında medyanın da siyasal iletişim sürecinde fazlasıyla etkin bir rolünün olduğunun altı çizilmelidir. Medya bu süreçte öncelikle araç rolündeyken, içinde bulunduğumuz çağda değişen rolü ve yeni eklenen işlevlerle kaynak ve hedef kitle olarak da karşımıza çıkabilmektedir. Bir siyasi parti için herhangi bir yayın organını kendi tarafına çekebilmek, kendi lehine yayın içeriği oluşturmasını sağlayabilmek bazen esas hedef olabilmekte ve bu yayır kuruluşu da hedef kitle olabilmektedir. Bu durum, bir siyasi liderin ya da partinin doğrudan bir yayın organını hedef alarak eleştirisini yönelttiği durumlarda da görülebilmektedir. Bazen de bir yayın organı, halkı belli ideolojiler etrafında şekillendirebilmek için doğrudan halkı hedefleyerek kendi oluşturduğu iletileri gönderebilmektedir ya da iktidarın veya muhalefetin dikkatini çekecek belli iletileri, haber, köşe yazısı, açık oturum gibi uygulamalar içerisinde sunarak kaynak rolüne girebilmektedir.

Bunların dışında, halk kendi içerisinde çok çeşitli gruplara ayrılmakta, her grup belli ideolojiler etrafında şekillenmekte ve dolayısıyla farklı rollerle siyasal iletişim sürecinde yer alabilmektedir. Sivil toplum örgütleri, baskı grupları, lobiler gibi gruplar ve örgütler her türlü siyasal söylemin içerisinde kaynak veya hedef kitle olarak karşımıza çıkabilmektedir.

Algı Yönetimi Kavramsal Çerçeve
Algı Yönetimi

Algı ve algılama kavramları, çoğunlukla psikoloji alanında ele alınsa da "algıyı yönetmek', ilk kez ABD'de siyasi kararların ülkede ve tüm dünya kamuoyunda benimsenmesi için kullanılan bir yöntem olarak ortaya çıkmıştır (Saydam, 2014, s. 78). Algılama yönetimi; kitlelerin hislerini, güdülenmelerini, düşünce sistemlerini etki altına almaya çalışmak için yürütülen eylemlerin tamamıdır. Algıyı yönetmekten bahsedebilmek için ortada bir iletişim olması gerekir (Türk, 2014, s. 12).

Algı yönetimi genel olarak dört aşamadan oluşmaktadır: Hedef kitlenin dikkatinin çekilmesi; bu dikkatin kontrol altında tutulması için benzer bilgilerin gönderilmesi; gönderilen bilginin hedef kitlenin algılarıyla tutarlı hale getirilmesi ve bilginin tekrar edilmesidir (Callamari ve Reveron, 2010, s. 2). Saydam (2014, s. 205- 353) algı yönetiminin başarılı olabilmesi için bazı temel kurallar belirlemiştir: Hedef kitlenin değerlerine ve kültürüne uyulması; beklentilerine dikkat edilmesi; kafalarının karıştırılmaması, açık olunması; sonuca odaklanılması ve sonucun ölçülmesi; gerçekliğe dayandırılması; tekrar edilmesi; farklılaşmaların yönetilebilmesi; düşünceden çok duygulara hitap ediyor olması gerekmektedir. Bunlara ek olarak Gültekin (2019, s. 22- 100); amacın gizlenmesi, gerçeğe yaslanması, uzmanlık/ güvenirlik/ saygınlık, etkili bir taşıyıcı bulmak, önsatış, bütünden koparmak, bilgiyi işlemden geçirmek ve tekasür konularının üzerinde durarak, algı yönetiminde bu hususların önemli olduğuna ve bilinçli, kasıtlı, profesyonelce uygulandığına dikkat çekmiştir.

Algı yönetimi, bilimsel bir strateji olarak, sorunlar yüzünden iradesi çözülen ve algı virüsüne karşı çaresiz kalan insanları ve toplumları, bağımlı hayatı özgürlüğüne değişmeye ve suç olsun veya olmasın istenilenleri yapmaya güdümlü duruma getirmektedir. Algı yönetimiyle, kötü alışkanlıklardan sağlıklı yaşama, ekonomiden milli güvenliğe her şeyi pozitif veya negatif yönlendirmek mümkündür (Kınacı, 2011, s. 60).

Algı Yönetiminde Gerçeğin İnşası

Amerikalı Siyasetçi H. Kissinger'in; "Bir şeyin gerçek olması pek o kadar önemli değildir; fakat gerçek olarak algılanması çok önemlidir" şeklindeki ifadesi (Öksüz, 2013, s. 13) algı yönetimiyle ulaşılan sonucun, gerçeğin kendisinden daha önemli olduğunu göstermektedir (Reid, 2002, s. 2).

Algı oluşturma; tamamen bilinçaltı kurguya dayanmaktadır. Küresel reklam ve film sektörü algı oluşturmaya en iyi örnektir. Kanlı ve acımasız savaşlar, kıyamet sahneleri, soygun, hırsızlık, tecavüz ve insanlık dışı ne varsa hepsi sıradan olaylar gibi zihinlere işlenmektedir. Böylece beyinlere kazınan gerçek ve hayal birbirine karıştırılmış, algı ile insanlık vicdanı yok edilip, insanları vahşet dolu kötü olan her şeyle beraber yaşamaya alıştırmak amaçlanmıştır (Kınacı, 2011, s. 60).

Platon, Devlet adlı kitabında, bir mağarada insanların yüzlerinin mağara duvarına dönük olduğundan ve dışarıdaki dünyayı yani gerçekliği mağaranın duvarına yansıyan gölgeler olarak algıladıklarından bahseder (Özdağ, 2014, s. 14). Algı yönetiminde gerçekle gerçek dışı birbirine karışır, zaten algı yönetiminde hedeflenen de gerçeğin istenilen biçimde algılanması ya da gerçeğin yerine geçen üretilmiş içeriğin algılanmasıdır.

Siyasal İletişimde ve Algı Yönetiminde Kuram ve Yaklaşımlarla Medyanın Rolü

Medya; gündelik hayattan siyasete, yaşamın her alanında haber, bilgi ve farklı içeriklerle güçlü bir yere sahiptir. Bu içerikleri kendi ideolojilerine ve sahiplik yapısına göre biçimlendirmektedir. Bunu yaparken gerçeği yeniden üretmekte ve algılanan yeni bir gerçeklik sunmaktadır.

1900'lü yılların başından itibaren kitle iletişim araçları üzerine yapılan bir dizi araştırma, kitle iletişim araçlarının etkileri ve zamanla değişen rolleri ve işlevleri hakkında birçok yaklaşımın, kuramın ve modelin öne sürülmesine neden olmuştur. Bu yaklaşım, kuram ve modeller medyanın hedef kitle üzerinde bir etkisi ve yönlendirme gücü olup olmadığını ortaya koymaya çalışmıştır.

Uyarıcı tepki olarak da anılan hipodermik iğne kuramına göre; seçkinlerin, kitle iletişim araçları yoluyla ilettikleri mesajların hedef kitle üzerinde, enjeksiyon yapılan şırınga veya sihirli bir mermi gibi etkide bulunduğu düşünülmektedir (Yaylagül, 2013, s. 55). Buna göre kitle iletişim araçları hedef kitle üzerinde son derece etkilidir. Kitle pasif konumuyla kitle iletişim araçlarından gelen mesajlara maruz kalmaktadır ve bu mesajlar doğrultusunda yönlendirilmektedir.

McCombs ve Shaw (1972'den aktaran McQuail ve Windahl, 2010, s. 132- 133) tarafından ileri sürülen gündem belirleme kuramına göre; medyanın kapsamı ve kamuoyu arasında doğrusal bir bağlantı bulunmaktadır. Medya, içerik oluştururken bazılarını özellikle vurgular, bazılarını ise gizleyerek kamuoyu oluşmasını sağlarlar. Gündem belirleme araştırmaları genellikle seçim kampanyaları ile ilgilenmiştir. Seçim kampanyaları süresince seçmenler medya tarafından öne sürülen bir konunun önemli olduğunu düşünürlerse, oylarını bu konuya eğilen aday veya partiye vereceklerdir.

Bu iki kuramla ilişkili olan suskunluk sarmalı kuramına göre ise; kişiler, içinde yaşadıkları toplumdan veya daha küçük gruplardan dışlanma korkusu yaşayarak kendi duygu ve düşüncelerini gizleme yoluna gitmektedir. E. N. Neumann, insanların kendi görüşlerini, toplumdaki ağırlıklı görüşlere uygun olarak biçimlendirdiğini ileri sürmektedir (Güngör, 2013, s. 354). Medyanın desteklediği ve hakkında olumlu içerikler ürettiği siyasi lider ya da parti, halk tarafından "güçlü/baskın" şeklinde algılanacağı için, aksi yönde düşünen kişiler tepki göreceği ya da dışlanacağı kaygısıyla düşüncelerini saklama yoluna gitmektedir.

Kitle iletişim araçlarının insanlar üzerinde güçlü etkisi olduğu tezinin tersine, E. Katz'ın araştırmalarına dayanan kullanımlar ve doyumlar yaklaşımına göre; izler kitle medyadan gelen iletileri sorgulamakta, kendi ihtiyaçlarına göre gözden geçirmekte ve isteklerine yönelik kullanmaktadır (McQuail ve Windahl, 2010, s. 167- 168). Buna göre izleyici kitle, kitle iletişim araçları karşısında aktif bir role girmiş, kendisine yöneltilen iletilere karşı seçici bir kimlik kazanmıştır.

Lasswell'in 1948'de öne sürdüğü iletişim modelinde, iletişimin amacı etkilemektir. İletişimin etkili olabilmesi için, kaynak, mesaj, araç ve hedef kitle de oldukça önemlidir. Modele göre iletişim iknaya yöneliktir ve inandırıcı olduğu sürece algılanabilecektir (Türk, 2014, s. 21- 22). Bu durumda hedef kitlenin istenen yönde ikna edilebilmesi için iletişim teknikleri başarıyla kullanılmalıdır.

Habermas'ın (2001, s. 122) iletişimsel eylem kuramına göre; iktidar iletişimsel eylem içerisinde şekillenir ve iletişimsel eylem, bir toplumsal bütünleşme temeli olarak para ve iktidara alternatif sunmaktadır. İletişimsel eylem dünyası, doğru ve meşruların oluşturduğu ideal ve işlevsel dünyadır. Bu iletişimsel eylem dünyasında dil, daraltılmamış bir anlaşma modeli olarak görülmektedir. İletişimsel eylemdeki en doğru konuşma hali, yozlaşmamış iletişime dayanmaktadır. Dolayısıyla bu dil, anlamlı, doğru, doğrulanmış ve samimi bir dildir.

M. McLuhan tarafından teknolojinin ilk kez merkeze konumlandırıldığı ve toplumu, toplumsal değişmeyi ve tarihsel süreçleri teknoloji odaklı ele aldığı teknolojik belirleyicilik kuramına göre ise; iletinin veya içeriğin değil, aracın önemli olduğu tezi vurgulanmakta, aracın insan bedeninin bir nevi uzantısı olduğu ön plana çıkarılmaktadır (Güngör, 2013, s. 168- 169). İletişim sürecindeki esas işlev bu durumda teknolojiye koşut olarak karşımıza çıkan kitle iletişim araçlarına yüklenmiştir. Tarihsel gelişimine göre radyo, televizyon ve nihayetinde dijital kitle iletişim araçlarının her birinin sahip olduğu özellikler göz önünde bulundurulduğunda, hedef kitlede yarattığı etkinin ve hedef kitleye sağladığı imkânların da değiştiğini söylemek mümkündür. Örneğin erişim hızı, süresi, interaktiflik gibi dijital medyanın sunduğu olanakları diğer kitle iletişim araçlarında görmek mümkün değildir.

Bilgi açığı hipotezine göre ise; medyanın yaydığı bilgileri üst düzey sosyo-ekonomik skalada yer alan ve daha iyi eğitim almış kişiler, alt düzey sosyo-ekonomik skalada yer alan insanlara göre, daha hızlı ve daha doğru biçimde öğrenmeye yatkındır. Dolayısıyla medyanın herkese eşit şekilde verildiği düşünülen bilgi, farklı statülerde bulunan insanlar arasındaki farkı kapatmak yerine açmaktadır (Yaylagül, 2013, s. 85). Bu noktada medya okuryazarlığı konusu gündeme gelmektedir ve halkın homojen olmayan yapısı dikkat çekmektedir. Ayrıca medyanın tek başına herkes üzerinde amaçlanan doğrultuda etkili olamayacağı düşünülmektedir.

Haberin üretilme süreci algı yönetimi içerisinde üzerinde durulan önemli unsurlardandır. Erving Goffman (1974) tarafından "çerçeveleme" (framing) olarak tanımlanan bu süreçte haberlerin belli çerçeveler içinde sunulduğu ileri sürülmüştür. Bu çerçeveler, kitle iletişim araçlarına haber sağlayan kaynakların amaçlarını yansıtmaktadır (McQuail ve Windahl, 2010, s. 115). Bu etiketler, karşı tarafta yaratılmak istenen algının oluşma sürecinden rızanın tesisine kadar ki süreçte algı yönetene oldukça elverişli bir ortam sunmaktadır (Uğurlu, 2015, s. 304).

Herman ve Chomsky'nin "propaganda modeli", medyanın ideolojilerin taşıyıcısı ve aktarıcısı olma noktasında önemli bir yere sahiptir. Neyin haber olduğuna karar vererek haberleri şekillendiren, medyayı belli bir sisteme yerleştiren ve güdümü sağlayanlar; iktidar, iş dünyasında öne çıkan isimler, önemli medya kuruluşlarının sahipleri ve üst düzey yöneticiler olarak karşımıza çıkmaktadır. Dolayısıyla medya, bu kişi veya grupların baskısı altında haber üretmektedir. Kitle iletişim araçları birçok gerçeği gizler, gerçeğin nereye yerleştirileceğine, vurgusuna, ne kadar tekrarlanacağına, çerçevesine ve bağlamına karar verir. Tüm bunlar etkisi bakımından gerçeğin gizlenmesinden daha hayati bir önem taşımaktadır. (Herman ve Chomsky, 1998, s. 12- 18).

Tüm bunlar kitle iletişim araçlarının hedef kitleler üzerinde nasıl bir rolü olduğunu göstermektedir. Bugün artık medyanın tüm dünyada dördüncü güç olarak kabul edilmesi ise medyanın hedef kitleler üzerindeki manipülasyon gücünü ortaya çıkarmaktadır ve algı yönetimi söz konusu olduğunda aynı etkiyi göz önüne sermektedir.

Medya, zihinlerin inşasının kaynağı konumundadır. Chomsky'ye göre medya, kurgulanmış gerçekliği, gündem haline getirerek, belirli bir ideoloji çerçevesinde, istenilen miktarda ve şekilde kitlelere ulaştırmaktadır. Devletin ideolojik aygıtı haline gelen dijital medya ve iletişim sistemleri; farklılıklara, yeni söylemlere ve gerçek müzakere ortamlarına fırsat vermeyecek şekilde, egemen söylem etrafında tek boyutlu olarak yeniden düzenlenmektedir. Buna göre; demokratik bir kamusallığı çoğu zaman görünürde öne süren medya, kitlelerin nelerden haberdar olacağından, nelerin müzakere edileceğine kadar tüm süreçleri sistemli bir şekilde üretmektedir (Chomsky, 2002, s. 10). Gönenç'e göre (2018, s. 25) medya bir konu üzerinde ansızın durmaya ve konuyu sık gündeme getirmeye başlamışsa, burada bir algı yönetiminden söz edilmektedir. P. Freire, insan zihninin manipülasyonunu bir çeşit fetih aracına benzetmektedir. Toplumsal iktidarı elinde bulunduran seçkinler kendi amaçları doğrultusunda kitleleri yönlendirebilmektedirler. Mitler, insanlara hükmetmek için kullanılmakta, halkın bilincine ustaca yerleştirildiğinde insanlar manipüle edildiklerinin farkına bile varamamaktadır (Mora, 2011, s. 168- 170).

Siyasal İletişimde Algılar Nasıl Yönetilir?

Siyasal iletişimde temel amaç hedef kitleyi istenilen yönde ikna etmektir. İktidar güçler ya da iktidar olmayı hedefleyen güçler daima kamuoyu oluşturmak, hedef kitlede olumlu imaj yaratmak, istenilen yönde tutum ve davranış geliştirmek ve sadık birer destek yaratmak üzere çalışırlar. Siyasal iletişim uygulamalarının bu nedenle hedef kitlenin zihinlerine temas edebilmesi ve algılarını yönetebilmesi gerekir. Bunun için de hedef kitlelerini çok iyi tanımaları gerekir. Hedef kitlenin her türlü özelliğinin, ihtiyaçlarının, beklentilerinin biliniyor olması, onların nasıl etkileneceğinin, zaaflarının ve bilinç düzeylerinin de biliniyor olmasını mümkün kılar. Tüm bunlara hâkimiyet ise dış dünyayı ve gönderilen iletileri de nasıl algılayacaklarının bilinmesi ve istenilen yönde algının oluşmasını sağlayacak iletilerin oluşturulması ve doğru yöntemlerle iletiliyor olması anlamına gelir. Diğer taraftan siyasal iletişimde algıları yönetebilmek için duygular oldukça önemlidir. İnsanlar sıklıkla farkında olmadan kararlarını duygusal olarak alır. Duygusal açıdan etkilenmiş bir bireyin çoğunlukla düşünsel fonksiyonları da devre dışı kalır. Bu nedenle algı yönetiminde büyük oranda hedef kitlenin duygularını etkilemek ve bu vesile ile onları ele geçirmek hedeflenir.

Algı yönetimi genellikle olumsuz bir çerçeveye yerleştirilmesine rağmen, her zaman olumsuz bir biçimde karşımıza çıkmaz. Siyasal iletişimin bileşenlerinden olan, açıklık ve doğruluğun öne çıktığı halkla ilişkilerde de algı yönetimi yapılabilir. Halkla ilişkilerde iyi niyet ön planda olduğu için, hedef kitlede yaratılmak istenen algı, bu niyetle gerçekleştirilir. Aynı şekilde itibar yönetimi için, imaj yönetimi için, kurumsal iletişimde iç hedef kitlenin motivasyonunu artırmak için algıların yönetilmesi gerekebilir. Sivil toplum kuruluşlarının belli konularda halkta farkındalık oluşturmak amacıyla gerçekleştirdikleri iletişim sürecinde de bir nevi algıların yönetilmesi söz konusudur. Maddi karşılık beklemeksizin, sosyal sorumluluk bağlamında yapılan çalışmaların, yatırımların hedef kitlenin algılarını belli noktalara yönlendirdiği söylenebilir.

Diğer taraftan bir savaş esnasında- ki burada iletişimden çok farklı olarak anlaşmak veya uzlaşmak değil, savaşmak yani ka-

Algı Yönetimi

zanmak ya da kaybetmek esastır- kazanmak uğruna taraflar her türlü yöntemi deneyebilecektir. İnsanlığın en çirkin yüzünün göstergesi olan savaşlarda destek bulabilmek, taraftar toplayabilmek, kendileri lehine haklı bir durum yaratabilmek anlamında bir algı yönetimi karşımıza çıkabilmektedir. Buradaki niyet ve algı yönetimi halkla ilişkilerdeki niyet ve algı yönetiminden oldukça uzaktır. Burada algı yönetimi sıklıkla, gerçekten tamamen uzak, kara propagandaya benzer biçimde yalan ve iftiraya varan iletilerle gerçekleştirilmektedir. Benzer biçimde terör örgütleri tarafından da sıklıkla kullanılan bir yöntem olması, algı yönetimine daha çok olumsuz bir anlamın yüklenmesine neden olmaktadır. Nitekim terör örgütleri kendilerine taraftar bulabilmek için sıklıkla hedef kitlenin zihinlerini ele geçirmeyi hedeflemekte, bunun için de algı yönetimini kullanmaktadır. Özellikle dijital iletişim araçlarının yaygınlaşması ve çocuktan yaşlıya herkesin bu araçlara erişim imkânının artması ve özellikle genç kitle için temel ihtiyaç halini alması, bu tür örgütlerin algı yönetimiyle emellerine ulaşmalarını daha mümkün kılmış, görsel iletiler üzerinde yapılan oynamalarla gerçekten tamamen sıyrılmış, bütünüyle kurgulanmış içeriklerle, zihinler ele geçirilmeye çalışılmıştır.

Yine siyasal iletişimin ilişkili olduğu ve genellikle uygulamalarına ihtiyaç duyduğu başka bir disiplin olarak pazarlama ve reklamcılıkta da hedef kitlede olumlu bir tutum oluşturmak ve satın alınma eylemini gerçekleştirmek amacıyla hedef kitlenin algıları yönetilmeye çalışılmaktadır. Burada da doğru ve gerçek iletilere ilaveten, olumsuz durumların gizlenmesi suretiyle algılar istenilen biçimde yönlendirilebilmektedir. Söz konusu algıları yönetmek olduğu için, hangi kişi, grup ya da örgüt, hangi amaçla, kimi hedefliyorsa, o doğrultuda algıları şekillendirmek dolayısıyla yönetmek istemektedir. Bu nedenle niyet değişmekle birlikte, amaç hepsinde aynıdır yani algıları yönetmektir.

Toplumların çoğunlukla eski veya yeni olsun, dış dünyayı algıladıkları biçimde tepkiler verdikleri görülmektedir. Yüzyıllar öncesinde başlayan ve kimi kesimlerce bittiği, kimi kesimlerce ise hiç bitmediği düşünülen ırk, renk ve cinsiyet gibi ayrımlar da bir nevi algı yönetimin ürünüdür ve siyasal arenada bu konular üzerinden daima politikalar sürdürülür. Buna verilebilecek güncel örneklerden biri, bir siyahi olan George Floyd'un 25.05.2020 tarihinde Amerika'da polis tarafından sokak ortasında öldürülmesinin ardından kendini göstermiştir. Siyahilere yönelik algılamaların sonucu olarak yapılan ötekileştirmelerin konu edildiği yüzlerce filme, habere ek olarak yaşanan bu olayda polisin sergilediği tavır da yüzyıllar boyunca yaratılmış bir algının ürünüdür. Minneapolis'te başlayıp tüm Amerika'ya hatta dünyaya yayılan eylemler ise medyanın da büyük etkisiyle bu algının değişmesi yönünde kendini göstermiş, artık ayrımcılığa ve ötekileştirmeye karşı yönde bir algı yaratılması amacıyla gerçekleştirilmiştir. Böylece halk, siyasiler, medya, yeni bir gerçekliğin inşasını üstlenerek, verdikleri tepkiler, aldıkları kararlar, yürüttükleri politikalarla algıları yönetmeye devam etmiştir.

Yine güncel olan bir başka örnek ise; tüm dünyada etkisinin hala son derece hissedilir biçimde devam ettiği Covid-19 pandemisi ile ilgili verilebilir. İlk vakaların görülmeye başlandığı günden bu yana sayısız spekülasyona sebebiyet veren virüs ile ilgili çok farklı yönlerde algılar yaratılmaya çalışılmıştır. Dünya ülkelerinin liderleri, medya ve bilim insanları başta olmak üzere, içerisinde toplumun her kesiminden insanın yer aldığı bu algı yönetimi sürecinde zaman zaman halk üzerinde korku ve panik yaratılmaya, zaman zaman ise her şey normalmiş gibi gösterilmeye çalışılmıştır. Nitekim Türkiye'de ilk vaka ile birlikte çok sıkı tedbirler alınırken, sokağa çıkma kısıtlaması gibi önlemler nedeniyle, bazı kesimler tarafından, halkta korku ve endişe yarattığı suretiyle eleştirilere neden olmuş, diğer taraftan

Algı Yönetimi

İngiltere'de hayatın normal seyrinde devam etmesi istendiği için bu kez de insanların göz göre göre ölüme itildiği gerekçesiyle, yapılanlar eleştirilerin hedefi olmuştur. Pandeminin yoğun yaşandığı İtalya, İspanya, Fransa, Almanya gibi ülkeler, bu ülkelerin siyasileri, izledikleri politikalar ve kültürleri ile ilgili ciddi yorumlar yapılmış, bu yorumların geleneksel ve dijital medya üzerinden sıklıkla iletilmesi ve paylaşılması ile de hedef kitleler üzerinde belli algılar yaratılmaya çalışılmıştır. Nitekim bu süreç içerisinde gelinen noktada her ülkenin vatandaşlarının algılarının belli yönlerde şekillendiği rahatlıkla söylenebilir. İletişimin amaçlarından ve işlevlerinden olan etkilemek ve yönlendirmek eşliğinde hedeflenen yönde algılar oluşturulmuştur. Artık bireylerin, ülkeler, liderler, siyasi partiler ve temsilcileri hatta ülkelerin yaşam tarzları, kültürleri ve politikaları hakkında yönetilmiş algıları mevcut bulunmaktadır.

Tüm bu uygulamalar, alınan kararlar, liderler tarafından yapılan açıklamalar, medyanın haber oluşturma ve iletme biçimleri kamuoyu oluşması yönünde önemli etkenlerdir. Dolayısıyla siyasal iletişimde esas hedef olan kamuoyu oluşturma bu şekilde de gerçekleşebilmektedir. Dolayısıyla algıların yönlendirilme biçimleri yani algı yönetimi kitleler farkında olmadan son derece doğal bir seyirde gerçekleşmekte, bu seyir de hedef kitlenin algılarının yönlendirilmesini sağlamaktadır.

Sonuç ve Değerlendirme

İnsanlık tarihi ne kadar eskiyse o kadar eski olan siyasalın da iletişimin de bugün hayatımızı sıkı sıkıya sarmaladığı ve kocaman bir kitlenin duygu, düşünce, tutum ve davranışlarını kendisine ait zannederken nasıl oluştuğunu pek fark edemediği, gerçekle kurgunun iç içe geçtiği yaşadığımız dünyada, algı yönetimi ve siyasal iletişim üzerinde araştırma yapılması, çalışmanın amacını ve önemini ortaya koymaktadır.

Genel hatlarıyla siyasal iletişimin ve algı yönetiminin ne olduğunun anlatıldığı çalışmada; özellikle siyasal iletişim ve algı yönetiminin girift yapısı, gerçekleşebilmesi için medyanın işlevsel rolü ve önemi üzerinde durulmuştur. Çoğunlukla olumsuz bir yere konumlandırılan algı yönetiminin çalışmada kapsamı çizilirken, belli uygulamalarda olumlu bir yaklaşımla da gerçekleşebileceği gösterilmiştir. Nitekim bu dünyada nefretin, ırkçılığın, cinsiyetçi yaklaşımların, savaşın, kötülüğün, şuursuzca tüketmenin, bunun yerine hiç üretmemenin meşrulaştırılması, nasıl algıların hissettirilmeden yönetilmesiyle yapılıyorsa, tüm bu sıradanlaşmış olumsuzluklara karşı, farkındalığın ve sorumluluk bilincinin oluşturulması, itibara, güvene hakkettiği değerin verilmesi, karşılıklı anlayış, empati ve birliğin geliştirilebilmesi de eğitim ve etik değerlerin içselleştirilmesine ek olarak, algıların bu yönde yönetilmesiyle de gerçekleştirilebilir. Sonuçta tüm dünyada siyasal alanda nasıl politikalar geliştirilirse algılar da bu doğrultuda yönetilecektir.

Çalışmanın sonucunda; algı yönetimi, siyasal iletişimin tam kalbidir demek yerinde olacaktır. Çünkü siyasal iletişimde hedef; kitleleri etkilemek, yönlendirmek, ikna etmek ve kamuoyu oluşturmaktır. Bu da algıların daima yönetilmesi anlamına gelmektedir. Bu döngüde medyanın da yadsınamaz bir önemi olduğu ortaya konmuştur. Ek olarak siyasal iletişim, algı yönetimi ve medyanın her türlü gücüne rağmen genellikle olumsuz bir yere konumlandırılan yapısı unutulmamalı, aksine bu gücün yaşam adına "değer" yaratabilmek üzere kullanılması gerektiği önerilmektedir.

Kaynakça

Callamari, P. ve Reveron, D. (2010) China's use of perception management. *International Journal of Intelligence and CounterIntelligence,* 16 (1), 1- 15. https://doi.org/10.1080/71330380

Chomsky, N. (2002). *Medya gerçeği.* İstanbul: Everest Yayınları.

Çakmak, F. (2019). *Postmodern çağda siyasal iletişim.* Konya: Literatürk.

Çankaya, E. (2015). *Siyasal iletişim, dünyada ve Türkiye'de.* Ankara: İmge Kitabevi

Gönenç, Ö. (2018). *Medyada algı yönetimi.* İstanbul: DER Yayınları.

Gültekin, M. (2019). *Algı yönetimi ve manipülasyon.* İstanbul: Pınar Yayınları.

Güngör, N. (2013). *İletişim kuramlar yaklaşımlar.* 2. Baskı, Ankara: Siyasal Kitabevi.

Habermas, J. (2001). *İletişimsel eylem kuramı.* (M. Tüzel, Çev.). İstanbul: Kabalcı Yayınevi.

Herman, E. S. ve Chomsy, N. (1998). *Medya halka nasıl evet dedirtir?* (B. Akyoldaş, Çev.). 2. Baskı, İstanbul: Minerva Yayınları.

Kınacı, S. (2011). *Türkiye'de polis algısı ve algılama yönetimi: Bir alan araştırması.* (Yayınlanmamış Doktora Tezi), Marmara Üniversitesi Sosyal Bilimler Enstitüsü, İstanbul.

McQuial, D. ve Windahl, S. (2010). *İletişim modelleri.* (K. Yumlu, Çev.). 3. Baskı, Ankara: İmge Kitabevi.

Mora, N. (2011). *Medya çalışmaları medya pedagojisi ve küresel iletişim.* Ankara: Nobel Yayınları.

Oktay. M. (2002). *Politikada halkla ilişkiler.* İstanbul: Derin Yayınları.

Öksüz, H. (2013). Algı yönetimi ve sosyal medya. *İdarecinin Sesi Dergisi,* 0(156), 12- 15.

Özdağ, Ü. (2014). *Algı yönetimi.* Ankara: Kripto.

Reid, R. P. (2002). Waging public relations: A cornerstone of fourth-generation warfare, *Journal of Information Warfare,* 1 (2), s. 51- 65.

Saydam, A. (2014). *Algılama yönetimi.* İstanbul: Remzi Kitabevi.

Türk, M. S. (2014). Medyanın gerçeklik inşası ve gerçeklik algısı. *Düşünce Dünyasında Türkiz Siyaset ve Kültür Dergisi,* Yıl: 5, Sayı: 28, Temmuz – Ağustos, ISSN 1309–601X.

Uğurlu, Ö. (2015). Gerçek olanın ikame alanı olarak twitter: Online dünyada yönetilen algılar. S. Ö. Karakulakoğlu ve Ö. Uğurlu (Ed.), *İletişim çalışmalarında digital yaklaşımlar twitter* içinde (s. 295- 307). Ankara: Heretik Yayınları.

Yavaşgel, E. (2004). *Siyasal iletişim kavramlar ve ardındakiler.* Ankara: Babil Yayın Dağıtım.

Yaylagül, L. (2013). *Kitle iletişim kuramları.* 4. Baskı, Ankara: Dipnot Yayınları.

SİYASAL İLETİŞİM ARACI OLARAK SİNEMADA ÖTEKİ ALGISI: KUMDAN KALE FİLMİ ÖRNEĞİ

*Zühal FİDAN BARİTCİ**
*Fatih BARİTCİ***

Giriş

Medyanın etki alanı teknolojide yaşanan gelişmeler ile paralel olarak sürekli genişlemekte; siyasal, toplumsal ve kültürel meselelerin aktarıcısı olma rolünü daima sürdürmektedir. Birçok duyu organına aynı anda hitap etmesi, gerçekliği ya da onun kurgusunu anlatabilme kabiliyetiyle sinema, toplumu oluşturan ve ilgilendiren konuların ele alındığı bir kitle iletişim aracıdır. Sinema aynı zamanda kültürün aktarıcısı ve toplumsal yapının şekillendiricisi olarak ön plana çıkmaktadır. Garth S. Jowett ve Victoria O'Donnell'in (2017, s. 144) "kitlesini duygusal açıdan en fazla etkileyen tür sinemadır ve izleyicinin diğer popüler kültür türlerinden daha derin bir şekilde karakteri ve olayları tanımasını sağlar" ifadeleri sinemanın algı yönetimi açısından önemini gözler önüne sermektedir. Bu özelliğiyle sinema ötekinin inşası veya başka bir deyişle ötekileştirme noktasında da egemen grupların önemli bir aracı olarak görülmektedir. Nitekim sinema hem bireyler hem de uluslar açısından öteki olarak tanımladıklarının üzerinden kimliklerini ve söylemlerini oluşturmalarına olanak tanımaktadır (Önal ve Baykal, 2011, s. 108). Burada bahsi geçen öteki "ben ve biz kavramlarının

---

* Dr. Öğr. Üyesi, Aksaray Üniversitesi İletişim Fakültesi, zuhalfidan@aksaray.edu.tr
** Araş. Gör., Aksaray Üniversitesi İletişim Fakültesi, fatihbaritci@aksaray.edu.tr

merkeze alınarak bir kavramsal çerçeve oluşturulması neticesinde ilgili çerçevenin dışında değerlendirilen birey ve grupları algılama edimi" olarak tanımlanmaktadır. Ötekiye karşı algının oluşmasında ise "genelleme, kalıp yargı ve önyargılar" etkili olmaktadır (Akova, 2020, s. 150-151).

Üzerinde çokça konuşulan ve özellikle siyasi tartışmaların merkezinde yer alan algı yönetimi tam olarak nedir? Ümit Özdağ (2017, s. 13) algı yönetimini "hedef insan veya toplumu hedef alanın istediği şekilde düşünmeye ikna etmek için etkilemek" şeklinde tanımlarken; Oğuz Göksu (2018, s. 98) algı yönetiminin amacını "savunulan ya da yayılmaya çalışan bilginin hedef kitleye ulaşması için iletişimin her türlü yöntemini ve tekniğini kullanmak" olarak ifade etmektedir. Bu tanımlardan hareketle kamuoyunda istenilen kanaatleri oluşturma çabasının siyasal iletişim ve algı yönetimini yan yana getirdiği söylenebilir.

Devletler dünya kamuoyunda kararlarını meşrulaştırmak için sürekli bir iletişim çabası içindedirler. Bu amaçla sürdürülen siyasal iletişim çabaları genel olarak dış politikanın bir parçası şeklinde eyleme dökülürken (Duman, 2020); farklı iletişim araç ve yöntemlerinden en üst düzeyde fayda elde etmeyi amaçlamaktadır. Artık devletlerin sadece sert güç unsurlarıyla hareket etmeleri, kamuoyunu yok saymaları neredeyse imkânsız hale gelmiştir. Bu sebeple algıların istenilen yönde oluşmasına öncelik verilmektedir, çünkü "algılar gerçeklerin önüne geçmiştir" (Karabulut, 2014, s. 117).

Günümüzde sinema, algı yönetimi, siyasal iletişim, propaganda, kamu diplomasisi gibi kavramlarla yan yana geldiğinde -özellikle küresel etki potansiyeli göz önüne alındığında- akla ilk olarak Amerikan sineması gelmektedir. Amerikan sinemasını bu konuma getiren ise sürdürülebilir bir dil anlayışı geliştirmenin temelini oluşturan "yapımın finansal güçlüğü ve ortaya konulan ürünün dolaşıma sokulması" (Gökçek, 2015, s. 229) kabiliyeti ve imkanına sahip olmasıdır. Douglas Kellner'in (2003, s. 13) "çağdaş Hollywood sineması temsillerin birbiriyle

Algı Yönetimi

mücadelesi olarak ve mevcut toplumsal mücadelelerin yeniden üretildiği, dönemin siyasi söylemlerinin tahvil edildiği bir mücadele alanı olarak okunabilir" ifadeleri hem Hollywood'un kabiliyetini hem de sinemanın siyasal boyutunu ortaya koymaktadır. Benzer şekilde Yasemin Kılıçarslan (2018, s. 908) da sinemanın "politik bir iletişim aracı haline gelerek kamuoyunun algılarını biçimleme gücüne sahip" olduğunu belirtmektedir. Böylece farklı alanlarda pek çok konu, sinema üzerinden işlenerek kamuoyuna ulaştırılmakta ve algıları bu yolla şekillendirmeyi ve yönetmeyi başarmaktadır.

Sinemada ötekinin inşası, algı yönetimi ya da propaganda gibi temalar akla ilk Hollywood'u getiriyor olsa da, dijital platformlar etki alanlarını giderek artıran önemli birer film üreticisi haline gelmektedirler. Bu platformların başında gelen Netflix[1], dijitalleşmenin dönüştürücü gücünün sağladığı imkânlarla dünyanın birçok ülkesindeki milyonlarca izleyiciye farklı kategorilerde içerikler sunmaktadır. Başta dizi ve filmler olmak üzere bu içeriklerin bir kısmını dışarıdan temin eden Netflix'in, kendi yapımı olan içerikleri de azımsanmayacak sayıdadır. Her ne kadar dijital platformlar, geleneksel anlamda sinema ve televizyon izleme alışkanlıklarında değişikliklere sebep olsalar bile, üretilen içeriklerin yapımcı, yönetmen, oyuncu ve temaları itibariyle ne kadar farklılaştığı tartışmaya açıktır. Bu çalışmada incelenen *Kumdan Kale (Sand Castle)*[2] filminin teması ve oyuncuları benzer konulu birçok Hollywood yapımı film ve farklı televizyon kanallarındaki dizilerle benzerlik taşımaktadır. Dolayısıyla filmlerin üretimi ve sunumu değişse de amaçlarının benzerlik gösterdiği söylenebilir.

---

[1] Netflix, yaklaşık 200 ülkeden 193 milyon ücretli abonesine çeşitli temalarda içerikler sunan bir yayın hizmetidir. Detaylar için: https//about.netflix.com/tr/about-us#about-netflix.

[2] Kumdan Kale (Sand Castle) başrollerinde Nicholas Hoult, Logan Marshall-Green ve Henry Cavill'in oynadığı Netflix yapımı bir filmdir. Detaylar için: https://www.netflix.com/tr/title/80118916.

Bu araştırmanın konusu *Kumdan Kale* filminde İslamofobik bağlamda ötekinin nasıl inşa edildiğidir. Filmde, birçok Hollywood yapımında olduğu gibi, Irak'ı işgal eden ABD ordusunun bölgede başından geçenler konu edilmektedir. *Kumdan Kale* filminin birçok sahnesinde Iraklıları, İslam'ı ve Müslümanları ötekileştiren sahneler, görseller ve diyaloglara oldukça fazla yer verilmektedir. Yani kendisini yenileyen bir oryantalizm ve İslamofobi esintisi ekranları başındakilere hissettirilmektedir. Çalışma kapsamında ele alınan *Kumdan Kale* filmi ideolojik film eleştirisi yapılarak incelenmeye çalışılmıştır. İdeolojik film eleştirisinde kültürel bir uygulama alanı olan filmler, estetik, sosyo-ekonomik ve tarihsel arka plana sahip bir anlamlandırma ve benimseme aracı olarak değerlendirilmektedir (Özden, 2004, s. 165). Böylece film sadece sanatsal birer ürün olarak değil, aynı zamanda ideolojik/siyasal mesaj taşıyıcıları olarak değerlendirilebilmektedir. Nitekim Kellner (2013, s. 36) filmlerin belirli bir bağlama oturtularak okunmasının, izleyicilerin toplumsal meseleler hakkında bilgi sahibi olmasını ve toplumdaki farklı görüşleri öğrenmesini sağlayacağını belirtmektedir. Bu çalışmanın amacı filmdeki karakterler arasında geçen diyalogları ideolojik eleştiriyle değerlendirerek Müslümanların nasıl ve hangi kalıpyargılarla ötekileştirildiğini ortaya koymaktır.

Siyasal İletişim, Algı Yönetimi ve Sinema İlişkisi

İnsanlığın tarihi ile başlayan siyaset, üzerinde en fazla durulan ve tartışılan dinamik bir alan olma özelliği göstermektedir. Tarih ve siyasetin birlikteliği önemli bir bilgi birikimine de kapı aralamaktadır. Bu kavramların beraberliği siyasi olguları anlamlandırırken tarihsel bağlamdan kopulamayacağı gerçeğini gözler önüne sermektedir. Tarihsel süreçler içinde farklı formlarda ön plana çıkan siyaset kavramının oldukça fazla tanımı bulunmaktadır. Ancak genel itibarıyla siyaset, toplumların iktidara ulaşmak için gerçekleştirdiği faaliyetleri düzenleyen genelgeçer kuralları koymak, korumak ve değiştirmek için sürekli olarak gerçekleştirdikleri faaliyetlerin bütünü olarak tanımlanabilir (Heywood, 2019, s. 25). Nitekim iktidar sahibi olmanın yollarından biri de siyasal iletişim faaliyetlerinden yararlanmaktır. Bu amaçla kamuoyunun ikna edilebilmesi, pek çok farklı strateji ve taktiğin bir arada kullanılmasına bağlıdır. Dolayısıyla kamuoyunun istenilen doğrultuda şekillendirilmesinin yolu siyasal iletişim faaliyetlerinin yanında algılarının/algılamalarının bilinmesini gerekli kılmaktadır. Algı yönetimi ve siyasal iletişim uygulamalarının birlikteliği hedef kitlenin çözümlenebilmesi için gereklidir. Özellikle son yıllarda yoğun mesaj bombardımanına tutulan kamuoyunun bu karmaşa içerisinden sıyrılıp istenilen yönde tutum ve davranış göstermesinin altında algı yönetimi strateji ve tekniklerinin kullanılması yatar. Siyasi arenada çokça kullanılmaya başlanan algı yönetimi ve tekniklerinin amacı siyasal iletişimin de temel amacı olan iknanın sağlanabilmesidir. Algı yönetimi, başta propaganda olmak üzere hedef kitlenin istenilen yönde bir algıya sahip olması için onları motive eden birçok kavramla birlikte anılmaktadır. Özdağ (2017, s. 13), algı yönetimi ile ilişkilendirilen diğer kavramlar arasındaki ilişkiyi "algı yönetimi amaç; propaganda, psikolojik savaş/harekât, örtülü operasyon, kamu diplomasisi ve enformasyon savaşı araçtır" ifadesiyle bir çerçeveye yerleştirmektedir.

Algı yönetiminin gücü fark edilmemesinden gelir. Çünkü yönlendireceğinin farkında olduğumuz propaganda faaliyeti ya da reklam etkili olmamaktadır. Etkili olan ise farkında olmadığımız faaliyetlerdir. Algılama yönetimi ve insanların ikna edebilmesini kapsayan tüm uygulamalar için gerekli en etkili teknikler fark edilmeyen ve savunma filtrelerini devre dışı bırakan gizli uygulamalardır (Kuru, 2019, s. 17-21). Bu açıdan bakıldığında sinemanın algı yönetimi bağlamında önemi daha da ortaya çıkmaktadır. Aşk temalı bir film izlemek için sinemaya gidildiğinde, merkezdeki aşk hikâyesinin arka planında yer alan siyasi olaylar, izleyiciler üzerinde etkili olabilmektedir. Kılıçarslan (2018, s. 908) ise bu örneği destekler nitelikte teması siyasal olmayan filmlerin dahi doğrudan veya dolaylı olarak belirli bir dünya görüşünü izleyicilere aksettirdiğini ve bu yönüyle sinemanın "ideolojik bir aygıt" olduğunu belirtmektedir. Aydın Serdar Kuru (2019, s. 29), bu konuda mantığı aşarak duygulara ulaşmanın algı yönetiminin temel amacı olduğunu ve insanların genellikle duygularıyla hareket ettiğini vurgulamaktadır.

Sinemanın doğrudan ya da dolaylı olarak kitleleri etkileyebilen bir kitle iletişim aracı olduğunu belirten Enderhan Karakoç ve Abdullah Mert (2013, s. 281), devletlerin iktidar oluşturma amacıyla sinemayı kullanış biçimini şöyle açıklamaktadırlar:

"Özellikle, emperyalist bakış açısına sahip kapitalist devletler, sinemayı tahakküm altındaki milletlere karşı kullanmaktadırlar. Kendi ideoloji ve dünya görüşünü 'öteki'lere kabul ettirmeye çalışan egemen devletler, ekonomik ve psikolojik baskının yanı sıra medyayı kullanarak hâkim ideolojiyi de empoze etmektedirler."

Kellner (2013, s. 29) sinemayı "çeşitli görme biçimleri sunan bir tahayyül" olarak tanımlamakta ve sinemanın toplumda hali hazırda var olan görme ve deneyimleri yeniden ürettiğini ya da alternatif görme ve deneyimleme şekillerini üreterek izleyicilerin algılamalarını sağladığını belirtmektedir. Tüm bu tanımlamalardan hareketle sinemanın sahip olduğu bu özellikler, siyasal iletişim ve algı yönetimini bir araya getirmektedir.

11 Eylül Sonrası ABD'nin Irak Politikası ve Sinemadaki Yansımaları

Amerikan dış politikası üzerine çalışmaları olan Donald M. Snow'a (2017, s. 13) göre 11 Eylül 2001'de yaşanan olaylar olmasaydı, ABD-Irak ilişkileri büyük ihtimalde bugünkü haline gelmeyecekti. ABD'nin saldırılara karşı gösterdiği tepki, Amerikan vatandaşları arasında teröre karşı intikamcı bir duygunun oluşmasına sebep olmuştur. Bu durum ise ABD tarafından terör saldırılarına karşı yapılacak askeri müdahaleleri meşrulaştırılmasında kullanılmıştır. Alex Mintz ve Carly Wayne (2016, s. 38) 11 Eylül sonrasında ABD'nin Orta Doğu'ya yönelik dış politika-

Algı Yönetimi

larını ele aldıkları çalışmada, saldırılardan sonra Amerika'nın başta El-Kaide olmak üzere benzer organizasyonları yok etmeye yönelik bir Terörle Savaş³ başlattığını belirtmektedirler. Çağrı Erhan'a (2004, s. 143) göre ise 11 Eylül 2001'de yaşanan terör eylemleri, ABD'nin hem "terörle mücadele söylemi" ile dünyanın farklı bölgelerinde askeri operasyonlarda bulunmasını hem de birçok ülkeyle ilişkilerini yoğunlaştırmasına sebep olmuştur.

Deepa Kumar (2010, s. 256-257) 11 Eylül sonrası dönemde Müslüman dünyayı politikada tasvir etmek için kullanılan "beş söylemsel çerçeve" üzerinde durmaktadır. Oryantalist bir retoriği içinde barındıran bu çerçeveler şu şekildedir:

- İslam tekildir,
- Cinsiyetçidir,
- Müslüman aklı rasyonelliğe ve bilime karşı kabiliyetsizdir,
- İslam şiddet içermektedir,
- Batı demokrasi yayarken, İslam terörü meydana getirmektedir.

Kumar'ın tespitleri göz önüne alındığında Batı'nın İslam dünyasına yönelik asırlardır sahip olduğu bakış açısının kendini güncellediği ve 11 Eylül saldırılarının Müslüman algısını olumsuz anlamda etkilediği söylenebilir. Richard Bernstein'ın 11 Eylül 2003'te New York Times'da kaleme aldığı "Foreign Views of U.S. Darken After Sept. 11" adlı makale, 11 Eylül'den iki yıl sonra Amerikan müdahaleciliğinin etkisini göz önüne sermektedir. Bernstein (2003) ABD'nin iki yıldır sürdürdüğü Irak politikasının etkilerini şu şekilde açıklamaktadır

"11 Eylül 2001'den beri geçen iki yılda Amerika Birleşik Devletleri'nin dünyanın sempatisini ve desteğini kazanan bir terörizm kurbanı olarak görünümü, haksız ve tek taraflı askeri güç kullanımı aracılığıyla dünya kamuoyuna meydan okuyan bir emperyal güç olarak değişmiştir".

---

3   Burada kullanılan orijinal kavram "War on Terror". Bu kavram, 11 Eylül saldırılarından sonra ABD'nin küresel boyutta teröre karşı başlattığı uluslararası askeri kampanya ifade edilmektedir.

11 Eylül sonrası yaşananlar ABD'nin kendisini meşrulaştırmak üzere sinemayı etkin bir şekilde kullanılmasına yol açmıştır. Ancak eylemlerinin neticesinde dünya kamuoyundaki ABD algısının negatif anlamda değiştiği ortadadır. Yine de benzer arka plana sahip birçok sinema yapımında bu konunun işlenmeye devam ettiği ve sinemanın algı yönetimi için kullanımının sürdüğü görülmektedir.

11 Eylül'de gerçekleşen eylemler öncesinde de terörizm konusu Hollywood filmlerinin temel odaklarından birisiydi. Bu durum Amerikan toplumunda ve dış politikasında, daha doğrusu tüm dünyada artan politik şiddet seviyesinin popüler kültüre yansımasıdır (Boggs and Pollard, 2006, s. 335). Hollywood'un 11 Eylül sonrasında ABD'nin başlattığı terörle mücadele kampanyası ve devamında Orta Doğu'da gerçekleştirdiği eylemleri konu edinen pek çok yapımı söz konusudur. Nitekim ABD, kendi çıkarları doğrultusunda oluşturduğu politikalar için toplumsal rızayı elde etme noktasında her dönem Hollywood'dan yararlanmakta ve ötekiyi tanımlama yani öteki üzerinden kimlik inşa etme noktasında onu kullanmaktadır (Türkmen ve Özçınar, 2020, s. 1323). Nitekim Soğuk Savaş'ın ardından ve özellikle 11 Eylül saldırılarından sonra ABD sinemasında öteki olarak temsil edilen, dünya için tehdit olarak gösterilen ve mücadele edilmesi gerekenlerin Müslümanlar olduğu algısı oluşturulmaktadır.

İbrahim Kalın (2020, s. 118) ise başta Avrupa ve ABD'nin Batı dışı toplumları betimlemede en çok kullandıkları iki temanın "şiddet ve şehvet" olduğunu ve bu temaların hem Osmanlı hem de bugünün Müslüman toplumlarının anlaşılmasını sağladığını belirtmektedir. Kalın'a göre Hollywood 1970'li yıllardan itibaren İslam dünyasını tasvir etmek için bu iki temayı kendisine kaynak olarak görmektedir.

Amerikan sinemasının 11 Eylül öncesinde de farklı temalarda Müslümanları öteki olarak inşa ettiği çok sayıda film söz ko-

Algı Yönetimi

nusudur. Bu noktada Mourad Touzani ve Elizabeth C. Hirschman'ın (2019, s. 8) yaptıkları kapsamlı araştırmada 20. yüzyılın ilk yarısından itibaren farklı on yıllık zaman dilimlerinde Müslümanların Amerikan filmlerindeki temsillerini inceledikleri çalışma yol göstericidir. Touzani ve Hirschman'a göre bu filmlerin temel amaçları şöyledir: 20. yüzyılın ilk yarısında kolonizasyonu haklı çıkarma. 60'lar ve 70'lerde Müslüman ülkelerle potansiyel ortaklığı göz önünde bulundurma, 80'ler ve 90'larda potansiyel tehlikelere karşı kendini savunma ve son olarak 21. yüzyılda ise ABD eylemlerinin sorumluluğunu alma.

Terörizm konusu üzerinden sinema ve siyaset ilişkisini ele aldıkları çalışmalarında Carl Boggs ve Tom Pollard (2006, s. 335) 11 Eylül sonrasındaki sinema ve siyaset ilişkisini Orta Doğu üzerinden değerlendirmektedirler:

"Siyaset için olduğu kadar sinema için de Orta Doğu artık büyük ölçüde zaman ve mekân dışında, karanlık korkuların ve tehditlerin hazır bir kaynağı olan mistik bir kategori olarak şimdi var olmaktadır. Bu tür ideolojik bir önyargı, 1980'lerin başında başlayan Orta Doğu merkezli terörist filmlerin yeni dalgasında aksettirilerek, 11 Eylül'den yıllar önce bölgeye (ve terörizme) ilişkin kamuoyunun anlayışını şekillendirdi. Terörist faaliyetlerin modelleri küresel operasyonların yeni bir evresine doğru değişiyordu."

ABD hükümetleri ile Hollywood arasında 11 Eylül'den iki ay sonra gerçekleşen toplantı ideolojik ortaklığı göz önüne sermesi açısından önemlidir. ABD Başkanı George W. Bush'un politika danışmanı Karl Rove, çoğunluğu liberal demokratlardan oluşan sinema camiası ile 11 Kasım 2001'de bir araya gelerek ABD'nin teröre karşı savaşına nasıl destek verebileceklerini konuşmuşlardır (Kellner, 2003, s. 104). Karl Rove, algı yönetimi amacıyla sinemanın gücünden yararlanmayı planlamıştır. Bu toplantıdan hareketle, sinemanın her dönemde siyasal mesaj aktarımı açısından hem devletlerin hem de siyasal aktörlerin başvurduğu etkili iletişim aracı olduğu açıkça ortaya çıkmaktadır.

79

"Kumdan Kale" Filminin Ötekinin İnşası Bağlamında İncelenmesi

Olay Örgüsü

2017'de beyaz perdeye uyarlanan *Kumdan Kale* filmi, Irak işgalinden on dört ve ABD ordusunun Irak'tan çıkışından altı yıl sonra yine Orta Doğu'da terörü ele alan bir başka yapımdır. Filmin konusu 11 Eylül'den kısa bir süre önce ABD ordusuna katılan Matt Ocre (Nicholas Hoult) adlı karakter üzerinden ABD'nin Irak işgaline odaklanır. Matt Ocre aslında üniversite eğitimi alabilmek adına ihtiyacı olan parayı kazanmak için orduya katılmıştır. 11 Eylül sonrasında Irak'a giden Matt, tahrip olan su deposu sorunu çözmek için birkaç askerle beraber bir kasabaya gönderilir. Filmin ağırlıklı olarak sahneleri bu kasabada yaşanan olaylar üzerinde gelişmektedir.

Müslümanların Öteki Olarak İnşası

Filmdeki ilk çatışma sahnesinde ABD askerileri kendilerine açılan ateşin yerini öğrenmeye çalışırlar. Askerlerin ilk düşüncesi ateşin camiden geldiğidir. Bunu kendi aralarında konuşurlarken Çavuş Harper "hücum etmek yok. Tamam mı? Camiyi yok etmeme emri aldık. Kötü reklam olur" ifadelerini kullanmaktadır. Saldırıya hazırlanan asker ise "liberaller" cevabını verir. Bu sahnenin devamında ağır ateşin camiden değil, bir otelden geldiği anlaşılır. Karşı tarafı etkisiz hale getirmek isteyen ABD askerleri hava saldırısında bulunmakta ve ateşin geldiği binanın önemli bir kısmını yerle bir etmektedir. Olan bitenden memnun olan Çavuş Chutsky "İşte bu yüzden Bağdat'tayım! İşte bu yüzden Bağdat'tayım lan!" şeklinde bağırır. Aynı asker birkaç saniye sonra bu bombalamayı "gördüğüm en Amerikanca şeydi" şeklinde tasvir eder. Amerikan askerlerinin arasında geçen bu konuşma, işgal ettikleri Irak'taki İslam'a ait değerlere saygı duymadıkları ve camilerin bombalanmasının önündeki tek engelin ABD hakkında olumsuz bir imaj oluşmasını engellemek olduğu anlaşılmaktadır. Ayrıca Çavuş Chutsky'nin reaksiyonları ABD'nin neden Irak'ta olduğunu da ortaya koymaktadır.

Görsel 1. Yanan Bağdat şehri, cami ve bir binayı bombaladıktan sonra karargâha dönen Amerikan savaş helikopterinin yer aldığı bir sahne.

Tamamlanan operasyondan sonra hareket halindeki zırhlı askeri aracın camından yol kenarında koşuşturan çocuklar görünür. Çavuş Chutsky çocukları gördükten sonra "şu küçük mücahitleri fazla yaklaştırma. Üzerlerine bomba bağlamış olabilirler" ifadelerini kullanır. Burada ABD askerinin Iraklı çocukları potansiyel birer terörist olarak göstermesi, bölge insanına yönelik İslamofobik yaklaşımın tezahürüdür. Bu sahneden kısa bir süre sonra ise ABD askerleri öldürdükleri bir kişiyi zırhlı arabalarına yüklerler ve onunla ilgili şakalaşırlar. Öldürülen Iraklı ile ilgili olarak "hacı" kelimesini kullanılır. Hacı ifadesi Müslüman inancında yapılması zorunlu olan hac vazifesini yerine getiren insanlar için kullanılmaktadır. Filmde ise bu ifade öldürülen bir Iraklı için kullanılarak Müslümanların değerleriyle alay edilmektedir.

Irak'ın Bakuba şehrinde ABD'ye ait Apache helikopteri gerçekleştirdiği saldırıda bir su istasyonunda ciddi hasara neden olmuştur. Bu hasarı onarmak ve kasabalıların su ihtiyacını gidermek için Matt'in de içinde olduğu birkaç asker, bölgedeki ABD askerlerinin yanına gönderilirler. Burası filmin büyük kısmının geçeceği yerdir. Çavuş Harper bu durumu "imaj harekâtı" olarak tanımlar. Matt ve diğer askerler Bakuba'ya geldiklerinde bölgedeki ABD askeri birliklerin lideri olan Yüzbaşı Syverson yeni gelen askerlere "hata yapmayın, şu kapının dı-

81

şındaki hiç kimse sizi burada istemiyor" ifadelerini kullanır. Yüzbaşının bu sözleri filmin birçok sahnesinde haklı çıkarılıyor, ancak film ABD'nin neden Irak'ta olduğunu ve sıradan Iraklıların neden onları istemediğini açıklığı kavuşturmamaktadır. Dolayısıyla Irak'ı işgal eden ABD kuvvetlerinin bir operasyon sırasında kasabalıların hayatlarına verdiği zararı tanzim etmeleri bile filmde bir kahramanlık hikâyesi ve ABD müdahaleciliğinin doğallaştırılması olarak sunulmaktadır.

ABD askerlerinin su tankeriyle yola çıktıkları bir sahnede, konvoyun arkasından siyah bir pikap yaklaşır. Araçtan şüphelenen askerler, aracı bir şekilde durdururlar. Aracından çıkartılan Iraklının üzerini ararlar. Adam içerde hasta kızının olduğunu ve onu akrabası olan birine göstermek için yolda olduğunu belirtir. Bunun üzerine askerlerden birisi küçük kız çocuğu için "silahlı mı?" sorusunu sorar. Tehlike oluşturacak hiçbir şey bulamamışlardır. Daha sonra Chutsky, Harper'a şunları söyler:" Bu insanlar sürekli çocukları kullanıyorlar. Bence onu tutuklayalım, Özel Kuvvet onun icabına baksın. Bu adamdan kıllanıyorum". Harper ise adamın yoluna devam etmesine izin verirken bir daha aynı yolu kullanmamasını ister ve çocuk için bir miktar para verir ama adam kabul etmez. Chutsky'nin sözleri ABD'nin Müslümanlar hakkında sahip olduğu ön yargıları ve genellemeleri göstermekte, ayrıca küçük çocukların bile silah taşıyabileceği ön kabulü ile Müslümanları terörist olarak ötekileştirmektedir. Kumar'ın (2010) çalışmasında ortaya koyduğu özellikle 11 Eylül sonrasında Batı'da gelişen İslam'ın rasyonel olmadığı ve terörü yaydığı bulguları bu sahnede teyit edilmektedir. Bu ötekileştirici anlayışın tarihsel ve kültürel arka planını ortaya koymak için Kalın'ın (2020, s. 7) Batı medeniyetini tasvir eden ifadeleri aydınlatıcıdır: "Kendini ontolojik manada evrenin merkezinde gören bir topluluk, herhalde başkalarını 'barbar, parya' olarak görmekten çekinmeyecektir". Dolayısıyla Amerikan sineması, Batı medeniyetinin zihninde asırlardır var olan öteki algısını yeniden inşa etmekte ve dijital teknolojilerin verdiği imkânlarla öteki olana karşı psikolojik savaşını sürdürmektedir.

Su tankeriyle bir meydana gelen askerler, suyun dağıtım şeklini anlatırlar ve insanların sıraya girmesini isterler. Çavuş Chutsky, su tankerinin başına gelen kalabalığa "Sıraya girin. Erkekler şuraya, kadınlar buraya. Amerika'da işler böyle, burada da böyle olacak" diyerek bağırır. Burada kullanılan kelimelerin seçimi ABD özelinde Batı'nın, Doğu toplumlarına yönelik oryantalist bakış açısını su yüzüne çıkarmaktadır. Batı için Doğu medenileştirilmesi gereken bir yer olarak tasvir edilmektedir. Edward W. Said (2017) de Batı'nın Doğu'nun kendisine ve halklarına karşı asırlardır ön yargılı ve taraflı bir gözle baktığı düşüncesini öne sürmektedir. Said'in düşüncelerinden hareketle Batı'nın sahip olduğu ön yargılı ve taraflı bakış açısının sürdürülmesinde önemli bir role sahip olan sinema, dünya kamuoyunu bu ötekileştirici anlayış çerçevesine hapsetmektedir.

Su istasyonundaki sıkıntıyı gidermek için çalışan ABD askerlerinin yanında Mahmut isimli Iraklı birisi vardır. Askerlerin bölge insanıyla iletişim kurmasına tercümanlık etmektedir. Matt'in su olmadan toprağın verimsiz olacağını söylediği bir sahnede, Mahmut bu olaydan önce de Bakuba'da suyla ilgili sorunlar çıktığını, Sünnilerin buraya gelip Şiilerin suyunu çaldıklarını söylüyor. Hatta Mahmut son olarak bu iki mezhebe ait insanlara yönelik "Birbirlerini öldürmek için hep bir bahane bulurlar" şeklinde konuşur. Bu sahne, film boyunca birçok kez yapıldığı gibi ABD müdahalesini "medenileştirme" argümanıyla meşrulaştırmaktadır. Iraklı bir Müslümanın ağzından söylenen bu ifadelerle Müslüman algısı "insan öldürme" eylemini gerçekleştirmek için bahaneye bile ihtiyacı olmayan insanlar olarak inşa edilmektedir.

Başka bir sahnede yine su istasyonunda çalışan Çavuş Chutsky Iraklı insanlara su getirmek için kendilerini parçaladıklarını ancak Iraklıların arkalarını her döndüklerinden ABD askerlerine ateş ettiğini söyleyerek isyan eder. Bu sahnenin hemen ardından kasaba meydanında su dağıtan askerlere saldırı olur ve Çavuş Chutsky hayatını kaybeder. Bu sahne izleyicilere çavuşun isyanında haklı olduğunu ve ABD askerlerinin fedakârlığının karşılıksız kaldığının kanıtı şeklinde sunulmaktadır. Çavuş Chutsky'nin ölümünün ardından Matt ile kasabadaki okulun müdürü Kadir arasında geçen diyalogda, Kadir okul için daha önce su istediğini, ancak hâlâ sularının gelmediğini söyler. Bu talebe sinirlenen Matt ise "bize ateş etmeyin o halde" cevabını veriyor. Bu diyalog açık bir şekilde Müslüman sivil halkın algısının terörist olarak zihinlerde olduğunu göstermektedir. Matt, Kadir'in olanlarla hiçbir ilgisinin olmadığını bilmektedir, ancak yine de Müslüman olması sebebiyle Kadir'i kolaylıkla terörist olarak yaftalayabilmektedir. Burada yine İslamofobik algı yönetimi açıkça izleyiciye sunulmaktadır. Hatta ABD'de İslamofobi endüstrisinin (Gölcü ve Aydın Varol, 2018) varlığı bile söz konusudur.

Okul müdürü Kadir'in iş birliğiyle su istasyonuna çalışmaya gelen Iraklıların gösterildiği sahnede, Kadir'in kardeşinin çantası şüphe uyandırır. ABD askerleri çantayı zorla açtırırlar ve çantada tehlikeli bir şey olmadığını gördükten sonra insanların istasyona girmesine izin verirler. Filmin ilerleyen sahnelerinde su istasyonunda Kadir'in kardeşi Arif'in getirdiği Iraklılarla ABD askerleri öğlen yemeği yerler. Bu sırada yerel halktan bir kişinin arabadan alıp getirdiği çantası patlar. Hem can kayıpları yaşanır hem de tamirat için yapılan ilerlemeler boşa gider. Bu sahne ile ABD'lilerin Müslümanlardan şüphelenmekte haklı olduğu ortaya koymaktadır. Böylece Müslümanların potansiyel birer terörist olarak ötekileştirilmektedir.

Filmin başından sonuna kadar geçen sürede ana karakter Matt Ocre'ın değişimi de dikkat çeken bir başka konudur. Çünkü orduya üniversite masraflarını karşılayabilmek için katılan

Matt, ilk sahnede elini kapıya sıkıştırarak görev almamak için bir sebep oluşturmaya çalışken, filmin sonunda görev süresi bitmesine rağmen Irak'ta yapılacakların henüz bitmediği düşüncesiyle görevi bırakmayı istemeyen bir askere dönüşür. Matt'in karakter gelişimini ABD müdahaleciliğinin ve müdahale ettiği yerlerden çıkmayışının meşrulaştırılması olarak okumak mümkündür.

Sonuç ve Değerlendirme

Devletler açısından sinemanın uluslararası arenada propaganda amaçlı kullanımı yaklaşık bir asırlık bir geçmişe sahiptir. Özellikle İkinci Dünya Savaşı ve sonrasında Soğuk Savaş dönemi Midnight Express (1978), Rocky IV (1985), Three Kings (1999), Argo (2012), American Sniper (2014) filmleri gibi yüzlerce örnekle doludur. İki kutuplu dünya düzeni, her ne kadar liderliğini Hristiyan devletler yapsa da, tarihsel olarak Doğu-Batı münasebetlerinin farklı bir tezahürü olarak gün yüzüne çıkmıştır. Sinema, devletlerin kendi kimliklerini tanımlamaları ve bu tanımın dışında kalanları öteki olarak tasvir etmelerine olanak tanıması sebebiyle algı yönetiminin önemli bir aracı olma özelliğini sürdürmektedir. Bu konuda ise açık bir şekilde propaganda filmlerinin dışında, farklı hikâyelerin ardına gizlenen siyasal mesajları izleyicisine aktarmada yani algı yönetimi yapmada Amerikan sineması öne çıkmaktadır. ABD sinema ile mevcut müdahalesini meşrulaştırırken Kumdan Kale filmi bu yapıyı sürdüren başka bir yapıt olarak izleyicilere sunulmaktadır.

Bu çalışmada ele alınan film birçok sahnesinde Batı'nın Doğu'ya yönelik sahip olduğu kanaatlerin ortaya konması açısından sinemanın ötekileştirme kabiliyetine yeni bir örnek teşkil etmektedir. Batı'nın sahip olduğu klasik argümanlar, bu film içinde tekrar işlenmekte ve sahip olunan öteki imgesi yeniden inşa edilmektedir. Diğer bir ifadeyle, filmde ABD askerleri üzerinden Batı medeniyeti özgürlük mücadelesi veren, kurtarıcı, iyi ve kahraman olarak temsil edilirken, Irak'ta yaşayan Müslümanlar üzerinden Doğu medeniyeti; özgürlüklerin düşmanı, tehdit, kötü ve terörist olarak ötekileştirilmektedir. Özetle basit temsiller ve imgeler üzerinden Müslümanlar ötekileştirilirken, ABD'nin Irak işgali meşrulaştırılmaktadır.

ABD'nin 11 Eylül saldırılarının ardından dış politikasındaki Orta Doğu'ya yönelik değişiklikler, yapılan askeri müdahaleler ve meşru bir zemine oturtulamayan işgal gerekçeleri başta sinema gibi araçlarla dünya kamuoyuna sunulmakta ve eylemlerini haklı göstermeye yönelik algı yönetimi yapılmaktadır. İknayı temel alarak ürün yerleştirme ve 25. kare tekniği gibi uygulamalarla devletler arasındaki örtük mücadelenin dijital platformların da etkisiyle artarak devam edeceği öngörülmektedir.

Kaynakça

Akova, S. (2020). Kültürlerarası iletişim bağlamında ötekileştirme olgusunun dijital taşıyıcılığına dair netflix dijital televizyonu üzerinden bir bakış: 13 commandments (13 emir) dizisi üzerinden göstergebilimsel analizi. *OPUS–Uluslararası Toplum Araştırmaları Dergisi, 10* (15), 145-182.

Bernstein, R. (2003, 11 Eylül). Foreign vews of U.S. darken after Sept. 11. *New York Times* içinde. Erişim Adresi (5 Eylül 2020): https://www.nytimes.com/2003/09/11/world/two-years-later-world-opinion-foreign-views-of-us-darken-after-sept-11.html,

Boggs, Carl ve Pollard, Tom (2006) Hollywood and the spectacle of terrorism. *New Political Science, 28* (3), 335-351, DOI: 10.1080/07393140600856151.

Duman, M. (2020). *Türk dış politikası ve kamu diplomasisi faaliyetleri (1934-1960)*. Konya: Palet Yayınları.

Erhan, Ç. (2004). ABD'nin orta Asya politikaları ve 11 eylül. *Uluslararası İlişkiler, 1*(3), 123-149.

Göksu, O. (2018). *Siyasal iletişim iktidar için yapılır*. Konya: Literatürk Academia.

Gölcü, A. ve Aydın Varol, F. B. (2018). Yükselen bir trend olarak İslamofobi endüstrisi: Amerikan medyasına yönelik araştırmaların bir panoraması. *Medya ve Din Araştırmaları Dergisi (MEDİAD), 1*(1), 73-88.

Gökçek, Y. Z. (2015). Kolonyal hafıza'dan dekolonizasyon öforisi'ne: Afrika sinemasını hikâyeleştirmek. *Doğu Batı, 74*, 217-239.

Heywood, A. (2019). *Siyaset*. (20. Baskı). Ankara: Felix Kitap.

Jowett, G. S. ve O'Donnell, V. (2017). Propaganda ve ikna. R. Kahraman Duru ve diğ. (Çev). İstanbul: Artes Yayınları.

Kalın, İ. (2020). *İslâm ve Batı*. (20. Baskı). İstanbul: İSAM Yayınları.

Algı Yönetimi

Karabulut, B. (2014). Algı yönetimi ve güvenliğin siyasal bir araç haline dönüştürülmesi: Güvenlikleştirme teorisi. B. Karabulut (Ed.). *Algı yönetimi içinde* (s. 117-135). İstanbul: Alfa Kitap.

Karakoç, E. ve Mert, A. (2013). Sinemada siyasal iktidar ideoloji ve medya üçgeni: wag the dog filminin incelenmesi. *Selçuk Üniversitesi Türkiyat Araştırmaları Dergisi*, 34, 279-297.

Kellner, D. (2003). *From 9/11 to terror war*. Lanham, MD: Rowman and Littlefield Publishers.

Kellner, D. (2013). *Sinema savaşları*. (G. Koca, Çev.). İstanbul: Metis Yayınları.

Kılıçarslan, Y. (2018). Sinema-siyasal iletişim bağlamında "The Green Wave" belgeseli ve İran Yeşil Hareketi. *Uluslararası Sosyal Araştırmalar Dergisi*, 11 (61), 908-915.

Kumar, D. (2010). Framing Islam: The resurgence of orientalism during the Bush II era. *Journal of Communication Inquiry*, 34 (3), 254–277.

Kuru, A. S. (2019). *Zihin tetikçileri algı yönetimi ve gerçekler*. İstanbul: Karma Kitaplar.

Mintz, A. ve Wayne, C. (2016). *The polythink syndrome: U.S. foreign policy decisions on 9/11, Afghanistan, Iraq, Iran, Syria, and ISIS*. Palo Alto: Stanford University Press.

Netflix (t.y.). *Netflix Hakkında*. Erişim Adresi (5 Eylül 2020): https://about.netflix.com/tr/about-us#about-netflix.

Netflix (t.y.) *Kumdan Kale*. Erişim Adresi (5 Eylül 2020): https://www.netflix.com/tr/title/80118916.

Önal, H. ve Baykal, K. C. (2011). Klasik oryantalizm, yeni oryantalizm ve oksidentalizm söylemi ekseninde sinemada değişen" ben" ve" öteki" algısı. *Zeitschrift für die Welt der Türken/Journal of World of Turks*, 3(3), 107-128.

Özdağ, Ü. (2017). *Algı yönetimi*. (7. Baskı). Ankara: Kripto Kitaplar.

Özden, Z. (2004). *Film eleştirisi*. (2. Baskı). Ankara: İmge Kitabevi.

Said, E. W. (2017). *Şarkiyatçılık*. (10. Baskı). (B. Yıldırım, Çev.). İstanbul: Metis Yayınları.

Snow, D. M. (2017). *Regional cases in US foreign policy*. (2. Edition). Maryland: Rowman&Littlefield Publishers.

Touzani, M. ve Hirschman, E. C. (2019). Islam and ideology at the movies: prototypes, stereotypes, and the political economy. *Recherche et Applications en Marketing*, 34 (2), 5-23.

Türkmen, M. Y. ve Özçınar, M. (2020). 11 eylül sonrası Hollywood sinemasında İslamofobinin yeniden üretimi. *Erciyes İletişim Dergisi*, 7 (2), 1321-1343.

ŞAM REJİMİNİN KONTROLÜNDEKİ SANA HABER AJANSININ TÜRKİYE KARŞITI ALGI OPERASYONLARI

Samet KAVOĞLU[*]

Giriş

21. yüzyılın ilk çeyreğinde "Arap Baharı" olarak tanımlanan kitlesel hareketler sonrasından yönetsel düzlemde yeniden şekillenme arayışına giren Ortadoğu coğrafyasında bazı ülkelerde süreç görece çatışmasız yönetilebilirken, araştırmaya konu Suriye gibi ülkelerde iç çatışmalar sonucu farklı grupların hâkimiyet alanlarına bölünen, iç ve dış göç sonucu sosyolojisi değişen, iktisadi ve sosyo-kültürel yapısı kısa vadede istikrarlı hale gelmekten görece uzak yapıların oluştuğu görülmektedir.

Suriye'de 2011 yılının mart ayından beri devam eden iç savaşın ülke içi dinamiklerin ötesine geçerek küresel ve bölgesel güçler için de mücadele alanına dönüştüğü ifade edilebilir. Çatışmaların başladığı ilk andan itibaren Şam Rejimine reform çağrıları yapan Türkiye'nin de bu çabaların karşılıksız kalmasını ve sivil halka orantısız güç kullanımını takiben mevcut yönetimin karşısında duruş sergilediği gözlenmiştir. Akabinde Suriye'ye 911 km sınırı bulunan Türkiye'nin istikrarsızlıktan faydalanarak sınır hattına yerleşen DEAŞ ve PKK/YPG gibi terör gruplarının oluşturduğu riski bertaraf edebilmek adına BM Sözleşmesi'nin 51. maddesi, BMGK'nın terörle mücadele kararları ve Ada-

---

[*] Doç. Dr., Marmara Üniversitesi İletişim Fakültesi, samet.kavoglu@marmara.edu.tr

na Mutabakatı hükümleri çerçevesinde sınır ötesi operasyonlarına başladığı belirtilebilir (Dışişleri Bakanlığı, 2020).

Tanımlanan süreç içerisinde Türkiye, Suriye'deki meşru muhalefeti desteklediğini belirtirken, Şam Rejimi ise ilgili aktörleri terörist olarak tanımlamış ve Türkiye'yi de bu perspektiften eleştirmiştir. Bu yaklaşım, çalışmanın kuramsal temelini oluşturan Omnibalancing teorisiyle örtüşen bir durum olarak mütalaa edilmiş ve ilgili yönetimin meşrulaştırma aracı olan yayın organlarında dâhili rakip aktörler ile onların destekçisi olarak görülen Türkiye'nin sunumu Entman'ın çerçeveleme yaklaşımı perspektifinden analiz edilmiştir.

Çerçevelemenin esas olarak seçim ve dikkat çekmeyi içerdiğini ifade eden Entman (1993, s. 52), kavramı "algılanan bir gerçekliğin bazı yönlerini seçmek ve bunları, anlatılan öğe için belirli bir problem tanımını, nedensel yorumu, ahlaki değerlendirmeyi ve / veya davranış önerisini teşvik edecek şekilde iletişim metninde daha belirgin hale getirmek" şeklinde tanımlamaktadır. Bu noktada çerçevelerin problemleri tanımlama, nedenleri teşhis etme, ahlaki yargılarda bulunma ve çözüm önerme işlevlerine vurgu yapar. Kavramı örnek üzerinden somutlaştırma arayışında Entman (1993), yakın zamana kadar ABD'nin dışişleri haberlerinde baskın olan çerçevenin "soğuk savaş" olduğunu belirtmekte ve bu kapsamda haberlerde çerçevenin, bazı yabancı olayları - örneğin iç savaş sorunları- vurgulamak, kaynaklarını (komünist isyancılar) tanımlamak, ahlaki yargılarda bulunmak (ateist saldırganlık) ve özel çözümler (diğer tarafa ABD desteği) tavsiye etmek şeklinde oluşturulduğunu belirtmektedir.

Özetle, çerçevelendirme sürecinde iletişimci, alıcı ve kültür unsurlarıyla birlikte değerlendirilen metinde "belirli anahtar kelimelerin varlığı veya yokluğu, basmakalıp ifadeler, stereotip imgeler, bilgi kaynakları ve olgular veya yargıların tematik olarak güçlendirilmesini sağlayan cümleler" ile alıcının düşünme biçimi ve davranış pratiğinin şekillendirilebildiği ifade edilebilir. Yaklaşımını kavramsal boyuttan, olgusal zemine taşıma ara-

Algı Yönetimi

yışında Kahneman ve Tversky'nin (1984) deneysel çalışmalarına başvuran Entman (1993, s. 52-54), şu örneği paylaşmaktadır:

ABD'nin, 600 kişiyi öldürmesi beklenen olağandışı bir Asya hastalığının patlak vermesine hazırlandığını düşünün. Hastalıkla mücadele için iki alternatif program önerilmiştir. Programların sonuçlarına ilişkin kesin bilimsel tahminlerin aşağıdaki gibi olduğunu varsayalım. Program A kabul edilirse, 200 kişi kurtarılacaktır. Program B kabul edilirse, 600 kişinin kurtarılma olasılığı üçte bir ve hiç kimsenin kurtarılamaması olasılığı ise üçte ikidir. İki programdan hangisini tercih edersiniz?

Cevaplar incelendiğinde deneklerin %72'sinin A Programını, %28'inin B Programını seçtiği görülmüştür. Takip eden deneyde ise aynı sonuçlar kurtarılan hayatlar yerine ölüm sayıları üzerinden çerçevelenmiştir.

Program C kabul edilirse 400 kişi ölecek. Program D kabul edilirse, hiç kimsenin ölmeme olasılığı üçte bir, 500 kişinin ölme olasılığı üçte ikidir.

Bu durumda ise Program A'nın ikizi olan Program C %22, Program B'nin ikizi olan Program D ise %78 oranında tercih edilmiştir.

Bu ve benzeri çalışmalardan hareketle çerçevelerin eklektik bir yaklaşımla gerçekliğin belirli yönlerini seçerek, diğer boyutlarını dikkatlerden uzaklaştırmak suretiyle alıcıların / hedef kamuların anlama, hatırlama, değerlendirme ve harekete geçme süreçleri üzerinde etki sahibi olduğu ifade edilebilir.

Çerçeveleme yaklaşımını 11 Eylül saldırıları, Irak ve Afganistan işgalleri gibi siyasal gündem konuları ekseninde tartışan Entman (2003, s. 417), çerçeveyi oluşturan sözcük ve görüntülerin, siyasi bir çatışmada tarafları destekleme veya taraflara karşı çıkma kapasiteleriyle haberin geri kalanından ayırt edilebilir olduğuna işaret ederken, bu noktada etkili olan iki unsura (kültürel rezonans ve büyüklük) vurgu yapmaktadır. İlgili yaklaşım bağlamında "kültürde dikkat çekici, anlaşılır, akılda kalıcı ve duygusal olarak yüklü sözcükler ve görüntüler" gibi kültürel rezonans unsurlarının çerçevelerin etki potansiyelini arttıracağı; büyüklüğün de kelime ve görüntülerin önemi ve tekrarı noktasında önem arz ettiği mütalaa edilmektedir.

11 Eylül saldırıları sonrası dönemin ABD Başkanı George B. Bush ve yönetiminin olayı tanımlarken sıklıkla kullandıkları "kötülük" ve "savaş" benzeri sözcükler ile medyaya yansıyan yanan ve çökmekte olan Dünya Ticaret Merkezi görüntülerinin tanımlanmaya çalışılan büyüklük ve rezonans etkisi için dikkate değer örnekler sunduğunu ifade eden Entman (2003, s. 417), çerçevelemede rezonans ve büyüklüğün arttığı ölçüde, izleyicinin büyük bölümünde benzer düşünce ve duyguları uyandırma olasılığının da artacağını belirtmektedir. Sonuç olarak hedef kitlelere ulaşma, tutum ve davranış değişikliğine sevk etme ya da mevcut tutumu pekiştirme arayışındaki siyasal aktörler için içerik üzerindeki denetimin algı yönetimi perspektifinden önem arz ettiği, bu noktada da çerçeveleme yaklaşımından istifade edilebildiği mütalaa edilebilir.

Entman, Kahneman ve Tversky'nin örneklerinden hareketle medyanın, çeşitli yolları kullanarak gerçekleri saptırma, gerçeği gizleme ve çarpıtma gibi unsurların bileşkesinden oluşan ve hedef kitlenin görüşlerini etkilemek için yapılan aktivitelerin tamamını içeren algı yönetimi (Saydam, 2015, s. 80) içerisinde önem arz eden bir araç olduğu ve çerçeveleme yaklaşımlarıyla bu sürece katkı sunduğu ifade edilebilir. Kavrama benzer perspektiften yaklaşan Özçağlayan ve Apak (2017, s. 113) da Soğuk Savaş döneminde ABD'nin SSCB ve komünizm aleyhtarı "Kızıl Korku" yaratma sürecinde algı yönetimi aracı olarak kitle iletişim araçlarından istifade ettiğini, karşı bloğun da benzer yaklaşım içerisinde olduğuna işaret etmektedir.

"Kitlelerin beyinlerine nüfuz ederek, onların istenilen şekilde düşünmelerini sağlama" faaliyetlerini algı operasyonu olarak tanımlayan Ayhan ve Çakmak (2018, s. 11-20) da bireylerin ve grupların sistematik olarak uygulanan algı operasyonlarıyla farkında olmadan kontrol altına alınabildiğini, istenilen ideolojiyi savunabilir, enformasyonu yayan taraf gibi düşünebilir ve davranabilir hale gelebildiğinin altını çizmekte ve kitle iletişim araçlarının bu noktadaki kolaylaştırıcı ve hızlandırıcı rolüne

Algı Yönetimi

vurgu yapmaktadır. Haber siteleri ve sosyal medyada dolaşıma sokulan yalan veya yanlış bilgiye dayanan iktisadi, siyasi, askeri ve sosyal içeriklerin (fotoğraf, video, metin) algı operasyonlarındaki araçsal rolünün altını çizmektedir.

Buradan hareketle alan yazını incelendiğinde Türkiye-Suriye (Şam Rejimi)[1] ilişkilerini ve sürecin yarattığı etkileri çeşitli perspektiflerden tartışan çok sayıda araştırma görülmekle birlikte Şam Rejimi'nin etki alanındaki bireylere/gruplara Türkiye'yi nasıl tasvir ettiğine, bir başka deyişle Türkiye'nin nasıl çerçevelendiğine, çerçevelemenin algı yönetimi unsurları içerip içermediğine dair derinlikli bir çalışmaya rastlanmamıştır. Bu bağlamda haber ajanslarının içerik üretim ve dağıtım gücüyle hedef kamulara ulaşmak adına önem arz eden yapılar olduğu düşüncesinden hareketle Şam rejiminin denetimindeki Suriye Arap Haber Ajansı (SANA) web sitesinde yayınlanan Türkiye eksenli haberler mercek altına alınmıştır.

İlgili mecradaki içerikleri belirli bir zaman dilimi (01.01.2019-31.12.2019) içerisinde, Türkiye ve Erdoğan anahtar kelimeleri üzerinden inceleyen çalışmada elde edilen verilerin zamansal sınırlılıkları ve kapsama dayalı olası eksiklikleri kabul edilmekle birlikte öncü olması bağlamında özgün olduğu değerlendirilmekte ve takip eden çalışmalara kaynaklık teşkil etmesi amaçlanmaktadır.

Teoriden Uygulamaya Omnibalancing

Uluslararası ilişkiler yazınında 1930'larda başlayan[2], II. Dünya Savaşı sonrası dönemde etkinliğini pekiştiren ve 1980'lerin ortalarına kadar hakim konumunu devam ettiren "Realist

---

[1] Suriye'nin mevcut durumdaki parçalanmış yönetsel yapısından dolayı Beşşar Esed yönetimindeki Şam merkezli yapıyı tasvir için "Şam Rejimi" tanımı kullanılmıştır.
[2] Realist teoriyi, Thucydides (M.Ö. 5000), Machiavvveli (16. yy.), Hobbes (17. yy.) gibi düşünürlerin söylemlerinden hareketle daha erken dönemlere tarihleyen görüşler (Bkz. İbrahimov, 2002) de bulunmakla birlikte çalışmada, uygulama ve literatürde yer edinme noktasındaki çağdaş teorik yaklaşım esas alınmıştır.

93

Okul", Edward Hallett Carr ve Hans Morgenthau'nun teorik, George Frost Kennan ve Henry Kissinger'ın pratiğe dönük katkılarıyla Anglo-Amerikan dış politikasının öncü paradigması haline gelmiş (İbrahimov, 2002, s. 2), uluslararası ilişkileri hukuk, felsefe, tarih gibi alanların etkisinden görece kurtarmış olmakla birlikte, "dayandığı güç politikası düşüncesinin konservatif yapısı, gücün mutlak olarak ölçülemez/hesaplanamaz bir olgu olması, "güç dengesi" politikasına ve analiz odağı olarak devlete yapılan aşırı vurgu, analizde merkezi bir kavram olan ulusal çıkarın tanımlamaya direnişi, determinist yapısı vb." açılardan da eleştiriye maruz kalmıştır (Aydın, 2004, s. 33).

İlgili eleştiriler, uluslararası ilişkiler alanında farklı okumalara kapı aralasa da egemen yaklaşım olan 'realist teori'ye dâhilden katkıların da sunulduğu görülmektedir. Bunlardan biri de Realizmin en bilinen kavramlarından biri olan güç dengesi yaklaşımını farklı bir perspektiften yorumlayan Steven David'in (1991) 'Omnibalancing' teorisidir.[3] Klasik çerçevede devletlerin, egemenlikleri üzerinde risk oluşturma potansiyeli olan hususlara karşı tehdidi dengeleyici adımlar atmak suretiyle mevcudiyetini devam ettirme arayışının ifadesi olarak 'güç dengesi' yaklaşımında devletlerarası ittifaklar kurmak dikkate değer bir davranış pratiğidir. Ortak tehdit algısı ekseninde kurulan ittifakların, risk devam ettiği müddetçe güvenlik perspektifli yaklaşım bağlamında devam ettirildiği ifade edilebilir. Fakat bu yaklaşımın temel handikabı hariçten gelen/gelebilecek risklere odaklanırken, dâhili risk alanlarını görece dikkate almaması olarak tanımlanabilir ki, David'in (1991) Üçüncü Dünya Ülkelerinin ittifak kurma arayışlarına odaklandığı *"Explaining Third*

---

[3] Teori, güç dengesi kavramına eleştirel bir yaklaşım ortaya koysa da, Realizmin temel argümanları olarak tanımlanabilecek güç, çıkar, rasyonalite, uluslararası sistem, anarşi ve tüm bunların temellendiği insan doğası yaklaşımlarını kabul etmesi nedeniyle Realist teoriye iç tehdit olgusunu eklemleyen bir katkı olarak değerlendirilebilir (Abuşoğlu, 2016).

Algı Yönetimi

World Alignment" adlı çalışmasından başlamak üzere bu husus incelenmiş ve 'Omnibalancing Teori' olarak çerçevelenmiştir.

David'in gelişmiş ülkelerden ayrıştırarak incelediği üçüncü dünya ülkelerindeki temel benzerlikler değerlendirildiğinde; genel olarak "yönetici seçkinlerinin büyük çoğunluğu, sömürgeci güçler tarafından dayatılmış ve uluslararası hukukun garantisi altına alınmış sınırlar içerisinde ulusal bütünleşmeyi sağlayamamış, ekonomik kalkınmayı gerçekleştirememiş ve meşruiyet eksikliklerinden kaynaklanan sorunları zor aygıtına başvurarak gidermeye çalışan" aktörler tarafından yönetildikleri ifade edilebilir (Yeşilyurt, 2009, s. 49).

David (1991, s. 233-242), bağımsızlığını yeni kazanmış ve dâhili sahada istikrarlı bir düzen oluşturamamış üçüncü dünya ülkelerinde iktidar sahiplerinin sağlam bir meşruiyet zemini oluşturamadıkları ölçüde ülke içerisindeki iktidara talip güç odaklarını öncelikli tehdit olarak göreceklerini, bunun da Realist teorinin öngördüğü, sınırları içerisinde egemen, kurumsal yapısı ve hiyerarşik düzeni işleyen devlet anlayışından ayrıştığını ortaya koymaktadır. Bu bağlamda Realist teorinin öngördüğü güç dengesi yaklaşımı tek tipleştirici ve üçüncü dünya ülkelerinin ittifaklara dönük eylem pratiklerini tanımlamada yetersiz olarak değerlendirilebilir.

Uluslararası siyasetin belirleyici unsuru olarak devletin yanı sıra liderin ve yönetici elitlerin çıkarlarını da eklemleyen Omnibalancing Teori, üçüncü dünya devletlerinin ittifak oluşturma süreçlerinde yönetici elitin iktidarda kalmasının öncelikli sorun olduğunu, bu bağlamda da iç tehdidi bertaraf etmeye dönük ittifak arayışlarına ağırlık verildiğini ileri sürmektedir. Daha yalın bir ifade ile liderliğin çıkarı, devletin çıkarlarının önünde varsayılabilmekte (Abuşoğlu, 2016) ve bu durum ittifaklarda belirleyici olabilmektedir.

İç tehdit / dış politika denklemini detaylandırma noktasında, üçüncü dünya ülkelerinin riskleri tanımlandığında "darbe,

95

devrim ve parçalanma tehlikesi" gibi gelişmiş devletlerde güvenlik riskleri içerisinde görece yer bulamayan hususların, ilgili devletlerde mevcudiyetini dikkate değer oranda devam ettirdikleri, bu noktada da "dış politika kararlarının genellikle içerideki rejim güvenliği kaygıları tarafından güdümlendiği" ifade edilebilir (David, 1991; Yeşilyurt, 2009, s. 49).

Teorinin, pratikte işlerlik kazanması ise genel olarak üçüncü dünya ülkesi için risk, tehdit algısı görece düşük olan bölgesel ve/veya küresel bir hegemon devlet ile ittifak kurmak biçiminde olmaktadır. Üçüncü dünya ülkelerinin Omnibalancing yaklaşımlarını tanımlayan çok sayıda ittifak örnekleri ve alan yazınında yer almış çalışmalar bulunmakla birlikte, Mısır'ın 1979'da, Ürdün'ün 1994'te İsrail ile barış anlaşmaları imzalaması ve akabinde Amerika Birleşik Devletleri'nden sağlanan askeri ve ekonomik yardımlar ile dahildeki muhalif aktörleri etkisizleştirme arayışları pratiğe dönük uygulamalar olarak ifade edilebilir (Kök, 2011, s. 15).

Bu çalışmada da ülkesindeki demokratik hak taleplerini sert güç unsurlarıyla baskılamaya çalışan Suriye'de 15 Mart 2011 tarihinde başlayan iç savaşta iktidarı kısmi şekilde de olsa elinde bulunduran Şam Rejiminin, bir başka ifadeyle askeri ve bürokratik elitlerin, dahili direniş gruplarına karşı Rusya ve İran başta olmak üzere çeşitli bölgesel ve küresel güçlerle ilişki pratiğini David'in (1991) tanımladığı şekilde biçimlendirdiği varsayılmakta, bu noktada muhalif aktörlerden yana taraf olan ve Şam Rejimi tarafından iç tehditle ilişkilendirilen Türkiye'ye dönük tavır ve bunun resmi haber ajansı üzerinden ulusal ve uluslararası kamuoyuna sunumu tarihsel değişim de dikkate alınarak sorgulanmaktadır.

Araştırma Bulguları

Barış Pınarı Harekâtını da içerisine alan 2019 yılının tamamının araştırma dönemi olarak belirlendiği çalışmada, Şam Rejiminin Türkiye'ye dönük ürettiği enformasyon sorgulanmaya

Algı Yönetimi

çalışılmış; bu kapsamda da 1965 yılında kurulmuş, merkezi Şam'da olup Suriye Enformasyon Bakanlığına bağlı faaliyet yürüten Suriye Arap Haber Ajansı'nın (SANA) servis ettiği içerikler mercek altına alınmıştır.

Suriye dışında Beyrut, Paris, Moskova, Ürdün, Tahran, Kuveyt, Kahire, Libya, ve Türkiye'de ofisleri buluran SANA, Arapçanın yanı sıra Türkçe, İngilizce, Fransızca, İspanyolca, Rusça, Farsça, İbranice ve Çince dillerinde de içerik üretmektedir. Ajans, enformasyon politikasını; "Suriye'nin ulusal tutumları, ilkeleri, Arap ve İslam davalarına desteği, Uluslararası hak ve adalet ilkeleriyle birlikte Suriye'nin insani ve uygarlık portresini ortaya serme" ekseninde şekillendirdiğini belirtirken, habere konu olayları "gerçekçi, dengeli ve tarafsız bir şekilde izleyip kamuoyuna aktarma" iddiasındadır (SANA, 2020).

Ajansın Türkçe web sitesinde (www.sana.sy) arama satırına *Türkiye* ve *Erdoğan* anahtar kelimelerini yazmak suretiyle erişilen haberlerin, inceleme verisi olarak kabul edildiği araştırmada, 01.01.2019-31.12.2019 tarihleri arasında yayımlaran 128 haber tespit edilmiştir.

Bu noktada Türkiye'nin, Şam Rejiminin resmi ajansı SANA'da temsilini Entman'ın işaret ettiği içerik bileşenleri özelinde inceleyecek çalışmanın bulgularının, ajansın ortaya koyduğu enformasyon politikasıyla, üretilen içerikler arasındaki örtüşme düzeyini de sorgulamaya imkân sunacağı değerlendirilebilir.

SANA'nın araştırma dönemi haberleri incelendiği çalışmada görece yüksek sayıdaki haberi ayrı ayrı analize tabi tutmanın marjinal faydayı azaltacağı düşüncesinden hareketle benzer konulardaki içerikleri kategorize ederek bütünlüklü bir değerlendirme arayışına gidilmiştir. Bu bağlamda SANA'rın Türkiye temalı haberleri şu şekilde tasniflenmiştir;

Tablo 1. Haber içeriklerinin temalar bağlamında tasnifi

Temalar	Yorum haberler (Cephe hattı vb.)	Rejim kaynaklı resmi haberler	Türk siyasal aktörlerin beyanatları	Türkiye'den uzmanların görüşleri	Türkiye gündemi konulu haberler	Astana Platformuna dair haberler	Yabancı siyasal aktörlerin beyanatları	Yabancı basın haberleri	Yabancı uzman görüşleri	Toplam
f	36	16	24	7	6	4	28	5	2	128
%	28,12	12,50	18,75	5,47	4,69	3,12	21,88	3,91	1,56	100

Ajansın haberleri Entman'ın çerçeveleme parametreleri ekseninde analize tabi tutulmadan önce tematik anlamda nicel bir tasnifi yapıldığında, Türkiye ile alakalı haberlerin çoğunlukla cephe hattı haberlerini de içerisine alan yorum haberler başlığı altında olduğu görülmektedir. Takip eden temaların da sırasıyla yabancı ve Türk siyasal aktörler ile rejim kaynaklarına dayalı beyanatlar olduğu görülmektedir. Diğer unsurlar da %5 ve altı yüzdelerle araştırma bulguları içerisinde yer almaktadır. Bu noktadan hareketle ajansın içeriklerini cephe bölgesindeki muhabirlerinin yanı sıra ağırlıklı olarak siyasal aktörlerin beyanatlarına dayalı olarak gerçekleştirdiği ifade edilebilir.

Algı Yönetimi

Tablo 2. Türkiye haberlerinin sunuluş biçimine göre dağılımı

Temalar		Yorum haberler (Cephe hattı vb.)	Rejim kaynaklı resmi haberler	Türk siyasal aktörlerin beyanatları	Türkiye'den uzmanların görüşleri	Türkiye gündemi konulu haberler	Astana Platformuna dair haberler	Yabancı siyasal aktörlerin beyanatları	Yabancı basın haberleri	Yabancı uzman görüşleri	Toplam
Olumlu	f	-	-	-	-	-	-	-	-	-	-
	%	-	-	-	-	-	-	-	-	-	-
Olumsuz	f	36	15	24	6	6	1	28	5	2	123
	%	100	93,75	100	85,71	100	25	100	100	100	96,09
Nötr	f	-	1	-	1	-	3	-	-	-	5
	%	-	6,25	-	14,29	-	75	-	-	-	3,91
Genel Toplam	f	36	16	24	7	6	4	28	5	2	128
	%	28,12	12,50	18,75	5,47	4,69	3,12	21,88	3,91	1,56	100

Bu noktada ilgili temalar ekseninde Türkiye'nin haber içeriklerinde sunuluş biçimi incelendiğinde ise haberlerin kahir ekseriyetinde Türkiye'ye dair olumsuz (%96,09) içerik oluşturulduğu; sadece %3,91 gibi düşük yoğunluklu az sayıda haberde - ilgili haberlerin de büyük bölümü Astana Platformu içeriklidir- olumlu ya da olumsuz yargı ifadeleri belirtilmeksizin içeriklerin sunulduğu görülmüştür. Araştırma dönemi içerisinde ilgili ajans haberlerinde Türkiye ile ilgili hiçbir olumlu habere rastlanmamıştır.

Tablo 3. Türkiye haberlerinde sıkça tekrarlanan sözcüklerin dağılımı

Sözcükler	Terör(ist)	Erdoğan rejimi	Destek(çi/leyen)	Türkiye rejimi	Sorumlu(luk)	Kiralık	Radikal	İşgal(ci)	Sivil	IŞİD	Saldırgan(lık)
f	40	21	14	13	9	8	7	7	7	6	5

Çerçevelemede rezonansla da bağlantılı olarak sözcük seçimleri ve tekrar sıklıkları incelendiğinde ise araştırmanın kavramsal zeminine uygun olarak dahili ve harici risk algılarının birlikteliğine dayalı bir yaklaşımla hareket edildiği ifade edilebilir. Bu bağlamda Şam Rejimine muhalif grupların "terörist" olarak tanımlandığının ve Türkiye'nin de ilgili grupları desteklediğinin altı çizilmek için haber başlıklarında sıklıkla terör ve terörist ifadelerinin kullanıldığı görülmektedir. Buna ek olarak tabloda görüleceği üzere Türkiye'nin radikalizm ve IŞİD'le de ilişkilendirilmeye çalışıldığı bulgulanmıştır.

Araştırmada muhalif grupları tanımlarken "terörist" dışında sıklıkla kullanılan ifadelerden birinin de "İşgalci Türkiye ve kiralık teröristleri...", "Türkiye Rejiminin kiralık terör çeteleri..." vb. örneklerde görüldüğü üzere "kiralık" sözcüğü olduğu belirtilebilir. İlgili sözcük üzerinden muhalif grupların hak arama mücadelesinin yok sayılarak, para için savaşan gruplar olarak gösterilmek suretiyle eylemlerinin meşruiyet zemininin ortadan kaldırılmaya çalışıldığı da ifade edilebilir.

> Erdoğan Rejiminin Terör İstismarı Sürüyor.. Medya Organları Suriye'den Libya'ya Kiralık ve Teröristlerin Transferini Ortaya Çıkarıyor (29/12/2019)
> Türkiye Rejiminin Kiralık Terör Çeteleri Protesto Edildi (23/12/2019)
> İşgalci Türkiye ve Kiralık Teröristleri Um Harmele Köyüne Roketlerle Saldırdı (20/12/2019)
> Erdoğan Çeteleri Yağmalama ve Kaçırma Eylemlerini Sürdürüyor (03/12/2019)
> Erdoğan Kuvvetleri Ve Kiralıkları Köylerde Jeneratörleri Çalıyor.. Bazıları Ahras'ta Araca Düzenek Koydukları Esnada Öldü (06/11/2019)
> Erdoğan'ın Teröristleri İçme Suyunun Haseke Halkına Varmasını Engelliyor (29/10/2019)
> Deliller Belgeliyor.. Erdoğan Rejimi Sivil Kampları Bombalayarak IŞİD Teröristlerini Aileleriyle Birlikte Tahliye Etti (19/10/2019)
> SANA muhabiri; Türkiye ile sınır yakınlarındaki Suriye topraklarının farklı bölgelerine karşı Türk saldırganlığın başlatıldığını belirtti (09/10/2019)
> Halep'te ABD ve Türkiye tarafından Suriye topraklarına karşı saldırganlıklarını kınayan protesto düzenlendi (17/09/2019)
> Son Gelişmeler ABD, İsrail ve Türkiye'nin Rollerini Deşifre Etti (27/08/2019) Dışişleri ve Gurbetçiler Bakan Yardımcısı Eyman Sosan

Algı Yönetimi

Öldürme, Adam Kaçırma ve Asimilasyonluk.. Erdoğan Rejimi ve Kiralıkları Teröristleri Afrin Halkına Yönelik Uygulamaları (20/08/2019)
Türkiye Rejimi İdlib'teki Terörist Grupları Korumaya Çalışıyor (19/08/2019)
Erdoğan Avrupa'daki Eski Müttefikleri ile Çakışıyor (28/07/2019)
Erdoğan Rejim Güçleri Çiftçilere Ateş Açtı (01/07/2019)
Arkalarında Bıraktıkları Araçlar Türkiye ve Batı Menşelidir (27/06/2019)
Güvenlik birimleri Şam ve Dera kırsallarında radikal terör yuvalarında bir kısmı Türkiye ve ABD menşeli büyük miktarda silah ve mühimmat ele geçirdi (22/05/2019)
Radikal Terör Yuvalarında Bir Kısmı Türkiye Ve ABD Menşeli Silah ve Mühimmat Ele Geçirildi (VİDEO) (21/05/2019)
Erdoğan Rejimi Destekli "Nusra Cephesi" Teröristleri Yeni Bir Katliama İmza Attı (17/06/2019)
Haseke'de, ABD Varlığı ve Türkiye'nin Son Tehditleri Protesto Ediliyor (02/05/2019)
Erdoğan Rejiminin Desteğiyle Türkiye'ye Kaçırmak İçin Afrinde Tarihi Eser Arama Operasyonları Yapılıyor (29/04/2019)
El Esad: Terör Edatları Başarısız Olunda Türkiye'yi Kullanıyorlar (video) (17/02/2019)
Radikal terör yuvalarında Türkiye, İsrail, Suudi Arabistan ve ABD menşeli silah ve ilaçlar bulundu. (02/02/2019)
Türkiye, İsrail, Suudi Arabistan ve ABD Menşeli Silah ve İlaçlar Bulundu (video) (01/02/2019)
Haseke halkı yabancı güçlerin varlığını ve Türkiye rejiminin tehditlerini kınayan bir miting düzenledi (03/01/2019)

Bu noktada ajansın haberlerinde sıklıkla kullanılan ifadelerden birinin de "Erdoğan rejimi" olduğu saptanmıştır. Çoğunlukla darbeyle işbaşına gelmiş ya da göstermelik seçimlerle iktidarı elinde bulunduran ülkelerde rejimleri lider adlarıyla tanımlama eğilimi olduğu düşünüldüğünde, Türkiye gibi seçimlerle işbaşına gelen iktidarları, lider adlarıyla tanımlama arayışının çerçevelemeyle ilişkili olduğu mütalaa edilebilir. Ajansın, siyasal iktidarı "Erdoğan rejiminin terör istismarı...", "Erdoğan rejimi sivil kampları bombalayarak..." vb. içeriklerle dahili gruplarla ilişkilendirmenin yanı sıra fail durumuna yerleştirmeye çalıştığı, hatta Türk Silahlı Kuvvetlerini dahi "Erdoğan rejim güçleri" olarak çerçevelediği görülmektedir.

Şam rejiminin dahili risk olarak tanımladığı gruplarla Türkiye'nin ilişkisini pekiştirmek için haberlerde sık tekrarlanan sözcüklerden birinin de "destek(çi/leyen)" olduğu tespit edilmiştir.

> Erdoğan Rejimi Terörü Destekleme ve Edat Olarak Kullanmaya Devam Ediyor (06/02/2019)
> Türkiye Destekli Kiralık Teröristler Halep'in Kuzeyindeki Tel Rafat Kentine Saldırdı. (02/12/2019)
> Türkiye ve ABD'nin İşgal ve Teröre Desteklerine Son Verilmelidir (video) (21/08/2019) (B. el Caferi)
> Türkiye'nin Varlığı İşgal ve Radikal Teröre Destektir (22/08/2019) (S. Grospic)

Fakat ilişkilendirmenin "Erdoğan rejimi" kavramsallaştırmasında da görüldüğü üzere belirli ölçülerde siyasal iktidarla sınırlandırmaya çalışıldığı da ifade edilebilir. İlgili çerçeveyi desteklemek ve pekiştirmek adına Türkiye'deki muhalif aktörlerin beyanlarına dayalı içerik oluşumunun da dikkate değer boyutta olduğu bulgulanmıştır.

> Esad: Türk Halkı Komşumuzdur, Ortak Tarihimiz Vardır, Kendimize Düşman İlan Edemeyiz, Düşman, Erdoğan, Politikaları Ve Zümresidir (11/11/2019)

Araştırma dönemi içerisinde SANA'da Türk siyasal aktörlerine referans verilerek üretilen 24 habere ulaşılmış olup; bu haberlerde iktidar partisinin ya da Cumhur İttifakı[4] bileşenlerinden MHP'nin beyanatlarına yer verilmezken, 19 haberde CHP (8'i CHP Genel Başkanı Kemal Kılıçdaroğlu'nun beyanatları), 3 haberde HDP, birer haberde de İyi Parti ve Ali Babacan kaynaklı içerik üretildiği görülmektedir.

> Kılıçdaroğlu: Suriye ve Bölgenin Vardığı Durumdan Sorumlu Kişi Erdoğan'dır (15.12.2019)

---

[4] 15 Temmuz 2016 FETÖ darbe girişimiyle başlayan, 7 Ağustos 2016 Yenikapı mitingi ve 16 Nisan 2017 halk oylamasıyla devam eden Ak Parti ve MHP arasındaki yakınlaşma süreci 24 Haziran 2018 Cumhurbaşkanlığı ve 27. Dönem Milletvekilliği Genel Seçimi öncesi yapılan protokolle seçim ittifakına dönüştürülmüş ve "Cumhur İttifakı" olarak isimlendirilmiştir. Akabinde BBP'nin de ittifakın parçası olduğu ifade edilmiştir (AA, 2018).

Algı Yönetimi

HDP: Erdoğan Suriye'de Terörist Örgütlerin Müttefikidir (03.12.2019)
Kılıçdaroğlu: Erdoğan'ın Sonu Yakın ve Kesindir (01/12/2019)
Erdoğan'ın Politikaları Türkiye'yi Karanlık Tünele Geçirdi (27/11/2019) (A. Babacan)
Erdoğan Türkiye, Suriye ve Irak'ta Halkların Düşmanıdır (20/11/2019) (HDP)
Erdoğan'ın Suriye Politikaları Türkiye İçin Birçok İç ve Dış Sorunlarının Neden Oldu (20/11/2019) (CHP)
Kılıçdaroğlu: Erdoğan'ın Despot Politikaları Tüm Türklere Tehlike Arz Ediyor (19/11/2019)
Erdoğan'ın Suriye ve Bölgeye Yönelik Politikaları İflas Etti (03/11/2019) (K. Kılıçdaroğlu)
Erdoğanın Suriye Devletini Düşürme Planlarının Tümü Suya Düştü (26/10/2019) (L. Türkkan)
CHP: Erdoğan'ın Suriye'de Teröristlerle İşbirliğini Sürdürmesi Uluslararası Kanuna Açık İhlaldir (23/10/2019)
Erdoğan'ın Suriye'ye Yönelik Politikaları Dünya Siyonizmine Hizmet Ediyor (20/10/2019) (A. Şener)
Çeviköz: Erdoğan'ın Barış Karşıtı Politikaları Suriye'deki Krizi Uzatmak İçin Önemli Bir Neden Oldu (08/10/2019)
Sağlar: Erdoğan Suriye'deki Terörü Desteklemeyi ve Krizin Çözüm Çabalarını Aksatmayı Sürdürüyor (30/09/2019)
Kılıçdaroğlu: Suriye'deki Krizin Temel Sebeplerinden Biri Erdoğan'dır (07/09/2019)
Kılıçdaroğlu: Teröristlerin Girmelerini Kolaylaştırdığı İçin Erdoğan Suriye Durumundan Sorumludur (04/09/2019)
Şener ve Özkal: Erdoğan, Suriye'deki Tüm Terör Örgütlerini Destekliyor (31/08/2019)
Öztrak: Erdoğan Suriye'ye İhanet Etti Bunu Da İtiraf Etmeli (20/08/2019)
Şener: Erdoğan İsrail'e Hizmet İçin Suriye'deki Terör Örgütlerini Destekliyor (16/08/2019)
HDP: Erdoğan'ın Teröre Desteği Suriyelilerin Tehcir Edilmesine Yol Açtı (30/07/2019)
Suriyeli Mültecilerin Sorumlusu Erdoğan'dır (28/07/2019) (B. Yarkadaş)
Kılıçdaroğlu: Türkiye'nin Çıkarlarını Korumada Suriye İle Koordinasyon Bir Garantidir (16/07/2019)
Tanrıkulu: Erdoğan Suriye'deki Teröristlere Her Türlü Desteği Sundu (14/06/2019)
Bundan Kurtulmak İçin Erdoğan Rejimine Son Vermek Gerekiyor (25/02/2019) (K.Kılıçdaroğlu)
Erdoğdu: Suriye'de Katliamların Baş Sorumlusu Erdoğan'dır (05/01/2019)

Yukarıda dökümü sunulan başlıklar[5], haber içerikleriyle birlikte değerlendirildiğinde tamamının eleştirel içerikte olduğu görülmekle birlikte eklektik bir yaklaşımla haberleştirildiği de belirtilmelidir. Örneğin ilgili konuşma metinlerinde Şam rejimini tenkit eden yada sınır ötesi operasyonları -sınırlı da olsa- destekleyen muhalif aktör beyanlarına hiç yer verilmediği bulgulanmıştır.

Haberlerde sıklıkla kullanılan sözcüklerden birinin de "sorumlu(luk)" olduğu saptanmış olup, ilgili kelimenin geçtiği cümlelerde ağırlıklı olarak genelde Türkiye'ye, özelde de siyasal iktidara suç isnat edildiği, dahili ve harici çok sayıda faktörün neticesi olarak vuku bulan hadiselerde yegane fail olarak tanımlandığı gözlenmiştir.

> Lavrov: Türkiye Sorumluluklarını Yerine Getirmelidir (03/03/2019)
> Çünkü Türkiye Rejimi Sorumluluklarının Hiç Birini Yerine Getirmedi (05/08/2019)
> Grospiç: Kriz Süresinin Uzamasından Türkiye ve ABD Sorumludur (19/08/2019)
> Peskov: İdlib'teki Durumların Sorumlusu Türkiye'dir (26/08/2019)

Türkiye'nin sınır hattını IŞİD, PKK/PYD gibi terör gruplarından arındırıp güvenliği tesis etmek, ülkesine gelen düzensiz göçü önlemek adına uluslar arası hukuku ve ikili anlaşmaları referans göstererek gerçekleştirdiğini belirttiği sınır ötesi harekatlar ise ilgili ajans haberlerinde "işgal", Türkiye'nin de "işgalci" olarak tanımlandığı bulgulanmıştır. Ek olarak Türkiye'nin yürüttüğü faaliyetlerin de "saldırgan", "yayılmacı/genişlemeci" olarak çerçevelenmeye çalışıldığı gözlenmiştir.

> Erdoğan Muhaliflerini Tasfiye Etmeye Devam Ediyor.. Suriye Topraklarına Saldırganlığını Eleştirenleri Tutukluyor (02/11/2019)
> Türk Saldırganlığı Sürüyor (VİDEO) (29/10/2019)
> İşgalci Türkiye Suriye Topraklarına Yönelik Saldırganlığını Sürdürerek Haseke Kırsalı Rasul Ayn Kentini İşgal Etti (20/10/2019)

---

5 Haber başlıkları ve içeriklerde dikkate değer sayıda imla hatası ve devrik cümle tespit edilmiş olmakla birlikte düzeltilmeden mevcut haliyle sunulmuştur.

Algı Yönetimi

Dışişleri: Türkiye'nin Suriye Topraklarına Saldırması, Erdoğan'ın Yayılmacı Hırs ve Geçmiş Zaman Evhamlarının Sonucudur (17/10/2019)

Erdoğan'ın Ülkemize Yönelik Saldırısı İşgaldir Suriye'de Bütün Meşru Vesilelerle Karşılık Verecektir (17/10/2019) Beşşar Esed

Erdoğan rejiminin Suriye topraklarına yönelik saldırganlığında kullandığı kiralık teröristlerin "Bakiya" (kalacak) gibi yükselttikleri IŞİD sloganları sosyal medyada paylaşılan videolarda görünüyor (12/10/2019)

Erdoğan Rejiminin Saldırgan Davranışı, Suriye Topraklarında Türkiye'nin Genişleme Hedeflerini Açıkça Gösteriyor (09/10/2019)

Suriye İşgalciler ABD ve Türkiye Arasındaki Anlaşmayı Reddediyor (08/08/2019)

Haber içerikleri incelendiğinde yukarıda ortaya konan yaklaşımı pekiştirme noktasında "siviller" sözcüğünün de sıklıkla kullanıldığı; Türkiye'nin ya da Türkiye'nin desteklediği grupların eylemlerinin itibarsızlaştırılmaya çalışıldığı ifade edilebilir. Haber çerçevelemedeki pragmatik yaklaşımın burada da devam ettiği, yeri geldiğinde işgalci olarak tanımlanan ABD'nin bölgedeki ajanlarının PKK/PYD'yi korumak adına Amerikan basınına verdikleri Türkiye karşıtı demeçlerin de cımbızlanarak habere konu edildiği görülmektedir.

Türkiye Rejim Güçleri Sivillere Saldırılarını Sürdürürlerken Yüzlerce Teröristi Taşıdı (20/12/2019)

Time: Erdoğan Rejimi Suriye'nin Kuzeyinde Kiralıklarıyla Sivilleri Öldürüyor Soykırım İşliyor (29/10/2019)

SANA muhabiri; Erdoğan'a tabi teröristlerin Haseke'nin Tel Temr Bölgesindeki el Manajir köyünden bir grup sivilleri Um Lebn Köyüne doğru kaçırdıklarını ve köy ahalilerinin kaçırılan sivillerin katliama maruz kalacakları ile ilgili endişede bulundukları belirtti (25/10/2019).

Ordu ve Silahlı Kuvvetler Genel Komutanlığı Ordu ve Silahlı Kuvvetlerimizin İdlib'te çatışmaların durdurulmasını kabul etmelerine rağmen Türkiye rejiminin desteklediği terör örgütlerin civarda bulunan güvenli bölgelerde sivillere karşı gaddar saldırılarını sürdürdüklerini belirtti. (05/08/2019)

Erdoğan Rejiminin Desteklediği Teröristler Sivillere Vahşetlerini Sürdürüyor (VİDEO) (19/06/2019) Suriye'nin BM Daimi Temsilcisi Beşşar el Caferi

Haberde çerçevelenen yaklaşımı pekiştirmek adına akredite kaynaklara başvurma eğiliminin de sıklıkla görüldüğü içeriklerde resmi kaynakların yanı sıra uluslararası aktörlerin de beyanlarına yer verilmeye çalışıldığı tespit edilmiş; fakat bu nok-

105

tada yabancı kaynakların büyük çoğunluğunun Rusya ve Çekya'dan olduğu gözlenmiştir. Sahada Şam Rejimiyle birlikte mücadele ettiği bilinen Rusya'nın yanı sıra Çekya kaynaklı da dikkate değer sayıda (10 adet) haber olduğu, bunların da büyük bölümünün (6 adet) Çekya-Suriye Parlamentolar Arası Dostluk Grubu Başkanı Stanislav Grospic'in beyanatlarından oluştuğu saptanmıştır. Habere konu aktörler arasında ülkelerinin siyasal karar mercilerinde etkin olmayan figürlerin olduğu da gözlenmiştir.

Putin'den Erdoğan'a: Suriye'de Teröre Son Verilmelidir (12.12.2019)

İsveç Başbakanı: Türkiye'nin Yaptıkları Sorumsuzluk ve Uluslararası Hukuka Aykırı (22/10/2019)

Pellegrini: Slovakya, Türkiye Rejimine Silah İhracatını Durdurmaya Hazırlık Yapıyor (22/10/2019)

Alman Politikacılar, Suriye Topraklarına Yönelik Saldırganlığı Nedeniyle Erdoğan'a Cezai Tedbirler Alma Çağrısında Bulundu (19/10/2019) (Alman Sol Partisi Sevim Dağdelen)

Çek Cumhuriyeti Başkanı: Erdoğan Rejimi Suriye'de Savaş Suçları İşliyor (18/10/2019)

Güvenlik Konseyi: Türkiye'nin Suriye Topraklarına Saldırması Bölgesel Güvenliği Baltalıyor (17/10/2019)

Roma Türkiye'ye Silah İhracatını Askıya Almayı Planlıyor (15/10/2019) (İtalya Dışişleri Bak. Luigi Di Maio)

Çek Cumhuriyeti Suriye'ye Karşı Türkiye'nin Saldırganlığını Önlemek İçin Acil Eylem Çağrısında Bulundu (09/10/2019)

Erdoğan'ın Bu Çabası Kabul Edilemez (10/09/2019) (Çek Cumhuriyeti Parlamento Başkan Yardımcısı ve Özgürlük ve Demokrasi Partisi Başkanı Tomio Okamura)

Johnson ve Erdoğan'ın Moskova ve Şam'dan İstedikleri Fırsatçılıktır (30/08/2019) (Rusya Duma Konseyi Uluslararası İlişkiler Komitesi Üyesi Sergei Gilezniyak)

Şehabi: Türkiye Güçleri Kanun ve Kararları İhlal Ediyor (25/08/2019) (Mısır-Nesil Partisi Genel Başkanı Naci Şehabi)

Erdoğan Rejimi İdlib'te Radikal Terörü Destekliyor (22/08/2019) (Lübnan-Vatan Çığlığı Akımı Genel Başkanı Cihat Ziyban)

Shamanov: Rusya Birçok Kez Türkiye'yi Uyardı (21/08/2019) (Rusya Parlamentosu Duma Meclisi Savunma Komitesi Başkanı Vladimir Shamanov)

Bibilov: Rusya, Türkiye Rejiminin Tehlikesine Sınır Koymada Rol Oynayacak (22/06/2019) (Güney Ositya Cumhurbaşkanı Anatoly Bibilov)

Algı Yönetimi

Lavrov: Türkiye Yükümlülüklerini Yerine Getirmelidir (11/06/2019)
Peskov: Bunun Sorumluluğu Türkiye'ye Düşüyor (03/06/2019)
Grosbic: Erdoğan Rejimi Terörü Desteklerken Yok Edilmesine de Engelliyor (15/05/2019) Grospiç: Türkiye Rejimi Suriye'deki Teröristlere Zehirli Maddeler Teslim Etti (01/05/2019) Erdoğan Rejimi ve ABD Bunun İçin Engelliyor (06/05/2019)
Erdoğan'ı Kınayan Kanıtlar Var (23/03/2019) (Çek Cumhuriyeti C.Başkanı M. Zeman)
Erdoğan Rejimi, ABD ve İsrail'i Deşifre Eden Sergi Düzenlendi (12/03/2019)
Grospiç: Türkiye Hegemonya Çabalarına Son Vermelidir (02/03/2019)
Novotny: Türkiye Rejimi IŞİD İle Gayrı Meşru Ticaret Yaptı (19/02/2019) (Çek Cumhuriyeti Eski Savunma Bak. Yard. J. Novotny)
ABD Azılı Teröristleri Türkiye Ordusu ile Koordinasyon İçinde Aktardı (18/02/2019) (Uluslararası İnsan Hakları Komisyonu Komiseri H. Ebu Sait)

Ajans haberlerinde akrecite kaynak arayışında başvurulan bir diğer grubun da yabancı gazete(ci)ler ve uzmanlar olduğu ifade edilebilir. Fakat bu noktada da yukarıda belirtilen sınırlılık ve etkinlik sorunlarının yanı sıra dikkate değer boyutta eklektizmin devam ettiği belirtilebilir. Bu kapsamda Şam Rejimini meşrulaştırabilecek ya da Türkiye'nin Suriye politikasını tenkit edecek beyanları sayfalarına taşıdığı görülen ajansın, Türkiye'yi radikal gruplarla ilişkilendirebilmek adına ise Türkiye'de terör suçundan aranan bir kişiyi "eski bir Türk polis subayı" olarak tanımlayarak, diğer taraftan da Kürt Stratejik Araştırmalar Merkezi adlı bir oluşuma atıf yaparak içerik ürettiği belirtilebilir. Yabancı basın noktasında da az sayıdaki içeriğin yarısının Çek gazetecilere dayandırıldığı, bununla birlikte ABD'nin Suriye'de işbirliği yaptığı PKK/PYD kontrolündeki bölgeye Türkiye'nin harekât hazırlığı nedeniyle ABD basınında çıkan olumsuz haberlerin de ajans tarafından habere konu edildiği saptanmıştır.

Emekli Tuğamiral: Erdoğan'ın Suriye ve Libya'daki Siyasetleri Tehlikelidir (31.12.2019)
Başbuğ: Suriye'nin Birliğini Korumak Türkiye Güvenliği İçin Zorunluluktur (14/12/2019)
Türk Akademisyen: Türkiye'nin Suriye İle İşbirliği Yapmadan Bölgedeki Güvenliği ve Çıkarlarını Garantiye Alamaz (08/12/2019) (E. Mütercimler)

Ödemiş: Erdoğan Gerçekten Bu Sözlerinde Dürüst Olması Halinde Toprak Sahibi Olan Suriye Devletiyle İşbirliği Yapmak Zorunda (03.12.2019) (Tele 1 - Ö.Ödemiş)

Yanardağ: Erdoğan'ın Suriye ve Bölgeye Yönelik Politikaları Çirkindir (26/09/2019) (Tele 1 - M. Yanardağ)

Times: Suriyeye Yönelik Saldırısında Türkiye Uluslararasınca Yasaklı Silahlar Kullandı (21/10/2019)

Erdoğan Suriye'de Terörü Desteklemek ve Savaş Suçu İşlemekte Parmağı Bulunuyor (02/09/2019) (Çek gazeteci M. Kutilova)

Spencerova: Türkiye Rejimi Radikal Terörü Destekliyor (20/08/2019) (Çek gazeteci)

Erdoğan Rejimi ile IŞİD Arasındaki Koordinasyonu Deşifre Etti (19/03/2019) (Amerikan Homeland Security Today Dergisi)

Alman Raporu: Erdoğan Rejimi Mültecilerin Çektiği Acıları Sömürüyor ve Sayılarını Şişiriyor (01/10/2019)

Erdoğan Rejimi.. Suriye'ye Saldırı İçin Amaçlanan Niyetler ve Dezenformasyonlu Gerekçeler Belgeli Kayıtlarla Ortaya Çıkıyor (24/01/2019) (Nordic Monitor)

Ajansın araştırma döneminde Türkiye eksenli haberleri içerisinde az sayıda içeriğin de Türkiye'de meydana gelen hadiselerle ilgili olduğu görülmektedir. Bu haberler incelendiğinde, birinin askeri mühimmat patlaması, ikisinin 15 Temmuz darbe girişimi, üçünün de terör saldırılarıyla alakalı olduğu bulgulanmıştır. Tamamı olumsuz içerikteki haberlerde sözcük seçimiyle de çerçeveye uygun yönlendirme arayışının devam ettiği bulgulanmıştır.

Türkiye'de Darbe Girişimi Gerekçesiyle 53 Kişi Daha Tutuklandı (22/11/2019)

Türkiye'nin Güneydoğusunda Silah Deposunda İki Patlama.. 16 Asker Yaralı (14/11/2019)

Türkiye'nin Güneydoğusunda Silahlılarla Çatışmada 1 Asker Öldü 3 Asker de Yaralandı (21/08/2019)

Erdoğan Rejim Otoriteleri, Darbe Girişimi Bahanesiyle 48 Kişiyi Tutukladı (19/07/2019)

Türkiye'nin Güneydoğusunda Çıkan Çatışmalarda 3 Asker Öldü (14/07/2019)

Türkiye'nin Güneydoğu Bölgesindeki Saldırıda Ölü Ve Yaralı Var (09/07/2019)

Algı Yönetimi

Kategoriler ekseninde ortaya konulan araştırma bulguları bütünlüklü olarak ele alındığında çerçevelenen içeriklerin algı yönetimi literatüründe sıkça atıf yapılan M.Ö. 500'de yaşamış Çinli komutan ve filozof Sun Tzu'nun "düşman olunan ülkelerde iyi olan şeyleri gözden düşürün; düşman ülkelerin yöneticilerinin başarılarını küçük göstererek ünlerine gölge düşürün ve vakti geldiğinde de kendi milletlerinin onları aşağı görmelerini sağlayın; düşman milletlerin kendi aralarında olan anlaşmazlık ve çatışmalarını yayın" (İnan'dan akt. Tarhan, 2016, s. 35) önermeleriyle örtüşür biçimde olduğu görülmektedir.

Klasik okumalardan çağdaş yaklaşımlara doğru hareket edildiğinde, örneğin Callamari ve Reveron'un (2003, s. 15) dört aşamalı algı yönetimi perspektifinden bir okuma yapıldığında ajansın, hedef kitlenin dikkatini çekme, dikkati kontrol altında tutabilmek için benzer/örtüşür enformasyon sunma, sunulan içeriği hedef kitlenin algılarıyla örtüştürme ve pekiştirme için iletişim araçları vasıtasıyla tekrar etme yaklaşımını benimsediği ve içeriklerini buradan hareketle çerçevelediği ifade edilebilir.

Sonuç ve Öneriler

Şam Rejimi denetimindeki SANA Haber Ajansı'nın araştırma dönemi Türkiye eksenli içeriklerinin çerçevelenme pratikleri bütünlüklü bir analizle incelendiğinde, ajansın omnibalancing teorisinde ortaya konulan dahili riskle, harici riski örtüştürme ve her ikisini de hedef kamularının gözünde itibarsızlaştırma arayışının egemen olduğu ifade edilebilir. Bu kapsamda Entman'ın ortaya koyduğu perspektiften "dikkat çekici, anlaşılır, akılda kalıcı ve duygusal olarak yüklü sözcük ve görüntüler" kullanarak çerçevenin etki potansiyelini arttıracak kültürel rezonans unsurlarına başvurulmaya çalışıldığı gözlenmiştir. Entman'ın örneğinde 11 Eylül saldırıları sonrası dönemin ABD Başkanı George B. Bush ve yönetiminin sıklıkla kullandıkları "kötülük", "savaş" vb. sözcüklere benzer biçimde SANA haberlerinde de sıklıkla *terör(ist), Erdoğan rejimi, destek(çi/leyen), so-*

rumlu(luk), kiralık, radikal, işgal(ci), sivil, IŞİD, saldırgan(lık) gibi Şam Rejiminin algı yönetimine hizmet edecek sözcüklerinin tekrarlandığı bulgulanmıştır. Entman'ın (2003, s. 417), çerçevelemede rezonans ve büyüklüğün arttığı ölçüde, izleyicinin büyük bölümünde benzer düşünce ve duyguları uyandırma olasılığının da artacağını saptamasına uygun olarak yukarıda ifade edilen içeriklerin yer aldığı haberlerin tekrarlanarak yaratılmak istenen algının pekiştirilmeye çalışıldığı ifade edilebilir.

Ajansın Türkiye eksenli haberlerinde eklektik davranmak suretiyle gerçekliğin bazı yönlerini seçtiği, yaşanan süreçte Şam Rejiminin sorumluluklarına dair hiçbir beyanda bulunmadığı, sorumluluğu "terörist" olarak tanımladığı muhalif gruplara ve onları desteklediği için Türkiye'ye yüklediği görülmektedir. Bu noktada sözcük seçimlerine ek olarak akredite kaynak arayışına girdiği görülen ajans haberlerinde, mevcut süreçte Şam Rejiminin küresel ölçekte desteğinin birkaç ülkeyle sınırlı olmasından kaynaklı olarak farklı beyanlardan ziyade aynı kişilerin birden fazla beyanına ya da aynı ülkeden farklı aktörlerin beyanlarına başvurmak zorunda kaldığı; hatta ABD'de PKK/PYD'yi korumak için yapılan açıklamalardan dahi Türkiye'yi suçlamak adına alıntılar yaptığı görülmektedir.

Özetle, Ajansın problem tanımları, nedensel yorumları, 'ahlaki' değerlendirmeleri ve davranış önerileriyle dahili risk olarak tanımladığı muhalif grupları ve onları destekleyen Türkiye'yi ötekileştirme ve düşmanlaştırma arayışında olduğu, Şam Rejiminin iletişim alanındaki operasyonel aygıtı olarak içeriklerini algı yönetimine hizmet edecek şekilde çerçevelediği belirtilebilir.

Bu noktada Türkiye'nin tezlerini Şam Rejimi'nin etki alanındaki bölge halkına anlatabilecek halkla ilişkiler eksenli kamu diplomasisi faaliyetlerine ağırlık verilmesi; SANA başta olmak

Algı Yönetimi

üzere rejim denetimindeki araçlarla üretilen mesajların etki kapasitesini azaltacak, içeriklerde eksikleri ve yanlışları ortaya koyabilecek enformasyon üretilmesi; geleneksel medya aygıtlarının engellendiği durumlarda yurttaş diplomasisinden, sosyal medya araçlarına kadar farklı iletişim kanallarının devreye sokulması, var olanların da etkinliğinin arttırılması önem arz etmektedir.

Kaynakça

AA. (2018, 04 Mayıs). 'Cumhur İttifakı' protokolü YSK'ye teslim edildi. Erişim adresi (02 Ocak 2020): https://www.aa.com.tr/tr/gunun-basliklari/cumhur-ittifaki-protokolu-yskye-teslim-edildi/1135403

Abuşoğlu, M.Ç. (09.08.2016). Omnibalancing teorisi ve Türkiye-Özbekistan ilişkileri. 21. Yüzyıl Türkiye Enstitüsü. Erişim adresi (23 Aralık 2016): http://www.21yyte.org/tr/arastirma/orta-asya-arastirmalari-merkezi/2016/08/09/8488/omnibalancing-teorisi-ve-turkiye-ozbekistan-iliskileri

Aydın, M. (2004). Uluslararası ilişkilerin "gerçekçi" teorisi: kökeni, kapsamı, kritiği". *Uluslararası İlişkiler Dergisi*, 1(1), 33-60.

Ayhan, A. ve Çakmak, F. (2018) Türkiye'ye Yönelik Algı Operasyonlarının Dijital Medyaya Yansımaları. *Akdeniz Üniversitesi İletişim Fakültesi Dergisi*, 30, 11-35.

Callamari, P. ve Reveron, D. (2003) Chine's use of perception management. *International Journal of Intelligence and CounterIntelligence*, 16, 1-15.

David, S.R. (1991). Explaining third world alignment. *World Politics*, 43(2), 233-256.

Dışişleri Bakanlığı (2020). Türkiye-Suriye siyasi ilişkileri. Erişim adresi (02 Ocak 2020): http://www.mfa.gov.tr/turkiye-suriye-siyasi-iliskileri-.tr.mfa

Entman, R.M. (1993). Framing: toward clarification of a fractured paradigm. *Journal of Communication*, 43(4), 51-58.

Entman, R.M. (2003). Cascading activation: contesting the white house's frame after 9/11. *Political Communication*, 20(4), 415-432.

İbrahimov, R. (2002). Uluslararası ilişkilerde realistler ve realizm paradigması. *Journals of Qafqaz University*, 10(1), 1-11.

Kök, S. (2011). *Orsam ortadoğu yaz okulu 2010*. ORSAM. Erişim adresi (14 Kasım 2016): http://www.orsam.org.tr/files/Yazkisokulu/2010yaz/2010yazokulu.pdf

Özçağlayan, M. ve Apak, D. (2017). Soğuk savaş yıllarında algı yönetimi, haber ve propaganda ilişkisi. *Marmara İletişim Dergisi*, 28, 107-130.

SANA (2020). SANA hakkında. Erişim adresi (10 Ocak 2020): http://www.sana.sy/tr/?page_id=1633

Saydam, A. (2015). *İletişimin akıl ve gönül penceresi algılama yönetimi*, 5.Baskı. İstanbul: Remzi Kitabevi.

Tarhan, N. (2016). *Psikolojik savaş*. İstanbul: Timaş Yayınları.

Yeşilyurt, N. (2009). II. Abdullah dönemi Ürdün dış politikası üzerine genel bir değerlendirme. *Ortadoğu Analiz Dergisi*, 1(6), 48-56.

SAYILARLA İKNA ETME SANATI: ALGI YÖNETİMİ VE MANİPÜLASYON ARACI OLARAK KAMUOYU ARAŞTIRMALARI

*Nil ÇOKLUK**

Giriş

Günümüzde bir disiplin olarak gelişen ve ön plana çıkan halkla ilişkiler birçok anlama gelmekte ve birçok alanda kullanılmaktadır. Hutton (1999, s. 200) modern halkla ilişkilerin kısa tarihinde bu alana ilişkin bir dizi tanım, metafor ve yaklaşım olduğunu belirtmektedir. Halkla ilişkiler disiplinin öncü isimlerinden Ivy Lee bu disipline ilişkin net bir tanım getirememişse de halkla ilişkilerin, iş dünyasıyla karşılıklı ilişkilerin uygun şekilde ayarlanmasını sağlamak için dürüstlük, anlayış ve uzlaşmaya odaklandığı üzerinde durmuştur. Edward Bernays'ın tanımı uyum kavramını içeren bir tanımdır. Halkla ilişkiler bir kuruma, bir faaliyete, bir nedene veya bir harekete yönelik halk desteğini sağlamak amacıyla bilgi, ikna ve adaptasyon için yapılan bir girişimdir. 1970'li yılların ortalarında Harlow halkla ilişkilerin evrimini gözden geçirmiştir. Bu yüzyılın ilk otuz yılı boyunca Harlow'a göre halkla ilişkiler iyi niyet oluşturmak ve sürdürmek için iletişimi kullanmıştır. 1920 ve 1930'larda tanıtım ve propagandaya odaklanmanın azalmasıyla 1940'larda halkla ilişkiler için pek çok tanım ortaya çıkmıştır: sosyal davranış rehberi, sosyal ve siyasal mühendislik, iyi niyet geliştirici-

---

* Araş. Gör. Dr., Hatay Mustafa Kemal Üniversitesi İletişim Fakültesi, nilcokluk@gmail.com

si, kamuoyu oluşturucu, motive edici, ikna edici, açıklayıcı. 1950'lerde ve 1960'larda, listeye başka metaforlar da eklenmiştir: yağlamacı, pilot, katalizör, spot ışığı, yorumlayıcı ve şeytanın avukatı.

Tarihsel süreç içerisinde geniş bir anlam yelpazesine sahip olan ikna, algı yönetimi ve manipülasyon gibi amaçları taşıyan halkla ilişkilerin alt alanı olan siyasal iletişim kitlelerin zihnini denetleyip manipüle ederek rızayı üretmeyi ve kamuoyu oluşturmayı amaçlamaktadır. Siyasal iletişimde kamuoyu araştırmaları bu amaç için kullanılan araçlarından biridir. Siyasal alanda Fransız Devrimi'nden önce kullanılan kamuoyu sözcüğü belirli bir konu, fikir veya olay hakkında halkın kanaatlerini ifade eden bir kavramdır. Bu anlamda kamuoyu araştırmaları insanların fikirlerini ve kanaatlerini ölçümleyen araçlardır. 18. yüzyılda başlayan kamuoyu araştırmaları Walter Lippmann'ın 1922 yılında *Public Opinion* adlı eserini yazmasıyla ivme kazanmıştır. Bu dönemden sonra kamuoyu araştırmaları iletişimcilerin, sosyologların, siyaset bilimcilerin, sosyal-psikologların ve matematikçilerin ilgilendiği bir araştırma alanı olarak hızla gelişmeye devam etmiştir.

1930'larda büyük buhran ile başlayan kamuoyu araştırmalarına duyulan ilgi dünya savaşıyla fazlasıyla artmıştır. Bu dönemde pek çok ülkede siyasal aktörler kamuoyunu bir iktidar aracı olarak kullanma eğilimi içerisine girmiştir. 1940'lı yıllarda kamuoyu araştırmaları büyük oranda artmıştır. 1950'den sonra ise kamuoyu araştırmaları bilinen ve tartışılan sorunların daha detaylı yaklaşımlarla ele alınmasını gündeme getirmiştir (Bektaş, 2007, s. 28-29).

İngiltere'de Sir William Temple kamuoyu ile ilgili öncü çalışmaları başlatmıştır. Temple halk oyunun çok kolay manipüle edilebileceğini savunmuştur. Temple'a göre kamuoyunun fikirleri ve kanaatleri küçük bir azınlığın çoğunluğu yönetmek için yararlandığı geleneksel bir güçtür (Bektaş, 2007, s. 19). Pierre

Algı Yönetimi

Bourdieu'nün (2013) birer manipülasyon aracı olarak değerlendirdiği ve "Alimsiz İlim" olarak adlandırdığı kamuoyu araştırmaları günümüzde siyasal algıları yöneterek seçim sonuçlarını manipüle edebilmektedir. Bu araştırmaların tarafsızlığı sorgulanmakta ve algı yönetimi aracı olarak kullanıldığı üzerinde durulmaktadır. Bu doğrultuda çalışmada tarafsız bir kamuoyu araştırması olabilir mi, siyasal olgular kamuoyu araştırması ile nasıl algı haline gelir, kamuoyu araştırmaları kitle iletişim araçları üzerinden algı yönetimi yaratmakta mıdır, gibi sorulara yanıt aranacaktır.

Çalışmada siyasal beynin çözümlemesi yapılarak algı yönetimi ve manipülasyonun beyindeki rolü tartışılacaktır. Böylelikle kamuoyu araştırmalarının siyasal davranışın yönlendiricisi olan siyasal beyni nasıl etkilediği üzerinde durulacaktır. Bunun yanı sıra kamuoyu araştırmaları bir algı yönetimi ve manipülasyon aracı olarak değerlendirilerek bu araştırmaların kitle iletişim araçlarında temsili irdelenecektir. Son olarak kamuoyu araştırmalarının seçim sonuçları açısından algıları nasıl yönettiği ve seçmenlerde yarattığı priming (hazırlama) etkisi tartışılacaktır. Böylelikle kamuoyu araştırmalarının siyasal iletişim çalışmalarında bir algı yönetimi ve manipülasyon aracı olarak kullanılabildiği ve seçmenlerin algılarını yönetip seçim sonuçlarını belirlediği tartışılmaya çalışılacaktır. Bu doğrultuda seçim dönemlerinin vazgeçilmez bir aracı olan kamuoyu araştırmalarının kitlelerin zihnini yöneterek kamuoyunda istenen yönde tutum ve davranış değişikliği oluşturma gücüne sahip olduğu tartışılacaktır.

Siyasal Algıların Yönetimi: Siyasal Beynin Manipülasyonu

İnsanın algıları hem biyolojik hem psikolojik hem de sosyolojik etmenlerden etkilenen unsurlardır. Bu algılar bireyden bireye farklılık gösterdiği gibi toplumdan topluma da değişmektedir. İnsanın algıları farklı unsurlardan etkilendiği için manipüle edilebilmektedir. Çünkü insan beyni gerçeklerle ilgilenmeyen bir yapıya sahiptir. Beyin, gerçekler yerine kendisine uygun olan şeyleri gerçek olarak algılamaktadır. Algılanıp gerçek olarak kabul edilen şeyler de gündelik yaşamda karar ve davranış sırasında beyin tarafından bilinçsiz bir şekilde kullanılmaktadır.

Algı genel anlamıyla beyne gelen bilgileri işleyerek belli bir yapıya ve organizasyona sokma işlemi olarak tanımlanabilir (Cüceloğlu, 2006, s. 118; Ertürk, 2013, s. 229). Daha geniş bir ifadeyle açıklamak gerekirse, algı, dış çevrenin sunduğu duyumların çeşitli şiddet ve yoğunluğa sahip uyarıcılar aracılığıyla anlık olarak zihinde yarattığı karmaşık ve özel tasarımdır (Darıcı, 2017, s.171). Dış dünyadan gelen soyut ve somut nesnelere ilişkin olarak alınan duyumsal bilgi algılamadır. Algılama herhangi bir olayı, nesneyi, ilişkiyi görmek, dokunmak, duymak, tatmak, koklamak ve hissetmektir (İnceoğlu, 2011, s. 86-87). Algının en önemli unsuru algılamadır. Çünkü kaydedilen uyarıcılardan ve bunlara verilen tepkilerden ziyade bunlarla ilgili yapılan yorumlar ve anlamlar önemlidir (Ertürk, 2013, s. 226). Bu açıklamalardan yola çıkarak siyasal algı, dış çevreden gelen siyasal olay, konu, mesaj, nesne gibi siyasal bilgileri beyinde belli bir organizasyona koyma işlemi olarak tanımlanabilir.

Freud bilinçli zihnin buzdağının görünen bölümü olduğunu belirterek düşünce ve davranışları yönlendiren kısmın bilinçdışı olduğunu söylemiştir. Bu durumun ortaya çıkardığı önemli bir sonuç, insanın seçim yaparken hangi unsurlardan etkilendiğini bilmemesidir. Çevreden sürekli bilgiler toplayan beyin bu bilgileri davranışları yönlendirmek için kullanır. *İnanan Beyin* (2011) adlı kitabın yazarı olan Michael Shermer beyni bir inanç motoru olarak görür. İnsanların önce inandığını sonra gerekçelere baktığını belirten Shermer, duyulardan gelen bilgiyi işleyen beyinin önce bir kalıp bulduğunu, ardından bu kalıba göre neden oluşturduğunu söyler. Ali Saydam (2012, s. 94) algının gerçeklerden daha güçlü olabileceği üzerinde durmaktadır. Siyaset bilimci Andrew Heywood da pratik anlamda algıların ve algılamanın gerçeğin kendisi olabileceğini öne sürmüştür. Heywood'a göre

Algı Yönetimi

insanların sahip oldukları inançlar, semboller ve değerler yani algılar insanların siyasal sürece karşı tutumları üzerinde belirleyici olmaktadır. İnsanın sahip olduğu algılar yaşadıkları siyasal sistem hakkındaki düşüncelerden etkilenmektedir (Heywood, 2007, s. 223). Bu bağlamda siyasal konular hakkında genel fikir ve kanıları ölçümleyen kamuoyu araştırmalarının yarattığı algıların siyasal süreci etkilediği söylenebilir.

İkna açısından düşünüldüğünde algı, algılamayla geçmiş yaşantının bilgisel izlerinin depolanma işlemini ifade eden bellek arasında işlevsel bir bağıntı kurduğu için önemlidir (Anık, 2000, s. 64). Geçmiş yaşama ilişkin bilgisel depolama, yani hafıza (bellek) ile algılama arasında fonksiyonel bir ilişki vardır. Beyindeki hücrelerin birbiri ile bağlantı biçimi gerektiğinde depolanan bilginin kolayca bilince aktarılabilmesini sağlamaktadır. Ayrıca algıların bellekte gruplanma özelliği nedeniyle hatırlanmak istenen bilgiyle birlikte ona bağlı bilgileri de çağrıştırmak hatırlamayı kolaylaştırmaktadır (İnceoğlu, 2011, s.114).

Edward Bernays (1928) kamuoyunu manipüle edebilmek için insanın doğasında var olan temel güdülerin bilinmesi gerektiği üzerinde durmuştur. Bu güdüleri kendini koruma, üreme ve sevgi şeklinde sıralayan Bernays'a göre (1928, s. 958) "Kamuoyunu oluşturmak ve değiştirmek için insanı güdüleyen unsurları bilmek gereklidir". Napoleon liderleri sevdiren yolların bilincinde olarak bir hükümetin her şeyden önce kamuoyunun onayını sağlamaya çalışması gerektiğini iyice anlamıştı. *"Haklı olmak için iyi olanı yapmak yetmez bir de yönetilenlerin buna inanmaları gerekir. Güç kamuoyuna dayanır. Hükümet dediğimiz şey nedir? Kamuoyunu kendinden yana çekmemişse, hiçbir şey."* (Domenach, 1995, s. 16). Napoleon'un bu düşünceleri kamuoyunun algılarını yönetip kendi yanına çekmenin iktidar açısından önemini ortaya koymaktadır.

Edward Bernays, yenilikçi liderler ve yeni fikirlerin savunusu için ikna psikolojisini geliştirmiştir. İkna psikolojisinin uygulamaları yeni ideolojilerin, inançların ve alışkanlıkların benim-

117

senmesini sağlayacak kamuoyu değişikliklerini yaratmak açısından etkili olmaktadır. Bugün toplumun bir özelliği olan insan zihninin manipülasyonu sosyal bir amaca hizmet ederek, yeni fikirleri kabul etmeyi sağlamaktadır (Bernays, 1928, s. 959). Halkın sesinin halkın zihnini ifade ettiğini belirten Bernays, bu zihnin insanın inandığı grup lideri ve kamuoyunun manipülasyonunu gerçekleştiren uzmanlar tarafından şekillendiğini vurgulamıştır (Bernays, 1928a, s. 92).

Algı konusunda yeni bir kavramsallaştırma olan hazırlama yani priming etkisi bir şeyin başka bir şeyle ilgili algıyı etkileme durumunu ifade etmektedir (Eagleman, 2016, s. 104). Priming etkisi bir olayın veya eylemin üzerinde kolaylaştırıcı etkisi bulunan ve beyinde depolanan bilginin insanın algılarını şekillendirmesi durumudur (Molden, 2014, s. 3). Hazırlama ya da priming etkisi kamuoyu araştırmaları açısından irdelendiğinde sunulan sonuçların insanın beyninde depolanan bilgiyle birleşmesi sonucunda priming etkisi yaratarak siyasal davranış üzerinde etkili olabileceğini belirtmek mümkündür. Diğer bir deyişle, kamuoyu araştırmalarının sonuçları insanın zihninde yer alan siyasal algılarla birleşerek seçmeni siyasal davranışa hazırlayıcı bir etkiye sahip olabilmektedir.

Kamuoyunun doğası üzerine pek çok araştırma yapılmasına rağmen W. Lance Bennett geçmişte kamuoyunu bilinçli ele alan birçok araştırmanın yanlış bir kanıya sahip olduğunu belirtmiştir. Bennett halkın kötü bilgilendirildiğini tutumların da tutarsız ve zamanla değişebilir olduğunu gösteren araştırma bulgularından söz etmiştir (Milburn, 1998, s. 37). Bu durumun temeli insan beyninin manipülasyona açık olmasıdır. İnsan beyni duygusal, otomatik ve bilinçsiz bir şekilde karar verip davranış sergilemektedir. Bu durum siyasal karar ve davranışı yöneten beynin manipüle edilmiş ve zihne yerleşmiş gerçeklerle hareket ettiği anlamına gelmektedir.

Bireyleri ikna etmenin en önemli yolu geçmiş yaşantıların belleğe depoladığı algılara hitap etmektir. Kamuoyu araştırma-

Algı Yönetimi

ları açısından bu durum düşünüldüğünde kitleleri ikna etme amacı taşıyan araştırmaların insanların zihnine ektiği bilgiler kayıtlanarak bilinçdışına yerleşmektedir. İnsan beyninin ve algılarının belleğe depolanan bilgiden etkilendiği göz önünde bulundurulduğunda karar ve davranış sırasında otomatik hareket eden ve duygusal kararlar veren insan beyni açısından kamuoyu araştırmalarının sunduğu bilgiler seçmen davranışı üzerinde belirleyici olabilmektedir.

Siyasal Algı Yönetimi ve Manipülasyon Aracı Olarak Kamuoyu Araştırmaları

Fransız düşünür Gustave Le Bon çağın insanının düşüncesinin sürekli değişmekte olduğu nazik ve buhranlı bir devre içinde bulunduğunu ifade etmektedir. Le Bon bu değişimin temelinde iki nedenin olduğunu belirtmiştir. Birincisi medeniyetin bütün unsurlarının kaynağı olan dini, siyasi ve sosyal inançların tahrip edilmiş olmasıdır. İkincisi ise bilimde ve teknikte yeni buluşların ortaya çıkardığı yepyeni yaşama ve düşünme şartlarının meydana gelmesidir (Le Bon, 2013, s. 5-6). Bu durum algı yönetimine ve manipülasyona açık bireylerin ortaya çıkmasına neden olmuştur. Siyasal aktörler bireylerin zihinlerini farklı teknik ve araçlarla kontrol edebilir hale gelmiştir. Eski yönetim anlayışında baskı ile elde edilen iktidar bugün birçok siyasal iletişim faaliyeti kullanılarak elde edilmeye başlanmıştır. Kamuoyu araştırmaları da kitlelerin siyasal algılarını kontrol eden araçlardan biri olarak karşımıza çıkmaktadır.

Kamuoyunun genel tanımına bakıldığında bireylerin fikir ve kanaatlerinin toplamı olarak ifade edilebilir (Bektaş, 2007, s. 54). Kamuoyunun oluşumunda çeşitli sosyal, siyasal ve psikolojik etmenler rol oynar. Kişinin iç dünyası, toplumsal çevresi, aile, okul, iş ve meslek grupları, yüz yüze yapılan temaslar, kitle iletişim araçları, kanaat önderlerinin rolleri gibi unsurlar bu siyasal, toplumsal ve psikolojik etmenleri oluşturur. Kamuoyunun temel anlamı olan fikirlerin kamu içerisinde ifade edilmesi ve açığa çıkarılması arasında ayrım yapan Bauer (aktaran Bektaş,

2007, s. 55) kamuoyunu statik ve dinamik olarak ikiye ayırmıştır. Statik kamuoyu kendisini adetler, gelenekler ve teamül biçiminde ortaya koymaktadır. Ussal olan dinamik kamuoyu ise ikna etme sanatının derinlemesine işlenmesi ve sistemli yayım faaliyeti üzerine inşa edilmiştir. Bu kamuoyu türü propaganda ve ajitasyon için tartışılması imkansız tarihsel olayları ve güncel gelişmeleri seçen bir yapıdadır.

Kamuoyunun görüşler ve kanılar tarafından yönlendirilen bir topluma (Baker, 2015) dönüşmesiyle kitlelerin örgütlü alışkanlıklarının ve düşüncelerinin bilinçli ve akıllı manipülasyonu demokratik toplumda ön plana çıkmaya başlamıştır. Toplumu manipüle edenler, ülkenin gerçek yönetici gücünü oluşturan kesimlerdir. İnsanların zihinleri zevkleri ve fikirleri propaganda ile yönetilerek şekillendirilmektedir (Bernays, 1928a, s. 9). Kamuoyunun gelişimini etkileyen çevrenin gerçekle her türlü ilişkisini kesmiş yapay bir çevre olduğunu belirten Lippmann (1926) bunu sahte çevre şeklinde tanımlamaktadır. Lippmann'a göre kamusal kanı olmadığından hayalet kamudan bahsetmek mümkündür. Kamuoyunun kesin kanaatler yerine şekilsiz hayallere sahip olması söz, yazı veya hayal klişelerinin etkisine bağlıdır. Örneğin bir kapitalist ile bir sosyalistin aynı olguyu farklı şekilde algılaması yerleşik kalıplardan kaynaklanır. Lippmann bu fikirleriyle insanın beyninde yer alan kalıpların algıları oluşturduğunu açıkça ifade etmektedir. Bu nedenle bu algıların gerçek olmayacağını söylemektedir. Belleğinde ön yargılar ve yerleşik duygular yer alan insanlar dış dünyadaki yetersiz bilgilenmeden dolayı her zaman doğru değerlendirmeler yapamamaktadır.

Günümüzde özellikle seçim zamanlarında kamuoyunun fikir ve kanaatleri kamuoyu araştırmaları ile ölçümlenmektedir. Milburn (1998, s. 37) kamuoyunun kuramsal bir yapı olduğunu, ölçülebilir gerçek bir nesne ya da özellik olmadığını belirtmiştir. Bu durum doğası gereği kamuoyu araştırmalarının manipülatif bir yapıya sahip olmasına neden olmaktadır. Genellikle kamuoyu araştırmalarının belli bir şirket veya sermaye eliyle yapılması, soruların çerçevelenmesi gibi nedenlerden ötürü bu araştırmaların manipülatif sonuçlar sunduğu söylenebilir. Bu manipülatif sonuçların da insanların siyasal algılarını etkileyerek, insanları davranışa yönlendirdiğini söylemek mümkündür. Bourdieu (2013, s. 270) anketi katışıksız mekanik bir kayıt barometre, fotoğraf, röntgen gibi kavramaya iten metaforların tümünün başarısı nedeniyle her eğilimden siyasetçinin devletin kendi araştırma kurumlarını atlayarak özel araştırma kuruluşlarına sipariş vermesinin "paket servis bilim" beklentisini yani sipariş bilim beklentisini doğruladığını belirtir. Anketin daha eşitlikçi, demokratik veya evrensel kamuoyu kavramlarını teşvik ettiği argümanlar tam tersi tanımlamalarla ortaya konur. Anketler, popüler fikirlerin bir araya getirilmesini değil, elit görüşün somutlaştırılmasını temsil eder. İlk bilimsel anketlerden on yıl önce, Amerikalı gazeteci Walter Lippmann yüzyıl sonra Herbert Blumer tarafından desteklenecek olan Herbst'ün sözleriyle, kamuoyunun siyasi elitlerin ve gazetecilerin ne düşündüğünün bir yansıması olduğunu savunur (Beniger, 1992, s. 207).

Kamuoyu olarak ölçülen şey her zaman ve kaçınılmaz olarak soruların çerçeveleme ve düzenlenme şekline bağlıdır. Farklı çerçevelerin veya farklı soru sıralarının farklı sonuçlar üretmesi, halkın gerçek duygularını çarpıtması değildir, daha ziyade, sabit bir gerçek görüşü olmayan halk, sorunun tam olarak ne olduğunu ve çözüme kavuşturmak için hangi hususların ilgili olduğunu belirleyecek olan bir soruya dolaylı olarak güvenir (Zaller, 1992, s. 95). Gazete ve dergi genel yayın yönetmeni, siyasetçi, şirket yöneticileri tarafından finanse edilen kamuoyu araştırmaları gerek tahlil gerekse verilerin toplanması düzeyinde kendini gösteren pazarın görünmez elinin etkisinde kalır (Bourdieu, 2013, s. 273). Bourdieu kamuoyu araştırmaları üzerine yazdığı *Distinction* adlı eserinde anketlerde yer alan "bilmiyorum" (don't knows) yanıtının siyasi sonuçları ve anlamı üzerine odaklanmaktadır. İşçi sınıfı üzerinden analizler geliştiren Bourdieu bu yanıtın işçi sınıfı katılımcılarını ana akım siyasetin egemen söylemlerinden dışlandığı ve yabancılaştırdığı üzerinde durur. Bu durum onların temsil edilmediği anlamına gelir (Myles, 2007, s. 103). Kamuoyu araştırmalarının belirli kesimlerin görüşlerini yansıtmasından ötürü ortaya bir gerçek koymadığı dolayısıyla gerçeği çarpıtarak insanın algılarını manipüle ettiğini belirtmek mümkündür.

Arthur Schopenhauer *İstencin Özgürlüğü Üzerine* (2000) adlı eserinde iradenin özgür olup olmadığını tartışır. İnsanların arzularının kendi aklına dayanarak alındığını reddeder. İnsan iradesinin özgür olmadığını fakat verdikleri kararlarda kendilerini özgür sandıklarını dile getirir. Bu bağlamda değerlendirildiğinde Zaller'in de vurguladığı gibi bireyler sorunlar hakkında gerçek tutumlara sahip değildir, ancak kısmen bağımsız ve çoğu zaman tutarsız tutumlara sahiptirler. Zaller bu durumu Basra Körfezi Savaşı'nın yükselişi üzerinden örneklendirmektedir. Irak'a karşı yapılan savaşa verilen destek bu dönemde büyük ölçüde dalgalanmıştır. Bu durum zamanla değil, aynı tutumu ölçmeye çalışan farklı anket kuruluşları tarafından kullanılan farklı sorular nedeniyle bu şekilde sonuçlanmıştır. Bu savaşın başlamasından üç hafta önce kitlelerin görüşünü tanımlamaya çalışan iki gazeteci soruların nasıl çerçevelendiğine bağlı olarak desteğin yüzde 40 ila yüzde 50 aralığında düşürüldüğünü veya yüzde 70 ila yüzde 80'e yükseltildiğini gözlemlemişlerdir (Zaller, 1992, s. 93).

Kamuoyu araştırması yapan şirketlerin müşterilerine sorularının gereksiz veya daha kötüsü nesnesiz olduğunu söylemeleri çıkarlarına gelmeyen bir durumdur. Bourdieu ölçülen şeyin ölçüldüğü sanılan şey olmadığını bir örnek ile açıklamaktadır. Araştırma şirketlerinin Arap ülkelerinin imajı konulu bir anketi yürütmeyi reddetmeleri için çok fazla erdem sahibi olmaları ve bilime çok fazla inanç beslemeleri gerekmektedir. Bourdieu, bu şirketlerin söz konusu anketin sadece ve sadece göçmenlere bakışı çok başarısız bir şekilde ortaya koyacağını tahmin etseler de

Algı Yönetimi

siparişi reddetmelerı durumunda başka bir rakibin işi kapacağını bildiğinden bu siparişi kabul edeceğini belirtmektedir. Bu örnek özelinde bakıldığında anket en azından bir şeyi ölçecektir ve bu ölçtüğünü sandığımız şey değildir (Bourdieu, 2013, s. 272). Kamuoyu araştırmaları bilime dair umumi algılamaya cevap verir: Herkesin kendine sorduğu sorulara hızlı, basit rakamlar içeren, görünürde anlaşılması ve yorumlanması kolay cevaplar verir. Oysa hiçbir yerde olmadığı kadar bu konularda gerçeklikler en önemli hatalardır, köşe yazarlarının ve siyaset yorumcularının gerçek problemleri bilimsel tahlilin nesnesini inşa etmek için bertaraf etmek zorunda olduğu sahte problemlerdir (Bourdieu, 2013, s. 270).

Gramsci *Hapishane Defterleri* (1997) adlı eserinde egemen sınıfın fikir ve görüşlerinin topluma yayılmasında organik aydınların önemli bir görevi olduğu üzerinde durur. Egemen sınıf, kontrolünde yer alan zenginlikleri korumak ve sürdürmek adına dünya görüşünü ve ahlaki değerlerini topluma mal eder. Topluma doğrudan siyasi baskı yapmak yerine toplum üzerinde ideolojik hakimiyet kurmaktadır. Kamuoyu araştırmaları da egemen sınıfın iktidarını koruması amacıyla rıza üretmek için kullanılan araçlar haline gelmiştir. Bu araştırmalar aracılığıyla kitlelerin algıları yönetilerek iktidarı korumak mümkün hale gelmiştir. Kitlelerde güçlü olan kesimleri destekleme eğilimi söz konusu olduğundan kitlelerin kamuoyu araştırmalarının güçlü gösterdiği siyasilere yönelme olasılığı yüksektir.

Kamuoyu Araştırmaları ve Kitle İletişim Araçları

Dünyanın bir kaos çağından geçmesiyle insan sosyolojisi ve psikolojisi son derece dinamik bir hal almıştır. İletişim teknolojilerindeki gelişmelerin çok hızlı olması ve gündelik yaşamın her alanına yayılmasıyla bir olayın bir diğerini etkilemesi çok kolay bir hale gelmiştir. Bu ortamda kitle iletişim araçları siyasal olarak yanlı mıdır, kitle iletişim araçları kamuoyunu nasıl etkilemektedir, gibi sorular ön plana çıkmaktadır. Günümüzde kamuoyunun oluşmasında en etkili unsurlardan biri kitle iletişim araçlarıdır. Bireyin siyasal algılarını şekillendiren kitle iletişim araçları önemli bir kamuoyu oluşturma unsuru olarak kendini göstermektedir. Gazete, sinema, radyo, televizyon ve internetin kullanımıyla yaygınlaşan sosyal medya siyasal kamuoyunu etkileme ve fikir aşılama sürecinde önemli araçlar olarak kendini göstermektedir.

Mcluhan, *Yaradanımız Medya* adlı kitabında benliğimizi tümüyle medyanın teslim aldığı üzerinde durmaktadır. "Kitle iletişim araçları kişisel hayatımızı, siyasal, ekonomik estetik, psikolojik ahlaki ve etik hayat alanlarını öylesine yaygın biçimde etkilemektedir ki ilişmedikleri, dokunmadıkları, değiştiremedikleri hiçbir yer kalmamıştır" (McLuhan, 2019, s. 26). Kitle iletişim araçları insanların duygularını, düşüncelerini ve davranışlarını etkilemek için uğraş vermektedir. Bir sosyal etki kaynağı olarak kitle iletişim araçları kendi düşüncelerini fikirlerini topluma aşılamak istemektedir. Kitle iletişim araçlarını kullanmanın sağladığı avantaj aynı anda milyonlara ulaşabilmesi ve çok sayıda insanı etkileyebilmesidir. Sosyal etki kaynağı olan kitle iletişim araçları birçok iş insanı, siyasi ve devlet görevlisi tarafından kendi ürün ve fikirlerini empoze etmek amacıyla kullanılmaktadır (Sakallı, 2013, s. 19). Özellikle internetin gelişip yaygınlaşmasıyla birlikte sosyal medya araçlarının çok sayıda insan tarafından gündelik yaşamda sıklıkla kullanılmaya başlanmasıyla kamuoyu araştırmaları da sosyal medya üzerinden dağıtılıp geniş kitlelere ulaşmaya başlamıştır. Bu durumun temelinde sosyal medyada içeriklerinin elden ele çok hızlı ve küresel bir şekilde yayılması bulunmaktadır. Geleneksel medya araçlarından farklı olarak her yerde ve her alanda mobil kullanıma imkan sunan yeni iletişim teknolojileri kamuoyu şirketleri tarafından paylaşılan içeriklerin geniş kesimlere ulaşarak algı yönetmesine imkan sunmaktadır. Bu durum kitle iletişim araçlarıyla araştırma sonuçlarının daha geniş bir manipülasyon alanı yaratmasına neden olmaktadır.

Algı Yönetimi

Kullanımlar ve doyumlar yaklaşımına göre kitle iletişim araçları ile yayılan mesajları tüketmek özgür bir biçimde ve sonsuz bir seçenek içerisinde değil, izleyicilere medya kurumları tarafından ne sunuluyorsa onu tüketmek şeklinde gerçekleşir (Yaylagül, 2014, s. 73). İnsanların çoğunun ne hakkında konuşacağına ve izleyicilerin gerçekleri ne olarak düşüneceğine karar veren kitle iletişim araçları gündemi belirler. Gündem oluşturma araştırmaları medya içerikleriyle kamuoyunun düşündüğü konular arasındaki ilişkiyi gösterme açısından hala önemlidir (Yaylagül, 2014, s. 78). Giderek daha fazla çalışılan bir fenomen gündem belirleme olgusudur. Geleneksel ve yeni medya istediği bir konu ya da olay hakkında daha çok yayın yaparak enformasyon ve bilgi üzerinde bir kontrol kurup iktidar açısından büyük önem taşıyan bilgiyi yani kontrol gücünü elinde tutar. Bu durum bilginin egemen olmak anlamına geldiği bilgi çağında toplumun algılarını yönetme gücünü bu araçlara vermektedir.

Ulus Baker medyanın insanlara olayları kaybettirdiğini böylece düşünce yeteneğini de kaybettirdiğini belirtmiştir. Baker'e göre medya iki teknikle gerçek olmayan hayali ve düşünceden uzak bir dünya anlayışı yaratmaktadır. Bunların ilki tekrar iken ikincisi kitle iletişimin tüm kanallarını harekete geçirerek aynı mesajı farklı mesaj türleriyle vermektedir. Böylelikle ortaya çıkan sonuç zihinleri etkilemeden ziyade kitle iletişim yoluyla olayları düşünülebilir olmaktan çıkarmaktır (Baker, 1995). Medya ve siyasetin kurumsal olarak örgütlenmesinin kamusal alanın yok olmasıyla sonuçlandığını söyleyen Habermas, insanların bu durum sonucunda toplumsal sorunlara ve siyasete etkin katılmaktan ziyade pasif izleyicilere dönüştüğünü belirtmiştir (Yaylagül, 2014, s. 108). Bu durum karşısında iyi bir medya okuryazarı olmak bile yetersiz kalmaktadır (Bulut, 2019, s. 1101). Araştırmalar televizyon haberlerinin yapı ve içeriğinin bireylerin önemli gördükleri siyasal sorunlar ve bireylerin bu sorunlara ilişkin siyasal akıl yürütme süreçlerinin karmaşıklığı üzerinde oldukça etkili olduğunu göstermektedir (Milburn,

1998, s. 230). Güz ve diğerleri (2017, s. 15) yaptıkları bir araştırmayla medya ve kamuoyu araştırmaları arasında doğrudan bir güven ilişkisinin olduğunu ortaya koymuştur. Kamuoyu araştırmalarına doğrudan güven oranı düşük seviyede iken araştırma sonuçlarının medyada yer alması halinde sonuçlara duyulan güven oldukça artmaktadır. Diğer bir ifadeyle belirtmek gerekirse, medyaya olan güven, kamuoyu araştırmalarına olan güveni etkilemektedir.

Kitle iletişim araçları ve kamuoyu araştırmaları arasında doğrusal bir ilişki söz konusudur. İnsan hayatının vazgeçilmez bir parçası olan medyanın gündemine aldığı konular arasında kamuoyu araştırmaları önemli bir yer tutmaktadır. Kamuoyu araştırmaları için kitle iletişim araçları bu araştırmaların gündeme alınması açısından önemlidir (Güz ve diğerleri, 2017, s. 10). Seçim sonuçlarına yönelik araştırmalar seçimlere az bir süre kala yoğunlaşmaktadır. Bu araştırmalar farklı kitle iletişim kanallarında yayınlanıp gündem oluşturmaktadır. Seçim dönemi boyunca siyasal parti liderleri katıldıkları televizyon programlarında ve verdikleri demeçlerde partilerinin seçimdeki durumunu anlatmaktadır. Ancak liderlerin paylaştığı sonuçlara bakıldığında, kendi partilerinin sürekli yükselişte olduğu ya da oylarını artırdığı araştırma sonuçlarının medyaya yansıdığını belirtmek mümkündür (Göksu, 2018, s. 35). Bunun yanı sıra sosyal medyanın hem çıkar grupları hem kamuoyu şirketleri hem de siyasiler tarafından önemli bir iletişim aracı olarak kullanılmaya başlanmasıyla seçim dönemi boyunca iktidarı ele geçirmek isteyen kesimler kamuoyu araştırma sonuçlarını sosyal medya üzerinden de dağıtmaya başlamıştır.

Sosyal medyada içeriğin kullanıcı tarafından oluşturulmasıyla katılım çağının ortaya çıkması büyük medya kuruluşlarının hegemonyasını kırmıştır. Medyanın içeriğini üreten ve takip eden arasındaki ayrımlar kısmen ortadan kalkmıştır. Bu durum gerçeklerin değil, fikirlerin önem kazanmasına yol açmıştır. Artık ilgi çekmek ve karşı tarafı etkilemek önemli bir hale gelmiştir. Özellikle sosyal medyanın bireyleri, grupları veya kamuoyunu belli tutum ve davranışlar konusunda ikna etmeye fırsatlar sunması nedeniyle toplumu dizayn etmek için yeni iletişim teknolojileri kitleleri yönlendirebilmektedir (Eren ve Aydın, 2014, s. 202). Bu araçları kullanan kamuoyu araştırma şirketleri ve siyasiler şeffaf yöntemlerle yapılmayan araştırma sonuçlarını bu teknolojileri kullanarak yaymakta ve toplumun seçim konusunda algılarını yöneterek manipülasyona yol açabilmektedir. Her zaman doğru sonuçlar vermeyen ve kimi zaman taraflı olan kamuoyu araştırmaları sosyal medya üzerinden bir toplum mühendisliği yapma gücüne sahip olmaktadır. Bu durum kitle iletişim aracı olarak internet ortamının yarattığı dezenformasyon ile yakından ilgilidir. Gerçekten ziyade var olanı kabul etmeye hazır bir kitlenin var olması ve bu kitlenin çıkar grupları tarafından manipüle edilmesi nedeniyle dezenformasyona açık olan internet ortamında Habermas'ın bahsettiği şekilde kamusal alanın çöküşünden bahsetmek mümkün hale gelmektedir. Bu durum kamuoyunu yönlendirilebilir ve manipüle edilebilir bir kitleye dönüştürmektedir.

Kamuoyu araştırmalarının kitle iletişim araçlarında sunulması karar verme aşamasında olan seçmenlerin algılarını etkileyip manipüle edebilmektedir. Çünkü kitle iletişim araçları insanların zihinlerini etkileyen ve buraya belirli kodları ekebilen bir yapıya sahiptir. İnsanların zihnine fikir ekme gücüne sahip olan kitle iletişim araçları kamuoyu araştırmalarının sonuçlarının propaganda amaçlı yayınlanmasına imkan vererek bu sonuçların insan zihni ve algıları üzerinde etkili olmasına imkan sunmaktadır. Bu durum siyasal karar ve davranış konusunda yönlendirilmeye ve manipülasyona açık seçmenlerin ortaya çıkmasına neden olmaktadır.

Tartışma ve Sonuç

Kamuoyu araştırmaları seçim dönemlerinde önemli bir algılama yönetimi aracı olarak ortaya çıkmaktadır. Meşruiyetin yeterli koşulunun kendini kabul ettirebilmek olduğu bu çağda kitlesel bir algılama yönetimi, manipülasyon ve propaganda aracı olarak seçim dönemlerinde bu araştırmalar ön plana çıkmaktadır. Erdem ve Batı, (2016, s. 227) siyaseti bilinçdışının sömürgeleştirilmesi olarak tanımlamaktadır. Siyasiler, kurumlar, partiler bütün bir mekanizma olarak sürekli ve bitmeksizin bilinçdışımıza yeni kodlamaları eklemektedir. Bu bazen bir sembol, bazen bir söylem, bazen bir koku, ya da bazen bir beden dili hareketi olabilir. Buna beynin çıpalanması (anchoring) adı verilmektedir. Çıpalamak, bir şeyi başka bir şeyle birbirine bağlamak iki şey arasında ilişki kurmak anlamına gelmektedir. Bu bağlantı olumlu veya olumsuz olabilir. Kamuoyu araştırmaları da insan beynine siyasiler ile ilgili kodlar ekleme gücüne sahiptir. Bu yolla kamuoyu araştırmaları sosyolojik ve psikolojik bir varlık olan insanın siyasal algılarını yöneten ve manipüle edebilen iletişim araçları olarak kendini göstermektedir.

İnsanların algıları üzerinde etki gücü olan kamuoyu araştırmalarının manipülatif bir yapıya sahip olmasının çeşitli nedenleri vardır. Bunlar katılımcıların anketlere her zaman doğru yanıtlar vermemesi, katılımcılara sorulan soruların tarafsız sorulup sorulmaması, katılımcıların soruları doğru anlamaması, araştırmaların belli kuruluş veya sermayeler tarafından yapılması, soruların çerçevelenmiş olması, belli kesimlerin görüşlerini sunması, sipariş araştırmaların varlığı şeklinde sıralanabilir. Bu durum kamuoyu araştırmalarının manipülatif sonuçlara sahip olmasına neden olmaktadır. Dolayısıyla bu araştırmalar seçmenlerde gerçek olmayan tutum ve algılar yaratmaktadır.

Doğası gereği manipülatif bir yapıya sahip olan kamuoyu araştırmalarının seçmen tercihleri üzerinde dört etkisi olduğu üzerinde durulmaktadır; gözde olana yönelme veya bandwagon etkisi, yenilmişlik veya kamçılama, toparlanma ve tedbirli oy kullanmadır. Bandwagon etkisi seçimde önde olan partiye destek verme eğilimidir. Yenilmişlik veya kamçılanma etkisinde seçmenler kazanma şansı az olan partiye yönelmektedir. Toparlanma etkisinde seçmen sempati duyduğu parti veya adayın oyunun yükselmesiyle eğilimini değiştirip yükseğe çıkmaya çalışır. Tedbirli oy kullanma ise, seçmen desteklediği parti yerine benzer ideolojiye sahip aday veya partiye yönelir (Güz ve diğerleri, 2017, s. 8-9). Belirtmek gerekir ki, güçlü olana yönelme eğilimi gösteren insan beyninin kamuoyu araştırmalarıyla güçlü gösterilen aday veya partiye yönelme olasılığı daha fazladır. Çoğunluğun eğiliminin bu yönde olduğunu söylemek mümkündür. Özellikle internetin gelişip yaygınlaşmasıyla sosyal medyanın kullanımının hızla artması sonucu kitle iletişim araçlarının daha da önem kazanmasıyla geniş kitlelere dağıtılabilen kamuoyu araştırmalarının sonuçları seçmenler üzerinde çeşitli etkiler yaratarak seçim sonuçlarında belirleyici olabilmektedir. Özellikle yeni iletişim teknolojilerinin gelişmesiyle kamuoyu araştırmalarının sonuçları internet ortamında çok hızlı bir şekilde yayılmaktadır. Araştırmaların sonuçlarına göre siyasiler ve partizanlar bu sonuçları dolaşıma koyarak siyasal algıları etkileyebilmektedir. Bu durum seçimlerde oy kullanacak olan seçmenlerde priming (hazırlama) etkisi yaratabilmektedir. Ancak bu araştırmaların tarafsız olmaması seçmen davranışının yanı sıra seçim sonuçlarını da manipüle edebilmektedir. Bu nedenle gerçek bir demokratik toplum yapısının var olup olmadığı sorunsalı ortaya çıkmaktadır. Bu sorunun aşılması için manipülatif yapıya sahip olan kamuoyu araştırmalarının uygulama biçimi, meslek etiği ve kitle iletişim araçlarında şeffaf yer alması hakkında düzenlemeler yapılması gerekmektedir. Özellikle araştırma şirketlerinin gizli bir şekilde yaptığı bu araştırmaların şeffaf bir yapıya sahip olacağı yasal düzenlemelerin yapılması gerçek bilgiye erişebilen yurttaşları ortaya çıkararak gerçek bir demokratik toplum yapısının ortaya çıkmasını sağlayacaktır. Böylece belli bir düzenlemeyle oluşturulan kamuoyu araştırmaları seçmenlerin algılarını yanlış yönetip yanlış bir bilinç oluşturmak yerine gerçek demokratik bir seçim ortamı ve seçim sonucu yaratacaktır.

Kaynakça

Anık, C. (2000). *Siyasal ikna.* Ankara: Vadi Yayınları.

Baker, U. (26, 05 2015). *Siyasal alanın oluşumu üzerine bir deneme.* Cafrande: https://www.cafrande.org/siyasal-alanin-olusumu-uzerine-bir-deneme-ulus-baker/ adresinden alındı

Baker, U. (Aralık/Ocak 1995). Medyaya nasıl direnilir. *Birikim Dergisi* (68-69). https://birikimdergisi.com/dergiler/birikim/1/sayi-68-69-aralik-ocak-1995/2268/medyaya-nasil-direnilir/4590 adresinden alındı

Batı, U. ve Erdem, O. (2016). *Ben bilmem beynim bilir.* İstanbul: MediaCat.

Bektaş, A. (2007). *Kamuoyu, iletişim ve demokrasi.* İstanbul: Bağlam Yayınları.

Beniger, J. R. (1992). The impact of polling on public opinion: Reconciling foucault, habermas, and bourdieu. *International Journal of Public Opinion Research, 4*(3), 204-219.

Bernays, E. (1928). Manipulating public opinion: The why and the how. *American Journal of Sociology, 33*(6), 958-971.

Bernays, E. (1928a). *Propaganda.* New York: Horace Liveright.

Bourdieu, P. (2013). Kamuoyu yoklamaları: Alimsiz bir bilim. P. Bourdieu içinde, *Seçilmiş metinler* içinde (L. Ünsaldı, Çev.). s. 269-278. Ankara: Heretik Yayıncılık.

Bulut, S. (2019). Dijital medyada haber: Gazetecilikte arama moturu optimizasyonu uygulaması üzerine bir araştırma. *Dokuz Eylül Üniversitesi Sosyal Bilimler Enstitüsü Dergisi, 21*(4), 1087-1105.

Cüceloğlu, D. (2006). *İnsan ve davranışı.* İstanbul: Remzi Kitapevi.

Darıcı, S. (2017). *Subliminal işgal.* İstanbul: Destek Yayınları.

Domenach, J. M. (1995). *Politika ve propaganda.* (T. Yücel, Çev.). İstanbul: Varlık Yayınları.

Eagleman, D. (2016). *Beyin senin hikayen.* (Z. A. Tozar, Çev.). İstanbul: Domingo.

Eren, V. ve Aydın, A. (2014). Sosyal medyanın kamuoyu oluşturmadaki rolü ve muhtemel riskler. *KMÜ Sosyal ve Ekonomık Araştırmalar Dergisi, 16*(Özel Sayı 1), 197-205.

Ertürk, Y. D. (2013). *Davranış bilimleri.* İstanbul: Kutup Yıldızı Yayınları.

Göksu, O. (2018). Kamuoyu araştırmalarında tutarlılık sorunsalı: 2010-2018 dönemi kamuoyu araştırmaları üzerine bir inceleme. *Türkiye İletişim Araştırmaları Dergisi* (Özel Sayı), 30-54.

Grmasci, A. (1997). *Hapishane defterleri.* (A. Cemgil, Çev.). İstanbul: Belge Yayınları.

Güz, N., Yanık, H., Yegen, C., Özbulduk Kılıç, I. ve Bingöl, M. (2017). Kamuoyu araştırmaları ve medyaya güven. *Uluslararası Hakemli İletişin ve Edebiyat Araştırmaları Dergisi*(16), 1-20.

Heywood, A. (2007). *Siyaset.* (Kolektif, Çev.). Ankara: Adres Yayınları.

Hutton, J. G. (1999). The definition, dimensions, and domain of public relations. *Public Relations Review, 25*(2), 199-214.

İnceoğlu, M. (2011). *Tutum algı iletişim*. Ankara: Siyasal Kitabevi.

Le Bon, G. (2013). *Kitleler psikolojisi*. (H. İlhan, Çev.). Ankara: Alter Yayınları.

Lippmann, W. (1922). *Public opinion* New Jersey: Transaction Publishers.

Lippmann, W. (1926). Public opinion and the politicians. *National Municipal League*. Pittsburgh: National Civic Review.

McLuhan, M. (2019). *Yaradanımız medya*. (Ü. Oskay, Çev.). İstanbul: Nora Kitap.

Milburn, M. (1998). *Sosyal psikolojik açıdan kamuoyu ve siyaset*. (A. Dönmez ve V. Duyan Çev.). Ankara: İmge Yayınevi.

Molden, D. C. (2014). Understanding priming effects in social psychology: What is social priming and how does it occur?. *Social Cognition*, 32(Special Issue), 1-11.

Myles, J. (2007). Making don't knows make sense: Bourdieu, phenomenology and opinion polls. *The Sociological Review*, 56(1), 102-116.

Sakallı, N. (2013). *Sosyal etkiler*. Ankara: İmge Kitabevi.

Saydam, A. (2019). *Algılama yönetimi*. İstanbul: Remzi Kitabevi.

Schopenhauer, A. (2000). *İstencin özgürlüğü üzerine*. (M. Söyler, Çev.). Ankara: Öteki Yayınevi.

Shermer, M. (2011). *İnanan beyin*. (N. Elhüseyni, Çev.). İstanbul: Alfa Kitap.

Yaylagül, L. (2014). *Kitle iletişim kuramları*. Ankara: Dipnot Yayınları.

Zaller, J. R. (1992). *The nature and origins of mass opinion*. Canada: Cambridge University Press.

AVRUPA BİRLİĞİ'NİN DİJİTAL PLATFORMLARDA DEZENFORMASYON VE ALGI YÖNETİMİYLE MÜCADELE POLİTİKALARI

*Oğuz GÜNER**

Giriş

1990'lı yılların başlarından bu yana internetin yaygınlaşması ile dünyanın ağlaşmış (internetleşmiş) nüfusu bir kaç milyondan dört buçuk milyara ulaşmıştır (Digital in 2020, 2020). Aynı dönemde sosyal medya, dünya genelinde; aktivistler, sivil toplum örgütleri, telekomünikasyon firmaları, yazılım firmaları ve siyasal iktidarlar gibi pek çok aktörü kapsayarak bir hayat gerçeğine dönüşmüştür. Siyasal aktivistler, sosyal ağ sayfalarını kullanarak eşi benzeri görülmemiş protestolar düzenlemiş ve bu tür protestoları yaygınlaştırmışlardır. Benzer protestolar, Arap Baharı olarak anılan gelişmelere de sebep olmuştur. Bu kapsamda şu ana kadar Mısır ve Tunus'ta uzun zamandır iktidarda bulunan hükümetlerin düşmesi, Suriye, Libya, Yemen ve Bahreyn'deki rejimlerin muhalefetle çatışması ve Ürdün, Suudi Arabistan ve Birleşik Arap Emirlikleri (BAE) yönetimlerinin ise kendi halklarına bir takım sosyal ve demokratik haklar sağlanmasını mümkün kılmıştır. İlk başkaldırış ve protestolardan bu yana halen siyasal tansiyon devam etmekle birlikte, mevcut siyasal iktidarlara ve yöneticilere karşı muhaliflerin görünürlüğü sosyal medya platformları sayesinde artmıştır. Fransa'da Sarı

---

* Dr. Öğr. Üyesi, Amasya Üniversitesi, Yabancı Diller Yüksekokulu, oguz.guner@amasya.edu.tr

Yelekler tarafından gerçekleştirilen eylemler ve Amerika Birleşik Devletleri'nde (ABD) siyahi George Floyd'un polisler tarafından öldürülmesini takiben başlatılan sokak gösterileri, sosyal medyanın sağladığı kitlesel iletişim sayesinde tecessüm edebilmiştir.

Sosyal medyanın yükselişi ve siyasal aktivistler tarafından kullanımı, kitleleri harekete geçirmek, onların etkinliğini artırmak, ideolojileri geliştirmek, güçlendirmek ve şekillendirmek hususunda kritik bir rol oynamaktadır. Sosyal medyanın kullanımının artması, siyasal iktidarlar ve şirketlerin, bilgi-işlem ve ağ trafiğini kontrol etme ve karşıt görüşlüleri tespit etme, muhaliflere ve bilgi sızdırma girişiminde bulunanlara gözdağı verme amacıyla kullanma potansiyelini de beraberinde getirmiştir. Uzun zaman boyunca piyasaların kontrolü kişisel ilişkilere ve yüz yüze görüşmelere bağlıyken, şu an kontrol; bürokratik örgütler, yeni ulaştırma ve iletişim altyapıları ve yeni kitle iletişim araçları üzerinden yaygın medya sistemi vesilesiyle kurulmaktadır (Pilisuk ve Rountree, 2015, s. 219-265).

Sosyal medya üzerinden kamuoyunun tutum ve eğilimlerini şekillendirme amacıyla propagandanın kullanımı, bazı kötü niyetli aktörlerin eylemlerini fazlasıyla aşan bir akıma dönüşmüştür. Büyük hacimli enformasyon ve kısıtlı düzeydeki kullanıcının ilgi ve güveninin karakterize ettiği bir enformasyon ortamında, propaganda araçları ve tekniklerinin kullanımı, dijital kampanya ve kamu diplomasisi faaliyetlerinde fazlasıyla yaygınlaşmaya başlamıştır. Siber faaliyetlerin tartışmalı boyutunun yanı sıra dijital siyasetin değişen doğası ve demokrasi ve insan hakları gibi değerlerin dijital ortamlarda nasıl ifade edilmesi ve geliştirilmesi gerektiğine kadar birçok husus da akademik platformlarda tartışılmaya başlamıştır (Bradshaw ve Noward, 2019, s. 1).

Dijital medyada yanıltıcı ve yanlış bilgilerin artarak yayılması ile mevcudiyetini tehdit altında hisseden Avrupa Birliği (AB), bölgesel gücünün ve siyasi kabiliyetinin zayıflatılması amacıyla yürütülen algı yönetimi projelerini ve kampanyalarını engelleyebilmek için Birlik genelinde uygulanmak üzere dezenformasyonla mücadele stratejisi hazırlamıştır. Çin Halk Cumhuriyeti ve Rusya Federasyonu gibi yabancı aktörler tarafından desteklendiği ve organize edildiği iddia edilen ve Birlik siyasetinin dizayn edilmesi sürecini etkilemeyi amaçlayan girişimler hem AB'nin ulus üstü yapısını ve kıtadaki otoritesini örselemekte hem de Balkanlar ve Doğu Ortaklığı ülkeleri gibi bölgelerdeki menfaatlerine ve politikalarına zarar vermektedir. Avrupa Komisyonu ve Avrupa Birliği Konseyi'nin Aralık 2018'de müşterek geliştirdiği 'Dezenformasyona Karşı Eylem Planı', özellikle Avrupa Parlamentosu seçimlerinde dijital medyada "olası yanıltıcı propagandaların ve manipülatif müdahalelerin" önlenmesini amaçlamıştır. Buna paralel olarak Avrupa Dış Eylem Servisi, Avrupa Komisyonu ve dijital medyadaki özel şirketler ile müşterek eylem planları geliştirerek Avrupa Birliği'nin yakın komşuları ve dünya genelinde stratejik iletişim ve kamu diplomasisi projelerini hayata geçirmeye başlamıştır.

2015 yılında kurulmuş olan ve dezenformasyonla mücadele etmeyi amaçlayan görev gücünün artan faaliyetlerine rağmen 2019 yılı itibarıyla Birlik genelinde Rusya merkezli algı yönetim operasyonlarının arttığı iddia edilmektedir. Özellikle Covid-19 (koronavirüs) pandemisi sürecinde sayısı ve görünürlüğü dijital medyada artış gösteren yanlış ve yanıltıcı bilgiler, AB'yi daha somut politikalar geliştirmek ve uygulamak zorunda bırakmıştır. AB, "Ortak Eylem Planı, EUvsDisinfo projesi, dezenformasyonla mücadele eylem planı ve uygulama esasları ve Hızlı Alarm Sistemi" gibi proje, strateji ve eylem planlarıyla algı kampanyaları ve dezenformasyonla mücadele etmeyi amaçlamaktadır.

Dezenformasyon ve Dezenformasyonla Mücadele

Objektiflik ve hakkaniyet dezenformasyon ile bağdaşmayan ifadeler olmakla birlikte enformasyonun doğruluğu, dijital ortamlarda yayılması ve basılı medyada yer alması konusunu kapsamaktadır. Dezenformasyonun karşılığı çeşitli sözlüklerde farklı ifadelerle açıklanmaktadır. Merriam-Webster sözlüğünde "kamuoyunu etkilemek veya doğruyu karartmak için kasıtlı olarak ve çoğunlukla da örtülü biçimde yayılan yanlış bilgi" olarak alınırken, Cambridge sözlüğünde "insanları aldatmak için yayılan yanlış bilgi" olarak, Oxford sözlüğünde ise "aldatma kastı güden yanlış bilgi, özellikle de rakip bir güce veya medyaya bir hükümet kuruluşu tarafından gönderilen propaganda metni" olarak tanımlanmaktadır. Rus ordusu için hazırlanmış bir Rusça hukuk sözlüğünde dezenformasyon "düşmanı aldatmak amacıyla bir ülkenin güçleri ve harekat planları konusunda yanlış bilginin yayılması" olarak tanımlanmaktadır. Dezenformasyon araçlarının radyo ve basını kapsayabileceği de belirtilmektedir. Dünya genelinde dezenformasyon kampanyaları tasarlamak ve bu kampanyaları özellikle Sovyet basını yoluyla hayata geçirmek için kurulan ilk büro niteliğindeki Dezinformburo, 1923 yılında Moskova'da faaliyetlerine başlamıştır. Dezenformasyonun hukuki tanımı ise Rusya'nın komşusu ve bir AB üyesi olan Litvanya'nın anayasasında yer almakta ve yasaklanmaktadır. Modern zamanın en teferruatlı dezenformasyon tanımı ise "Dezenformasyona Karşı AB Eylem Planı'nda" yer almaktadır. Plana göre "dezenformasyon, ekonomik kazanç için veya kamuoyunu kasıtlı olarak aldatmak için yayılan, sunulan ve yaratılan, kamusal zarara yol açabilen, yanlışlığı teyit edilebilen veya aldatıcı olabilen bilgi" olarak açıklanmaktadır. Eylem Planı'nda "kamusal zararın" kapsamı ise "demokratik süreçlere, Birlik vatandaşlarının sağlığına, güvenliğine ve çevre gibi kamusal fayda sağlayan hususlara yönelik tehditleri içermektedir (Richter, 2019, s. 3-4).

Bilginin modern anlamda kullanımı zamanla halkı kitle halinde etkilemek/ikna etmek amaçlı olmuştur. Özellikle Soğuk Savaş döneminde Sovyetler Birliği'nin uyguladığı dezenformasyon ve algı kampanyaları Batı ülkeleri arasında ABD'nin ve NATO'nun küçümsenmesini sağlamıştır (Kreps, 2020, s. 23). Nitekim dezenformasyon güçlü ve ucuz, genellik de ekonomik getirisi olan bir nüfuz aracıdır. Günümüze kadar, en bilinen vakalar yazılı makaleleri içeriyorken, bazı zamanlar bunlara bağlamından kopartılmış gerçek resimler ve görsel-işitsel içerikler de eşlik etmektedir. Dezenformasyonun çevrim içi yayılımı için çeşitli faktörler elverişli bir zemin hazırlamaktadır. Bu yayılım için üç temel işlev bulunmaktadır. Bunlardan ilki dijital platformlardaki yazılım algoritmalarının bilgi gösterimini öncelemesi için kullanılan kriterler, platformların iş modeline ve bu modelin, normal olarak ve büyük bir olasılıkla dikkat çekecek ve kullanıcılar arasında paylaşılacak olan, kişiselleştirilmiş ve sansasyonel içeriklere ayrıcalık tanımasına odaklıdır. Algoritmalar, benzer düşünceli kullanıcılar arasında kişiselleştirilmiş içeriklerin paylaşılmasına olanak tanıyarak, dolaylı yoldan kutuplaşmayı arttırmakta ve dezenformasyon ve algının etkilerini güçlendirmektedir. İkincisi reklam odaklı faaliyetlerdir. Günümüzde dijital reklamcılık modeli genellikle tıklama-referanslıdır. Bu durum sansasyonel ve viral içerikle güçlendirilmektedir. Bu model, ajanslar tarafından yönetilen, algoritmik karar alma temelli reklamların gerçek zamanlı yerleştirilmesini garanti eden reklamcılık ağlarına dayanmaktadır. Reklam, oluşturduğu imajlarla algıları yönlendirmeyi ve kontrol etmeyi amaçlamaktadır. Bu amaca, kullanıcıların duygularını etkileyerek ulaşmaya çalışmaktadır. Kullanıcıların duygularına hitap eden sansasyonel içerik yayınlayan web sitelerine, dezenformasyon da içeren reklamların yerleştirilmesini sağlamaktadır. Sonuncusu ise "Bot" olarak adlandırılan otomatikleştirilmiş hizmetler gibi çevrim içi teknolojilerin yapay bir şekilde dezenformasyon yayılımını artırmasıdır. Bu mekanizmalar arkalarında gerçek kullanıcıları olmayan, hatta bazen çok büyük çaplarda organize edilen ve trol fabrikaları ("troll factories") olarak bilinen, simüle edilmiş profiller (sahne hesaplar) ile çalışır. Kullanıcıların, öncesinde doğrulama yapmadan içerik paylaşma eğilimleri olmasından ötürü dezenformasyonun hızlı bir şekilde yayılmasına katkı sunmaktadır (European Commission, 2019; Göksu, 2016).

Dijital platformlardaki dezenformasyon faaliyetleri incelendiğinde bilgi kirliliğin ve bilgiye dayalı karmaşanın son zamanlarda benzeri görülmemiş şekilde arttığı görülmektedir. Dünyanın farklı bölgelerinde farklı manipülasyon stratejileri (Cambridge Analytica'nın Facebook üzerindeki psikografik hedefleme deneyleri, Rus trol ordusunun Twitter'daki Batı karşıtı operasyonları ve Çin merkezli Fifty-Cent Army'nin Komünist Parti lehine yaptığı paylaşımlar gibi) geliştirilmekte ve günümüzde yanlış ve yanıltıcı bilginin yayılmasına katkı sunmaktadır. Bu bağlamda hükümetler, teknoloji firmaları ve sektördeki diğer paydaşlar dezenformasyona karşı kendi stratejilerini (counter-disinformation strategies) geliştirmektedirler (Cabañes, 2019, s. 2-3). Bu stratejiler genel olarak savunma veya saldırı şeklinde gerçekleşmektedir. Popülist söylemler ve gerçek dışı ifadeler bu sürecin önemli araçları olurken radikal açıklamalar yapan politikacılar ve maaşlı troller de hedef mesajın/bilginin yayılması sürecinin önemli aktörleridir (Corpus Ong ve Vincent A. Cabanes, 2019, s. 5772).

Dezenformasyon Avrupa demokrasileri ve toplumları için büyük bir sınamadır ve bu sınamanın Birlik tarafından Avrupa değerlerine ve özgürlüklerine sadık kalarak dile getirilmesi gerekmektedir. Dezenformasyon, vatandaşların demokrasiye ve demokratik kuruluşlara güvenini sarsmaktadır. Ayrıca kamu görüşlerinde kutuplaşmaya sebep olurken demokratik karar alma süreçlerini sekteye uğratmakta ve Avrupa projesini zayıflatmak için araçsallaştırılmaktadır (European Commission, 2018). Günümüzde ise sosyal medyanın en ciddi problemlerden birisi haline dönüşmüştür. Yalan haber ve aldatıcı bilgi, ülkelerin demokratik sicili ve vatandaşların huzur ve güvenliğinin yanı sıra kanun ve nizam üzerinde de etki bırakmaktadır. Bazı ülkelerde seçim kampanyaları sırasında sosyal medya tartışmalarını etkilemek için sponsorlu içeriklerin sunulduğu ve dezenformasyon ve algı yönetimi amacıyla taraflı yorumlar yapıldığı ortaya çıkmıştır. Örneğin Sudan'da ülkenin istihbarat servisinde çalışan siber cihatçıların hükümet politikalarına destek vermek ve muhalif gazetecileri bastırmak için sahte sosyal medya hesapları açtığı gözlemlenmiştir. Ayrıca Macar ve Rus hükûmetlerine müzahir işadamlarının muhalif internet sitelerini satın aldığı ve algı yönetimi faaliyetleri yürüttüğü de iddia edilmiştir. Bu bağlamda dezenformasyon ve aldatıcı algıyı, yalan haberi ortadan kaldırmak; bireylerin, hükûmetin, sosyal medya ve içerik platformlarının ve yenilikçi teknoloji üreten kuruluşların ortak çabası ile mümkün olabilecektir (Firdous, 2018). Güvenilirliği tasdik edilemeyen verilerin bolluğu, bilginin ve araştırmanın önüne geçen bir boğulmaya neden olmaktadır. Dijital alanda doğruluğu ve güvenilirliği üreten unsurlar geleneksel medya vasıtalarında olduğu gibi belirli bir olgunluğa erişmediği için internet üzerinde yayımlanan içeriklerin doğruluğunu teyit etmek en büyük zorluğu oluşturmaktadır. İnternet ve blog sayfalarında öz denetim mekanizması bulunmadığı gibi aksine, tasarımların ilgi çekici, yazarların ise anonim olmasından dolayı kullanıcılar gerçek bilgiyi diğerlerinden ayırt etmekte zorlanmaktadır (Arriagada, 2013, s. 39-53). Sosyal medya kullanıcısının artması ve bu tür medya platformlarının yaygınlaşmasından ötürü de güvenilir kaynaklara erişim zorlaşmış, bilgi fazlalığı ve kirliliği önemli bir sorun haline gelmiştir. Birlik de oluşan bu güvensizlik ortamının "demokratik kurumları itibarsızlaştırdığı ve üye ülkelere zarar verdiğini" belirtmektedir. Bu bağlamda üye ülkeler arasındaki ilişkilerin zarar görmesini engellemek amacıyla bilhassa Rusya ve Çin merkezli dezenformasyon kampanyalarına karşı stratejiler geliştirmektedir (Bayraklı ve Filiz, 2020). Özellikle Merkezi ve Doğu Avrupa ülkelerinin siber saldırıların etkilerine karşı Kuzey ve Batı Avrupa ülkelerine göre daha korunmasız olduğu bilinmektedir. Dış kaynaklardan yapılan bilgi saldırılarına karşı AB ülkelerinin ulusal direnç kabiliyetlerinin homojen olmaması sebebiyle Rusya merkezli algı operasyonlarının Letonya, Estonya ve Litvanya gibi bazı Avrupa ülkelerinde daha başarılı olduğunu görülmektedir (Yeliseyeu ve Damarad, 2018, s. 330-333). Bu bağlamda Birlik, vatandaşlarının dijital platformlarda maruz kaldığı dezenformasyonu ve kişisel bilgilerin hukuk dışı yollarla ele geçirilip seçmenlerin hedeflendiği bilgi paylaşımlarını Avrupa ve Avrupa'daki demokratik sistemler için önemli bir sorun olarak görmektedir. Dezenformasyon ve siyasi manipülasyonlarla mücadele etmek için ise "veri koruma, şeffaflık ve işbirliği" temelli çözüm önerileri sunmaktadır (Nenadic, 2019).

Avrupa Birliği'nin Algı Yönetimi ve Dezenformasyonla Mücadelesi

EastStratCom Görev Gücü ve EUvsDisinfo Faaliyetleri

Dezenformasyon, bilginin bir şekilde yanlış kullanılmasından kaynaklanmaktadır (Floridi, 1996, s. 511). Dezenformasyonun yaygınlaşması ekonomik, teknolojik, siyasi ve ideolojik amaçları birbiriyle ilişkilendirmektedir. Dezenformasyonun yayılımı hızlı değişim geçirmekte olan toplumları etkileyen kapsamlı bir olaydır. Ekonomik güvensizlik, artan aşırıcılık ve kültürel değişimler, kaygı üreterek dezenformasyon kampanyalarının toplumsal gerilimleri, kutuplaşmaları ve güvensizliği teşvik etmesine davetiye çıkarmaktadır. Nüfuza sahip kuruluşlar ve ajanslar, dezenformasyonu, politikaları ve toplumsal tartışmaları manipüle etmek için kullanabilmektedirler. Dezenformasyon ve algı yönetiminin etkinliği bir toplumdan diğerine, eğitim seviyesine, demokratik kültüre, kurumlara güvene, seçim sistemlerinin kapsayıcılığına, siyasi süreçlerde paranın rolüne ve sosyal ve ekonomik eşitsizliklere bağlı olmak üzere değişim göstermektedir. Dezenformasyonun yükselişe geçmesi ve tehdidin ciddi bir boyuta evirilmesi hem AB üye devletlerinde hem de uluslararası bağlamda sivil toplumda bilincin ve endişenin artmasını tetiklemektedir (European Commission, 2019). Bu endişenin yalnızca insanlar tarafından değil otomasyon ve yapay zeka destekli sistemler tarafından yaratılması sebebiyle özellikle siyasi düzene karşı oluşabilecek sınamaların engelle-

Algı Yönetimi

nebilmesi için kurumsal tedbirlerin alınması gerekmektedir (Udupa, 2019). Mart 2015'te Avrupa Konseyi, Rusya'nın devam etmekte olan dezenformasyon kampanyalarına karşı bir eylem planı geliştirilmesi için AB Yüksek Temsilcisini göreve davet etmiş, neticesinde ise Ekim 2015 itibarıyla etkinleştirilecek olan "Doğu Stratcom Görev Gücü" (Doğu Stratejik İletişim Görev Gücü) kurulmuştur. Haziran 2017'de alınan kararda Avrupa Parlamentosu, Komisyona "yanlış haberlere ilişkin mevcut durumu ve yasal çerçeveyi kapsamlı bir şekilde incelemesi ve yanlış içeriğin dağıtımı ve yayılımını sınırlamaya yönelik yasama müdahalesinde bulunması" hususunda çağrıda bulunmuştur. Konsey, Mart 2018'de ise "sosyal ağ ve dijital platformların şeffaf bir şekilde çalışmasının ve vatandaşların mahremiyetinin ve kişisel verilerinin tam korunmasının teminat altına alınması gerektiğini" duyurmuştur. 2017'de uluslararası kuruluşlar tarafından görevlendirilen Özel Raportörler tarafından kabul edilen "İfade Özgürlüğü ve Yanlış Haber, Dezenformasyon ve Propaganda Ortak Eylem Planı", uluslararası insan hakları standartlarının uygulanmasına yönelik iyileştirme çalışmaları gerçekleştirmektedir (European Commission, 2019).

Dezenformasyonla Mücadele Uygulama Esasları

Avrupa Komisyonu'nun Nisan 2018'de sunmuş olduğu Uygulama Esasları siyasi propagandanda şeffaflıktan sahte hesapların kapatılması ve dezenformasyon yayanların gelirlerinin kesilmesine kadar geniş çaplı taahhütleri içeren ve oto-kontrol sağlayan standartlardan oluşmaktadır. Uygulama Esasları; Google, Twitter ve Mozilla gibi platformlar ve reklamcılık endüstrisinin temsilcileri tarafından Ekim 2018'de imzalanmış, imza sahipleri esaslarda uygulanabilecek yol haritalarını sunmuştur. Microsoft Mayıs 2019, TikTok ise Haziran 2020'de imzalamıştır. 2019 yılında ocak ve mayıs ayları arasında Avrupa Komisyonu, Avrupa Parlamentosu seçimleri sürecinde Facebook, Google ve Twitter'ın taahhütlerine uyup uymadığına yönelik bir gözlem yapmıştır. Özellikle Komisyon, Uygulama

Esaslarında imzası bulunan bu üç platformdan 'reklam yerleştirmelerin denetlenmesi, siyasi reklamlarda şeffaflık ve sahte hesaplar ile botların kötü amaçlı kullanımı konusunda verilen mücadelenin raporlanmasını istemiştir. Komisyon, Ekim 2019'da ise yıllık öz değerlendirme raporunu yayımlamıştır. Öz değerlendirme raporlarında imza sahiplerinin taahhütlerini yerine getirmek için çaba sarf ettiği görülmektedir. Komisyon'un bu esasları yayımlamasının temel amaçlarından bir tanesi özellikle Avrupa Parlamentosu seçimleri olmak üzere Avrupa'da gerçekleştirilen siyasi seçimlere yönelik dijital platformlarda dezenformasyon ve algı operasyonlarının yapılmasının engellenmesi, şeffaf, adil ve güvenilir dijital kampanyaların tasarlanmasının mümkün olabilmesidir (European Commission, 2020). AB, yeni kurulan Avrupa Dijital Medya Gözlemevi'nin çalışmalarına dayanarak sosyal platformlarda yayılan içeriklerin teyit edilmesi amacıyla kullanıcılara ve araştırmacılara verilen desteği arttırmayı amaçlamaktadır. Bu bağlamda 2019 yılında *WeVerify.eu* alan adıyla bir internet sitesi kurulmuş (WeVerify.EU, 2020), birçok araştırmacı ve gazeteci başta olmak üzere kullanıcıların erişimine açılmıştır.

Dezenformasyonla Mücadele Eylem Planı

Dezenformasyonla Mücadele Eylem Planı, Avrupa Birliği Konseyi'nin "Birliğin demokratik sistemlerini koruma ve Avrupa Parlamentosu seçimlerinde dezenformasyonla mücadele" tedbirlerine yönelik çağrısına yanıt vermeyi amaçlamaktadır. Hali hazırda bulunan Komisyon girişimleri, Avrupa Birliği Dış Eylem Servisi'nin Doğu Stratejik İletişim Görev Gücü'nün çalışmalarının üzerine kurulmaktadır. Plan, AB Komisyonu ve AB Yüksek Temsilcisi tarafından Avrupa Birliği Dış Eylem Servisi'nin katkısı, Üye Devletler ve Avrupa Parlamentosu işbirliği ile yapılacak olan faaliyetleri içermektedir. Plan, Konsey'de, Daimi Temsilciler Komitesi, Siyasi Güvenlik Komitesi'nde, ilgili çalışma gruplarının stratejik iletişim toplantılarında yapılmış tartışmalardan ve Dışişleri Bakanlarının siyasi direktörlerinden

Algı Yönetimi

alınan görüşleri içermektedir. Plan aynı zamanda, NATO ve G7'yi kapsayarak, Birliğin kilit ortaklarını da göz önünde bulundurmaktadır. Dezenformasyonla mücadele planı, sivil toplum ve özel sektörün -özellikle sosyal medya ve platformlarının- oynadığı kilit rolü vurgulamakta ve uzun vadede çevrim içi şeffaflığı artırmayı ve Avrupa vatandaşlarını korumayı amaçlamaktadır. Avrupa Birliği Konseyi, dezenformasyon tehdidini ilk kez 2015 yılında fark etmiş, AB Yüksek Temsilcisinden Rusya tarafından yürütülen dezenformasyon faaliyetlerine yönelik çalışma talep etmiştir. Doğu Stratejik İletişim Görev Gücü ise bu hususa odaklanmak ve farkındalık yaratmak için kurulmuştur. Buna ek olarak "Hibrit Tehditlerle Mücadele Ortak Bildirisi" ile Avrupa Birliği Dış Eylem Servisi bünyesinde hibrit tehditlerin incelenmesi için tek bir odak olmak üzere "Hibrit Füzyon Birimi" kurulmuş ve NATO'nun bu alandaki faaliyetleri desteklenerek "Hibrit Tehditlerle Mücadele için Avrupa Mükemmeliyet Merkezi'nin" kurulmasında etkili olmuştur. Nitekim özellikle üçüncü dünya ülkeleri tarafından yürütülen dezenformasyon kampanyaları genellikle siber saldırı ve iletişim ağlarının ele geçirilmesi gibi hibrit savaşların bir parçası olagelmiştir. Elde edilen kanıtlara göre yabancı devlet aktörleri ve kamusal tartışmaları etkilemek, siyasi bölünme yaratmak ve demokratik karar alma süreçlerine müdahale etmek için dezenformasyon stratejilerini daha etkin şekilde kullanmaktadırlar. Bu stratejiler yalnızca Üye Devletleri değil, Doğu Komşu Ortak ülkeleri ve bunların yanı sıra Güney Komşu ülkelerini, Orta Doğu ve Afrika'yı da hedef almaktadır. AB'nin birçok referandum ve seçimlerinde Rus kaynaklar tarafından üretilmiş ve/veya yayılmış dezenformasyon bildirilmiştir. Suriye'deki savaşlarla ilgili dezenformasyonlardan, Salisbury saldırısında kimyasal silahların kullanıma, MH17 sefer sayılı Malezya uçağının Ukrayna'nın doğusunda vurularak düşürülmesi ve PS752 sefer sayılı Ukrayna uçağının İran'da düşürülmesine kadar tüm dezenformasyon faaliyetleri detaylı olarak belgelenmiştir

143

(European Commission, 2018). Bilindiği üzere Ocak 2020'de İran, Ukrayna Havayolları'na ait bir yolcu uçağını düşürmüştür. Kaza sonrasında İran, yolcu uçağını, hava sahasına giren bir Cruise füzesi olduğunu düşünerek uçağı yanlışlıkla düşürdüğünü itiraf etmiştir (BBC, 2020). Uçağın Rus yapımı Tor füze sistemi (SA-15) tarafından düşürüldüğünün anlaşılması sonrasında Rusya'nın "yolcu uçağının Rus füzeleri tarafından vurulmadığı" algısını yaymak için algı ve dezenformasyon kampanyaları yaptığı iddia edilmiştir. Nitekim yolcu uçağının füze saldırısı olarak anlaşılmasının Tor füze sistemine entegre çalışan Rus radarların verdiği yanlış enformasyon sebep olmuştur. Buna paralel olarak dijital ortamlarda Rusya merkezli olduğu iddia edilen algı kampanyaları yapılmış ve "Ukrayna'nın Rusya'yı suçlamak ve zan altında bırakmak için uçağın Rus füzeleri tarafından vurulduğu" algısını yaymaya çalıştığı ileri sürülmüştür. Ukraynalı yetkililer ise hadise ile alakalı Rusya tarafından oldukça yoğun bir dezenformasyon üretildiğini açıklamıştır (Mackinnon, 2020). Yine 2014 yılında Amsterdam-Kuala Lumpur uçuşunu gerçekleştiren MH17 sefer sayılı yolcu uçağının Ukrayna'da, Rusya destekli ayrılıkçı grupların kontrolünde bulunan bölgede Rus yapımı Buk füze sistemleri tarafından vurularak düşürülmesi sonrasında sosyal medyada uçağın düşürülmesinden Ukrayna ordusunun sorumlu olduğuna dair Rusya merkezli algı ve dezenformasyon kampanyalarının yapıldığı tespit edilmiştir (Golovchenko ve Adler-Nissen, 2018).

Dezenformasyon, sürekli çaba gerektiren ve gelişmekte olan bir tehdittir. Bazı biçimleri, özellikle devlet kaynaklı dezenformasyonlar, AB Hibrit Füzyon Birimi tarafından Avrupa Dış Eylem Servisi Stratejik İletişim Görev Güçleri ile eşgüdümle ve üye devletlerin hizmetlerinin desteği ile incelenmektedir. Üye ülkelerdeki dezenformasyon faaliyetleri genel olarak artış göstermekte ve Birlik için bir endişe kaynağı haline gelmektedir. Özellikle Rusya'nın gerçekleştirdiği operasyonlara dair güçlü kanıtlar bulunmaktadır. AB Hibrit Füzyon Birimi'ne göre, Rus-

Algı Yönetimi

ya kaynaklı gerçekleşen dezenformasyon operasyonları AB'ye en büyük tehdidi arz etmektedir. Nitekim bu operasyonların yapısı sistematik, iyi donanımlı ve diğer ülkelerden farklı bir boyuttadır. Rusya operasyonları eşgüdüm konusunda, hedef tespiti ve stratejik imaların seviyesi olarak birçok araç, vasıta ve devlet-dışı aktörleri kullanan daha büyük bir hibrit tehdidin parçasını oluşturmaktadır. Bu bağlamda Birliğin, kurumlarının ve vatandaşlarının dezenformasyondan korunması adına ivedi ve acil eyleme geçilmesi gerektiği eylem planında dile getirilmiştir (European Commission, 2018).

AB, sosyal medyanın dezenformasyonun yayılmasında en önemli araç olduğunu vurgulamaktadır. Cambridge Analytica gibi bazı vakalarda, spesifik kullanıcılara dezenformasyon içeriği iletmeyi hedefleyen, nihai hedefleri seçim sonuçlarını etkilemek olan yetkilendirilmemiş erişim ve kişisel veri kullanımlarının saptandığı görülmüştür. Teknik olarak, video manipülasyonu (deep-fakes) ve resmi belgelerin sahteciliği; otomatik internet yazılımları (botlar) yoluyla bölücü içerik ve tartışmaların yayılması ve abartılması; sosyal medya profillerine trol saldırıları ve enformasyon hırsızlığı kullanılmaktadır. Bununla birlikte aynı zamanda, televizyon, gazete, web siteleri, zincir e-postalar gibi daha geleneksel yöntemler de birçok bölgede rol oynamaya devam etmektedir. Üye devletlerde ve Birlik dışında, AB'nin üç öncelikli bölgede de dezenformasyona karşı ortak çalışma yürütme niyeti bulunmaktadır. Bu öncelikli bölgeler, Birliğin Doğu ve Güney Komşularını ve Batı Balkanları kapsamaktadır. Birliğin komşusu olan ülkelerdeki dezenformasyonu ortaya çıkarmak Birliğin kendi bünyesindeki sorunların ele alınmasında bütünleyici niteliktedir. Avrupa Dış Eylem Servisi, konuyu dile getirmek ve strateji geliştirmek için konu uzmanlarından oluşturduğu görev gücü, belirli bölgelerde Komisyon'un servisleriyle eşgüdümü ve tutarlılığı temin etmek için yakın çalışmalar yürütmektedir (European Commission, 2018). 22 Haziran 2015'te yürürlüğe giren Stratejik İletişim Eylem Planı'na bağlı Doğu Stratejik İletişim Görev Gücü üç eylem dalından oluşmaktadır: (i) Etkin iletişim ve Birliğin politikalarının Doğu Komşularına tanıtımı; (ii) Medya özgürlüğü ve bağımsız medyanın güçlendirilmesi de dahil Doğu Komşularında ve Üye Devletlerde medya ortamının genel olarak güçlendirilmesi ve (iii) Rusya kaynaklı dezenformasyon faaliyetlerini öngörme ve yanıt verme kapasitesine sahip olma. Aralık 2015 ve Haziran 2017 Konsey kararlarına cevaben Avrupa Dış Eylem Servisi iki ek görev gücü kurmuştur: ilgili bölgeler için Batı Balkanlar Görev Gücü ve Orta Doğu, Kuzey Afrika ve Körfez Bölgesi'ndeki ülkeler için Güney Görev Gücü kurulmuştur. Kurulduğundan bu yana Doğu Stratejik İletişim Görev Gücü, çoğunlukla kampanya odaklı yaklaşım yoluyla Birliğin politikalarını Birliğin Doğu Komşularına aktarmıştır. İlaveten, Doğu Stratejik İletişim Görev Gücü, Rusya Federasyonu dezenformasyonunun 4,500 örneğini listelemiş, incelemiş ve dikkat çekmiştir. Böylelikle birçok dezenformasyon anlatısını açığa çıkarmış, dezenformasyon kampanyalarının araçlarını, tekniklerini ve niyetlerini ortaya koymuş ve farkındalık yaratmıştır.

Bu Eylem Planı'nda dezenformasyona karşı sunulan eşgüdümlü yanıt dört sütuna dayanmaktadır:

(i) Birliğin kurumlarının dezenformasyonu tespit etme, inceleme ve açığa çıkarma kabiliyetlerini geliştirme,

(ii) dezenformasyona karşı eşgüdümlü ve ortak yanıtları güçlendirme,

(iii) dezenformasyonla mücadele etmesi için özel sektörü seferber etme,

(iv) farkındalık yaratma ve toplumsal direnci geliştirme.

Avrupa Birliği ve komşuları için asıl amaç dezenformasyon karşısında daha dirençli durabilmektir. Bunu sağlamak, eğitimin ve medya-okuryazarlığının, gazeteciliğin, enformasyonun doğruluğunu kontrol eden kişilerin, araştırmacıların ve sivil

Algı Yönetimi

toplumun bir bütün olarak desteklenmesine yönelik sürekli ve sürdürülebilir çabaların sarf edilmesiyle mümkündür.

Avrupa Komisyonu ve Yüksek Temsilci bu bağlamda:

- İlgili kurumsal aktörlerin ve özellikle çevrim içi mecralar olmak üzere özel sektörün ve sivil toplumun, dezenformasyon tehdidi ile farklı açılardan topyekûn etkin bir şekilde mücadele edebilmesi için ortak eylemin gerekli olduğunu hatırlatmakta;
- Mevcut Eylem Planını desteklemesi için Avrupa Konseyi'ne çağrıda bulunmakta;
- Üye devletlere Eylem Planında sunulmuş faaliyetlerin gerçekleşmesinde iş birliği yapılması konusunda çağrıda bulunmakta;
- İlgili aktörlere Avrupa seçimleri için ivedilik ve bağlantı arz etmekte olan belirtilmiş faaliyetleri hayata geçirmeleri için çağrıda bulunmaktır (European Commission, 2018).

AB'nin Dezenformasyonla Mücadele Yaklaşımı: Hızlı Alarm Sistemi

Hızlı Alarm Sistemi (HAS), AB'nin dezenformasyonla mücadele yaklaşımında önemli bir unsuru teşkil etmekte olup Aralık 2018'de AB Devlet ve Hükümet Başkanları tarafından kabul edilen Dezenformasyonla Mücadele Eylem Planı'nın temel sütunlarından birisidir. Sistem, AB kurumları ve üye devletlerin dezenformasyon çalışmalarını ve dezenformasyona karşı yanıtlarını koordine etmek için kurulmuştur. HAS, açık kaynak verilerini temel almakta ve akademik çevrelerin, teyit edici kaynakların, çevrim içi platformların ve uluslararası paydaşların görüşlerinden yararlanmaktadır. HAS'ın kurulma amacı temel olarak dezenformasyona karşı mücadele örneklerinin, tecrübelerin ve örnek uygulamaların paylaşılması, dezenformasyon faaliyetlerine karşı yanıtların eşgüdüm ile verilmesi ve zaman ve kaynak verimliliğinin tesis edilmesidir. Bu minvalde halkla ilişkiler faaliyetlerinin güçlendirilmesi ve farkındalık yaratılması, teyit sağlayıcı platformlara ve araştırmacılara destek verilmesi ve üye devletler arasında müşterek çalışmaların yapılması hedeflenmektedir. HAS sayesinde Avrupa'daki diğer ülkelerle, G7 ve NATO üyeleriyle de ortak iş birliğinin yapılması planlanmaktadır (Rapid Alert System, 2019).

Avrupa Komisyonu HAS'ın özellikle Covid-19 pandemisi sonrasında kullanıma sunulduğunu duyurmuştur. Özellikle enformasyon/veri alışverişinin kolaylaştırılması amacıyla her üye ülkede bir ulusal irtibat noktası belirlenmiştir. 2019 yılında Komisyon; Facebook, Google ve Twitter gibi dijital platformlarda yanlış haberlerin yayılmasını engellemek için bir uygulama esası yayımlamıştır. Şubat 2020 itibarıyla Twitter, ülkelere özel olarak bir dizi ortak projeler başlatmıştır. Bu bağlamda kullanıcılara güvenilir sağlık enformasyonu sunmak amacıyla geliştirilmiş bir yanıt botu kurulmuştur. Twitter'ın bu projesi Belçika Sağlık Bakanlığı tarafından takdirle karşılanmıştır (Stolton, 2020).

Covid-19 Pandemisi Sürecinde Dezenformasyonla Mücadele

AB, Covid-19 pandemi sürecinde de yanlış ve yanıltıcı bilgi dalgalarına maruz kalmıştır. Yabancı aktörlerin AB içi politik tartışmaları etkileme girişimleri, pandemi süreci ve sağlık sistemlerine yönelik yanıltıcı bilgilerin yayılması, komplo teorileri ve tüketici dolandırıcılığı, sosyal medyada hızla değiştirilen haber döngüleri ve yanlış iddialarla dolu ileti ve paylaşımlar AB'nin pandemi sürecinde de dezenformasyon ve algı operasyonlarına karşı mücadele etmesi gerektiğine işaret etmektedir. Covid-19 pandemisi sürecinde yaşanan dezenformasyon örneklerinden bazıları şu şekildedir: "çamaşır suyu veya saf alkol içmenin Covid-19 enfeksiyonlarını dezenfekte edebileceği, dünyadaki nüfus artışının önlenmesi için geliştirilen bir virüs olması, 5G teknolojisinin virüsü yayacağı iddiaları gibi". Bu tür örnekler özellikle sosyal medyada oldukça hızlı bir şekilde yayılmakta ve kitlelerin erişimine kapı açmaktadır. Öyle ki çamaşır suyu veya saf alkol içmenin Covid-19 virüsünü öldürebileceği algısının sosyal medya mecralarında yayılması sonrasında Belçika Zehir Kontrol Merkezi'ne ulaşan çamaşır suyuna bağlı zehirlenme vakalarında %15 artış kaydedilmiştir. Bu gelişmeleri takiben Avrupa Komisyonu, pandemi sürecinde Dünya Sağlık Örgütü, ulusal sağlık kurumları ve Avrupa Hastalık Önleme ve Kontrol Merkezi'nden içerik ve veri akışı sağlanmasını ve özellikle AB üye ülkeleri ve yakın komşularla stratejik iletişim kanallarının açık tutulması gerektiğini belirtmiştir. Bu bağlamda HAS ve WeVerify.eu gibi platformlar ile Twitter tartışma başlıkları altındaki iletilerde %45'lik bir artışın olduğu, Covid-19 tartışmalarını hedef alan da 3,4 milyondan fazla şüpheli hesabının takibe alındığı belirtilmiştir. Buna paralel olarak Facebook ve Instagram'da bulunan bilgi merkezler 2 milyardan fazla kullanıcıyı Covid-19 Enformasyon Merkezi üzerinden Dünya Sağlık Örgütü'nün de aralarında bulunduğu kaynaklara yönlendirmiş, YouTube Covid-19 hakkında tehlikeli veya yanıltıcı bilgiler içeren 100 binden fazla videoyu incelemiş ve 15 binden fazlasını yayından kaldırmış. Microsoft ise LinkedIn üzerinden günde yaklaşık 96 milyon kişiye ulaşan bilgi panelini Daily Rundown ismi ile Covid-19 ile alakalı haberlerin paylaşıldığı güncel hesap oluşturmuştur.

Sonuç

Bu çalışma AB'nin dijital platformlardaki algı kampanyaları ve dezenformasyonla mücadelesini kurumsal bağlamda ele almayı amaçlamıştır. Bu bağlamda dezenformasyon ve algı kampanyalarına karşı AB tarafından geliştirilen politikalar ve kurumlar değerlendirilmiştir.

Yalan haber ve aldatıcı bilgi ile nasıl mücadele edileceğine dair endişeler AB içerisinde halen varlığını korumaktadır. AB, dezenformasyon ve algı operasyonlarına karşı vatandaşlarının farkındalığının yükseltilmesi ve toplumsal dayanıklılığın artırılması amacıyla önemli tedbirler almaya başlamıştır. Özellikle

Rusya ve Çin merkezli olduğu iddia edilen ve AB vatandaşlarının belirli konularda düşüncelerinin değiştirilmesini, Avrupa kamuoyunun yönlendirilmesini ve AB içi siyasetin yeniden dizayn edilmesini amaçlayan dezenformasyon faaliyetleri AB'yi bu tür saldırılara karşı yeknesak politikalar geliştirme zaruriyetinde bırakmıştır. Birlik, dezenformasyon ve algı kampanyalarına karşı ortak stratejiler, politikalar ve kurumsal çalışmalar geliştirmiştir. Dezenformasyonla Mücadele Eylem Planı, Uygulama Esasları ve Hızlı Alarm Sistemi gibi strateji ve uygulamalar, dijital platformlardaki saldırılara karşı üye devletler arasında koordinasyonun sağlanması, iş birliğinin güçlendirilmesi ve AB genelinde müşterek bir yanıtın verilmesini amaçlamaktadır. Bir yandan dezenformasyon ve algı kampanyalarına karşı AB içerisinde hukuki zemin güçlendirilirken, diğer yandan Birlik, Microsoft, YouTube, Facebook, Twitter ve TikTok gibi dijital devlerle iş birliği içerisinde hareket etmekte ve dezenformasyonla mücadele noktasında kabiliyetlerini artırmayı hedeflemektedir.

Son olarak; Doğu Stratejik İletişim Görev Gücü, Batı Balkanlar Görev Gücü ve Güney Görev Gücü ile de AB'nin periferisindeki bölgelerde ve ortak ülkelerde gerçekleştirilen dezenformasyon faaliyetlerine karşı da çalışmalar başlatmış olması dikkat çekicidir. Bu görev güçleri, AB'nin mücadelesinin yalnızca AB sınırları içerisinde kalmayacağını, ortak ülkelerle de iş birliklerinin güçlendirileceği göstermektedir. Nitekim Ukrayna gibi Sovyet gelenekten Avrupa paradigmasına yakınlaşma gayreti içerisinde olan ülkelere karşı yürütülen dezenformasyon kampanyalarında AB'nin bölgesel bir aktör olarak müdahil olması kaçınılmaz olmaya başlamıştır. Sosyal platformlara katılan kullanıcı sayısının her geçen gün arttığı düşünüldüğünde AB'nin dezenformasyon ve algı kampanyalarına karşı uygulamaya çalıştığı mücadelenin kurumsal bir düzleme oturtulması, AB'nin ilerleyen yıllarda Rusya başta olma üzere diğer aktörler tarafından yürütülecek algı kampanyalarına karşı daha dirayet-

Algı Yönetimi

li bir mekanizmaya sahip olmasını mümkün kılacaktır. Bu süreçte en önemli unsurun tüm üye ülkelerle iş birliği ve dayanışma içerisinde bulunulması ve müşterek hareket edilmesi olacağı düşünülmektedir. Türkiye'nin de bir aday ülke ve stratejik ortak olarak dezenformasyonla mücadelede AB'nin kurumsal çalışmalarına eklemlenmesinin bilgi ve tecrübe transferi hususunda faydalı olacağı düşünülmektedir.

Kaynakça

Arriagada, H. F. (2013). Disinformation in Internet and hegemony in social networks. *Revista Gestión De Las Personas Y Tecnología, 16,* 39-53.

Bayraklı, E. ve Filiz, Ş. (2020). *Avrupa Brliği'nin yalan haber ve dezenformasyonla mücadele stratejisi.* İstanbul: Seta.

BBC. (2020). *İran, Ukrayna uçağını 'yanlışlıkla' düşürdüğünü itiraf etti, mağdurlar adalet istiyor.* BBC. Erişim adresi: https://www.bbc.com/turkce/haberler-dunya-51056225

Bradshaw, S. ve Noward, P. (2019). *The global disinformation order.* Oxford: University of Oxford.

Cabañes, J. V. (2019). Digital disinformation and the imaginative dimension of communication. *Journalism and Mass Communication Quarterly,* 1-17.

Corpus Ong, J. ve Vincent A. Cabanes, J. (2019). When disinformation studies meets production studies: Social identities and moral justifications in the political trolling industry. *International Journal of Communication, 13,* 5771-5790.

Digital in 2020. (2020). *We are social - Digital in 2020.* New York: We are social.

European Commission. (2018). *Action plan against disinformation.* Erişim adresi (10 Eylül 2020): https://ec.europa.eu/commission/sites/beta-political/files/eu-communication-disinformation-euco-05122018_en.pdf

European Commission. (2019). *10 ways the EU is fighting disinformation.* Erişim adresi (19 Eylül 2020): https://medium.com/@EuropeanCommission/10-ways-the-eu-is-fighting-disinformation-f07fca60e918

European Commission. (2020). *Code of practice on disinformation.* European Commission. Erişim Adresi (9 Eylül 2020): https://ec.europa.eu/digital-single-market/en/news/code-practice-disinformation

Firdous, A. (2018, 14 Ağustos). Fake News, disinformation and political Process. *The Daily News.* Erişim Adresi: https://dailytimes.com.pk/282920/fake-news-disinformation-and-political-process/

Floridi, L. (1996). The internet as a disinformation superhighway? *The Electronic Library,* 509-514.

Golovchenko Y. ve Adler-Nissen R. (2018, 20 Eylül). *Who spread disinformation about the MH17 crash? We followed the Twitter trail.* The Washington Post. Erişim Adresi: https://www.washingtonpost.com/news/monkey-cage/wp/2018/09/20/who-spread-information-disinformation-about-the-mh17-crash-we-followed-the-twitter-trail/

Göksu, O. (2020). Algı yönetimi ve reklam. S. Çakar Mengü (Ed.). *Reklamı anlamlandırmak* içinde (s. 205-232). İstanbul: Der'in Yayınları.

Kreps, S. (2020). *Social media and international relations.* Cambridge: Cambridge University Press.

Mackinnon, M. (2020, 13 Ocak). *Ukraine says Russia skewing facts on missile used in downing of Flight 752.* The Globe and Mail. Erişim Adresi: https://www.theglobeandmail.com/world/article-ukraine-warns-of-russian-disinformation-over-missile-that-shot-down/

Nenadic, I. (2019). A european aproach to tackling challenges of disinformation and political Manipulation. *Internet Policy Review 8* (4), 1-22.

Pilisuk, M. ve Rountree, J. A. (2015). Disinformation. M. Pilisuk ve J. A. Rountree (Ed.). *The hidden structure of violence: Who benefits from global violence and war* içinde (s. 219-265). New York: NY Monthly Review.

Rapid Alert System. (2019). *Rapid alert system.* Strengthening Coordinated and Joint Responses to Disinformation. Erişim Adresi (9 Eylül 2020): https://eeas.europa.eu/sites/eeas/files/ras_factsheet_march_2019_0.pdf

Richter, A. (2019). *Disinformation in the media under Russian law.* Strasbourg: European Audiovisual Observatory.

Stolton, S. (2020). *EU rapid alert system used amid coronavirus disinformation campaign* . EURACTIV. Erişim Adresi (5 Eylül 2020): https://www.euractiv.com/section/digital/news/eu-alert-triggered-after-coronavirus-disinformation-campaign/

Udupa, S. (2019). Digital disinformatin and election integrity: Benchmarks for regulation. *Economic&Political Weekly,54, 51*.

WeVerify.EU. (2020). *About us.* We Verify. Erişim Adresi (15 Eylül 2020): https://weverify.eu/about/

Yeliseyeu, A. ve Damarad, V. (2018). *Disinformation resilience in central and eastern Europe.* Kyiv: DRI.

II. BÖLÜM
Algı Yönetimi ve Liderlik

LİDERLİK, DİJİTALLEŞME VE ALGI YÖNETİMİ: BİR POLİTİK PSİKOLOJİ KONTEKSTİ

*Ekmel GEÇER**

Giriş: Kavramsal Değişim

Teknolojik gelişim ve dijitalleşme özellikle 2019'un son aylarında görünmeye başlanan Covid-19 (korona-virüs/ yeni tip korona virüs) salgını ile daha çok hız kazandı. Zaten birçok yönü ile sanala aktarılan iletişim, haberleşme ve eğlence kültürü, hastalığın gerekli kıldığı mesafe ve eve kapanma zorunluluğu ile tümüyle bir *dijital yalnızlığa* dönüştü. Her seviyeden eğitim çeşitli bilgisayar programları vasıtasıyla uzaktan aktarılırken, farklı sektörlerdeki (bankacılık, müşteri hizmetleri, satışpazarlama vd.) işler de artık evden yapılabildi. Geleneksel yönetim ve liderlik biçimlerin mecburi kıldığı mesai kavramı, iş yerinde bulunma mecburiyeti, toplantılara bizzat katılma gerekliliği gibi katı kurallar esneklik kazandı ve birçok sorunun uzaktan bağlantı ile çözülebileceği anlaşıldı. Dijitalleşmenin salgın süreci ile bağlantılı olan söz konusu hızlı dönüşümünün etkisi pozitif ya da negatif olarak değerlendirilse de hayat kalitesi, eğitim, ekonomi, birey ve toplum üzerinde yaptığı değişim gözden kaçırılamayacak kadar güçlüydü.

---

* Doç. Dr., Sağlık Bilimleri Üniversitesi, Hamidiye Yaşam Bilimleri Fakültesi, gecerekmel@gmail.com

Küresel ölçekte hemen her seviyede gözlemlenen dijitalleşme ve bununla bağlantılı olarak artan teknoloji kullanımı, kurum içi etkileşim ve yönetim biçimlerini dönüştürdüğü gibi daha geniş anlamda halkla ilişkiler yöntemlerine, lobiciliğe, kitle iletişim metotlarına ve siyasal iletişim stratejilerine de yeni özellikler kazandırmıştır. Söz konusu dijitalleşme süreci; organizasyonların yapısını, işleyiş biçimlerini ve birliktelik kültürünü değiştirmekle kalmamış; bu kuruluşlardaki liderlerin çeşitli zorluklarla karşılaşmasına da neden olmuştur. Sorunların çözümünde bir yandan bire bir görüşmeler ve kitlesel buluşmalar gibi tradisyonel yöntemler varlığını koruyorken diğer yandan hakikat sonrası çağda *(post-truth)* sosyal medya hesaplarının yönetimi, diplomatik iletişimde dijital ortamların kullanımı, uluslararası toplumlarda pozitif bir kanı oluşturmak için sinematik yollara başvurma zorunluluğu da ortaya çıkmıştır. Ne var ki mevzu edilen çağdaş yöntemleri etkin ve başarılı bir şekilde kullanmak için sosyolojiden, antropolojiye; siyasal psikolojiden, iletişime çok yönlü ve bir birikimden faydalanma zorunluluğu da kendini göstermiştir.

Bilgilerin ve dosya, yazı, doküman gibi başvuru kaynaklarımızın bilgisayar yazılımları tarafından bilgisayar ortamlarına aktarılması olarak tanımlanan *dijitalleşme;* bir yandan yeni alanlar oluşturan bir olanak diğer yandan mevcut "iş"leri sonlandıran bir gelişme olarak nitelendirilmektedir. Ancak teknoloji, yeni medya veya dijitalleşmeyi anlatan en önemli özelliklerden biri "dönüşüm" olsa gerektir. Söz konusu dönüşüm sadece hayatı kolaylaştıran ya da hızlandıran cihazlar açısından değil aynı zamanda siyaset, liderlik, kültürel ilişkiler, küreselleşme ve diplomasi gibi sosyal bilimlerin alanına giren kavramalarla da yakından ilgilidir. Okuduğunuz bölümün kapsamı dahilinde verilebilecek ilk örneklerden biri, yeni medya ortamlarının yoğun kullanımı sonrasında "liderlik" ile ilgili özelliklerin ya da bir lidereatfedilen niteliklerin geçirdiği başkalaşmadır. Liderler

Algı Yönetimi

artık daha çok bireylerle karşılıklı diyalog içine girmekte ve onların sorularına bire bir cevap vermek zorunda kalmaktadırlar. Bu nedenle hem kendileri dijital teknolojilere daha çok aşina olmaya başlamış; hem de gerektiğinde yanlarında teknoloji becerisine sahip uzmanlar çalıştırmışlardır.

Diğer ayandan artan sosyal medya kullanımı toplumsal, siyasi ya da kurumsal hiyerarşinin daralmasına neden olmuş, böylece bireyler alınan kararlara ve oluşturulan yeri süreçlere bizzat katılım sağlayabilmişlerdir. Sahip oldukları değerleri, mesajlarını, vaatlerini ve projelerini toplumla buluşturmayı hedefleyen liderler iletişim teknolojilerini aktif kullanmış ve takipçileri üzerinde anlamlı bir etki bırakmaya çalışmışlardır. Ne var ki dijitalleşmenin yol açtığı bu kolaylıklar beraberinde birtakım zorluklar da getirmiş: kırılan hiyerarşi ve artan iletişim, mahremiyet başta olmak üzere etiğe dair yeni tartışmaların da başlamasına neden olmuştur. Yeni teknolojilerin "karanlık yüzü"ne dair endişeler; *gerçek ötesi* (post-truth) çerçevesinde duyguların yanlış yönlendirilmesi, eksik ve yanlış bilginin hızlı yayılımı (*infodemi*- bilgi salgını) ve aşırı bilgi yüklenmesinin getirdiği sorunlar, liderlerin ve vatandaşın gerçeklik ve doğruluk arasındaki veya özel alanla kamusal alan arasındaki çizginin giderek bulanıklaşmasını da hızlandırmıştır.

Söz konusu tartışmalar birçok yönüyle özelikle 1993'te Irak Savaşı esnasında sıklıkla kullanılmaya başlanan *"algı yönetimi"* ile ilişkilendirilmiş; liderler de kutsallık, kurtarıcılık, vazgeçilmezlik gibi propaganda teknikleriyle işlenmiş yeni iletişim stratejilerine başvurmuşlardır. İlk olarak ABD Savunma Bakanlığı tarafından kavramsallaştırılan algı yönetiminde hem iç dinamiklerden hem de uluslararası gelişmelerden faydalanılmış; ilgili strateji başta diplomatik ilişkiler olmak üzere; seçim politikaları, mahallî karar alımları, hukuki işlemler gibi pek çok alanda kullanılmıştır. *Algı yönetimi* bu bağlamda, birey ve toplumların tutum, davranış, duygu ve yönelimlerini etkilemek ve gerektiğinde değiştirmek amacıyla çeşitli bilgilerin yayılımının sağlandığı, bununla ilgili gündem oluşturulduğu ve isim takma, abartma, transfer ve ünlü kullanımı gibi propaganda tekniklerinin kullanıldığı ve uygulandığı sürecin adıdır (Özçağlayan ve Apak, 2017).

Algı yönetimi; ilk zamanlarda Batılı çalışmalarda geniş yer bulurken; teknolojik gelişim, dijitalleşme ve internet ile reklamlar, televizyon yapımları, habercilik ve diğer medya içeriklerini üretme ve düzenleme şeklinde Doğulu liderlerin de başvurduğu bir ikna biçimi olarak ortaya çıkmıştır. Hemen herkesin bir yurttaş gazetecisi olduğu günümüzde akıllı telefonlar aracılığıyla haber ve bilgi hızlıca üretilmekte ve yayılıma konmaktadır. Bilgi üretimin ve etkileşiminin önemini bilen yönetici, öncü ya da liderler sosyal medya ortamlarında kendileri adına bilgi üretmekte ve bu bilgiyi manüpülatif ve bazen tümüyle sansasyonel bir biçimde kullanıcıların ilgisine sunmaktadırlar.

Bu çerçevede, köken itibarıyla mizah yoluyla bilgi aktaran kişiler olarak tanımlanan "troller" ya da yeni adlarıyla "yanlı kullanıcılar", algı yönetim sürecinde liderler ve örgütler tarafından organize edilmiş ve internet platformlarında objektif olmayan karşıt/taraflı bilgiler yaymışlardır. Bundan sonra, *"trol"* kelimesi; çevirim içi topluluklarda yoğun tartışmalar başlatan, bir tarafı överken diğer tarafı kusursuz öven ve insanları yanlış yönlendirmek için bilinçli olarak kışkırtıcı, gereksiz, kutuplaştırıcı ve çoğunlukla konuyla ilgili olmayan verileri paylaşan sanal içerik üreticilerini tarif etmek için kullanılmıştır. Herhangi bir kaynaktan alınan ya da masa başında üretilen bilgiler kontrol edilmeden ve editöryal bir süreçten geçmeden trollerce kamuoyu ile paylaşılmakta bu durum da ciddi bir bilgi kirliliğine neden olmaktadır. Bunun da ötesinde bilgiler sürekli dış müdahaleye açık kalmakta yanlış ve doğru arasında bir ayrım yapılamamaktadır. Böyle bir kaotik ortamda algılar daha kolay yönetilebilmekte ve bunun sonucunda manüpülatif bilgi ile toplumsal hareket ya da karmaşanın oluşmasının da önü açılmaktadır (O'Neill, 2000, s. 77).

Bu nedenle son yıllarda yapılan sosyal/politik psikoloji ve siyaset çalışmaları teknolojik gelişmelerin ve artan dijitalleşmenin liderlik üzerinde yaptığı etkiyi etraflıca ele almışlardır. Yukarıda aktarılan özellikler nedeniyle akademik değerlendirmelerin ve uzman yaklaşımlarının bir kısmı liderlerin mevcut dijitalleşmeye olan adaptasyonunu ve değişen liderlik biçimlerini tartışırken; bir diğer kısmı da dijitalleşme etrafında *algı yönetimine* karşı oluşan devlet, birey, şirket ve sivil toplum gibi kurum ve kuruluşların ilgisini ele almışlardır. Öte yandan liderlik çalışmaları; bireysel mesafenin daralması ve hiyerarşinin kırılması ile oluşan organizasyonel sorunları analiz etmiş ve liderin böyle durumlardaki *kriz yönetim* biçimlerini ve etkin bir *"yönetişimle"* çalışan ve takipçilerine ilham olmaya devam edip edemediğini sorgulamışlardır (Iveroth ve Hallencreutz, 2020). Bu çerçeveden yola çıkarak bir *"e-liderlik"* modeli ortaya çıkmış ve "birey, grup ve örgütlerde; duygu, düşünce, tutum, davranış ve performansta değişiklik yapmak için gelişmiş bilişim teknolojilerinin kullanıldığı sosyal etki süreci" olarak tanımlanmıştır (Avolio ve diğerleri, 2000, s. 617).

Literatür taraması; aynı şekilde *yeni medya teknolojileri* ile liderlik türleri arasında bir ilişki kurarken, disiplinler arası bir bakış sunmakta; psikolojiden sosyolojiye, tarihten felsefeye, iletişimden siyasete geniş bir yelpazede yeni liderlik tartışmalarını incelenmektedir. Bu çok disiplinliliğin temel amacının da liderliği tanımlarken dijital değişimden kaynaklanan çeşitliliği ve farklılaşan özellikleri aktarmak olduğu anlaşılmaktadır (Schwarzmüller ve diğerleri, 2018). Siyaset ve liderliğin öne çıktığı bütün organizasyonlarda, teknolojideki hızlı gelişimin kendisi de yeni tanımlamaları zorunlu kılsa da liderliğin çeşitlerine ve özelliklerine yönelik geleneksel değerlendirmelerin de bilgi teknolojileri, yönetişim, katılımcılık ve globalleşme gibi her gün güncellenen kavramlar etrafında yeniden değerlendirilmesinin gerekliliği de açıktır. Çünkü artık her lider dijital teknolojiler sayesinde sadece yerel değil küresel etkiler oluşturabilmekte böylece uluslararası destekçi ve takipçi de kazanabilmektedir (Manchala, 2020).

Bu bağlamda, bölüm; multidisipliner bir çerçevede liderlik kavramının geçirdiği dönüşümü anlatmaya çalışmaktadır. Söz konusu dönüşüm; okuduğunuz kitabın da temel konularından biri olan *algı yönetimi* etrafında tartışılmıştır. Makale; dijital mecraların yoğun bir biçimde başvurulduğu son günlerde, algı yönetimini, bir yandan internetin oluşturduğu etkileşimle hızlanan ve uygulanışı kolaylaşan bir kavram olarak ele alırken, diğer yandan çerçeveleme, rızanın üretimi, gündem oluşturma ve önceleme gibi geleneksel iletişim ve medya kuramlarına referansla da analiz edebilmeyi de hedeflemektedir. Bunun için liderlik çalışmaları ile ortaya çıkan teorilerden faydalanırken aynı zamanda geniş (e-liderlik, dijital aygıtlar, sosyal hareketler, uluslararası iletişim) ve dar kapsamlı (geleneksel yönetim formasyonları, liderlik becerileri ve sanal ortamları kullanma profesyonelliği) kategorilendirmelerle özgün bir liderlik anlatısı oluşturmaya çalışacaktır. Kuram ve teorilerden yola çıkılarak tanımlanacak olan liderlik ve algı yönetimi terimleri daha çok siyaset psikolojisinin ekseni etrafında irdelenecektir. Daha spesifik olarak makale şu soruları cevaplamayı hedeflemektedir: Dijital değişim ve liderlik ilişkisinde temel akademik yaklaşımlar nelerdir? Liderlik ve siyaset psikolojisi bağlamında algı yönetimi nasıl ele alınabilir? Yeni medya ve bilgi teknolojileri liderlik tanımlamalarını ne yönde etkilemiş ve ne gibi yeni liderlik türleri ortaya çıkmıştır? Araştırmacılar, çok hızlı bir devinim gösteren dijital teknolojiler ve liderliği ele alırken bu etkileşimi medya, iletişim, sosyoloji ve psikoloji bağlamında hangi yönleriyle incelemelidir?

Algı Yönetimi

Diji-liderlik ve Yöneti-ş-im

Genel anlamda teknolojik ilerleyiş daha özelde sosyal medyanın gelişimi ve internetin sunduğu kolaylıklar kamu iletişimi, siyasal iletişim, kurumsal iletişim ve bireylerarası iletişim gibi birçok iletişim türünün ve kavramın değişmesini, yeni özellikler kazanmasını sağlamıştır. Bu değişimin en çok göründüğü alan siyasal ya da yönetimsel anlamda *liderlik* olmuştur. Söz konusu etkileşim, liderliğin ya da yönetimin daha interaktif bir biçim almasına yol açmış bir tür işteşlik kazanan bu yeni kavramsallaştırma *"yönetişim"* olarak literatürde yerini almaya başlamıştır. Bunun yanında öncü konumundaki bireyler; takipçileri, müşterileri ya da diğer örgüt üyeleri ile daha dikkatli, güvenilir ve etkileşimli bir diyalog içine girmiştir. Bütün bu değişime rağmen dijital ortamları kullanma konusunda çekimser kalan liderlerin varlığı devam etse de özellikle kurumsal iletişimin profesyonel bir dijitalleşme olmadan sürdürülüp sürdürülemeyeceği halen tartışılmaktadır. Yine de çalışmaların birçoğu etkili bir sosyal medya kullanımının marka ve itibar yönetimine, başarılı bir kazanca, sonuç odaklı iletişime ve pozitif bir liderlik niteliğine katkı sunacağını belirtmiştir (Glauner ve Plugmann, 2020).

Dijital platformlardaki etkileşimin artması liderlerin de teknoloji ile olan ilgilerin yeniden gözden geçirmelerini gerektirmiştir. Aslında bu interaktivite sadece teknolojik kabiliyet değil aynı zamanda liderlerin düşün ve yönetim ufkunda da bir değişimi zorunlu kılmıştır. İnternet ortamlarında içerik oluşturmaya çalışmak ya da sosyal medya kanallarından birtakım mesajlar paylaşmak zaman alan, sonucu geç gelen bir eylem gibi görünse de bu ortamlar üzerinden; çalışanlarla, tüketicilerle, hissedarlarla ve takipçilerle hızlı ve şeffaf bir şekilde iletişime geçmek hem liderin hem de öncülük ettiği kurumun marka itibarına ve demokratik niteliğine katkı sunacaktır. Böyle bir etkileşim, tüketiciler ve takipçiler üzerinde pozitif bir intiba bıraktığı için günün sonunda ilgili örgütün ya da kurumun performansını da olumlu etkileyecektir. Bu nedenle, geleneksel mesafeli, kapalı, sorgulanabilir ve otoriter liderlik anlayışı git gide önemini yitirmektedir. Özellikle "z kuşağı" ile anılan ama aslında "y kuşağını" ve hatta "x kuşağını" da düşünsel bir değişime götüren dijital etkileşim; günümüz liderinin en önemli özelliklerinin iletişim, hesap verebilirlik ve şeffaflık olduğunu söylemektedir (Ejersbo ve Greve, 2017).

Öte yandan liderliğin yeni teknolojilerle olan bağlantısı Davis tarafından 1989'da geliştirilen "teknolojiyi kabullenme modeli" (the technology acceptance model) ile ilişkilendirilebilir. Bu model; bireylerin profesyonel hayatlarında teknolojik kolaylıklara (bilgisayar, elektronik posta, tarama, sosyal medya, akıllı telefonlar vd.) adaptasyon sürecini ve teknolojiye yönelik davranışlarını açıklamaya çalışmaktadır. Kişiler yeni bir teknoloji ile karşılaştıklarında onun kolay kullanımına ve faydalı olup olmadığına bakmaktadırlar. Bu tutum bir bakıma *davranışsal niyet* (kullanma isteği) ya da algılanan kolaylıkla da ilişkilendirilebilir. Davis; bu bağlamda, *algılanan kullanışlılığı* kişinin, teknolojiyi, verimini ve performansını artırdığı için kullanması; *algılanan kolaylığı* ise bireyin teknolojiyi kullanırken herhangi bir fiziksel ve zihinsel zorluk gerektirmeyeceğine inanması olarak açıklamaktadır (Davis, 1989). Davis'in TAM (the technology acceptance model) modelinden yola çıkılarak liderlerin dijitalleşmeye ve sosyal medya kullanımına olan ilgilerinin altında yatan temel nedenler hakkında da fikir yürütülebilir. Dijital ortamları takipçileri ile aralarında bir "ara bulucu" olarak algılayan liderler, *kolaylık ve kullanışlılık algısı* bağlamında buralardan gelecek geri dönüşleri dikkate almakta ve yöneltilecek olumlu ve olumsuz eleştirileri bir gereklilik görerek yeni stratejiler geliştirmektedirler. Ancak dijitalleşme ile ilgili yaklaşımların söylediği önemli hususlardan biri de katılımcılığın, iş birliğinin ve istişarenin olmadığı bir liderlik anlayışının artık yeterince başarılı olamayacağıdır. Zaman ve teknolojik gelişimeler ölçüsünde liderlik tutumları da değişmeye açık olmalı; bir anlamda esnekleşmelidir (Meyer ve diğerleri, 2019). Aşağıda Jakubik ve ve Berazhny'den uyarladığım görsel söz konusu değişimi anlatması açısından önemlidir. Endüstri ekonomisi dönemindeki emir komuta zincirinde uygulanan liderlik yöntemleri, kararların daha şeffaf bir biçimde alınması gerektiği yeni iletişim döneminde artık yeterince etkin olmamaktadır. Yeni bir liderlik modeline ihtiyaç vardır ve bu liderlik biçiminin ben-merkezli ya da kurum içindeki lider-merkezli bir anlayışla devam etmesi zordur.

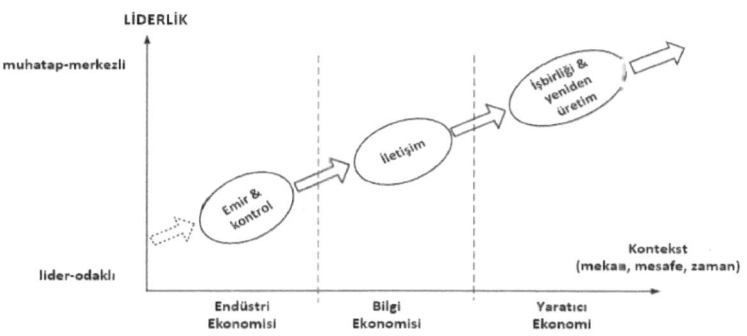

Şekil 1. Değişen liderlik uygulamaları
(Jakubik ve Berazhny'den uyarlanmıştır, 2017).

Jakubik ve ve Berazhny'nin önerdiği bu yeni model, liderin beraber çalıştığı bireyleri dikkate alarak kararlarını vermesi ile ilgilidir. "Muhatap-odaklı" *(altrocentric)* liderler tek başlarına, iş birliği ve istişare olmaksızın başarılı olamayacaklarını bilmektedirler. Takım birlikteliğine, iletişim ve problem çözme kabiliyeti yüksek bireylerle çalışmaya ve çevreleri ile iletişim içinde olmaya dikkat etmektedirler. Diğer yandan sadece çalışma, verim, ürün ve prim gibi örgütsel öğelerden çok kurum kültürüne dikkat ederek oldukları alana bir anlam katmaya çalışmaktadırlar. "*Kurumsal anlam*" kazanmak için de güçlerini gerektiğinde paylaşabilmekte, takım arkadaşlarına saygılı olmakta ve empatiyi (duygudaşlık) öncül duygulardan biri olarak kabullenmektedirler.

Aynı bağlamda, yine Jakubik ve Berazhny'nin makalesinden yola çıkarak aşağıdaki tabloda (tablo 1) yeni liderlik tiplerinin özellikleri detaylarıyla aktarılmaya çalışılmıştır. Bu yeni liderlik değerini tanımlayan en temel husus; "güç dağılımı"nın merkezden çevreye yayıldığı ve "yaratıcı ekonomide", takımların ve kurum içindeki küçük görev gruplarının artması ve şeffaflaşma ile ilgilidir. Amaladas; Aristo'dan da atıfla burada liderliğe bir tür hikmet gerektiğini söylemekte ve lideri; adil dağıtım yapan, anlamlı sonuçlar için fedakârlıkta bulunan, iyileşmeye doğrudan katkı sunan, paylaşımcı bir içerik oluşturan ve birliktelik esasına dikkat eden olarak tanımlamıştır (Amaladas, 2015).

Tablo 1. Yeni liderlik paradigmaları
(Jakubik ve Berazhny'den uyarlanmıştır, 2017).

Değişimin Türü	Endüstriyel Ekonomi	Enformasyon Ekonomisi	Yaratıcı Ekonomi
Kontekst	Fiziksel mekân	Yer ve uzam	Uzam (dijital ve sanal)
Bilgi	Mevcut bilginin uygulanışı	Bilgi paylaşımı	Yeni bilgi ve inovasyonun üretiminin sağlanması
Organizasyonun Özelliği	Resmi	Resmi, açık sistemler	Organik, açık sistemler
İletişim	Bireylerarası	Birey-makine	Makine-birey, makine-makine
Lider olma süreci	Diğer liderler tarafından atanma, miras	Davranış ve tutumları nedeniyle lider gönüllü takipçiler kazanır	Liderler değerler ve inançlardan doğar
Liderlik	Ben merkezli	Rasyonel, paylaşımcı, iş birliği	Muhatap merkezli, hikmet sahibi, sezgisel/yaratıcı
Liderlik Uygulamaları	Emir ve kontrol	Bağlantı kurmak ve iletişim	İş birliği ve yeniden üretim

Liderlik ile ilgili bunca farklı yaklaşıma rağmen tanımlamalarda her an yeni bilgilerle karşılaşmak mümkün olabilmektedir. Zira artan ve gelişen teknoloji kullanımı, yapay zekâ tar-

Algı Yönetimi

tışmaları ya da algoritmalar liderlik ve ilişkilerinin de sürekli değişimini zorunlu kılmaktadır. Söz gelimi 2000'lere kadar motive edici, vizyon sahibi, ilham veren özellikler lidere ilişkilendirilirken, internet ve bilgi çağında sadece yönetebilen değil aynı zamanda dijitalleşme konusunda, içerik üretimi ve yönetimi hakkında ilham veren liderlik özelliği öne çıkmaktadır. *"Diji-liderlik"* olarak isimlendirilen bu yeni liderlik yaklaşımında klasik emir-komuta ve/veya sert hiyerarşi yerine; güven, iş birliği, karşılıklı öğrenme, birlikte/yeniden üretim, paylaşım ve çevirim-içi platformların etkin kullanımı gibi özellikler öne çıkmaktadır. Katılım ve iş birliğinin artması aynı anda birden çok liderin ortaya çıkmasını da sağlayacak; ofisler, örgütler ya da kurumlar çok kültürlü, çok dilli mobil ortamlara dönüşeceklerdir (Sheninger, 2019).

Liderlik tutum ve davranışlarının söz konusu değişimine rağmen online ortamların hızlı ve çok yönlü özellikleri gelecek liderlik anlayışlarında aynı zamanda bir belirsizlik de oluşturmaktadır. İnternetin sağladığı kolaylık nedeniyle mesela artık liderler için fiziksel veya makam görünürlüğü çok önemli olmayacaktır. İşlerin takibi, iletişim ve yenilik üretimi için sanal ortamlar çoğunlukla yeterli sayılacaktır. Bu da hiyerarşinin azalmasına ve lider/yönetici ile çalışan/takipçiler arasındaki mesafenin küçülmesine ve dolayısıyla ilişkilerin karmaşıklaşmasına yol açacaktır (Tshabangu, 2015).

Liderliğin bilgisayar ortamlarına uyarlanmayan özellikleri ve kabiliyetleri kaçınılmaz olarak hep var olacaktır. Dijitalleşmenin artması ve yeni medya ortamlarında bilgininin, içeriğin kolay ve hızlı üretimi; hileli yönlendirme, eksik/yanlış bilginin dağılımı ve algı yönetimini de hızlandıracaktır. Bilginin bu kadar kısa sürede küresel bir hal alması ve bireysel bir yaklaşımın hızlıca toplumsallaşması bilginin idaresinin de başlı başına bir sorumluluk alanı ya da iş bölümü olmasına neden olmuştur. Bu

163

bağlamda yukarıda anlatılmaya çalışılan yeni zamanlarda cevap bekleyen yeni sorular da ortaya çıkmıştır:
- Liderler bu denli geniş katılımlı bir bilgi üretimini nasıl yönetebileceklerdir?
- Kendileri hakkında ortaya çıkan olumsuz ve/veya kasıtlı haberleri nasıl engelleyebilecek ya da yayılımın ardından nasıl bir kriz iletişimi ve yönetimi stratejisi belirleyeceklerdir?
- Yanlış/eksik bilginin yayılıma konulmasının altında yatan psikolojik etmenler nelerdir?
- Dijital ortamlarda algı yönetimini nasıl hızlandırmakta ve liderler bununla nasıl mücadele edeceklerdir?
- Politikanın ve psikolojinin birleştiği bu noktada liderliği bekleyen yeni öğrenme biçimleri nelerdir?

Siyaset Psikolojisi, Gerçeklik ve Algı

Bireysel psikoloji, insanın dışarıdan gelecek uyarılara ve yönlendirmelere açık olduğunu söyler. İletişim çalışmalarında *ikna* ve *propaganda* konuları ile ilgili tartışmalar da aynı hususu vurgulamaktadır. Bundan olsa gerek siyaset psikolojisi analizleri psikoloji ve iletişimin birleştiği bir noktada, daha çok politik iletişim kampanya ve stratejilerinde kendini göstermekte ve siyasal psikoloji bu iki alanın kesişim noktasında etkinliğini göstermektedir (Liu, 2019). Politik psikoloji bu bağlamda sadece bireylerin ve toplumların siyasal davranışlarının altında yatan nedenleri araştırmaz. Aynı zamanda kitlelerin, milletlerin ve politikacıların birbirleriyle olan ilişkilerindeki psikolojik faktörleri de dikkate alarak psikolojik süreçleri sosyal olaylarla ilişkilendirir (Cottam ve diğerleri, 2015). Bu yönüyle de sosyal psikolojinin öğretilerinden faydalanarak toplum ve psikolojinin birleşme noktasında kendine yer bulur. Bir bakıma burada politik psikolojinin amacı da ortaya çıkmaktadır. Politik psikoloji; birey-toplum-yönetim-hükümet ve düzenlemeler ilişkisinin fotoğrafını çekerek bilimsel analizler yapmayı hedefler. Siyasette

Algı Yönetimi

somut bir biçimde etkin olan *"ilişki yönetimi"* ve *"kriz çözümü"* becerileri göz önünde bulundurulduğunda söz konusu psikolojik yaklaşımın önemi daha iyi anlaşılmaktadır (İnan, 2020). Siyaset, iletişim ve psikolojinin bu birleşme noktası politikacıların da dikkatini çekmiştir. Politik yönlendirme için daha çok Hitler ve propaganda bakanı Göbels'in uygulamaları üzerinden bildiğimiz iletişim, siyaset ve psikoloji iş birliğinin kullanımı, dijital mecraların artışı ve haber ulaşımının kolaylığı nedeniyle günümüzde de yoğun bir biçimde devam etmektedir. Liderler, hükümetler, şirketler ve markalar bilgileri gerektiğinde manipüle ederek bireylerin algılarını yönetmeye çalışmakta bunun için geleneksel ve yeni medya mecralarından faydalanmaktadırlar. Herhangi bir bilginin ya da görselin çok çeşitli aplikasyonlarla hızlı ve kolaylıkla düzenlenip değiştirilebildiği teknolojik zamanlarda gerçeğin değiştirilmesi de hız kazanmıştır. Bu süreçte gerçek bazen belirgin olarak değiştirilmese de bilginin içine serpiştirilen öğeler, semboller, tekrarlar ya da kullanılan kelimeler dahi izleyicinin/okuyucunun zihnini yönlendirebilmekte ve onun duygusuna hitap edebilmektedir. Bu nedenle internet çağına aynı zamanda *"gerçek ötesi (post-truth) çağ"* denmektedir. Bireyler; yoğun bilgi muhataplığının olduğu bu politik kültürde nesnel hakikatlerden çok duygularına inanmaya başlamışlardır (Long, 2019).

Gerçekliğin, daha çok anlatı ve duygusal yönlendirmeyle oluştuğu günümüzde, bu hakikatin istenilen biçimde manipüle edilmesinde ve toplumun ikna edilmesinde kitle iletişim araçlarıyla birlikte bunları bilinçli bir biçimde algı yönetimi için kullanan güçlerin de rolü büyüktür. Nesnel, somut ve gözlemlenebilir delillerin, yerini, duygusal ve bireysel inanca bıraktığı ya da diğer bir deyişle bireysel duygu ve inancın kamuoyunun şekillenmesinde nesnel gerçekliklerden daha etkili olduğunu anlatan bu yeni kavram literatürde *gerçek-ötesi (post-truth) olarak geçmiştir* (Mccomiskey, 2017, s. 5). Bu kavram daha çok dünyada hızla ivme kazanan, özellikle Amerika tandanslı, politik ikna metotlarını anlatmak için kullanılıyor olsa da bilginin hızlı üretilmesi, yaygınlaştırılması ve aynı hızda tüketilmesini sağlayan yeni medya teknolojileri ve küresel algının yine bu araçlarla kısa vadede değiştirilebilmesi, *post-truth çağının*, aslında daha büyük bir başkalaşıma işaret ettiğini gösterir (Davis, 2017, s. 23).

Bilgisel anlamda bir yoğunluğun yaşandığı ve dolayısıyla hangi bilginin doğru ya da yanlış olduğuna karara verilemediği bu kaotik dönemlerde algının yönetilmesi ve buna paralel olarak tutum ve davranışların değiştirilmesi daha kolaydır. İnternet aracılığı ile, Google aramaları ile "gerçek bilgiye" ulaşmak kolay gibi görünse de kişinin bu gerçekliğe ulaşıncaya dek geçirdiği sürecin kendisi de onu gerçeklikten uzaklaştırabilmektedir. Çok farklı sayfalarda "hakikati" araştırma eylemi; algoritmaların, reklamların ve diğer yazılımların hedefi olmakta ve ulaştığı gerçeklik bir anlamda yine yapay zekanın "ürettiği" bilgi olabilmektedir. Günün sonunda, algı yönetimi de kişinin neye nasıl anlam yüklediği ile yakından ilgilidir. Yapay zekâ da internet kullanıcısının bu yönelimlerini hesaplayabilmekte ve onu, yine kendisinin arzuladığı bilgilerle karşılaştırmaktadır. Böylece kullanıcı bir çember etrafında inandığı bilginin olduğu çıkış noktasına varmakta, bu da "yanlış" inanç ve tutumunu daha da güçlendirmektedir.

Politikacılar da sözü edilen yapay yazılımların yaptığı gibi kitleleri analiz ederek ve tanıyarak onları yönlendirmeye çalışmaktadırlar. Liderler, bu aşamadan sonra iletişim teorilerinde de tartışıldığı üzere algıyı yönetmek için daha özel yöntemlere başvururlar. Liderlerin mitinglerde konuşma metinlerini dinleyicilerin istediği kelimelerle süslemesi (çerçeveleme teorisi), halkın gündeminde daha çok söz konusu olmayı hedeflemesi (gündem oluşturma) ve sonunda toplumun normalde direnç gösterdikleri bir uygulama ya da kanunu kabul etmelerini sağlamaları (rızanın imalatı) bu yaklaşımlarla açıklanabilir. Öyle ki

Algı Yönetimi

liderler rıza oluşturmak amacıyla dini, kültürel, kutsal ya da sosyal motifleri kullanmaktan geri durmamakta ve yine aynı doğrultuda gerek politik direktifler gerekse reyting kaygısıyla, medya profesyonelleri tarafından da bu ögeler öne çıkartılmaktadır.

Siegel; politikacıların yönetmeye çalıştığı algının ana hedeflerinin, meşruiyet kazanmak, ulusal ve uluslararası kamuoyu oluşturmak, rakiplerine sahip oldukları gücü göstermek ve hedefledikleri kitlenin davranış ve tutumlarını istedikleri biçimde etkilemek olduğunu ifade etmektedir (2005). Saydam bu çabayı hakla ilişkiler stratejileriyle de ilişkilendirerek sonuca ulaştırabilecek bir algı yönetiminin; o toplumun ya da hedef kitlenin, değerleriyle, inançlarıyla ve kültürüyle uyumlu olması gerektiğini; ancak bilinenin aksine yalanlar üzerinden yapılan bir algı yönetimin hedeflenen başarıya ulaşmayacağını belirtmektedir. Bununla birlikte, algı yönetiminde görselliğin etkin kullanılmasının ve basit ve anlaşılır bir dil kullanılmasının da sonucu daha güçlü kılacağını aktarmaktadır. Ancak burada mesajın tek taraflı belirlenmemesi gerektiğini çünkü kaynağın mesajı ile hedef kitlenin algıladığı durumun tümüyle farklı olabileceğini, bu nedenle kullanılacak iletim aracının dahi çokça önemli olduğunu söylemektedir (Saydam, 2005).

Ancak algı yönetiminde; imaj tasarımı, sembol, aksesuar, marka, logo ve amblem gibi kurumsal itibar ve kimliği oluşturan ögelerin de önemini not etmek gerekir. Lider; kitlelerin algılarını tesis ederken söylemlerini dikkatle seçer, onunla bütünleşen ve kişisel imajını tamamlayan unsurları (aksesuar, kıyafet rengi, saç stili, kravat vd.) hassas bir şekilde yanında taşımaktadır Böylece, bir anlamda liderin danışmanları ve yanında çalışanlar da onu yönlendirerek fikirsel yönelimin istenilen doğrultuda olmasına katkı sunmaktadır. Diğer yandan, liderin seçimleri ve söylemleri, hatta kimi zaman aksesuarları ve kişisel imajı da algı yönetimi çabalarını yönelttikleri hedef kitlelere göre deşişebilir. Bu hedef kitleleri iç hedef kitle ve *dış hedef kitle* olarak sınıflandıran Elsbach ve arkadaşlarının algı yönetimine yönelik davranış ve sembollerini aşağıdaki gibi tablolaştırmak mümkündür (Elsbach ve diğerleri, 2015):

Tablo 2. Algı yönetimi davranış ve sembolleri (Elsbach'tan uyarlanmıştır, 2015).

Söylem	Hedef kitle	Davranışlar	Fiziksel işaretler
Savunan	Kurum içi/ulusal	Resmi davranışlar	Fiziksel yapı/ bina / çevre
Uzlaşan	Kurum dışı/ uluslararası	Kurum içi örneklik teşkil eden davranışlar	Amblem/logo/ işaret
Sosyal değer ve kurallara yönelik	Örgüt/STK	Spesifik bir konuya dair davranışlar	Kurum içi/ofis tasarımı
Vaad ve plan	Oy veren/resmi kurum/yakın çevre	Politik davranış	Kıyafet/araç/ aksesuar

Tablo 2'den yola çıkarak kurum ve liderlerin yaptıkları sınıflandırmaların kendilerini nerede konumlandırdıklarıyla yakından ilgili olduğunu söylenebilir. Buna göre yukarıda tartışılan bir "biz ve ötekiler" gruplaması yapılmakta ve hedef kitle buna göre yönlendirilmektedir. Ne var ki sadece rekabet üzerine kurgulanan bir algı yönetimi stratejisinin psikolojik olarak ya da siyasal anlamda yeterli olmayacağı açıktır. Aksine lider, örgüt, parti ya da kurumların gücü; aynı zamanda onların sosyal sorumluluk projelerine katkıları, demokratikleşme ve ifade özgürlüğünün tesis edilmesindeki çabaları, ehliyet ve liyakat konusunda verdikleri güven ve evrensel insan haklarını güvence altına alma konusundaki hassasiyetleriyle de yakından ilgilidir.

Sonuç ve Değerlendirme

Algı yönetimine dair uygulamaları imparatorluk dönemlerinde ya da halkla ilişkiler metotlarının gün yüzüne çıktığı çok eski tarihlere dayandırmak mümkünse de sosyal bilimler alanında konuşulmaya başlanması ve siyaset, iletişim, sosyoloji, tarih ve psikoloji gibi alanlar dâhilinde irdelenmeye başlanması 20. yüzyılın sonlarında olmuştur. Algı yönetimine dair literatür

Algı Yönetimi

bir yandan algı ve algılama bağlamında sosyal psikoloji etrafında tartışılırken diğer yandan daha bireysel bir etki alanı olarak psikoloji ile ilişkilendirilmiştir. İnsanın çevresini öğrenmesi, tanıması ve içinde bulunduğu sosyal çevre ile ilişkisi bu algılamayla başlamaktadır. Sonrasında kişi; ideolojiler, politikalar, liderler ve siyasal partilerle iletişim kurmakta ve buna göre davranış ve tutumlar geliştirmektedir. Tam da bu esnada birey artık müdahalelere açık olabilmekte, dışarıdan gelen uyarı ve motivasyonlara göre davranışlarını değiştirmektedir ki bu durum insanın algısının yönetilir olabildiği ile ilgilidir.

Tarih; liderlerin, devletlerin, kurum ve kuruluşların etkinliklerini devam ettirmesi ve takipçilerini arkalarında tutmak için geliştirdikleri onlarca yöntemden bahsetmektedir. Söz konusu stratejiler halkla ilişkiler, itibar yönetimi, imaj ve marka oluşturma gibi geniş bir alandan faydalansa da günün sonunda en temel amaç "ikna" olmuştur. Krallıklar birbirlerine sözünü geçirmeye çalışırken, sivil toplum kuruluşları gibi örgütler kendilerini topluma anlatırken ve devletler hem kendi halklarını hem de uluslararası kamuoyunu etkileme çabası içindeyken algı yönetimi pratiklerine sıklıkla başvurmaktadırlar. Fakat algı yönetiminin başarısı ilgili toplumun demografik özelliklerini tanımak ve "medya mesajdır" gerçeğinden hareketle en sık başvurulan medya aracının etkin kullanılmasına da bağlıdır. Ayrıca bu süreç etkin liderlik gerektirmekte ve mesajın aktarılacağı toplumun kültürel özelliklerini iyi tanıyıp ona göre imgeler, propaganda ögeleri ve söylem biçimleri geliştirmekten geçmektedir.

Ne var ki hem savaş ortamında ortaya çıkması hem de genelde "yanlış bilgilendirme"ye dayandırılması nedeniyle algı yönetiminin olduğu yerde meşruiyet tartışmaları da gündeme gelmiştir. Bu nedenle hedef aynı olsa da algı yönetiminin yerine diplomatik/uluslararası iletişim, toplum mühendisliği, sosyopsikolojik yaklaşım, kamu diplomasisi, yumuşak güç, siyasal iletişim ve politik psikoloji gibi adlandırmalar kullanılmıştır. Her bir terimin teorik ve uygulama alanları farklılık arz etse de hedef kitle "öteki" olmuş; bu "ötekileştirme" kendi içinde bir eksik/yanlış bilgilendirme barındırmış ya da daha açık bir ifade ile "yalan"ın özellikle siyasal amaçlarla kullanımının meşru olabileceği yanılgısını oluşturmuştur. Kendinden olmayanı "öteki" olarak kabullenen ve toplumlar arasına kalın çizgiler çizen bu yaklaşım algı yönetiminin daha yoğun olarak başvurulmasına yol açmıştır. Uzun vadede de liderlerde güçlü bir "özseverliğin"; takipçilerinde de bir "kabile narsizminin" oluşmasına neden olmuştur. Bu aşamada liderler ve algı yönetimine muhatap olan gruplar "biz ve onlar" ayrımına gitmiş kendilerinden olmayanı düşmanlaştırmaya eğilim göstermişlerdir. Bu nedenle algı yönetiminde bir yönlendirme eğilimi gözlemlense de dijital çağdaki liderlerin bireysel sınırlılıklardan kurtularak çok yönlü ilişkiler kurmalarını, muhatap oldukları geniş kitlelere cevap verebilmek için (sosyal) psikoloji destekli propaganda yöntemleri kullanmalarını ve özellikle uluslararası ilişkilerde etik ile ilgili hususları dikkate alarak karmaşık durumlarda işbirliğine gitmelerini salık vermiştir

Algı yönetiminin "olumsuzlukla" ilişkilendirilmesi ve bu kavrama karşı eleştirel bir tutum geliştirilmesi, uygulamalarının genellikle "yanlış olanı doğru kabul ettirmek"le ilişkili olduğu varsayımından oluşmaktadır. Ancak "yanlış olanın düzeltilmesi" için de algı yönetimine başvurulduğu pratikler de söz konusudur. Bütün bu karmaşa; dijital teknoloji, algı yönetimi ve liderlik arasındaki ilişkinin gücünün yeterli derecede anlaşılmadığını gösterse de sosyal medya mecralarının ve diğer internet teknolojileri toplumsal, bireysel ve kurumsal anlamda iletişim, ikna ve kabullenme pratiklerini değiştirmiştir. Ayrıca, yazılımların ve algoritmaların gelişimindeki belirsizlik ve hız nedeniyle söz konusu değişikliğin gelecek yıllarda nasıl bir hal alacağına dair net bir açıklama yapmak mümkün değildir. Ancak liderlik pratiklerinin daha şeffaf ve samimi olacağını ve geri-dönüşlerle gerektiğinde kolayca yalanlanabileceğini söylemek hatalı olmayacaktır. Bu nedenle liderlik tipleri, dijitalleşme ve siyaset psikolojisi bağlamında yapılacak deneysel çalışmalar; kurumsal, kamusal, politik ve diplomatik iletişim gibi alanların gelişimine katkı sunacak; böylece hem akademik çalışmalara hem de liderlik uygulamalarına yeni boyutlar kazandıracaktır.

Kaynakça

Amaladas, S. (2015). The call to shift from private to social reason: Wake up. M. Sowcik, (Ed.). *Leadership 2050: Critical challenges, key contexts and emerging trends* içinde *(building leadership bridges)* (s. 75-90). Bingley: Emerald Publishing Limited.

Avolio, B. J., Kahai, S. ve Dodge, G. (2000). E-leadership: Implications for theory, research, and practice. *Leader Quarterly*, 615-668.

Cottam, M. L., Mastors, E., Preston, T. ve Dietz, B. (2015). *Introduction to political psychology*. London: Routledge.

Davis, E. (2017). *Post-Truth: Why we have reached peak bullshit and what we can do about it*. London: Little, Brown Book Group.

Davis, F. D. (1989). Perceived usefulness perceived ease of use and user acceptance of information technology. *MIS Quarterly, 13(3)*, 319-340.

Ejersbo, N. ve Greve, C. (2017). Digital era governance reform and accountability: The case of Denmark. T. Christensen, ve P. Lægreid (Ed.). *The Routledge handbook to accountability and welfare state reforms in europe* içinde (s. 267-280). Oxon: Routledge.

Elsbach, K. D., Kayes, A. ve Kayes, D. (2015). *Contemporary organizational behavior: From ideas to action*. London: Pearson.

Glauner, P. ve Plugmann, P. (2020). *Innovative technologies for market leadership: Investing in the future*. Cham: Switzerland.

İnan, E. (2020, Eylül). Politik psikoloji ve siyasal iletişim. Erişim Adresi: http://www.kamudiplomasisi.org/pdf/politikpsikoloji.pdf

Iveroth, E. ve Hallencreutz, J. (2020). *Leadership and digital change: The digitalization paradox*. London: Routledge.

Jakubik M. ve Berazhny I. (2017). Rethinking leadership and its practices in the digital era. Laporšek S., Suzana S., Gomezelj D. (Eds.), Managing the Global Economy. Proceedings of the Management International Conference, Monastier di Treviso, Italy, 24– 27 May, 2017, University of Primorska Press.

Liu, H. (2019). *Propaganda: Ideas, discourses and its legitimization*. London: Routledge.

Long, D. S. (2019). *Truth telling in a Post-Truth world*. Nashville: Wesley's Foundery Books.

Mccomiskey, B. (2017). *Post-Truth rhetoric and composition*. Colorado: Utah University Press.

Manchala, S. (2020). *Crossing the digital faultline: 10 leadership rules to win in the age of digitalization and uncertainty.* California: Trasers Publishing.

Meyer, U., Schaupp, S. ve Seibt, D. (2019). *Digitalization in industry: Between domination and emancipation.* Munich: Palgrave.

O'Neill, M. J. (2000). Developing preventive journalism. K. M. Cahill. (Ed.). *Preventive diplomacy: Stopping wars before they start* içinde (s. 67-82). New York: Routledge.

Özçağlayan, M., ve Apak, D. (2017). Soğuk savaş yıllarında algı yönetimi. *Haber ve Propaganda. Marmara İletişim Dergisi, 28,* 107-129.

Pascale C. S. (2005). Perception management: IO's stepchild?, *Low Intensity Conflict ve Law Enforcement, 13:2,* 117-134, DOI: 10.1080/09662840500347314

Saydam, A. (2005). *Algılama yönetimi: İletişimin akıl ve gönül penceresi.* İstanbul: Remzi.

Schwarzmüller, T., Brosi, P., Duman, D. ve Welpe, I. (2018). How does the digital transformation affect organizations? *Key themes of change in work design and leadership. Mrev management revue, 29(2),* 114-138.

Sheninger, E. (2019). *Digital leadership: Changing paradigms for changing times.* Calfornia: Corwin.

Tshabangu, I. (2015). Geopolitical citizenship 2050: From totalitarian statism to polyarchical ideologies. M. Sowcik (Ed.). *Leadership 2050. Challenges, Key Contexts, and Emerging Trends (building leadership bridges)* içinde (s. 91-108). Bingley: Emerald Publishing Limited.

KİŞİSELLEŞME BAĞLAMINDA LİDER ODAKLI SİYASETTE ALGI İNŞASI

*Süleyman ŞAHAN**

Giriş

İkinci Dünya Savaşı'nın sonrasında kitle iletişim araçlarının gelişimi, siyasal parti yapılarındaki dönüşümler ve seçmen davranışlarındaki farklılaşmalar yeni siyaset yapma biçimlerinin ortaya çıkmasına neden olmuştur. Bu yeni siyaset yapma biçimlerinde kişisel temsil öne çıkmış, karmaşık siyasal davranışlar ve gerçeklikler siyasetçinin kişiliğine indirgenmiştir. Böylelikle siyasetin merkezinde liderler yerleşmiştir. Liderler çağının başlangıcıyla birlikte liderin fiziksel görünümü, konuşması, kıyafeti, aile yaşamı imaj üreticileri tarafından ticari bir meta gibi sunulmuştur. Liderin kimliği üzerinden yapılandırılan imajı sembolik ögelerle beslenerek teatral bir sahneyi andıran siyasette algıyı yönetecek en önemli malzeme olmuştur.

Siyasal partilerin toplumsal gruplarla ve kendi tabanlarıyla olan bağlarının zayıflaması, siyasetin üretim ve sunumunda medya mantığının egemen kılınması, yurttaşların giderek siyasetten uzaklaşması, siyasal alanda daha önceki pratikleri geçersiz kılmıştır. Geçtiğimiz yüzyılın ikinci yarısından itibaren seçim kampanyalarında parti örgütlerinin ağırlığı azalmış, seçim kampanyaları başta televizyon olmak üzere kitle iletişim araçları üzerinden yürütülmüş, bilim adamları ve uzmanlar siyasal

---

* Dr. Öğr. Üyesi, Gaziantep Üniversitesi İletişim Fakültesi, suleymansahan28@gmail.com

sürecin işleyişinin her aşamasında görev almaya başlamış, kişiselleşme ögesinin belirginleşmesiyle de lider ve onun imajı hem seçim kampanyalarında hem de siyasal alanın tamamında ön plana çıkmıştır. Çalışmada siyasal, ekonomik ve toplumsal değişimler bağlamında siyasetin nasıl lider odaklı bir yapıya büründüğü teorik bir çerçevede ele alınacaktır. Çalışma, bir kampanya incelemesi olmamasına rağmen siyasal iletişim literatüründe yer alan Türkiye'den ve Dünya'dan kişiselleşen kampanya örneklerine de yer verilecektir. Yine liderlik ve seçmen tercihi ilişkisini açıklayan yaklaşımlar ve konu hakkında yapılan araştırmada değinilecektir. Böylelikle de liderin siyasal bir figür olmanın ötesinde siyasette algıyı yöneten ve yönlendiren en önemli güç haline geldiği ortaya konulmaya çalışılacaktır.

Siyasette Kişiselleşme Olgusu

Siyasetin kişiselleşmesi ve lider odaklı bir yapıya bürünmesi siyasal alanda yaşanan bir dizi değişim süreciyle bağlantılıdır. İkinci Dünya Savaşı'nın hemen ardından yeni bir dünya düzeni yaratabilmek adına siyaset ve iletişim kavramları bir araya gelmiştir. Nazi ve Faşist rejimlerin kötü deneyimlerinden yola çıkarak demokrasiyi içselleştirmiş kamuoyunun oluşturulmasında siyaset bilimsel olarak kavranılmaya ve yapılandırılmaya başlanmıştır. Kamuoyu araştırma şirketleri, araştırma enstitüleri, üniversiteler bilimsel bir siyaset anlayışının yerleşmesinde öncü olmuşlardır. Düzenlenebilir, denetlenebilir bir siyasal toplum yaratılırken pazarlama mantığı da siyasal olanın içerisinde yaygınlaşmıştır. Bundan dolayı da başta akademisyenler olmak üzere bilim insanlarının yanı sıra halkla ilişkilercilerden, kamuoyu araştırmacılarından, reklamcılardan oluşan farklı uzmanlarda kendi sektörlerinde elde ettikleri deneyimleri siyasal alana kaydırarak yeni aktörler olarak siyaset sahnesindeki yerlerini almışlardır (Köker, 2016, s. 23).

Siyasetin bilimselleşmesi sürecinde kitle iletişim araçları da hızlı bir gelişim göstermiş ve modern toplumsal yaşamın tüm alanları medyanın özgün mantığına uyum sağlamıştır. Siyaset de medyanın prensiplerini benimseyen alanların başında gelmektedir. Siyaset artık medya aracılığıyla algılanmakta ve siyasal aktörler de toplumun karşısına çıkabilmek için medya yasalarına bağımlı hale gelmektedir. Siyaset artık hem üretim aşamasında hem sunum aşamasında medyanın yerleşik kodlarıyla örtüşmek zorunda kalmıştır. Medyanın, siyasetin ve toplumun gerçekliğinin içe içe geçmesi siyasal iletişim bağlamında medyanın gücünü perçinlemiştir (Sarcinelli, 1998).

Siyasetin medyatikleştiği dönemde siyasal partilerin güçleri gittikçe zayıflamıştır. Aynı ideoloji etrafında bir araya geldiği taraftarları ile özel bir siyasal kültür oluşturan, katı bir hiyerarşiye, merkez ile taşra teşkilatları arasındaki güçlü bir örgüt ağına sahip olan kitle partileri (Mancini, 2009; Duverger, 1971) geçtiğimiz yüzyılın ikinci yarısından itibaren etkinliklerini kaybetmeye başlamışlardır. Geleneksel temellerini ve geniş seçmen kitlesiyle bağlarını yitiren, kitle partileri yerine "catch –all" olarak tanımlanan (Kirchheimer, 1966) parti yapıları ortaya çıkmıştır. Kitle partilerinin tam tersine bu parti yapılarında öncelik seçmenlerle ideolojik olarak bütünleşme oluşturmak değil, seçimleri kazanmaktır. Sınıf ayrımından ve ideolojik farklılıklardan beslenen kitle partilerinin catch-all parti yapılarına dönüşümü parti ve geniş seçmen kitleleri arasında belirgin boşluklar yaratmıştır. Yaratılan bu boşluğu ise liderler doldurmuştur. Catch-all parti yapılarının kitle partilerinde olduğu gibi siyasal toplumsallaştırma, kültürel uyumlaştırma gibi işlevleri bulunmamaktadır (Kirchheimer, 1966). Amaç yalnızca seçimleri kazanmak ve iktidarı elde tutmak olduğu için seçmene sunulacak en iyi malzeme liderler olmuştur. Lider, artık siyasi bir aktör olmanın ötesinde geçmişte siyasal partilerin üstlendiği rolü ifade eden, kararsız ve siyasete yabancılaşmış seçmenleri yeniden siyasete dahil eden bir çekim alanı yaratmıştır.

Kişiselleşme kavramı genelde siyasetin medyatikleşmesi ve Amerikanvarileşmesi (Negrine, 1996; Swanson ve Mancini, 1996) kavramlarıyla birlikte ele alınmıştır. Amerikanvarileşme, seçim kampanyalarının Amerika Birleşik Devletleri'ndekine benzer şekilde değişimini anlatmaktadır. Ulusal kampanyalar yerini Amerikan tarzı kampanya yöntemlerine bırakırken, dünyanın her yerinde standart ve benzer görünümlü kampanyalar ortaya çıkmıştır. Bilimselleşme süreciyle profesyonel uzmanların kampanyalardaki rolünün artması, ideolojik bağlılıkların azalması, seçmenlerin parti bağlılığının zayıflaması, medyatikleşme ve kişisel ögelerin belirginliği (Negrine ve Papathanassopoulos, 1996) Amerikanvari siyasal kampanyaların öne çıkan bazı özellikleridir.

Siyasetin kişileşmesi, üç farklı düzlemde değerlendirebilir (Keskin, 2014, s. 144):

- Politik Düzlem: Kişiselleşme olgusu politik düzlemde yukarıda özetlenen Amerikanvarileşme açısından yorumlanmaktadır. Bu yorumlamada siyasal sorunlardan, yurttaşların istek ve beklentilerinden uzaklaşılmış ve yalnızca seçim kampanyalarına, liste başı adaylara ağırlık verilmiştir.

- Medya Düzlemi: Kişiselleşme siyasetteki medya mantığının egemenliği açısından ele alınır. Öncelikle televizyonda gerçek siyasal sorunlardan çok haber üretiminde siyasetçilere odaklanılması, görsellik baskısıyla kişilerin haberlerin hem üretiminde hem de sunumunda merkeze yerleşmesidir.

- Seçmen Düzlemi: Kişiselleşme, seçmen davranışlarının altında yatan temel gerekçe olarak değerlendirilmiştir. Karmaşık siyasal davranışlar siyasal adayın veya liderin kişiliğine indirgenmiştir. Parti bağlılıklarının gerilemesiyle seçmenlerin lidere veya adaya yönelip yönelmediği seçmen düzleminde yapılan asıl tartışmadır.

Kişiselleşme, imaj kavramını da önemli hale getirmiş, liderin veya adayın seçmende olumlu bir algı oluşturması için titizlikle, son derece profesyonel bir biçimde planlanmış kampanyalar dizayn edilmiştir. İmaj yaratıcılarının elinde çekici bir paket gibi sunulan siyasal aktörler ticari bir metayı andırmaktadır. Liderin veya adayın kişilik özellikleri, konuşmaları, giyimleri, yetenekleri, zevkleri, aile yaşantıları başta seçim kampanyaları olmak üzere siyasal iletişim sürecinde işlenmesi gereken malzemelerdir.

Kişiselleşen Siyasal Kampanyalarda Algı Yönetimi

İletişim teknolojisindeki gelişmelerin sunduğu yeni imkanlar siyasette kişisel temsilin ön plana çıkmasına katkı yapmıştır. Hem göze hem de kulağa hitap eden bir iletişim aracı olan televizyonun siyasal kampanyalarda kullanılmaya başlanmasıyla liderler; evindeki, işyerindeki seçmenlere ulaşabilmişlerdir. Siyasal kampanyalarda televizyondan ilk olarak Amerika Birleşik Devletleri'nde (ABD) 1952 yılındaki başkanlık seçimlerinde yararlanılmıştır. Profesyonel uzmanlar tarafından hazırlanan Cumhuriyetçi aday Dwight D. Eisenhower'ın reklam spotları şeklindeki konuşmaları televizyondan yayınlanmıştır. 1960'lı yıllara gelindiğinde ise televizyonda bir gelenek başlamış ve başkan adayları milyonlarca seçmenin önünde televizyon ekranında karşı karşıya gelmişlerdir. Demokrat John F. Kennedy ve Cumhuriyetçi Richard Nixon, CBS, NBC, ABC gibi üç büyük televizyon kanalında yayınlanan program için giyimlerinden, konuşmalarına kadar her şeylerinin son derece titiz bir şekilde planlanmasıyla hazırlanmışlardır (Taşçıoğlu, 2007, s 54-55). Siyah beyaz ekranda Kennedy'nin koyu renk takım elbise tercih ederken, Nixon'ın açık renk bir takım elbise tercih etmesi, Kennedy'in ekran önündeki rahat tavrının karşısında Nixon'ın sıkılgan ve gergin görünümü programın sonrasında tartışılmış ve uzun süre gündemden düşmemiştir. ABD'de başlayan adayların televizyon ekranlarında tartışması geleneği sonradan Avrupa ülkelerinde oradan da dünyanın geri kalanında uygulanmaya başlamıştır. Gösteri ve görsellik unsurlarının öne çıktığı Amerikanvari seçim kampanyaları pratiklerini Avrupa'da ilk uygulayan ülke Fransa olmuştur. Charles de Gaulle'nin 1960'larda yaptığı televizyon konuşmalarının ardından 1974 yılındaki seçimlerde Giscard d'Easting ile François Mitterand televizyonda karşı karşıya gelerek kendilerini anlatmışlardır (Topuz, 1991). Televizyonda yapılan tartışmalar kişisel imaj etrafında planlanmış seçim kampanyaları için önemli bir dönemeç noktasıdır. Bu programlar sıradan bir tartışmanın ötesinde seçim kampanyalarının planlanması ve gidişatında kişisel temsilin kullanımı noktasında önemli enstrümanlarından biridir.

Siyasette kişiselleşmenin lider imajını nasıl ön plana çıkardığının en iyi örneklerinden biri Hollywood yıldızı olan Ronald Reagan'ın Cumhuriyetçilerin adayı olarak 1980'de ABD başkanı seçilmesidir. Kırktan fazla filmde rol almış Reagan, Kaliforniya Valiliği'nin ardından Jimmy Carter karşısında seçimden galip ayrılarak ABD'nin kırkıncı başkanı olmuştur. Siyasal alanda Carter benzeri örnekler ABD ile sınırlı değildir. Finlandiya'da altın madalya sahibi olimpik kayakçı Marjo Matikainen-Kallström kitle desteğini yitiren merkez sağ partiler için kitlelerden yeniden destek almak ve partiler adına olumlu bir marka algısı yaratmak adına umut haline gelmiştir (Lilleker, 2013, s. 61). Kişilerin, güç kaybına uğrayan partilere nasıl hayat verdiğinin bir diğer örneği ise İngiltere'de Tony Blair ve İşçi Partisi deneyimidir. 1979'dan 1997 yılına kadar Muhafazakar Parti'nin gölgesinde muhalefette kalan İşçi Partisi, 1990'lardan itibaren yeni yapılanma dönemine girmiştir. Parti tüzüğünde yeniliğe giderken partinin 1924 yılından beri kullandığı logo, gül logosuyla yer değiştirmiştir. Peter Mandelson yönetimindeki uzman bir kadro tarafından hazırlanan seçim kampanyası Tony Blair'in kişiliği üzerinden "New Labour, New Britain" sloganıyla formüle edilmiştir. Blair'in modern görünümü, resmiyet ve samimiyet arasında kurduğu ölçü, duygularını yansıtmadaki *kadınsı* tarzı, 31 Ağustos 1997 tarihinde Prenses Diana'nın ölümünden sonra yaptığı konuşmada "halkın prensesi" ifadesi onun kitleleri etkileyen özelliklerinden bazılarıdır (Lilleker, 2014, s. 34-35). İşçi Partisi'ni on sekiz yıl aradan sonra iktidara

Algı Yönetimi

taşıyan seçim kampanyası İngiltere'de profesyonelleşme sürecini ilerleten radikal bir gelişmenin yolunu açmıştır. Merkezi olarak idare edilen kampanyanın yönetimi bütünüyle profesyonellere bırakılmıştır (Mancini, 2009, s. 288).

Profesyonel danışmanların etkin olarak görev aldığı, kamuoyu araştırmalarından yararlanılan, kitle iletişim araçlarının her birinin ayrı bir mecra olarak değerlendirilip kullanıldığı Amerikanvari seçim kampanyalarının, uygulamadaki farklılıklara rağmen hemen her ülkedeki ortak noktası liderin ve adayın kişisel özelliklerine ve imajına yapılan vurgudur (Bowler ve Farrell, 1992, s. 7-10). Liderin ve adayın kişisel gücü yalnızca oyları azalan bir partiyi canlandırmaktan öte sıfırdan bir parti kurup onu iktidar yapabilecek düzeye gelmiştir. Silvio Berlusconi ve Forza Italia partisi bunun kanıtlarından biridir.

Siyasal pazarlama taktikleri, zayıf örgütsel yapısı ve liderin karizmasına yaptığı vurgu ile Amerikanvari siyasal kampanyaların bir ürünü olan (Mazzoleni, 1996, s. 200) Forza Italia partisi, Mart 1994 yılında yapılan yerel seçimlerden çok kısa süre önce kurulmuştur (Türk, 2010, s. 76). İtalya medya patronu Berlusconi'nin kurduğu, kendi seçmenini kendisi oluşturan ve seçmeni bir tüketici olarak gören parti (Statham, 1995), liderini bir marka gibi konumlandırarak tüketicilerin önüne sunmuştur. Berlusconi, İtalya'nın bulunduğu kaos ortamında çok iyi faydalanmış, *Haydi İtalya* diyerek denenmemiş bir lider olarak kendisinin tüm olumsuz koşulların üstesinden gelebileceğini vurgulamıştır. Berlusco'nin başarısı kişisel gücüne bağlı olsa da, kendisi seçimleri kazandıktan sonra partisini geleneksel parti yapılarına benzer bir biçimde teşkilatlandırmıştır. Bunun nedeni ise Avrupa'daki parlamenter sistemlerin bütünüyle lider veya adaya odaklanmış seçim kampanyaları için Amerikan başkanlık sistemi kadar boşluk tanımamış olmasıdır (Mazzoleni ve Schulz, 2009, s. 269).

Siyasette kişiselleşmeyle yalnızca seçim kampanyalarında değil siyasal iletişim sürecinin tamamında liderin insani yönleri vurgulanmaya başlanmıştır. Seçmenlerin liderle özdeşim kurabilmesinde duygusallık önemli etkenlerden biri olmaktadır. Bir çocuğun doğumu, hastalık, vefat, kişisel trajediler veya mutluluklar kesitler halinde seçmenlere sunularak liderin duygusallaştırılması sağlanır. Burada önemli olan nokta, özel hayatın her yönüyle dışarıya açılmasından ziyade seçmen ile lider arasında duygulanım ilişkisi yaratabilmektedir. Duygusal ögelerden yoksun olan siyasetçiler halk tarafından yeteri kadar benimsenmemektedir. Kendisine İngiltere Başbakanı Margaret Thatcher'ı örnek olan Fransız Başbakanı Edith Cresson'un keskin tonu, umursamaz tavırları görev süresinin sadece altı ay sürmesiyle sonuçlanmıştır. Cresson, halk ile duygusal bir bağ kuramamış, kadınlık ve annelikten uzak bir görüntü vermiştir. Duygularını ifade eden ve paylaşan biri olmadığı için kendi parti tabanınca da kabul görmemiştir. Halk, kendisini yönetecek liderle özdeşim kurmayı arzulamakta, Cresson gibi halka keskin ve sinirli bir tavır gösteren, insani ve duygusal yönlerini geri planda tutan siyasetçilerin kendisine önem vermediğini bundan dolayı liderlik için yanlış kişi olduğunu düşünmektedir (Lilleker, 2013, s, 105-109; Richards, 1994; Bucky, 2000).

Siyasal kampanyaların kişiselleşmesi Türkiye'de Batı'dakine benzer bir gelişim seyri izlemiştir. Çok partili yaşama geçiş, kitle iletişim araçlarının gelişimi, 1980'lerden sonra neo-liberal politikaların etkisi seyirlik, şov tipi ve kişisel temsilin öne çıktığı kampanyaların ortaya çıkmasında belirleyici olan unsurlardır. 1980'ler kampanyaların kişiselleşmesinde önemli bir dönemeç noktası olsa da benzer örneklere daha eski dönemde yapılan kampanya pratiklerinde de rastlanmaktadır. 1946 yılında çok partili yaşama geçişle birlikte partiler arasında rekabet artmış, kampanyalarda profesyonelleşme eğilimleri belirginleşmiştir. 1970'lere gelindiğinde ise hem profesyonelleşen hem kişiselleşen seçim kampanyalarının daha somut örnekleri ortaya çıkmıştır. Cumhuriyet Halk Partisi'nin zaferiyle sonuçlanan 1973

Algı Yönetimi

yılında yapılan seçimlerde partiden ziyade Bülent Ecevit'in kişilik özellikleri vurgulanmıştır. Seçim şarkıları, hazırlanan görseller, o dönem için yeni yeni kullanılmaya başlayan müzik plaklarında Ecevit ön plandadır. 1973 seçimlerinden sonrada aynı anlayışla devam edilmiş, liderin toplumca kolaylıkla benimsenen hayat hikâyesi, sosyal demokrat işçi dostu mütevazi kişiliği, parti içinde İsmet İnönü ile girişmiş olduğu liderlik mücadelesi, Kıbrıs Barış Harekatı'ndaki kararlı tutumu seçmenler nezdinde kabul görmesini ve onun kitlelere rol model olarak sunulmasını kolaylaştırmıştır (Gazi ve Çetin, 2019, s. 129-130).

Cumhuriyet Halk Partisi ve Adalet Partisi arasındaki iktidar mücadelesinin giderek arttığı 1970'li yıllarda Bülent Ecevit gibi Süleyman Demirel figüre de iktidar mücadelesinin karşı tarafında önemli roller üstlenmiştir. Demirel, kendisi hakkında yazılan şarkılar, "Çoban Sülo", "Barajlar Kralı", "Baba" gibi lakapları ve kendisine has üslubuyla siyasal hayattaki yerini almıştır. Adalet Partisi, 1977 seçimlerinde bir ilki gerçekleştirmiş ve seçimlere Cenajansla birlikte hazırlanmıştır. Yazılı basına gazete ilanları verilmiş, Demirel'in imzasıyla mektuplar yazılmış, "Demirel evinizde" kasetleri üç büyük kentte dağıtılmıştır (Balcı, 2006, s. 144).

12 Eylül 1980 askeri darbesi, yasaklanan siyasal liderler, kapatılan partiler, yeni anayasa ile siyasal hayatı tamamen değiştirmiştir. 6 Kasım 1983 yılında yapılan seçimlere üç parti katılmış kazanan ise Turgut Özal'ın Anavatan Partisi (ANAP) olmuştur. Adalet Partisi'nin başlattığı seçim kampanyalarında reklam ajanslarından yararlanılması gerektiği düşüncesini ANAP'ta sürdürmüştür. Bu dönemde reklam ajanslarının yanı sıra kamuoyu araştırma şirketleri de siyasal partilere profesyonel destek sağlamışlardır. ANAP, 1983 ve sonrasındaki seçim kampanyalarının büyük bir çoğunluğunu kurucu lideri Turgut Özal'ın kişiliği üzerinde kurgulamıştır. Seçim kampanyaları boyunca halkın dilinden anlayan, halkla iç içe lider portresi çizil-

miş, farklı ideolojik kimliklere sahip olan seçmenlere seslenebilmek adına Özal'ın hem muhafazakar hem de reformist, liberal kimliğini dile getirilmiştir (Fidan, 2019, s. 168).

Turgut Özal sonrasında 1991 seçimlerine Mesut Yılmaz'ın başkanlığına giren ANAP, seçim kampanyasının planlanması için Fransız reklamcı Jacques Seguela ile anlaşmıştır. Sequela'nın seçim stratejisinin temelinde her zaman liderler olmuştur (Topuz, 1991, s. 10). Seguela, kampanyanın tamamını ve siyasal iletişim çalışmalarını Mesut Yılmaz'ın üzerinde inşa etmiştir (Göksu, 2018, s. 10). Yılmaz, kitlelere genç, dinamik ve çağdaş bir lider olarak aktarılmış, Özal ile başlayan projeleri onun tamamlayacağı belirtilmiştir. Afişlerin, seçim bildirilerinin, gazete ilanlarının merkezinde her daim Yılmaz yer almıştır (Gülada, 2019, s. 209).

Kişiselleşen seçim kampanyaları 2000'li yıllardan sonra da devam etmiş, yeni iletişim teknolojilerinin katkısıyla lider ve liderin imajı seçim kampanyalarının dizayn edilmesinde belirleyici olmuştur. Liderler artık birer marka ve ürün gibi konumlandırılmış, son derece profesyonel bir şekilde seçmenlerine sunulmuştur. 2002 sonrası Adalet ve Kalkınma Partisi'nin iktidara gelmesinin sonrasında seçim kampanyalarının profesyonelleşmesi açısından büyük ilerlemeler kaydedilmiştir. Profesyonelleşen kampanyalarda kişisel unsurlar çok daha fazla gündeme gelmeye başlamıştır. Örneğin; Recep Tayyip Erdoğan yerel ve ulusal seçimlerde Adalet ve Kalkınma Partisi'ni taşıyan güç haline gelmiştir. Kuşkusuz Türkiye'de 16 Nisan 2017'de yapılan Anayasa değişikliği referandumu ile hayata geçen *Cumhurbaşkanlığı Hükümet Sistemi* de seçim kampanyalarının kişiselleşmesinde, partiler yerine kişilerin ana aktör olmasında etkili olmuştur.

Liderlerin aile yaşamı, beğenileri gibi kişisel imajlarının tamamlayıcı ögeleri siyasal iletişim sürecinde seçim kampanyalarının ötesinde anlamlar ifade etmektedir. Liderlerin günlük yaşamlarına veya kendi özel hayatlarına dair sundukları ayrıntılar siyasal gündemde yerini almaktadır. Milliyetçi Hareket Partisi

(MHP) Genel Başkanı Devlet Bahçeli'nin klasik otomobilleriyle Ankara'da çoğunlukla Ferdi Tayfur'un şarkıları eşliğinde yapmış olduğu geziler, Cumhurbaşkanı Recep Tayyip Erdoğan'ın torunlarıyla birlikte geçirdiği zamanlar, liderlerin kişisel ve insani taraflarını göstermektedir.

Seçmen Gözünde Lider Algısı

Dünya'da ve Türkiye'de seçmen davranışları açıklamada, "Amerikanlaşmanın" ve "Kişiselleşmenin" etkileri ile artık yaş, cinsiyet, eğitim, gelir, ideolojik kimlik, siyasal parti gibi klasikleşen etkenler yetersiz kalmaktadır. Siyasal partilerin keskin ideolojik çizgilerini kaybetmesi ile partiler arasındaki farkın kaybolması sonucunda seçmen davranışlarını açıklamada liderlik faktörü önem arz eder olmuştur. Seçmenlerin liderlerde hangi özellikleri görmek istediği, liderin hangi özelliğinin seçmenler tarafından dikkate alınıp alınmadığı, seçmen gözünde nasıl bir liderlik algısının oluştuğu birçok araştırmacı tarafından incelenmiş ve üzerinde tartışma yapılmıştır.

Siyasal liderin algılanması ve değerlendirilmesinde seçmen tercihlerindeki etkileri üzerine literatürde karşı iki pozisyon bulunmaktadır. Bunlardan ilki, liderliğin parti bağlılığı karşısında sınırlı bir etkisi olduğunu iddia eden görüştür. Genel olarak sosyal psikolojik model üzerinden temellenen bu görüşte seçmen davranışlarının altında yatan asıl unsur, siyasal toplumsallaşma süreçleri etrafında şekillenen parti ve ideolojik bağlılıklardır. Seçmen zaman zaman kısa dönemli faktörlerin de etkisi altına girmiş olsa da asıl belirleyici olan uzun dönemli faktörlerin etkileridir (Gökçe, 2016, s. 104).

Sosyal Psikolojik Modele yeni bir açılım getiren Frank Brettschneider (2002), siyasal parti ve liderin ikili bir ayrımla değerlendirilmesi gerektiğini dile getirmektedir. Brettschneider'ın ayrımında seçmen lideri ve partiyi siyasal obje gibi algılamaktadır. Liderin kapasitesi, güvenirliği, siyasi ve kişisel-fiziksel nitelikleri seçmen algısını biçimlendiren ölçütlerdir. Seçmen lideri bu ölçütlere göre algılamakta ve bazı ölçütlere daha

183

az önem verirken bazılarına daha fazla önem verebilmektedir. Brettschneider'in bakış açısında seçmen algısında asıl önemli olan liderlik ölçütü liderin siyasi nitelikleridir.

Parti sadakati ve ideoloji gibi uzun dönemli etkenlerin liderlik gibi kısa dönemli etkenler karşısında seçmen davranışlarını belirleyen asıl unsur olduğunu savunan sosyal psikolojik modelin karşısında seçmen tercihinin oluşmasında en önemli faktörün liderlik olduğunu belirten görüşler yer almaktadır. Bu görüşlerde seçmenin siyasal liderin yönetim becerilerine dönük algısı, ideoloji, parti sadakati gibi diğer birçok faktöre göre seçmen davranışlarını ve tercihlerini yönlendirmede etkilidir (Clarke ve diğerleri, 2004).

Türkiye'de ise liderlik farklı disiplinlerde farklı bakış açıları ve yöntemlerle çalışılmıştır. Seçmen davranışları üzerine Batı'da yapılan çalışmalarda genelde siyasal ve kişisel özelliklere göre bir ayrıma gidildiği görülmektedir (Brettschneider, 1998; Klein ve Ohr, 2000). Türkiye'de buna benzer bir ayrımı Gökçe ve Bulduklu (2012) yapmıştır. Liderliği, *siyasal özellikler* ve *fiziki-kişisel nitelikler* ayrımı üzerinden tanımlayan araştırmada, alt başlıklar da oluşturulmuştur. Liderin *siyasal özellikleri*; partisinin temsilcisi olarak lider, yönetici/yönlendirici olarak lider, sorun çözücü olarak lider ve devlet adamı lider başlıklarıyla tanımlanırken; *fiziki-kişisel özellikler*; güvenilir, dürüst ve saygın lider ve insan olarak lider alt başlıklarıyla açıklanmıştır.

Şahan (2020) Gaziantep ilinde gerçekleştirdiği çalışmada lider imajını oluşturan faktörleri on bir başlık altında toplamıştır. Medya ve kampanya, yönetim başarısı ve sorun çözme, çalışma kadrosu, iletişim becerileri, parti yöneticiliği, toplumsal eğilimler, devleti temsil, çözüm odaklılık, insani yön, esneklik ve tutarlılık ve çatışmaya dönük yapı faktörleri lider imajını oluşturan bileşenlerdir. Seçmen, bu faktörler içerisinde en çok liderin ekonomik sorunları çözebilme becerisinin yer aldığı *Yönetim Başarısı ve Sorun Çözme* faktörüne önem vermektedir. Şahan, bu faktörlerden yola çıkarak seçmen gözünde lider algısının ve liderin siyasal alandaki kimlik tanımlamasının *siyasal, kişisel ve toplumsal* özellikler üzerinden oluştuğu tespitinde bulunmuştur.

Okur Çakıcı'nın (2014) Trabzon, Rize, Gümüşhane, Giresun, Artvin ve Bayburt merkez ilçelerinde gerçekleştirmiş olduğu çalışmada seçmen gözünde liderlik; kişisel özellikler, karizmatiklik, otoriterlik ve demokratiklik faktörlerinin toplamıdır. Liderin eğitim durumu, yaşının genç olması, içinde yaşadığı toplumla benzer kültürel özellikleri taşıması, vizyon sahibi olması, astlarına yetki vermesi seçmenin liderde görmek istediği niteliklerin bazılarıdır. Başarır ise (2015) seçmen davranışlarıyla lider üslubu arasındaki ilişkiyi incelemiş ve seçmenlerin liderin saygıya, nezakete, uzlaşmaya, hoşgörüye dayalı uzlaşmacı bir üslup kullanmasına çatışmacı bir üsluptan daha fazla katılım gösterdiklerini bulgulamıştır.

Yukarıda özetlenen çalışmalarda liderliğe dair kimi zaman farklı kimi zaman benzer sonuçlar elde edilmiştir. Genel olarak bakıldığında liderin siyasal ve kişisel özelliklerine yönelik algının seçmenin oy verme davranışını yönlendiren ve etkileyen temel faktör olduğu söylenebilir. Başka bir ifadeyle seçmenin lidere atfetmiş olduğu yetenekler, liderin özellikle de yönetim becerilerine dönük algısı, seçmen tercihinin oluşumunda belirleyici olmaktadır (Gökçe, 2015, s. 106).

Sonuç

Siyasetin geleneksel yapıları, işleyişi ve düzeni küresel dünyadaki değişimlerin karşısında fazla direnç gösterememiştir. Profesyonelleşme ve medyatikleşmeyle beraber siyasetin ekseni ideolojilerden, konulardan kişilere doğru kaymıştır. Kişiselleşme; farklı partilerin, programlar ve vaatlerin yarıştığı siyasal kampanyaları kişi merkezli haline getirmiştir. Siyasetin karmaşık konuları ve olayları kişiye indirgenmiş, siyasal olana dair her şey kişi yani lider ile anlam kazanmaya başlamıştır. Liderin konuşması, giyimi, aile yaşantısı, insanlarla diyalogu gibi kişisel özgün taraflarının ve imajının birleşimi seçmen gözünde lider algısını oluşturmaktadır. Dünya'da ve Türkiye'de imaj toplumunda liderler parlayan birer yıldıza dönüşmüş, seçim kampanyaları bütünüyle onların kişiliğine, söylemine ve duruşuna göre planlanmıştır. Kişiselleşme, yalnızca siyasal kampanyalar döneminde değil, siyasetin genel işleyişine nüfuz edebilecek kadar etkili bir güce erişmiştir. Bu güç aynı zamanda seçmen algısını da yönlendirebilecek niteliktedir.

Lider, seçmen oy verme davranışlarını da belirleyen ana unsurlardan biridir. Seçmen davranışları ve liderlik üzerine yapılan çalışmalar ülkelerin toplumsal ve siyasal yapılarına bağlı olarak değişiklik gösteriyor olsa bile yapılan çalışmalardaki ortak sonuç liderin seçmen tercihinin şekillenmesinde göz ardı edilmeyecek bir etkisinin olduğudur. Özellikle liderlik üzerine yapılan Batı kaynaklı çalışmalarda seçmenin lideri siyasal ve kişisel özellikler bağlamında değerlendirmesi istenmektedir. Seçmen, sosyo-demografik ve siyasal özelliklerine (ideolojik kimlik, siyasal konum, parti bağlılığı vb.) göre kafasında bir lider algısı oluşturmakta ve oy verme davranışını gerçekleştirmektedir. Liderin ülkenin sorunlarını çözebilme kapasitesi, ülkesini uluslararası platformda temsil edebilmesi, parti yöneticiliği, toplumla kurduğu yakın ilişkiler, insani yönü, iyi bir çalışma ekibi kurabilmesi gibi özelliklerinin hepsi seçmen algısının oluşumunda önemli olabilmektedir. Toplumun istek ve beklentileriyle yaratılacak lider imajı arasındaki paralellik seçmende lidere dönük olumlu bir algının yaratılmasına katkı yapacaktır.

Kaynakça

Balcı, Ş. (2006). Seçmenleri etkileme sürecinde siyasal reklamcılık olgusu (1999 genel seçimleri örneği). *Selçuk Üniversitesi Sosyal Bilimler Enstitüsü Dergisi*, (16), 139-157.

Başarır, M. (2015). *Siyasal iletişim sürecinde lider üslubunun seçmen davranışındaki rolü üzerine bir araştırma*. Yayınlanmamış doktora tezi. Konya: Selçuk Üniversitesi Sosyal Bilimler Enstitüsü

Bowler, S. and Farrell, D.M. (1992). The study of election campaign. S. Bowler and D.M. Farrell (eds.) *Electoral strategies and political marketing* (pp.1-23). Basingstoke: MacMillan.

Brettschneider, F. (1998), Kohl oder Schröder: determinanten der kanzlerpräferenz gleich determinanten der wahlpräferenz. *Zeitschrift für Parlamentsfragen* 29(3), 401-421

Brettschneider, F. (2002). *Spitezkandidaten und wahlerfold personalisierung-kompetenzparteien, ein internationaler vergleich*. Wiesbaden: Westdeutscher Verlag.

Bucy, E.P. (2000). Emoticnal and evaluative consequences of inappropriate leader displays. *Communication Research*. 27 (2), 194-226.

Clarke, H., Sanders, D., Stewart, M. and Whiteley, P. (2004). *Political choice in Britain*. New York: Oxford University Press.

Çakıcı Okur, F. (2014). *Seçmen tercihinin belirlenmesinde lider faktörü: Doğu Karadeniz örneği*. Yayınlanmamış doktora tezi. Malatya: İnönü Üniversitesi Sosyal Bilimler Enstitüsü.

Duverger, M. (1971). *Siyasi partiler*. (E. Özbudun Çev.). Ankara: Bilgi Yayınevi.

Gökçe, O. (2016). Siyaset ve kişilik. O. Gökçe (Ed.). *Siyaset sosyoloji* içinde (s.81-117). Konya: Çizgi Kitapevi.

Göksu, O. (2018). 1991 genel seçimlerinde ANAP'ın seçim kampanyasının siyasal kültür ekseninde değerlendirilmesi ve Mesut Yılmaz'ır rolü. *Erciyes İletişim Dergisi*, 5 (4), 1-20.

Gülada, M.O (2019). Koalisyon dönemlerinde propaganda (1991-2002). M. Karaca ve C. Çakı (Ed.) *Türk siyasal hayatında propaganda çalışmaları* içinde (s.205-231). Ankara: Akademisyen Kitapevi.

Fidan, Y. (2019). Anavatan Partisi iktidarında propaganda (1983-1991). M. Karaca ve C. Çakı (Ed.) *Türk siyasal hayatında propaganda çalışmaları* içinde (s.157-204). Ankara: Akademisyen Kitapevi.

Klein, M. und Ohr, D. (2000), Der kandidat als politiker, mensch und mann. Ein instrument zur differenzierten erfassung von kandidatenorientierungen und seine anwendung auf die analyse des wählerverhaltens bei der Bundestagswahl 1998. *ZA-Information*. 46, 6-25.

Kirchheimer, O. (1966). Der wandel des westeuropaischen parteiensystems. *Politische Vierteljahresschrift*. 6 (1), 20-41

Köker, E. (2016). *Politikanın iletişimi iletişimin politikası*. Ankara: İmge Kitapevi.

Lilleker, D.G. (2013). *Siyasal iletişim temel kavramlar*. İstanbul: Kaknüs İletişim.

Mancini, P. (2009). Politik profesyonellikte yeni ufuklar. F. Keskin ve Pınar Özdemir (Der.) *Halkla ilişkiler üzerine* içinde (s.279-302). Ankara: Dipnot Yayınları.

Mancini, P. and Swanson, D. L.(1996), Politics, media, and modern democracy introduction. D. L. Swanson and P. Mancini (Eds). *Politics, media, and modern democracy an international study of innovations in electrol campaigning and their consequences.* (pp.1-25) Wesport: Preager Publishers.

Mazzoleni, G. (1996). Patterns and effects of recent changes in electrol campaigning in Italy. P. Mancini and D. Swanson (Eds.) *Politics, media and modern democracy: an international study of innavations in electrol campaigning and their consequences.* (189-203) London: Praeger Publications.

Mazzoleni, G. ve Schulz, W. (2009). Politikanın medyatikleşmesi: demokrasiye bir meydan okuyuş mu ?. F.Keskin ve P. Özdemir (Der.) *Halkla ilişkiler üzerine* içinde (s.253-279). Ankara: Dipnot Yayınları.

Negrine, R. (1996). *The Communication of politics*. London: Sage Publications.

Negrine R. and Papathanassopoulos, S. (1996). The Americanization of political communication: a critique. *Harvard Internetional Journal of Press/Politics.* 1(2), 45-62. doi: 10.1177/1081180X96001002005.

Richards, B. (1994). *Disciplines of delight: the psychoanalysis of populer culture.* London: Free Association Books.

Sarcinelli, U. (1998). *Politikvermittlung und demokratie in der mediengesellscheft, Bundeszentrale für politische Bildung.* VS Verlag für Sozialwissenschaften: Bonn

Statham, P. (1995). Berlusconi, the media and the new right in Italy. *The Harvard International Journal of Press/Politics.* 1(1), 87-105.

Şahan, S. (2020). *Liderin siyasal kimliğinin ve imajının seçmenin oy verme davranışındaki rolü: Gaziantep.* Yayınlanmamış doktora tezi. Ankara: Gazi Üniversitesi Sosyal Bilimler Enstitüsü.

Taşcıoğlu, R. (2007). *Seçim kampanyalarındaki dönüşüm:'Amerikanlaşma' bağlamında 3 Kasım 2002 Genel Seçimlerinde Genç Parti seçim kampanyası.* Yayınlanmamış doktora tezi. Ankara: Ankara Üniversitesi Sosyal Bilimler Enstitüsü.

Topuz, H. (1991). *Siyasal reklamcılık Türkiye'den ve Dünya'dan örneklerle.* İstanbul: Cem Yayınevi.

Türk, H.S. (2010). Siyasal kampanyaların Amerikanlaşması: Forza Italia ve Genç Parti örneklerinin karşılaştırılması. *Amme İdaresi Dergisi.* 43 (3), 61-8.

III. BÖLÜM
Algı Yönetimi - Dijital İletişim ve Sosyal Medya

BİR EYLEM SİMÜLASYONU: HACKTİVİZM

*Arif YILDIRIM**

Giriş-Eylem Fenomeni

"Siber dünya; gerçek dünyanın simülasyonudur" önermesinin gerekliliği doğrultusunda iki kelime yeni bir kavram oluşturmaktadır. Sun Tzu ve Prusyalı General Carl von Clausewitz; ilk kavram olan "savaş" kavramının temel kurallarını belirlemişlerdir. Bir diğeri ise "enformasyon", bir tehdit olabildiği gibi, bir kitle saldırı aracı olarak da kullanılabilmektedir. Enformasyon donanım için bir yönetimsel araçtır, donanım ise bir insan, alet, ülke veya teknoloji olabilir. Bir ülkenin altyapısı için, enformasyon özellikle de askeri, finansal, teknolojik enerji, iletişim ve acil servis için sistemin yürütülmesinde lider konumdadır. Enformasyon bu noktada özgürlüğün sembolü olabilirken bir yandan da bu özellikle altyapılar için bir tehdit unsuru özelliği de taşıyabilmektedir. Yeniçağın bu gereklilikleri de aktivizm, dijital aktivizm, hacktivizm, siber savaş ve hatta hacktivizm ile siber terörizm arasındaki ince çizgiyi belirleyen kavramları da yanında getirmektedir. Enformasyonun bu tehditkâr yapısı aynı zamanda hızı, iletişim şebekelerinin yaygınlığı ve medyatik etki, kişiyi kullanıcı olmaktan çıkarmakta, "seyirci"

---
* Dr.Öğr.Üyesi, Çanakkale Onsekiz Mart Üniversitesi İletişim Fakültesi, arify@comu.edu.tr

haline dönüştürürken, olup biten her şeyi de bir "gösteri" haline dönüştürmektedir. Gücün varlığı, elinde bulundurduğu enformasyonun miktarının fazlalılığı ile belirlenirken aynı zamanda enformasyonun özgür olması, enformasyonun yarattığı teknolojik toplumun temel isteği haline gelmektedir. Bu çatışma kavramların dijitalleşmesi sürecinde de yaşanmaktadır. Marshall McLuhan'ın "Global Köy" ifadesi dönüşüme uğramış, "Global Gözetim Toplumu" halini almaktadır. Gerek devletler gerekse de küresel ekonomik gücün gözetimi yine küresel ekonominin, tüketiciye getirdiği dayatmalar sonucu sosyal medya bu gözetimin aracı haline gelmiş, ancak bu gözetime karşı olarak da ilginçtir ki sosyalleşen global toplum, karşı çıkışının organizasyonunu yine sosyal medya üzerinden gerçekleştirmektedir. Gözeten ile gözetilen, global sosyalleşme çerçevesinde teknolojik imkanlarla rol değiştirebilmektedirler.

Diamond'a (1999, s. 221) göre: sivil toplum, açık, gönüllü, kendi kendini üreten, en azından kısmen kendi kendini destekleyen, devletten bağımsız ve bir hukuk düzenine veya paylaşılan kurallar dizisine bağlı örgütlü sosyal yaşam alanıdır. Touraine (1985, s. 751) bu noktada, çağdaş toplumun yapısal ve kültürel boyutunu kolektif aktörlerin kimlik oluşumun çatışmasını ele alırken; sivil toplumu, kolektif çıkarların peşinde koşan, sosyal, kültürel ve politik bir kimliği yeniden inşa eden, bir statünün ve ayrıcalıkları savunan, ana kültürel kalıpların sosyal kontrolü yeni bir düzen yaratan yapı olarak tanımlar. Kolektif kimlik ise burada; birbiriyle ilişkili üç süreçten oluşur: grup sınırlarının belirlenmesi, muhalif bir bilincin inşası veya dünyayı politik bir ışıkta anlamak için yorumlayıcı çerçeveler ve günlük yaşamın siyasallaştırılmasıdır (Whittier ve Taylor, 1992, s. 104-129). Kolektif sürecin oluşturulma sürecinin sonucu sivil toplum ağıdır. Ağlar geçici ittifakları, koalisyonları, anlaşmaları, olayları, etkileşimleri kolaylaştırmaktadır. Bir sivil toplum ağı bağlılık ve kesişme zincirlerinden veya bazen "düğüm noktala-

Algı Yönetimi

rı" olarak adlandırılan bir grubu veya amacı desteklemek için hareket etme amacıyla yakınsamanın olduğu yerlerdir (Tormey, 2004, s. 159). Bu noktada ağların avantajı, bağlantının tüm uç noktalara yani toplumu oluşturan her bir bireye dağıtılmış olmasıdır. Ağlar bireyi sadece merkeze bağlamaz aynı zamanda bireyleri birbirine de bağlamaktadır (Sivitanides, 2011, s. 2).

Modern dünyanın sivil toplum ağını şekillendiren endüstri devrimi sonrasında; dönemin iletişim teknolojileri gazete, telgraf ve telefon dağınık aktörler arasındaki eylemleri koordine etmek için kullanılmıştır. Örneğin Featherstone (2005, s. 250-271), on sekizinci yüzyıl Londra'sında iletişim teknolojileri, grevciler arasındaki yazışma ağlarının eylemlerini koordine etmek için ne kadar kritik olduğunu göstermektedir (Warf, 2011, s. 129).

Geleneksel olarak eylem/aktivizm/sivil toplum hareketleri; "bazen protesto gösterileriyle, siyasi veya başka bir hedefe ulaşmanın bir yolu olarak sıkı eylem veya katılım doktrini veya uygulaması" olarak tanımlanmaktadır (Dictionary.com). Ayrıca Diani'ye (1992, s. 13) göre izleyen sosyal hareketler, 'paylaşılan bir kolektif kimlik temelinde siyasi veya kültürel bir çatışmaya giren çok sayıda kişi, grup ve / veya kuruluş arasındaki gayri resmi etkileşim ağları' olarak tanımlanabilir. Sosyal hareketlerin özündeki halk iradesi; genellikle sorunlu olarak kabul edilen bir sosyal durum etrafında kristalleşir; sorunun nasıl düzeltilebileceği ve düzeltilmesi gerektiği konusunda kolektif bir fikir birliğine varır ve kaynakların koordinasyonu ve kolektif kararlılık yoluyla sosyal eyleme dönüşebilir (Salmon, Fernandez ve Post, 2010, s. 159). Sivil itaatsizliği oldukça kutlayan Zinn bile, "herhangi bir sivil itaatsizlik eyleminin gücünün açıkça, ayrımcılık yapmadan protesto nesnesine odaklanması gerekmektedir" (Zinn, 1968, s.121).

Eylem, her zaman olduğu gibi çağın gereklilikler doğrultusunda yeni iletişim teknolojilerini geçmişinde olduğu gibi bir yenisini de dahil etmektedir. Bu noktada çağın yeni iletişim teknolojilerinin eyleme katılması eylemin de dönüşmesine neden olmuştur.

İnternet özellikle sosyal medya, çoğuldan çoğula temelde tartışma ve etkileşim yaratır (Curran ve Gurevitch, 2005, s. 12), bu da ağa bağlı toplulukların oluşumunu destekler. İnternet, bir konuşma ve organizasyon aracıdır ve sosyal medya insanları çeşitli düğümler etrafındaki ağlara bağlamaktadır (Castells, 2004). İnternette sosyal hareket grupları iletişim kurabilir, bilgi üretebilir ve bu bilgiyi ucuz ve etkili bir şekilde dağıtabilir, yanıt ve geri bildirime izin verir: Bu, büyük ölçüde merkezi olmayan, metinsel bir iletişim sistemi yapısı nedeniyle, içeriği geleneksel olarak kullanıcılar tarafından sağlanmıştır. Yine, bu tür özellikler yeni sosyal hareketlerin hiyerarşik olmayan, açık iletişim ve kendi kendini üreten bilgi ve kimlik özellikleri ile uyumludur (Salter, 2003, s. 129). Dijital aktivizm terimi hem derinlemesine hem de özel olan faaliyetleri veya uygulamaları tanımlamaktadır. Derinlemesine, dijital ağ altyapısını kullanan tüm sosyal ve politik bir kampanya uygulamasını kapsar; bu tür uygulamaların örnekleri olmayan uygulamaları hariç tutması bakımından hariçtir (Joyce, 2010).

Eylem fenomeninde medyanın rolü; tarihsel olarak, ana akım medya -özellikle aktivistlerin, sosyal hareketlerin ve diğer marjinalleştirilmiş grupların faaliyetleri söz konusu olduğunda - (Kessler, 1984; Gitlin, 1980) vatandaşları yeterince bilgilendirmediği için eleştirilmiştir ve dolayısıyla siyasi katılımı potansiyel olarak engellemektedir. Bu noktada çağın gerekliliklerinin oluşturduğu dönüşüm çerçevesinde internet ve sosyal medyanın eylem fenomenin dönüşümünde tanımlamaya değer eşit derecede önemli bir kavram, sıradan vatandaşlara kendi gerçeklik versiyonlarını belgeleme ve hikâyenin kendi taraflarını anlatma fırsatı sağlayan vatandaş gazeteciliğidir. Profesyonel gazetecilikten, sıradan vatandaşların sahadaki olayları bildirmek, metin ve videoları doğrudan internete yüklemek veya medya kuruluşlarına bilgi ve videoları beslemek için dijital medya araçlarını kullanması ile ayırt edilebilmektedir (Khamis, 2011, s. 7). Yurttaş gazeteciliği insanlara bir ses ve dolayısıyla güç verir. Halkın katılımının kendisi ve ürettikleri, bilgili bir yurttaşlığa ve demokrasiye katkıda bulunma umuduyla değerlendirilmektedir (Nip, 2006, s. 212).

Aktivizm: Sivil Toplum Hareketleri

İletişim teknolojilerinin yeni formlarının topluma tanıtılması/sunulması; bir ülkeyi ya da kültürü hem sosyal, bilişsel, ekonomik ve politik olarak doğrudan etkileyecek ve değiştirecektir (Carey, 1989; Comor, 2001; Deibert, 1997; Drache ve Beyer, 1996; Innis, 1951; McLuhan ve Fiore, 1967). İletişim teknolojilerinin zaman ve mekân üzerinde etki yaratmak için kullanılması Innis'in (1951) de dediği gibi "bilgi tekelini" temsil eden belirli bir grubun çıkarlarına tabi olmasını sağlamıştır. Fakat ağın yarattığı dönüşümde bilgi tekeli olgusunda da bir dönüşüm gerçekleşmiş ve daha önce sadece tüketici olan kitle, "bilgi tekelini kontrol eden" içindeki bilgiyi yaratan, üreten, kullanıcı adıyla bilgi tekelinin kontrol eksenine dahil olmuştur.

Bilgi tekelini kontrol etmeye dahil olan kullanıcı/birey için aktivizm; "eylemcilerin sorunlu bulduğu politikaları, uygulamaları veya koşulları değiştirmek için örgütlere veya diğer kurumlara baskı uygulayan grupların süreci" olarak tanımlanmıştır (M. Smith, 2005, s. 5). Ayrıca aktivistler de "eğitim, uzlaşma, ikna, baskı taktikleri veya zorlamayı içerebilecek eylemler yoluyla başka bir halkı veya halkı etkilemek için örgütlenen iki veya daha fazla kişiden oluşan bir grup" olarak tanımlanmaktadır (LA Grunig ve diğerleri. 2002, s. 446).

Geniş ve heterojen tanımı nedeniyle aktivizm hem gerici hem de ilerici amaçlar için kullanılabilir (Cammaerts, 2007; Kahn ve Kellner, 2004; Sathe, 2002) ve hedefleri hiper yerel sorunlardan küresel fenomenlere kadar olabilir (Bennett, Breunig, ve Givens, 2008; Lomicky ve Hogg, 2010).

Her nasıl tanımlanırsa tanımlansın, aktivistler tarihsel olarak mobilizasyon, doğrulama ve kapsam genişletme amaçları için medya kuruluşlarına güvenmişlerdir (Gamson ve Wolfsfeld, 1993). Kolektif eylem, eylemcilerin nedenlerine katkı veya destek sağlamak ve nihayetinde hedeflerine ulaşmak için mesajlarını kamusal alanda yayınlamalarını gerektirmektedir (Baylor, 1996; Diani ve Bison, 2004). İnternet ve diğer bilgi ve iletişim teknolojileri bu çabalarda yararlı araçlar olabilir, çünkü bilgi dağıtma maliyetlerini düşürürler ve benzer ilgi alanlarına ve ortak endişelere sahip kişiler arasında kolektif bir kimliği teşvik ederler - seferberliğin önemli bir parçasıdır (Garrett, 2006).

Etkili aktivizm, benzer düşüncelere sahip insanlar arasında ilişkiler kurmaya, benzer hedeflere sahip kuruluşlar arasında ittifaklar kurmaya, politika yapıcıların gündemini etkilemeye ve aktivist örgütle ilgili konularda uzman bir bilgi kaynağı olarak hizmet etmeye bağlıdır (Reber ve Jun, 2006, s. 314).

Bununla birlikte, 1980'lerden beri bu çabalar yerel, ulusal ve uluslararası düzeylerde daha çeşitli olmuştur. Bunlar arasında halka açık erişim ve alternatif medya kuruluşları, bağımsız medya için dağıtım ağları, topluluk örgütlenmesini ve siyasi aktivizmi desteklemek için medya kaynak merkezleri, medya izleme ve "bekçi" kurumları ve dergiler, baskın medyayı etkilemek için geçici kampanyalar, iletişimle ilgilenen politika savunucu grupları bulunmaktadır. Gazetecileri ve diğer medya çalışanlarını temsil eden meseleler, meslek örgütleri ve sendikalar ile baskın medyanın temsillerini hicret etmeye ve doğallığını bozmaya çalışan "kültür bozucuları" (Hackett ve Adam, 1999, s. 125).

Bu nedenle, sanal oturma eylemi veya protesto, e-oy gibi yalnızca çevrim içi bir ortamda gerçekleştirilen veya hedef web sitelerini hackleme faaliyetlerine atıfta bulunan "internet aktivizmi", "çevrimiçi aktivizm" ve "siber aktivizm" gibi yeni ifadeler ortaya çıktı (McCaughey ve Ayers, 2003).

Benkler (2006), dijital dünyanın ağa bağlı doğası, insanların geleneksel hiyerarşik güç yapılarının dışında ve bazen bunlara zıt olarak iletişim kurmasına ve eyleme geçmesine izin vermektedir. Bir hiyerarşide, yukarıdakiler en alttakiler üzerinde güce sahiptir; ağlar, otoritenin eşler arası ilişkilerle tanımlandığı çok daha sonraki bir güç dağıtımına sahiptir. Umut, dijital ağlardaki gücün doğasının, dijital ağlar hayatımıza daha da entegre hale geldikçe gerçek dünyadaki gücün doğasını değiştireceğidir. Graeme Kirkpatrick' in (2008) zarif bir şekilde ortaya koyduğu dijital iyimserliğin ikinci ilkesi, teknolojinin "sosyal olarak yapılandırılmış" olmasıdır. Bu, kullanıcıların teknolojinin değerini ve anlamını onu nasıl kullandıklarına göre inşa ettikleri anlamına gelmektedir (Sivitanides, 2011, s. 4). Bu nedenle dijital kod, dijital aktivizmin evrensel ortamıdır (Sivitanides, 2011, s. 2). Dijital aktivizm yoluyla aktarılan bilginin zaman ve mekânı sıkıştırmasının yanı sıra en önemli özelliği, geleneksel medya tarafından aktarılmamasıdır. Filtrelenmez, düzenlenmez ve profesyonel bir gazetecinin iyi yazılmış bir senaryosu eşlik etmez. Potansiyel olarak dünyaya canlı olarak yayınlanan ham video veya metin görüntüleridir (Sivitanides, 2011, s. 6).

Aktivistler çoğunlukla çevrimdışı aktivizmin sosyal medyada aktivizme dönüştüğü konusunda hemfikir olsalar da, sosyal medyadaki aktivizmin çevrimdışı aktivizme dönüşüp dönüşmediğine ilişkin görüşler bir şekilde bölünmüş durumdadır. Çin'deki aktivistler, çevrim içi aktivizmin çevrimdışı ortamda aktivizme yol açabileceği fikrine katılsalar da ilginç bir şekilde, Amerika Birleşik Devletleri'ndeki aktivistler çevrim içi aktivizmin çevrimdışı aktivizmden daha kolay olduğunu, ancak aynı zamanda çevrim içi aktivizmin çevrimdışı aktivizmden daha az çekici olduğu görülmektedir (Harp ve diğerleri, 2012, s. 311).

Modern endüstriyel toplumda, kitle iletişiminin özel ve kamusal alanların geleneksel sınırlarını değiştirdiği ölçüde, kamusal alanın büyük ölçüde medya tarafından belirlendiğini öne sürülse de (Thompson, 1995, 2000), internetin aktivizm veya bir bütün olarak demokrasi üzerindeki etkisini birçok disiplinler arası çalışma incelemiş, ancak araştırma iki kampta sonuçlanmıştır. İyimserler, internetin, vatandaşların seslerini özgürce ifade edebilecekleri ve bireylerin zamanın, mekânsal ve diğer demografik sınırları aşan siyasi katılımda yer alabileceği, hükümetten ve şirket kontrolünden arınmış bir kamusal alan sağladığını öne sürmektedirler (Rohlinger ve Brown, 2009; Siapera, 2004).

Buna karşılık, diğer taraftan bilim adamları, küresel internetin ticarileştirilmesinin yanı sıra dijital bölünmenin interneti seçkin grupların egemen olduğu bir kamusal alan olarak sürdürdüğünü savunmaktadırlar (McChesney, 1996). Bu bağlamda protesto eyleminin gerçekleştiği ortamın doğası gereği çevrim içi dünya akışkan ve geçici olarak tanımlanabilir. Dolayısıyla kalıcılık ve süre meselesi eylemin en büyük sorunudur. Web sayfaları sürekli olarak değiştirildiği gibi siteler her saat görünüp kaybolabilmektedir.

Mobilizasyon yapısı açısından yeni sosyal hareketler dağıtık, hiyerarşik olmayan, internet üzerinden iletişim ideal olsa da, Melucci'de (1989, s. 14) yeni sosyal hareketleri parçalı ve çok başlı yapılar olarak nitelendirmektedir. Bir iletişim ve değişim ağı, hücrelerin birbirleriyle iletişim halinde kalmasını sağlamaktadır. Bilgi, kişiler ve davranış modelleri, bir birimden diğerine geçerek ve böylece tüm yapının belirli bir homojenliğini teşvik ederek ağda dolaşmaktadır (Melucci, 1989, s. 14). İnternet, bir hareketin koordineli ve tutarlı bir şekilde hareket etme, dış bir zorluğa daha hızlı tepki verme ve mesajlarını daha geniş bir izleyici kitlesine iletirken yerleşik kitle iletişim araçlarına daha az bağımlı olma kapasitesini artırabilir. Bu argümanın en uç versiyonu, internetin rolünün zaten mevcut olan aktivizmi kolaylaştırmanın ötesine geçtiğini vurgulayan Diebert'tir (1997); daha ziyade "dünya siyasal peyzajında yeni bir oluşum" yaratılmasına yardımcı olmuştur (Nip, 2004, s. 233).

Genel olarak aktivizm ve dijital aktivizm şu şekillerde yapılmaktadır:

Algı Yönetimi

- Para bağışlamak: Hiçbir risk veya taahhüt içermeyen, yalnızca para (ve hatta bazen hiç para içermeyen) aktif bir katılım yöntemidir.
- Tüketici davranışları kapsamında global/yerel şirketlerin protestosu: Ticari uyuşmazlıklar kapsamında belirli ürünlerin boykoy edilmesi ve genel olarak şirketlerin/kuruluşların tüketici menfaatlerine aykırı davranışlarının protesto edilmesidir.
- Yasal protesto gösterileri için destek: Kitlesel bir sokak gösterisi için harekete geçmek isteyen sosyal hareket örgütleri, koordinasyon ve seferberlik çabalarını geliştirmek için interneti yoğun bir şekilde kullanır (Van Laer, 2010).
- Ulusötesi toplantılar: İnternetin araçsal avantajları ulusötesi sosyal hareket toplantıları (Dünya Sosyal Forumu) ve zirveleri düzenleme olanağı sağlamaktadır.
- Oturma/işgal etme ve daha radikal protesto biçimleri: İnternet aynı zamanda radikal grupların daha çatışmacı protesto eylemlerine girişmeleri için hem kitlenin toplanmasını hem de kolluk kuvvetlerine karşı korunma bilgilerine erişim sağlamaktadır.
- Online dilekçe: İnternet bu eylem modelinde dilekçe sürecini otomatikleştirdiği gibi daha az çaba ve maliyetle daha geniş bir coğrafik alanda büyük hacimli imza toplamayı mümkün kılmaktadır. Avazza, change.org, accessnow.org, amnesty grubu gibi küresel dilekçe imzalama siteleri ve sosyal medya platformları dilekçe toplamayı kolaylaştırmaktadır.
- E-posta bombası ve sanal oturma eylemi: Çevrim içi dilekçenin daha yıkıcı bir biçimi olarak belirli bir nedene yönelik destek kapsamında örneğin bir bakanın veya kurumsal CEO'nun eposta hesabına veya bir hedef sisteme gönderilen büyük miktarlarda epostalardan oluşan protesto eposta bombasıdır. Sanal oturma eylemi ise eposta göndermek

yerine bunun yerine aynı anda bir web sitesinin ziyaret edilmesidir. Ancak büyük sayılarda aynı anda yapılan ziyaretler karşısında sunucu istek miktarıyla başa çıkamaz ve sonunda çöker dolayısıyla da sunucuya ulaşılamaması sebebiyle de sanal oturma eylemi gerçekleşmiş olur.

- Protesto web siteleri: Herhangi bir sebeple aktivistlerin dünya çapında destek olabilmek adına açtıkları, amaçlarını tanıtan eylemi organize eden web siteleridir.

- Alternatif medya siteleri: Protestolar kapsamında kitlenin haber alması, aktivistlerin organizasyonu gibi konularda ana akım medyanın almış olduğu tavırlar nedeniyle aktivistlerin kurduğu eylemin haber yapıldığı alternatif medya siteleridir.

- Kültür bozumu: Kökeni 1960'lara kadar giden bu kavram internet ile birlikte temel özelliklerine daha kitlesel düzeyde sahip olup büyümüştür. Kültür bozumu, reklam panosu korsanlığı, fiziksel ve sanal grafiti, kurumsal logoların görsel olarak değiştirilmesi, pazarlama sloganlarına yeni anlam kazandıran sanatsal teknikler, kolaj, ironik ters çevirme gibi tekniklerle yapılan mizah, hiciv ve ironi temelli eylem şeklidir.

- Sahte siteler: Çok uluslu şirketlerin veya politikaların parodi veya kışkırtmak için yaratılan mevcut sitelerinin klonlarıdır.

- Hacktivizm: Elektronik sivil itaatsizlik, hacktivizm veya siber terörizm olarak adlandırılan bu eylem biçiminde e-posta bombaları, servis durdurma saldırıları (DoS – denial of service attack), hedeflenen web sitelerinin kaynak kodunu değiştirme, web sitesi tahrifatı veya virüsler ve solucanlar gibi kötü amaçlı yazılımların kullanımları ile yapılan bir çatışmacı protesto şeklidir.

- Diaspora ağları: Diasporik amaçları doğrultusunda menşe ülkeleri dışında yaşayan kişiler arasında iletişimi sürdürmek amacıyla kullanılır. Rus Yahudileri, Filistinliler ve Doğu Timurlar gibi bazı diasporalar kendi vatanlarında baskıcı hükümetlere karşı mücadele de dijital aktivizmi kullanmışlardır.

Aktivizmden dijital aktivizme dönüşümde internetin rolü tarih içinde gerçekleşen önemli örnek olaylarla incelemek daha doğru, akılcı ve anlaşılır bir yaklaşım olacaktır. İlk olarak; 1980'lerin sonlarında barış ve çevre aktivistleri İngiltere'de GreenNet, ABD'de PeaceNet ve İsveç'te de NordNet, 1992'de de Rio de Janeiro'da Birleşmiş Milletler Dünya Zirvesi'nin protestosu için çeşitli gruplar eylemlerini koordine etmek için interneti kullanmışlardır (Deibert and Rohozinski, 2008). Yine 1994'te siberuzay, Meksika hükümetini protesto için Zapatista ayaklanmasıyla dünyanın ilk bilgilendirici gerilla hareketinde önemli rol almıştır (Castells, 2004).

İnternet, küreselleşme karşıtı ve kurumsal hegemonyaya karşı mücadelelerde 1999'da Dünya Ticaret Örgütüne karşı ünlü Seattle Savaşında (Smith, 2001), 2000'de Washington DC'de Dünya Bankası ve IMF'ye karşı (Juris, 2005), 2001'de Cenova'da G-8 toplantısına karşı (Johnston ve Laxer, 2003) kullanılmıştır.

Web tabanlı kampanyalar olarak tekstil ve ayakkabı atölyelerinde çalışma koşullarını iyileştirmeye yönelik Nike'a odaklanan küresel hareket, kahve üreticilerini savunmak adına adil ticaret hareketi, Monsanto, Microsoft ve De Beers gibi çok uluslu firmalara karşı yürütülen kampanyalar, genetiği değiştirilmiş gıdalar üreten şirketlere karşı boykotlar, Avustralya Sidney Hilton Otelinin işten çıkartılmış çalışanlarının yeniden işe almaya zorlama ve Samsonite valiz üreticisini Tayland'da yasadışı işten atılan işçileri yeniden işe almaya zorlama eylemleri sayılabilir.

Siberuzay bu bağlamda Uluslararası Kara Mayınlarını Yasaklama Kampanyası ile 75'den fazla ülkeden 1300'den fazla grubun oluşturduğu aktivistlerle 1997'de "Nobel Barış Ödülü'nü" kazanmıştır (Rutherford, 2000, s. 101). Ayrıca 15 Şubat

2003'de Irak'ta savaşa karşı dünya çapında gerçekleşen protestolar da internet temelli olarak yapılmıştır.

1995'de Bosna'da, Boşnakların katliamında Miloseviç karşıtı protestolar (Juris, 2005) ile, 2001'de Brezilya Porto Alegre'de başlatılan ilk dünya sosyal forumu siberuzay üzerinde düzenlenmiştir. 2003-2005 yılları arasında Ukrayna, Gürcistan, Kırgızistan'da gerçekleştirilen demokratik "Renk Devrimleri" internette gerçekleştirilirken ayrıca Burma/Myanmar hükümetinin Budist rahiplere yönelik şiddetli baskısı, organize internet direnişiyle yüzleşmiştir (Wasley, 2007).

Yüzbinlerce yeni genç seçmeni harekete geçirmek için 1998'de başlayıp 2009'da 6 milyondan fazla üyeye ulaşan Moveon.org yapılanması 2008'de Barack Obama'nın başkanlık seçimini kazanmasında önemli rol oynamıştır. Çevreciler ve hayvan hakları savunucuları 1990'ların başından itibaren ağ kurmak ve bilgi paylaşmak için interneti etkin bir şekilde kullanmıştır.

Rus çevreci grup 350.org, 24 Ekim 2009'da Uluslararası İklim Eylemi gününü 181 ülkede 5200 etkinlikle interneti kullanarak koordine etmiş, dünyanın en büyük çevreci grubu Greenpeace e-kampanyalarını hem Coca-Cola'nın çevre dostu olmayan eylemlerini hem de Hindistan'daki Bhopol kimyasal felaketini protesto için siberuzayı kullanmışlardır. Hayvan hakları aktivizmi alanında da internet, laboratuar hayvanlarına kötü muameleyi protesto etmek için, Hayvan Etik Muamelesi için İnsanlar (PETA), Huntingdon Hayvan Zulümünü Durdur (SHAC), Hayvan Kurtuluş Cephesi kampanyaları (Wasley, 2007) ile vakaları açığa çıkarmak ve Facebook sayfaları, videolar ve bloglarla lobi faaliyetlerinde bulunmuşlardır.

Sivil toplum hareketleri kapsamında internet ve sosyal medya platformları 2009-2010 İran seçim protestolarında aktivistlerin birbirleriyle iletişim kurmak için kullanmaları nedeniyle "Twitter Devrimi" olarak adlandırılmış, daha sonra Arap Baharı ve Amerika'da başlayıp Avrupa'ya da yayılacak olan #işgalet hareketinin önemli unsuru olmuşlardır (Harlow ve Harp, 2011; Jurgenson, 2011).

Mısır'da 6 Nisan Hareketi ve ona bağlı olan "Hepimiz Khaled Said'iz" Facebook grubu, polis aşırılıklarını belgelemek toplantılar ve protestolar düzenlemek, polist hareketlerine karşı birbirlerini uyarmak ve tutuklananlara hukuki yardım etmek için cep telefonlarını, blogları, Twitter'ı, Facebook'u ve YouTube'u kullanmışlardır. Bu noktada Mısır devrimi kapsamında Arap Baharı yalnızca siyasi bir mücadeli değil, aynı zamanda hükümet ile aktivistler arasında bir iletişim mücadelesinin gerekliliğini de ortaya koymuştur.

Eylem Simülasyonu: Hacktivizm

Teknolojik her gelişme kendi kullanıcısını ve kitlesini yaratmıştır. İnternette bu noktada doğduğu 1960'lardan 1980'lere gelindiğinde sivil kitle ile karşılaştığında bir şeylerin farklı olacağı, farklı bir dönüşümün gerçekleşeceğine dair ipuçlarını ortaya koymaktaydı. Vint Cerf, Sir Tim Berner Lee, internetin teknolojik babaları olsa da interneti kullanan, içeriği üreten, iletişim ve etkileşimi gerçekleştiren ilk kullanıcı babaları internete ve yapısına yönelik farklı bir dönüşümü hayal ederek "her bilginin özgür" olmasına yönelik bir yapı kurgulamışlardır. Bilgi artık otoritenin kontrolünden çıkıp özgür olmalıdır.

Tutuklanmasından kısa bir süre sonra 1986'da önemli bir hacker yayını olan Phrack'ta yayınlanan "Bir Hacker Vicdanı" başlıklı makalesinde Loyd Blankenship, hacker adıyla The Mentor, bilginin özgürlüğünü şöyle nitelendirecektir:

"Keşfediyoruz... ve siz bize suçlu diyorsunuz. Bilginin peşinde koşuyoruz... ve siz bize suçlu diyorsunuz. Ten rengimiz, milliyetimiz, dini önyargılarımız olmadan var oluruz.. ve siz bize suçlu diyorsunuz. Atom bombaları yapıyorsun, savaşlar yürütüyorsun, öldürüyorsun, hile yapıyorsun ve bize yalan söylüyorsun ve bunun kendi iyiliğimiz için olduğuna inandırmaya çalışıyorsun, yine de suçlularız. Evet, ben bir suçluyum. Suçum merak etmektir. Suçum, insanları ne söylediklerine ve düşündüklerine göre yargılamak, neye benzediklerine değil. Suçum seni alt etmek beni asla af-

fetmeyeceğin bir şey. Ben bir bilgisayar korsanıyım ve bu benim manifestom. Bu kişiyi durdurabilirsiniz ama hepimizi durduramazsınız" (Ludlow, 2010, s. 25).

İnternet, hackerlar ve teröristler tarafından yaygın bir şekilde bir yayın aracı olarak kullanılmaktadır. Hackerlar; bilgisayar ağlarını ve web sitelerini devre dışı bırakmak veya bunlara girmek için yazılım araçları ve bilgiler barındıran, elektronik açıkları ve bunların nasıl sömürülebileceği, parolaları kırmak için programlar, kısacası hackerlik için gereken her şeyi web sitelerine koyup elektronik dergiler yayınlamaktadırlar (Denning, 2001, s. 8).

Başlangıçta, "hack", ilginç bir soruna yaratıcı bir çözüm anlamına geliyordu ve "hacklemek", sadece kod yazmaktı. Uzman programcıların ve ağ oluşturma sihirbazlarının ortak kültürü, tarihini onlarca yıl boyunca ilk kez paylaşımlı mini bilgisayarlara ve en eski ARPAnet deneylerine kadar izler: "Bilgisayar korsanları interneti inşa etti. Hackerlar Unix işletim sistemini bugünkü haline getirdi. Bilgisayar korsanları Usenet'i çalıştırır. Hacker'lar World Wide Web'i çalıştırır" (Raymond, 1986).

Levy (1984, s. 27-31), hacker etiğini bilgisayara ve enformasyona serbest erişim arzusu, merkezi otoriteye güvensizlik ve hackerların ayrıca derece, yaş, ırk veya konum gibi kriterlerle değil yalnızca teknik ustalık açısından değerlendirilmesinin ısrarı olarak tanımlar. Turkle'da (1984, s. 232) iyi bir hacklemenin, kurumsal veya geleneksel bir kurala karşı olma anlamında basit, teknik olarak ustaca ve yasadışı olması gerektiğini ifade eder. Hacker etiğini somutlaştıran Richard Stallman şunları söylemiştir; "altın kuralın, bir programı beğenirsem, onu beğenen diğer insanlarla paylaşmamı gerektirdiğini düşünüyorum... Özgür olmayan herhangi bir yazılım olmadan idare edebilmem için yeterli bir özgür yazılım gövdesi oluşturmaya karar verdim" (Stallman, 1985).

Yeraltındaki hacker, kültürel temeli daha az tanımlanmış ve iç yapısı suç örgütlerinden daha akıcı olsa da yine de kendi ku-

Algı Yönetimi

rallarını koyar, yabancılara güvenmez ve en içteki işlerini dünyaya ifşa etme konusunda isteksizdir (O'Neil, 1999, s. 232). "Hacktivizm, bilgisayar korsanlığı ve aktivizmin birleşimidir; siyaset ve teknoloji" (metac0m, 2003). Hacktivizm artık elektronik sivil itaatsizlik ve dijital kültür sıkışması olarak da anılmaktadır (Hearn, 2009). Kültür bozumunun ana hedefi, küreselleşmedeki uygulamalarını hedefleyen çok uluslu şirketler olmuştur. Bilgisayar korsanlığı veya hacktivizm, hizmetleri kesintiye uğratmak için kullanılır ve aynı zamanda farkındalık yaratmada bir araçtır. Aktivistler, mesajlarını yaymak için kötü amaçlı yazılımlar da kullanabilir. Kişinin bakış açısına bağlı olarak, hackleme, sebepleri haklı olsun ya da olmasın, vandalizm olarak görülebilir. Bu anlamda bilgisayar korsanlığı her zaman yasa dışı ve etik dışı olarak kabul edilir. Hackleme, kimin ve kime yaptığına bağlı olarak dijital aktivizm, elektronik sivil itaatsizlik, hacktivizm veya siber terörizm olarak adlandırılabilir (Hearn, 2009).

Bu durumda bazı etik sorunlar ortaya çıkmaktadır. Birincisi kimin hedef alındığı sorusudur. 1960'ların oturma eylemleri gibi servis durdurma saldırıları söz konusu olduğunda bütün mesele hedef organizasyonun düzgün işleyişini bozmaktır. Bir diğer soru ise sorumluluktur. Bazıları hacktivizmi sivil itaatsizlikten başka bir şey olarak görebilir, çünkü diğer protesto biçimlerinden daha az halka açıktır ve bilgisayar korsanları genellikle yakalanmaktan kaçmaktadırlar (Lunceford, 2012, s. 45). Bu nedenle, hackerlığın fiziksel dünyadaki yıkıcı eylemlerden en azından daha az zararlı olduğu düşünülmelidir. Bir protesto aracı olarak bir bina yakılırsa, o binanın yeniden inşa edilmesi gerekir, ancak bir web sitesi tahrip edilirse, orijinal versiyonu tekrar yükleyerek genellikle hızlı bir şekilde düzeltilebilir.

11 Eylül 2001 olaylarından bu yana, bazı çevrelerde siyasi direniş eylemlerini "terörizm" olarak tanımlamak moda olmuştur ve hackleme de bu kaderden kaçamamıştır. ABD Vatanse-

verlik Yasası hükümlerine göre, hackerlık siber terörizm başlığı altında listelenmiştir (ABD Vatanseverlik Yasası 2001, s. 814). Fakat Douglas Thomas'ın da belirttiği gibi, "hackerların sanal varlığı bir suç oluşturmak için yeterli değildir, her zaman ihtiyaç duyulan şey bir beden, gerçek bir beden, canlı bir vücuttur." (Thomas, 2002, s. 182). Ayrıca Hugh Martin'de, "bu günlerde elektronik protesto, Web'den kullanımı kolay yazılımları indirmek ya da tarayıcınızı bilgi talepleriyle hedef bir siteyi bombardıman edecek şekilde ayarlayabileceğiniz bir protesto sitesini ziyaret etmek gibi basit bir mesele. Herkes bilgisayar korsanlığı uzmanı olabilir" (Martin, 2011, s. 6) ifadeleri ile terörizm ile ilişkilendirilmesine karşı çıkmışlardır.

İnternetteki siyasi aktivizm, yukarıda açıklanan web tahriflerini ve hizmet reddi saldırılarını organize etmek için eposta ve web sitelerini kullanmak gibi geniş bir faaliyet yelpazesi yaratmıştır. Politik olarak güdülen bu saldırılara hacktivizm denir (Karatzogianni, 2005, s. 2). Hacktivizm, bir hedefin web sitesini geçici olarak bozmak veya bir hedef bilgisayara erişmek için tasarlanmış, ancak ciddi veya uzun vadeli hasara neden olması amaçlanmayan bilgisayar korsanlığı tekniklerini kullanan işlemleri içerir. Bilgisayar izinsiz girişleri ve bilgisayar virüsleri, bilgisayar korsanlığı örnekleridir. Son olarak, siber terörizm, internetin bireylere veya gruplara can kaybı veya ciddi ekonomik zararlar gibi ciddi zararlar vermek için kullanılması anlamına gelir. Havayolu operasyonlarını veya borsa hizmetlerini engelleyebilecek bilgisayar korsanlığı operasyonları, siber terörizme örnektir (McPhilips, 2006, s. 332). Alexandra Samuel (2004), hacktivizmi "bir hack ve aktivizm portmanteau'su, politik amaçların peşinde yasadışı veya yasal olarak belirsiz dijital araçların şiddet içermeyen kullanımı olarak tanımlar. Bu araçlar arasında web sitesi kusurları, yeniden yönlendirmeler, hizmet reddi saldırıları, bilgi hırsızlığı, web sitesi taklitleri, sanal oturma eylemleri, sanal sabotaj ve yazılım geliştirme yer almaktadır."

Hacktivizm kavramı ilk olarak 1996 yılında hacker grubu "Cult of the Dead Cow" (cDc) üyesi Omega tarafından üretilen bir kavramdır (Ruffin, 2000, s. 1). Douglas Thomas, Cult of the Dead Cow'u "sivil itaatsizlik ve görünürlük ilkelerine dayanan bir tür siyasi eyleme adanmış ilk hacker grubu ve... bilgisayar korsanı kimliğini siyasi eylem kavramıyla birleştiren ilk grup" olarak tanımlar (Thomas, 2002, s. 96). cDc grubu içinde hacktivizm kavramını Omega, Reid Fleming, Count Zero, Nightstalker, Tweety Fish ve OxBlood Ruffin kavramın yaratıcıları şu şekilde tanımlanmıştır: "elektronik ortamda insan haklarını geliştirmek için teknolojiyi kullanmaktır (Ruffin, 2000, s. 2).

Temmuz 1998'de bir başka hacker grubu olan "Hong Kong Blondies" üyelerinden "Blondie Wong" ile yapılan görüşmeler sonucunda hacker grupları politik sebeplerle hack eylemlerine ilgi duymaya başlamışlardır. Ancak daha sonra hacktivizm kavramı 1990'ların sonundan itibaren popüler olmaya başlayacak olan siber savaş kavramıyla karıştırılmaya başlanması sebebiyle Almanların "Chaos Computer Club" hacker grubu üyesi Frank Rieger ve Reid Fleming ile ortaklaşa hacktivizmin taktikleri ve sınırlılıkları şu şekilde belirlenmiştir. İlk olarak; web tahrifatı yapılmayacaktır. Gruplar veya bireyleri yasal olarak web'de içerik yayınlama hakkına sahipse bu hakların ihlali ifade özgürlüğü haklarının ihlali olacaktır. Aynı şey servis durdurma (DoS) saldırıları içinde geçerlidir. Bir web sunucusunun bilgi sağlama yeteneğini devre dışı bırakmak ile bir belediye binası toplantısında birine bağırmak arasında çok fazla fark yoktur (Ruffin, 2000, 3).

Hacktivizm kavramı hacker grubu üyeleri tarafından geliştirilirken Birleşmiş Milletler Evrensel İnsan Hakları Beyannamesi'nin Madde 19'daki "herkesin duygu ve düşüncelerinde özgür olma hakkı vardır ve bu hak hiçbir müdahale olmadan belirli sınırlar çerçevesinde bilginin herhangi bir ortam aracılığıyla aranması, alınması ve paylaşılması hakkını kapsar" ifadesi temel alınmıştır. Kavramı etkileyen bir diğer ifade ise EFF ve yine bir başka BM beyannamesi olan ICCPR'deki "enformasyonun özgür olması ve bir insan hakkı olmasıdır". Bu bağlamda Reid Fleming ve diğer hackerlar hacktivism.org'u kurmuş ve bu platformdan OxBlood Ruffin "hacktivismo deklarasyonunu" ilan etmişlerdir. Yedi yıl boyunca 20000 üyesiyle hack eylemlerinde bulunup Çin'de ve Irak'ta insan hakları ihlaline karşı siber savaş ihlal eden Legions of the Underground (LoU) hacker grubu ile hacktivizm kavramının yaratıcıları cDc'den OxBlood Ruffin siber terörizm ile kavram arasındaki farklılıkları ortaya koymak adına 2001 yılına kadar geçen süre içinde hacktivizm sınırlarının belirlenmesi adına hacktivismo deklarasyonunu diğer tüm hacker gruplarına şu şekilde ilan etmişlerdir.

"Kimse meşru şekilde ulusların bilgiye erişimlerinin özgürlüğünü, veri ağlarını engelleyerek sağlayacaklarını ümit etmesin, bir taraftan bilgi özgürlüğü için savaştığınızı söylüyorsunuz, diğer taraftan o insanların bilgiye erişmek için interneti kullanması gerekirken siz hacker grupları olarak insanların özgürlüğüne saldırarak engel oluyorsunuz" (Ruffin, 2000, s. 5).

Hacktivismo Deklarasyonu kapsamında bir eylemin hacktivizm ile terörizm arasındaki çizgiyi belirlemek adına kavramın öncülleri, hack yöntemlerinden; gerçek dünyada, çevreye zararlı atık sızıntısında bulunan bir fabrikanın giriş kapısına kendini geçici olarak zincirlemekten hiçbir farkı olmayan "servis durdurma (DoS)" yöntemi tercih edilmiştir. Web tahrifatının ise terörizm olduğunu açıkça belirtmişlerdir.

Fakat yakın dönem dijital çağa bakıldığında; Arap Baharı, #işgalet vb. sosyal hareketlerde hacker grupları bazı çizgileri aşmışlardır. Yakın dönem hacktivist hacker grubu Anonymous'un dünya görüşü bu noktada şu kavramlarla tanımlanabilir; nihilizm ve idealizm, ütopyacılık, bireycilik ve kolektivizm ile negatif ve pozitif özgürlük (Coleman, 2011, s. 512). Bu noktada başından bugüne kadar hacktivizmi daha iyi kavrayabilmek için "Hacktivizm Kökenindeki Önemli Tarihler" (bkz. Tablo. 1) kronolojik tablosu yeterli olacaktır.

Algı Yönetimi

Tablo 1. Hacktivizm kökenindeki önemli tarihler

Tarih	Açıklama
12 Eylül 1981	Kaos Bilgisayar Kulübü Berlin'de kuruldu.
1984	Steven Levy'nin Hackers: Heroes of the Computer Revolution adlı kitabı yayınlandı.
8 Ocak 1986	Loyd Blankenship'in (diğer adıyla The Mentor) Hacker Manifestosu ilk kez yayınlandı.
16 Ekim 1989	DECNET protokolünü kullanarak, WANK (Nükleer Katillere Karşı Solucan) adlı bir solucan Maryland'deki bir NASA bilgisayar ağından yayıldı.
5 Kasım 1994 (Guy Fawkes Günü)	San Francisco'daki bir grup olan Zippies, açık hava müzik konserlerini yasaklayan bir yasayı protesto etmek için İngiliz hükümet sunucularına karşı dağıtık servis durdurma (DDOS) ve epos-ta bombası kampanyası başlattı.
21 Aralık 1995	İtalya'da Strano Ağı, Mururoa'daki nükleer testleri protesto etmek için Fransız web sitelerini engellemeye karar verdi.
1996	Teksas merkezli bilgisayar korsanlığı yapan Cult of the Dead Cow grubunun (cDc) bir üyesi olan "Omega", cDc listerv'e bir epostada "hacktivism" kelimesini kullandı.
9 Şubat 1996	John Perry Barlow, A Declaration of the Independence of Cyberspace yayınladı.
30 Haziran 1997	Portekizli hacker grubu UrBan Ka0s, Timor halkının zulmüne dikkat çekmek için Endonezya hükümetinin 30 civarında sitesine saldırdı.
29 Ocak 1998	Zapatista gerillalarını desteklemek için, paramiliter güçlerin Meksika'nın Chiapas kentindeki bir köyünde gerçekleştirdiği katliama yanıt olarak sanal bir gösteri düzenlendi.
Kasım 1999	Toywar: Etki alanı adının kendilerine çok yakın olduğu gerekçesiyle bir grup sanatçıya dava açan oyuncak dağıtıcısı eToys Inc.'e karşı bir direniş eylemi gerçekleştirdi.
3 Aralık 1999, 16:00 GMT	Electrohippies Collective, tüm destekçilerinden Seattle, Washington konferansının son bildirisinin yayınlanmasını engellemek için Dünya Ticaret Örgütü web sayfalarını ziyaret etmelerini isteyen sanal bir oturma eylemi düzenledi.
20 Haziran 2001	Lufthansa uçaklarının kayıtsız göçmenleri Almanya dışına sınır dışı etmek için kullanılmasını protesto etmek için, iki Alman insani yardım ağı, havayolunun web sitesini epos-alarla bombardıman ederek bloke etmek için sanal bir protesto düzenledi.
Temmuz 2001	cDc'nin Hacktivismo Deklarasyonu yayınlandı.
12 Temmuz 2006	Habbo Oteli sosyal ağına siyah karakterlerin eksikliğini vurgulamak için ilk baskın yapıldı.
Aralık 2006	Somali'deki siyasi suikast emrine ilişkin bir not yayınlandı.
Nisan 2007	Estonya, bir Sovyet savaş anıtını başkentinden kaldırdığı için Ruslar tarafından bir dizi siber saldırıya maruz kaldı.
Ağustos 2007	Safran Devrimi sırasında Birmanya keşişlerine destek.
Ağustos 2007	Kenya'nın eski başkanı Daniel Arap Mo ve ailesini yolsuzlukla suçlayan bir rapor dijital dünyada yayınlandı.

207

Kasım 2007	Guantanamo Körfezi'ndeki hapishane ile ilgili 2003 tarihli ABD Ordusu el kitabı sanal dünyaya sızdırıldı.
5 Aralık 2007	4chan sosyal ağındaki Cybervigilante üyeleri polise yardım ederek Kanada'da pedofil Chris Forcand'ın tutuklanmasını sağladı.
14 Ocak 2008	Chanology Projesi kapsamında 4chan'ın Scientology kilisesi ile mücadelesi başladı.
Mart 2008	Scientology kilisesinin Özel İşler Bürosundan bir dahili belge internete sızdırıldı.
28 Mart 2008	Anonymous üyeleri, Epilepsi Vakfı'nın forumuna epilepsi hastalarında migren ve nöbetlere neden olmak için JavaScript animasyonları ve mesajları eklemekle suçlandı.
Mayıs 2008	Ticareti Önleme Anlaşması (ACTA) ile ilgili çalışma belgesi açığa çıkarıldı.
Haziran 2008	Hip-hop müzik siteleri SOHH ve AllHipHop, 4chan destekçileri hakkında hakaretler yayınladıktan sonra saldırıya uğradı.
Ocak 2009	Genç bir Kaliforniyalı adam, küfretmeyi protesto etmek için bir web sitesi oluşturduğu için taciz edildi (No Cussing Club).
Nisan 2009	Belçikalı pedofil Marc Dutroux'un duruşmalarının özeti internette yayınlandı.
Nisan 2009	Time dergisinin düzenlediği dünyadaki en etkili kişi anketi manipüle edildi.
Nisan 2009	Baylout Operasyonu. Yasadışı indirmeleri hedefleyen bir dizi AB yönergesi kapsamında IFPI'ye (Kayıt Endüstrisini Temsil Eden Uluslararası Birlik) saldırı düzenlendi.
Haziran 2009	İranlı muhaliflere destek, Twitter Devrimi.
Temmuz 2009	İzlanda Kaupthing Bankasına ait olan ve kamulaştırılmadan birkaç gün önce çeşitli düşük kaliteli kredileri açıklayan dahili bir belge sızdırıldı.
Eylül 2009	Didgeridie Operasyonu (Skynet Projesi). İnternetteki verileri filtrelemek için bir Avustralya hükümeti tasarısını protesto etmek için agresif ilk aşama (yıkıcı operasyon).
Ekim 2009	Operasyon CyberDyne Çözümleri (Project Skynet). İnsanları internet engellerini nasıl aşacakları konusunda eğitmek için bilgilendirici ikinci aşama.
Kasım 2009	East Anglia (Birleşik Krallık) İklim Araştırma Birimi yetkililerine atanan epostalar ve dosyalar sızdırıldı.
10 Şubat 2010	Titstorm Operasyonu başlatıldı. Avustralyalı yetkililerin pornografik görüntülerin yayınlanmasını yasaklama kararı protesto edildi.
Nisan 2010	12 Temmuz 2007'de bir Apaçi helikopterinden alınan hava saldırısı sırasında Bağdat'ta öldürülen iki Reuters fotoğrafçısını gösteren bir ABD Ordusu videosu internette yayınlandı. Assange tarafından "Proje B" lakaplı bu yayın, Wikileaks'in küresel şöhretinin başlangıcıdır.
Temmuz 2010	Afganistan'daki savaşla ilgili 91000 gizli ABD askeri belgesi (The Guardian, The New York Times ve Der Spiegel ile birlikte) yayınlandı.

Algı Yönetimi

Eylül 2010	Payback Operasyonu. Hintli bir şirketin, normalde telif hakkı ile korunan ücretsiz video ve müzikleri indirmek için kullanılan Bit Torrent sitelerine DoS saldırıları gerçekleştirdiğini duyurmasının ardından başlıyor. Buna karşılık, film ve müzik endüstrisi ve sanatçılarla ilişkili birçok site saldırıya uğradı. PayPal, Visa ve Mastercard 2010 yılında Wikileaks için bağış olanaklarını devre dışı bıraktıktan sonra, "Operation Payback", dosyayı kaldırma girişimlerine misilleme olarak Amerika Sinema Filmi Derneği (MPAA) ve Amerika Kayıt Endüstrisi Birliği'ni (RIAA) hedef aldı.
Ekim 2010	Irak Savaş Kayıtları: 1 Ocak 2004 ile 31 Aralık 2009 arasındaki bir dönemi kapsayan Irak hakkında 391832 gizli belge yayınlandı.
28 Kasım 2010	Cablegate: WikiLeaks, ABD diplomatik mesajlarını açıklamaya başladı. 250000 den fazlasına sahip olduğunu duyurdu.
13 Haziran 2009 - 11 Şubat 2010	İran cumhurbaşkanlığı seçim protestoları. Ahmedinejad'ın sitelerine ve medyasına karşı başlatılan DDoS saldırıları dikkate değerdir. Bu, sansüre, internetin kapatılmasına ve bant genişliğinin kısılmasına yol açmıştır.
Aralık 2010 - Ekim 2013	Tunus'taki protestolar Arap Baharı'nı ateşledi. Belediye görevlileri tarafından mallarına el konulan Tunuslu sokak satıcılarından Mohamed Bouazizi'nin kendini yakmasının ardından Tunus Devrimi olacak Arap Baharı olarak bilinen ayaklanmalar ortaya çıktı ve ardından Umman, Yemen, Mısır, Suriye, Fas, Bahreyn, Suudi Arabistan ve Libya'ya yayıldı.
05 Şubat 2011	HBGARY Operasyonu: HBGary Federal, şirketin Anonymous grubuna sızdığını açıkladı.
2011 Nisan	Mısır Operasyonu: Mısır hükümetinin web siteleri, Başkan Hüsnü Mübarek istifa edene kadar Anonymous tarafından hacklendi ve kapatıldı.
2011 Nisan	Sony veri ihlali: kullanıcıların kişisel bilgileri LulzSec tarafından çalındı.
Mayıs 2011	LulzSec oluşumu. Bir dizi yüksek profilli korsanlığın sorumluluğunu üstlenen siyah şapka korsanlığı grubu. Sony PlayStation Network hack: oyun ağı, LulzSec tarafından çevrimdışına alındı.
2011 Haziran	Türkiye Operasyonu: Anonymous, internet sansürünü protesto eden gençleri desteklemek için bir operasyon başlattı. Ülke dışından başlatılan LOIC botnet üzerinden yapılan DDoS saldırıları sonucunda birkaç gün hükümet sitelerine erişilemedi. 16 Temmuz'da Akıncılar grubu, Google+'dan yasaklandıktan sonra bazı Anonim üyelerin kurduğu yeni bir site olan AnonPlus'ın ana sayfasını tahrif ederek yanıt verdi.
Ağustos 2011	Suriye Operasyonu: Suriye Savunma Bakanlığı web sitesi Anonymous tarafından hacklendi.
17 Eylül 2011	Occupy Wallstreet, #işgalet hareketi. Occupy Wallstreet, hashtag aktivizmi yoluyla örgütlenen ve farkındalık yaratan ilk hareketlerden biri olarak ortaya çıktı.
14 Ekim 2011	DarkNet Operasyonu: Anonymous, 40 çocuk pornografisi web sitesine girdi ve bu sitelerden birini ziyaret eden 1500'den fazla kullanıcının adını yayınladı.

19 Ocak 2012	Megaupload Operasyonu: Korsan yazılım sitesi Megaupload'un Ticaretle Mücadele Anlaşması (ACTA) ile kapatılması sonucu "internet tarihindeki en büyük DDoS saldırısına" yol açtı.
Ocak 2012	Kendilerine "Nightmare" adını veren bir grup Filistin yanlısı hacktivist, Tel Aviv Borsası ve El Al havayollarının web sitelerini kapattı.
10 Şubat 2012	AntiSec Leak ve CIA saldırısı: Anonymous, CIA'nın web sitesini beş saatten fazla bir süre kapattı.
14 Şubat 2012	Bahreyn silahlı kuvvetlerinin Arap ayaklanmaları sırasında başkent Manama'da şiddetli mitingleri dağıtmasının birinci yıl dönümünde Anonymous, Bahreyn hükümetine ve destekçilerine, özellikle de Pennsylvania merkezli biber gazı üreticisi Combined'a karşı bir dizi saldırı gerçekleştirdi.
29 Şubat 2012	Interpol, İnternet'te "Sabu" olarak bilinen Anonymous üyesi Hector Monsegur'u ters çeviren bir FBI operasyonunun ardından dünyanın dört bir yanından 25 şüpheli Anonymous hacker'ı tutuklandı.
Mart 2012	WikiLeaks'in Stratfor veri dökümünü ele alma şeklinden rahatsız olmuş- bu niteliksiz bir medya fiyaskosuydu- Anonymous kendi WikiLeaks klonunu başlattı: Par:Anoia (Potansiyel Olarak Alarm Verici Araştırma: Anonim İstihbarat Ajansı).
11 Eylül 2012	Müslüman hacker grubu "İzz-ad-din El Kassam'ın Siber Savaşçıları" YouTube'da bir Müslüman filminin yayınlanmasının ardından, DDoS saldırılarıyla, misilleme olarak ABD bankalarını hedef aldı.
Ekim 2012	WikiLeaks, milyonlarca belgesine erişim için bir ücret ödeme sistemi kurgulayınca Anonymous tarafından şiddetli eleştirilere maruz kaldı. Bu Anonymous ile WikiLeaks'in ayrılığını tamamlar.
Ocak 2013	Bir hükümet güvenlik uzmanı olan Edward Snowden, Avustralya, Kanada ve İngiliz istihbaratından tahmini on binlerce belgenin yanı sıra binlerce gizli NSA belgesini gazetecilere sızdırdı.
11 Ocak 2013	Aaron Swartz, Reddit'in kurucusu, RSS'nin geliştiricisi, yazar ve açık bilgi ve Creative Commons aktivisti, Bilgisayar Dolandırıcılığı ve Kötüye Kullanım Yasası ihlali ile suçlayan Federal savcılar tarafından en fazla 1 milyon dolar para cezası, 35 yıl hapis ile yargılanırken intihar etti.
Ocak 2013	#OpIsrael Koordineli Yıllık Siber Saldırı: "İsrail karşıtı" bir saldırı olan #OpIsrael, bilgisayar korsanları tarafından İsrail hükümetine ve özel web sitelerine yapılan yıllık, koordineli bir siber saldırıdır.
Temmuz 2013	#BlackLivesMatter. George Zimmerman'ın Trayvon Martin cinayetinden beraat etmesinden sonra, ABD'de siyah erkeklerin, kadınların ve çocukların öldürülmesine dikkat çekmek adına ülke çapında daha büyük bir aktivist harekete yol açan bu hashtag başladı.
Mayıs 2014	#YesAllWomen: Bu etiket, kadınlar tarafından taciz, ayrımcılık ve saldırı hikayelerini detaylandırmak için kısmen de #NotAllMen'e bir yanıt olarak kullanıldı.
Temmuz 2014	2014'ün sonlarında, öncü İnternet şirketi Yahoo! tarihteki en büyük (en büyük değilse) veri ihlallerinden birini yaşadı. Bu saldırıda toplam 500 milyon Yahoo! kullanıcıların güvenliği ihlal edildi.

Algı Yönetimi

Ağustos 12, 2014	Ferguson Operasyonu: Anonymous, Ferguson, Missouri polisine bir video uyarısı yayınlayarak, silahsız bir Afrikalı Amerikalı genç Mike Brown'ı ölümcül bir şekilde vurmaları ve polise karşı gösteri yapan herhangi bir protestocunun zarar görmesi durumunda intikam almaya yemin ederek uyarıda bulundu.
24 Kasım 2014	Guardian's of Peace grubu, Sony Pictures Entertainment'ın ağını hacklediğini iddia etti. Film senaryoları, epostalar ve Sony çalışanlarının kişisel verilerini içeren 100 TB veriyi çaldılar.
1 Ekim 2014	Hong Kong Operasyonu: Anonymous, 1 Ekim'de Hong Kong Özel İdari Bölgesi Hükümeti'ne News2Share'de bir video uyarısı yayınlayarak, Hong Kong Operasyonu'nun devam eden protestolarda hükümetin polisin güç kullanmasını kınadığını duyurdu.
10 Ocak 2015	Charlie Hebdo Operasyonu: Charlie Hebdo'nun vurulmasına yanıt olarak Anonymous, bundan etkilenen ailelere başsağlığı dileyen bir bildiri yayınladı ve saldırıları ifade özgürlüğüne yönelik "insanlık dışı bir saldırı" olarak kınadı.
Ocak 14, 2015	APD Operasyonu (Atlanta Polis Departmanı): 14 Ocak 2015'teki vurulmaya cevaben Anonymous, APD'ye cevap talep eden bir açıklama yaptı ve 20 Ocak 2015 için planlanacak çok sayıda saldırı sözü verdi.
11 Şubat 2015	Benzin istasyonu hack'leri: 11 Şubat'ta Anonymous, 1 benzin istasyonu otomatik tank göstergesini hackledi ve "DIESEL" olan çevrim içi adını "WE_ARE_LEGION" olarak değiştirdi.
Şubat 14, 2015	Death Eaters Operasyonu: 14 Şubat haftasında Anonymous, uluslararası pedofil çetelerine ve çocukları adalete teslim etmek için onlara yönelik şiddetli istismarlara karşı kanıtlar toplamak için başlattı.
2 Nisan 2015	Islah İşlemini Durdurma Operasyonu: Filipinli Hackerlar, Çin'in Güney Çin Denizi'ndeki toprak anlaşmazlıklarındaki ıslah çalışmalarına cevaben toplam 132 Çin hükümetine, eğitim ve ticari web sitesine saldırdı ve tahrif etti.
Temmuz 2015	Hacker grubu The Impact Team, Temmuz 2015'te evlilik dışı arkadaşlık sitesi Ashley Madison'ı ihlal etti ve 37 milyon kullanıcının verileri internete sızdırıldı.
1 Ağustos 2015	StormFront Operasyonu: Anonymous, "Irkçılık, Antisemitizm, İslamofobi ve Holokost Reddi" nedeniyle Stormfront web sitesine saldıracaklarını iddia eden bir video yayınladı. Bu web sitesi eski KKK Lideri Don Black tarafından yönetilen beyaz ırkçı bir web sitesidir.
Ekim 22, 2015	KKK Operasyonu (OPKKK): 1.000'e varan Ku Klux Klan üyesi ve destekçisi hakkında kimlik bilgisi ifşa edildi.
Aralık 2015	Ukrayna elektrik şebekesi hacklemesi: Bilgisayar korsanlarının Ukrayna'nın üç bölgesinde üç enerji şirketine sızması ve elektrik üretimini geçici olarak durdurması üzerine Aralık 2015'te yaklaşık 230.000 kişi altı saate kadar karanlıkta kaldı.
Mart 28, 2016	Comelec Operasyonu: Anonymous Filipinler, Seçim Komisyonu'nun (COMELEC) web sitesini, onları oy sayma makinelerine (VCM'ler) güvenlik eklemeye zorlamak için hackledi.
22 Temmuz 2016	Rus siber casusluk grupları Cozy Bear ve Fancy Bear'in Demokratik Ulusal Komite (DNC) epostalarını hackledikleri belirlendi ve 2016 ABD başkanlık seçimlerini etkileme girişimi olduğu ortaya çıktı.

211

Aralık 2016	Anonyymous, Tayland'da hükümetin web sitelerini sansürlemesine ve mahkeme kararı veya emri olmadan özel iletişimleri engellemesine izin veren yasa değişikliğinin ardından Tayland'a siber savaş ilan etti.
3 Şubat 2017	Darknet Operasyonu Yeniden Başlatma OPDarnet Relaunch: Anonymous derin webin sunucu hizmetini veren ve özellikle çocuk pornografisi barındıran "Freedom Hosting II" sunucularını ele geçirdi.
Temmuz 2017	NotPetya fidye yazılımı 12.500'den fazla bilgisayarı etkiledi ve önde gelen nakliye şirketleri FedEx ve Maersk, Rus petrol ve gaz şirketi Rosneft ve İngiliz reklamveren WPP dahil olmak üzere küresel işletmelerin verilerini de sildi.
Aralık 2017	Shadow Brokers, NSA'dan (Ulusal Güvenlik Ajansı) bilgisayar korsanlığı araçlarını çalan ve sızdıran isimsiz bir gruptur. Etkilenenler Windows üzerinde çalışan bilgisayarlar olduğundan Microsoft bir yama sağlamıştır.
Aralık 2017	Dünyanın ilk "fidye kurdu" (fidye yazılımı şifreleme kurdu) olan WannaCry, 150 ülkede Windows tarafından çalıştırılan 230.000 bilgisayarı etkiledi. NSA tarafından yapılan bir istismar olan EternalBlue aracılığıyla yayıldı. (Shadow Brokers tarafından çalınan ve sızdırılan araçlardan biri EternalBlue'ydu.)
24 Ağustos 2018	Türk hacktivistler, ABD'li gazeteciler Fox'tan Elizabeth MacDonald, Bloomberg'den Tom Keene ve New York Times'tan Vanessa Friedman'ın sosyal medya hesaplarını ele geçirdi.
Ocak 2019	Almanya Federal Meclisi saldırısı: Ocak ayında, Almanya Federal BT Güvenliği Dairesi (BSI), Almanya Başbakanı Angela Merkel'in de dahil olduğu yüzlerce politikacıya yönelik bir siber saldırıyı soruşturduğunu açıkladı. Merkel'in faks numarası, eposta adresi ve birkaç mektubunun da yayınlandığı bildirildi.
Aralık 2019	2019 yılında, Filipin Siber Kartalları olarak bilinen Anonymous'a bağlı bir grup, çeşitli İngiliz polis teşkilatlarından çalınan bilgileri içerdiği iddia edilen bir dosyayı yayınlayarak Wikileaks'in kurucusu Julian Assange'ın tutuklanması için misilleme yapmaya çalıştı.
Şubat 2020	Şubat ayında Anonymous, Birleşmiş Milletler'in web sitesini hackledi ve 1971'den beri BM'de koltuğu olmayan Tayvan için bir sayfa oluşturdu.
Mayıs 2020	#BlackLivesMatter Hareketi: Anonymous, George Floyd'un öldürülmesinden üç gün sonra, 28 Mayıs'ta büyük bir hackleme dizisi ilan etti.
28 Mayıs 2020	#PLDTHacked: PLDT'nin (Filipin Uzun Mesafe Telefon Şirketi) müşteri hizmetlerinin Twitter hesabı, PLDT'nin sunduğu korkunç internet bağlantısını protesto etmek için isimsiz Filipinli bir grup tarafından hacklendi.
Haziran 2020	Distributed Denial of Secrets (DDoSecrets) adlı bir aktivist grup, ABD kolluk kuvvetleri ve füzyon (istihbarat örgütleri bilgi paylaşım) merkezlerinden çalınan 269 GB veri yayınladı. Veriler, "BlueLeaks" adlı bir portalda sunuldu.
Temmuz 2020	"Ghost Squad Hackers" adlı hacker grubu, bir hafta içinde iki kez Avrupa Uzay Ajansı'nın (ESA) web sitesini hackledi.

Nörohacking Simülasyonu

Medya sisteminin toplumsal hareketlere açıklığı, siyasi fırsatın önemli bir unsurudur. Bir yandan medya, anlamın inşasında ve kültürün yeniden üretilmesinde önemli bir rol oynar (Gamson ve Meyer, 1996, s. 285). Medyanın toplumsal hareketler için en az üç farklı yolla aracı olduğunu belirtmektedir: (a) Medya, genel halka ulaşmak, onay almak ve potansiyel katılımcıları harekete geçirmek için önemli bir araçtır; (b) medya, hareketleri diğer siyasi ve sosyal aktörlerle ilişkilendirebilir; ve (c) medya sosyal hareketler için psikolojik destek sağlayabilir (Klandermans ve Goslinga, 1996, s. 319). "Bilgisayar aracılı iletişimin politik önemi, mevcut siyasi hiyerarşinin güçlü iletişim medyası üzerindeki tekeline meydan okuma ve belki de böylece vatandaş temelli demokrasiyi yeniden canlandırma kapasitesindedir" (Rheingold, 1993). İnternetin ilk günlerinde, bu yeni iletişim teknolojisinin bireyleri güçlendirebileceği, kamusal alanı yeniden canlandırabileceği ve nihayetinde, ilgilenen herkesin yerel, ulusal alanda ve hatta küresel siyasi karar alma da söz sahibi olabileceği yeni bir taban demokrasisine yol açabileceği iddiaları ortaya atılmıştı (McPhilips, 2006, s. 329). Sonuçta halk, haber medyasına kaynak olarak güvenmektedir. Findahl'ın (1998) çalışması, "iyi adamları" ve "kötü adamları" tasvir eden kalıcı haberlerin kamuoyu üzerindeki etkilerine çarpıcı bir örnek sunmaktadır. Findahl (1998: 123) şu sonuca varır: "Bu şekilde tarih veya kişinin tarih anısı haberlerden özellikle izleyicinin güvenebilecekleri kendilerine ait ilgili bilgi ve deneyimleri olmadığı zaman etkilenebilir."

Bir haber kaynağı için medyanın problemi ve etik sorunu, hükümetlerin hata yapmayacağı ve her zaman güvenilir bir işbirliği olacağıdır. Ancak bu, halkı daha manipülatif hale getirmektedir ve izleyicinin haber kaynağını da ana akımdan internete dönüştürmüştür.

Kamusal alanın çoğunun arabuluculuk yaptığı bir çağda (Thompson, 1995, 2000), sosyal medyanın bir aktivistin dijital alet çantasının bir parçası olarak kabul edilmesi ve kullanılması, sosyal medyanın aktivist gruplar için araç olarak önemli olduğunu doğrulamaktadır. SNS, aktivistlerin çevrim içi, hatta alternatif bir kamusal alan oluşturmalarına ve katılmalarına yardımcı olmaktadır (Harp ve diğerleri, 2012, s. 313).

Günümüz toplumuda medyanın rolü küçümsenemez, Rushkoff'un Media Virus'da dediği gibi! "Veri küresi, yalnızca bir kişinin virüslere maruz kalabileceği veya virüsleri yineleyebileceği yollarla sınırlıdır. Veri küresi büyüdükçe, her birimiz viral kültürümüzle daha fazla temas kurarız. Medya yeni bir tür yakınlığı teşvik ediyor ve hiç kimse selden kaçamaz. Medyamızdaki mesajlar bize Truva atları olarak paketlenmiş olarak gelmektedir." (Rushkoff, 1994, s. 47).

Kullanıcı tarafından oluşturulan içeriğin çoğu Facebook, video paylaşım portalı YouTube, Twitter ve kısa mesaj hizmeti (SMS) veya kısa mesaj gibi sosyal medya kullanılarak iletilmektedir. Bu medya türü, kullanıcılar arasında uçtan uca iletişimi mümkün kıldığı gibi birbirlerine bağlanarak, kullanıcıların fikirlerini ve görüntülerini çok sayıda insana iletmesine olanak tanımaktadır. Daha fazla etkileşim, bir fikrin yayılmasını sağlarken, aynı zamanda internetin de kontrol dönemini başlatmaktadır. İnternet bize merkezi olmayan, kendi kendini organize eden bir sistem kontrolü sağlarken bu da bir merkezden kontrol edilmektedir.

Başlangıcından günümüze kadar internete bakıldığında geçmişiyle bugünü arasında çok büyük yapısal dönüşüm farklılıkları ortaya çıkmaktadır. Her geçen gün katılan daha fazla kullanıcı daha fazla etkileşim yaratmış fakat bu aynı zamanda kontrol edilebilir, ana akım medyanın bile ulaşamayacağından büyük kitleler yaratmıştır. Her kullanıcı bir sinir ucundaki hücre gibi elektrik sinyallerini alıp veren bir aygıta dönüşmüştür. Geçmişin manipülatif araçlarına göre internet daha büyük oranda enformasyonu daha büyük oranda kitlelere taşıyabilmesi sebebiyle artık zihin hacklemenin simülasyonun en büyük aracı ve platformu haline dönüşmüştür. Bu bağlamda interneti bu simülasyon için şunlar kullanmaktadır:

1- İnternet Trolleri: Trol kavramı internet ile birlikte gelişmişken amacı insanlarda duygusal bir tepki uyandırmak için kasıtlı olarak yönlendirme faaliyetleridir (Donath, 1999, s. 29-59).

2- Oyunseverler: Yayılan online oyun platformları kendine has kendi kimliğini belirleyen oyuncular topluluğu yaratmış ve son dönemde bu topluluklar siyasallaşmışlardır (Almog ve Kaplan, 2015).

3- Nefret Grupları ve İdeologlar: İnternetin alternatif bir medya ortamı sunabilmesi nedeniyle küresel düzeyde herhangi bir olgu etrafında toplanmış ırkçı, cinsiyetçi, ayrımcı yapılanma bu simülasyonda yer bulabilmektedir.

4- Komplo Teorisyenleri: Komplo teorilerinin gelişmesi için bir çok internet platformu verimli bir zemin haline gelmiştir. Geleneksel medya denetiminin engeli olmaksızın kendi komplo belgelerini bu platformlarda yayınlayabilmektedirler (Clarke, 2007, s. 167-80).

5- İnternet Fenomenleri: Belirli mesajları yayma ve bu mesajların ana akım kapsamına girmesini takipçi sayılarının yüksekliği, ticari ve siyasi itibarlarının yüksek olması sebebiyle sağlam güce sahiptirler.

6- Aşırı Partizan Haber Ağları: Aşırı partizan haber siteleri dünya hakkında temelde yanıltıcı bir bakış açısı yaratmak için bağlamdan arındırılmış gerçekleri, tekrarlanan yanlışları ve mantık sıçramalarını birleştiren ağlar olarak tanımlanabilir (Benkler ve diğerleri, 2017). Bu kendi başına sahte haberler değil ideolojik temelli bir dünya görüşüne dayanan propagandadır (Jack, 2017).

7- Politikacılar: İnternet ve sosyal medyayı hem iyi olarak hem de aktif olarak kullanabilen politikacılar bu etki faktörünün önemli unsurudur.

Sosyal ve katılımcı medya, ana akım medyanın manipülasyonunun anahtarıdır. Nispeten sınır görüşlere sahip olanların birbirlerini bulmalarını, medya üretimi ve bilgi yayma konusunda işbirliği yapmalarını ve günlük yaşamlarında yayınlanması kabul edilemez olan bakış açılarını paylaşmalarını sağlamaktadır (Harkinson, 2017). Bu noktada bloglar, web siteleri, Discord, 4chan, 8chan, 2chan, reddit gibi platformlar, forumlar ve mesaj siteleri, ana akım sosyal medya siteleri kullanılmaktadır.

Dezenformasyon, propaganda ve/veya sahte haberler yaratan ve yayan aktörler genellikle ideoloji, radikalleşme, para ve/veya statü ve kabul görme yöntemlerinden biri veya daha fazlası ile motive olmaktadırlar (Caplan ve boyd, 2018).

Motivasyonunu tamamlamış olan aktörler zihin hackleme simülasyonunu gerçekleştirebilmek için daha çok şu teknikleri kullanmaktadırlar:

1- Katılımcı Kültür: Sivil katılım için düşük engellerin olması kişinin yaratma ve paylaşmaya yönelik güçlü desteği tecrübelilerden, fenomenlerden rahatlıkla alabilmesi artırılmış katılımcı kültürünü bir yöntem olarak ortaya çıkartmaktadır.
2- Ağlar: Dünyayı hashtaglerin yönetmesidir.
3- Memler: Kişiden kişiye geçen ancak kademeli olarak paylaşılan bir sosyal fenomene dönüşen kültürel bilgidir (Shifman, 2013, s. 363).
4- Sosyal Botlar: Sosyal medyada içerik oluşturan ve insanlarla etkileşime giren, bir politikacının sahip olduğu takipçi sayısını şişirmek; propaganda yapmak; siyasi söylemi incelikle etkilemek ve içeriği toplamak ve yayınlamak için (Woolley, 2016) kullanılan yazılım parçalarıdır (Forelle ve diğerleri, 2015).
5- Stratejik Büyütme ve Çerçeveleme: İnsanlara önceden var olan inançlarıyla çelişen bilgiler sunulduğunda, onları değiştirmek yerine orijinal fikirlerini ikiye katlayacakla-

rını göstermiştir (Wadley, 2012). Bu, bir hikaye zaten popülerlik kazandıktan sonra, yanlış bilgilerin gerçek anlamda düzeltilmesinin ana akım medya için neredeyse imkansız olduğu anlamına gelir. Ek olarak, olayların doğru bir versiyonu, zorlayıcı bir yanlış anlatıdan genellikle daha karmaşık ve daha sıkıcıdır (Harford, 2017). Zihin hackleme simülasyonun gerçeğe dönüşmesi noktasında kitlesellliğin olması tek başına yetmeyecektir. Buradaki ana unsurlardan biri ana akım medyanın otoritelerin etkisinde aleni ve aşırı derecede kalmış olması ana akıma olan güveni sarsmış, ekonomik ve teknolojik faktörlerin bir araya gelmesi sebebiyle yerel gazeteciliğin dijitale dönüşememesi, en değerli içeriğin dikkat çekme olasılığı en yüksek olan içerik olduğu bir dikkat ekonomisi sisteminde kitleler, ana akım medya ve otorite simülasyonunun gerçekliğini en üst seviyede yaşarlar. Bunun sonucunda da toplumlar kendi gerçekliklerinde, sahte haberler gelişen medyaya güvensizlik ve aşırı radikalleşme ile yüzleşmek zorundadır.

Kod Savaşları Üzerine: Siber Savaş – Siber Terörizm

Dijital teknoloji, baskıcı hükümetler için yeni kontrol, gözetleme ve zulüm yöntemleri sağlarken, bilgisayar korsanları ve teröristler gibi yıkıcı bireyleri eylemlerini koordine etme ve ağı daha önce ulaşamayacakları hedeflere saldırmak için kullanma becerisi sağlamaktadır. 1999 yılında ABD Başkanı Clinton; "terörist ve kanun dışı devletler, dünyanın savaş alanını fiziksel uzaydan siber uzaya, dünyamızın engin su kütlelerinden kendi insan vücudumuzun karmaşık işleyişine kadar genişletiyorlar" (Clinton, 1999, s. 3486) ifadesiyle milletlerin varlığının sürdürülmesinde önemli bir erk olan devlet kültürünün de siber savaş/enformasyon savaşı/kod savaşları ve tatbikat örnekleri kültürüne ayak uydurmasının zorunluluğunu açıkça ortaya koymaktadır.

Böyle bir savaşın yürütülebilmesi için en temel ihtiyacın ordu olduğu tarihsel bir gerçektir. Bunun farkındalığıyla siber savaş ordusu kurma çalışmalarına bakıldığında herkesten önce başlayan ülkeler dikkat çekicidir. İnternetin ana vatanı olan ABD başta olmak üzere, Rusya, İran, Kuzey Kore, Suriye, Rusya'nın saldırısından sonra harekete geçen Estonya, Hindistan ve son olarak da ordusunda elit siber askerlerin olduğunu kabul eden Çin, siber ordu sahibi olan ülkelerdir. Yakın tarihin tescilli siber savaş silahı Stuxnet solucanı siber dünyanın siber silahı olarak İran'ın nükleer programının geciktirilmesi veya başarıya ulaşmaması için geliştirilmiş ilk örnektir. Şubat 1998'de Amerikan senatosunda Acil Müdahale ve Araştırma Enstitüsü (ERRI) direktörü Clark Staten "küçük terörist grupların bile mesajlarını yayınlamak ve aynı anda birden çok ülkedeki genel nüfusu yanlış yönlendirmek/yanlış bilgilendirmek için İnternet'i kullanmaktadırlar" (Denning, 2001, s. 8) ifadesinden de anlaşılacağı üzere savaşın devletler arasında değil aynı zamanda terör örgütlerinin de entegre olduğu yeni asimetrik dijital savaş türüne dönüştüğünü ortaya koymaktadır.

Nisan 1999'da Los Angeles Times, Kosova çatışmasının "siber uzayı, elektronik görüntüler, çevrim içi tartışma grubu gönderileri ve bilgisayar korsanlığı saldırılarının kullanılmasıyla kalpler ve akıllar için savaşın yürütüldüğü ruhani bir savaş alanına dönüştürdüğünü yazmaktadır (Dunn 1999).

Santa Cruz'daki California Üniversitesi'nde psikoloji profesörü Anthony Pratkanis, şu anda gördüğünüz şeyin önemli hale gelecek olanın sadece ilk turu olduğunu gözlemledi. "Savaş zamanı propagandasının asırlık geleneğinin son derece gelişmiş bir aracı... Savaş stratejistleri, henüz değilse endişelenmelidir" (Montgomery 1999, s. 19).

2002 İç Güvenlik Yasası'nın bir parçası olan Siber Güvenliği İyileştirme Yasası, hükümet ve özel sektör tarafından terörist tehditleri belirlemek için devasa bir veri tabanının oluşturulması çağrısında bulundu ve "pervasızca" hayatları tehlikeye atan bilgisayar korsanları için ömür boyu hapis cezası öngördü. Kanun, İnternet Servis Sağlayıcılarının kullanıcı kayıtlarını kolluk kuvvetlerine teslim etmesini şart koşarak Vatanseverlik Kanu-

Algı Yönetimi

nu gibi önceki mevzuatta yer alan mahremiyetle ilgili kısıtlamaları güçlendirir (Hales, 2002).

Hacker grupları koalisyonu hacktivismo deklarasyonunda "bir ulusun veri ağlarını devre dışı bırakmaya çalışarak bilgiye ücretsiz erişimini iyileştirmeyi meşru olarak umut edemezsiniz" ifadesindeki bir ulusun veri ağlarının devre dışı bırakılması artık bir savaş nedeni ve bu savaş sadece bir teknoloji savaşı olmadığı gibi aynı zamanda sanal dünyanın kendi içinde cereyan eden sanal psikolojik bir savaştır da.

Tartışma ve Sonuç

18. yüzyıl İngiltere'sinin işçi grevlerinden, günümüze kadar enformasyonun yayılmasında medya, iletişim araçları dönüşümlere uğrayarak kullanılmış birer araç olmuşlardır. Süreç içinde sadece iletişim aracı dönüşüme uğramamış, bu dönüşümün toplumsal dönüşüm üzerinde de büyük etkileri bulunmaktadır.

Aktivizm ve dijital akvitizm; küreselleşme karşıtı, uluslararası/ulusal şirket davranışlarının değiştirilmesinde, politik sebepler, feminist hareketler, çevreci hareketler, hayvan hakları, sosyal hareketler, diasporaların ihtiyaçları doğrultusundaki eylemler için kullanılmaktadır. Yeni çağın savaşlarındaki dönüşüm ve teknolojinin yarattığı yeni kullanıcı tipi, bir yandan da çatışmacı eylem türünü dönüştürerek, hacktivizm kavramını da bu eylem fenomenine eklemiştir. Aktivizm + dijital aktivizm + hacktivizm = sivil başkaldırı ifadesi otoritenin yüzleşmesi gereken yeni çağın sivil toplum hareketlerinin iç dinamikleridir.

Eylem fenomeni, tarihin en eski dönemlerinden bugüne kadar varlığını sürdürmüş, kazanılmış bir hak olarak insanlığın çaba vererek elde ettiği bir durumdur. Modern eylem olgusunu Fransız Devrimi ve Endüstri Devrimi şekillendirmiş olsa da modern çağın eylemi iletişim devrimleri ile birlikte gerçekleştirilen bir olgu haline gelmiştir. Kazanılmış hakların doğru kullanılması doğrultusunda ve eylem olgusunun garantisi olarak artık İnsan Hakları Evrensel Beyannamesinde de yer alması kolay elde edilmiş bir durum değildir. Ancak insan hakları için yapılan eylemin, bir başka insanın haklarını çiğnemesi ve şiddet içerdiği noktada o eylem haklılığını yitirecektir. Hacktivizm ile siber terörizm arasındaki ince çizgide eylem içindeki molotof ile sisteme kalıcı zarar verilmesi arasında da bir fark gözetilmemesi şaşırtıcı olmayacaktır ki hacktivizm kavramının yaratıcılarının da en büyük çekincesi bu olmuştur. Hacktivizm'de ayrımcılık mantığının olmaması, temelinde insan olması sebebiyle çekici olduğu kadar bir o kadar da bazı güç odakları tarafından, terör örgütlerinin dijital uzantıları tarafından masumlaştırma amacıyla da kullanılmaktadır.

Edward Bernays'in (1928, s. 37-38) şu ifadelerini hiçbir zaman unutmamak gerekir: "Grup zihninin mekanizmasını ve güdülerini anlarsak, kitleleri bilmeden irademize göre kontrol etmek ve düzenlemek artık mümkündür. Kitlelerin örgütlü alışkanlıklarının ve fikirlerinin bilinçli ve akıllıca kullanılması, demokratik toplumda önemli bir unsurdur. Toplumun bu görünmeyen mekanizmasını manipüle edenler, ülkemizin gerçek yöneticisi gücü olan görünmez bir hükümet oluştururlar. Kitlelerin zihinsel süreçlerini ve sosyal kalıplarını anlayan nispeten az sayıdaki kişi tarafından yönetiliyoruz. Halkın zihnini kontrol eden kabloları çeken onlardır."

Kaynakça

Activism. (n.d.). Collins English Dictionary - Complete ve Unabridged 10th Edition. Dictionary.com, Erişim adresi: http://dictionary.reference.com/browse/activism

Almog, R., ve Kaplan, D. (2015). The Nerd and His Discontent: The Seduction Community and the Logic of the Game as a Geeky Solution to the Challenges of Young Masculinity. Men and Masculinities, 1097184X15613831.

Baylor, T. (1996). Media framing of movement protest: The case of American Indian protest. Social Science Journal, 33(3), 241–255.

Benkler, Y. (2006). The Wealth of Networks: How Social Production Transforms Markets and Freedom. Yale University Press, New Heaven.

Benkler, Y., Hal R., ve Zuckerman, E. (2017). Study: Breitbart-Led Right-Wing Media Ecosystem Altered Broader Media Agenda. Columbia Journalism Review, http://www.cjr.org/analysis/breitbart-media-trump-harvard-study.php.
Bennett, W. L., Breunig, C., ve Givens, T. (2008). Communication and political mobilization: Digital media and the organization of anti-Iraq War demonstrations in the U.S. Political Communication, 25(3), 269–289.
Bernays, E. (1928). Propaganda, Horace Liveright, New York.
Cammaerts, B. (2007). Introduction: Activism and media. In B. Cammaerts ve N. Carpentier (Eds.), Reclaiming the media: Communication rights and democratic media roles (pp. 217–224). Chicago, IL: University of Chicago Press.
Caplan, R., ve Boyd, D. (2016). Mediation, Automation, Power. Data ve Society Research Institute, https://datasociety.net/pubs/ap/MediationAutomationPower_2016.pdf.
Carey, J. W. (1989). Space Time and Communications: A Tribute to Harold Innis. In Hyams (Ed.), Communication as Culture: Essays on Media and Society. London: Unwin.
Castells, M. (2004). The Power of Identity (2nd ed.). Malden, MA: Blackwell Publishing, Ltd.
Clarke, S. (2007). Conspiracy Theories and the Internet: Controlled Demolition and Arrested Development. Episteme: A Journal of Social Epistemology 4, no. 2: 167–80.
Clinton, W. J. (1999). 'Keeping America Secure for the 21st Century', Proceedings of the National Academy of Sciences, vol. 96, no. 7, pp. 3486–3488.
Coleman, G. (2011). Hacker politics and publics. Public Culture, 23(3), 511–516.
Comor, E. (2001). Harold Innis and the Bias of Communication. Information, Communication ve Society, 4(2), 274294.
Curran, J., ve Gurevitch, M. (Eds.). (2005). Mass media and society. UK: Hodder Arnold.
Deibert, R. ve Rohozinski, R. (2008). Good for liberty, bad for security? Global civil society and the securitization of the internet, in Deibert, R.; Palfrey, J.; Rohozinksi, R. and Zittrain, J., Eds., Access denied: The practice and policy of global internet filtering. Cambridge: MIT Press, 123-150.
Deibert, R. J. (1997). Parchment, Printing, and Hypermedia Communication in World Order Transformation. New York: Columbia University Press.
Denning, D. E. (2001). Activism, Hacktivism, and Cyberterrorism The Internet as a Tool for Influencing Foreign Policy. In Arquilla, J. and Ronfeldt, D., eds. Networks and Netwars: The Future of Terror, Crime, and Militancy. RAND Publications, California, USA.
Diamond, L. (1999). Developing democracy: Toward consolidation. Baltimore: The Johns Hopkins University Press.

Diani, M. (1992). 'The concept of social movement', Sociological Review, 40(1), 1-25.

Diani, M., ve Bison, I. (2004). Organisations, coalitions and movements. Theory and Society, 33(3/4), 281–309.

Donath, J. (1999). Identity and Deception in the Virtual Community. In Communities in Cyberspace, edited by Peter Kollock and Marc Smith, 29–59. London: Routledge.

Drache, D. ve Beyer, R. (1996). States Against Markets: The Limits of Globalisation. London: Routledge.

Dunn, A. (1999). Crisis in Yugoslavia—Battle Spilling over onto the Internet, Los Angeles Times, April 3.

Featherstone, D. (2005). Towards the relational construction of militant particularisms: Or why the geographies of past struggles matter, Antipode, 37, 250-271.

Findahl, O. (1998). News in Our Minds, pp. 111–27 in K. Renckstorf, D. McQuail and N. Jankowski (eds) Television News Research: Recent European Approaches and Findings. Berlin: Quintessence Publishing.

Forelle, Michelle C, Philip N. Howard, Andres Monroy-Hernandez, ve Saiph Savage. (2015). Political Bots and the Manipulation of Public Opinion in Venezuela. SSRN Electronic Journal, doi:10.2139/ssrn.2635800.

Gamson, W. ve Meyer, D. (1996). Framing political opportunity in McAdam, D, McCarthy, J and Zald, M (eds.): Comparative Perspectives on Social Movements: Political Opportunities, Mobilizing Structures, and Structural Framings, Cambridge University Press: Cambridge, 285.

Gamson, W. ve Wolfsfeld, G. (1993). Movements and media as interacting systems. Annals of the American Academy of Political and Social Science, 528, 114–125.

Garrett, R. K. (2006). Protest in an information society. A review of the literature on social movements and new ICTs, Information, Communication ve Society, 9 (2).

Gitlin, T. (1980). The Whole World is Watching: Mass Media in the Making ve Unmaking of the New Left. Berkeley: University of California Press.

Grunig, L. A., Grunig, J. E. ve Dozier, D. M. (2002). Excellent public relations and effective organizations: A study of communication management in three countries. Mahwah, NJ: Lawrence Erlbaum Associates, Inc.

Hackett R., ve Adam, M. (1999). Is media democratization a social movement?, Peace Review: A Journal of Social Justice, 11(1), 125-131

Hales, P. (2002). Cyber security act slips into homeland security legislation. Hackers face life imprisonment, snoops gain sweeping powers, The Inquirer, 14 Nov., http://www.theinquirer.net/?article=6250

Harford, T. (2017). The Problem With Facts. Financial Times, March 9. https://www.ft.com/content/eef2e2f8-0383-11e7-ace0-1ce02ef0def9.

Harkinson, J. (2017). Meet Silicon Valley's Secretive Alt-Right Followers. Mother Jones, March 10. http://www.motherjones.com/politics/2017/03/silicon-valley-tech-alt-right-racism-misogyny.

Harlow, S., ve Harp, D. (2011). Collective action on the Web: A cross-cultural study of social networking sites and online and offline activism in the United States and Latin America. Information, Communication and Society. doi:10.1080/1369118X.2011.591411

Harp, D., Bachmann, I., ve Guo, L. (2012). The Whole Online World Is Watching: Profiling Social Networking Sites and Activists in China, Latin America, and the United States, International Journal of Communication, 6, 298–321.

Hearn, K., Mahncke, J. R., ve Williams, A. P. (2009). Culture Jamming: From Activism to Hactivism, 10th Australian Information Warfare and Security Conference, Edith Cowan University, Perth Western Australia, 1st-3rd December, DOI: 10.4225/75/57a7f10a9f480

Innis, H. A. (1951). The Bias of Communication. Toronto: University of Toronto Press.

Jack, C. (2017). What's Propaganda Got To Do With It? Data ve Society: Points, January 5. https://points.datasociety.net/whats-propaganda-got-to-do-with-it-5b88d78c3282.

Johnston, J. ve Laxer, G. (2003). Solidarity in the age of globalization Lessons from the anti-MAI and Zapatista struggles, Theory and Society, 32(_), 39-91.

Joyce, M. (2010). Points of Consensus in the Optimist/Pessimist Debate. October 5, http://www.meta-activism.org/2010/10/points-of-concensus-in-the-optimistpessimist-debate/.

Jurgenson, N. (2011). Welcome to the augmented revolution. Salon. Retrieved from http://www.salon.com/2011/11/06/the21stcenturysaugmentedrevolution/singleton

Juris, J. (2005). The new digital media and activist networking within anticorporate globalization movements, Annals of the American Academy of Political and Social Science, 557, 189-208.

Kahn, R. ve Kellner, D. (2004). New media and internet activism: From the Battle of Seattle to blogging. Thousand Oaks: Sage.

Karatzogianni, A. (2005). Social Movement Theory and Sociopolitical Cyberconflicts, Tenth International Conference on Alternative Futures and Popular Protest, Manchester Metropolitan University, Manchester, 30 March- - 1 April 2005.

Kessler, L. (1984). The dissident press: Alternative journalism in American history. Beverly Hills, CA: Sage Publications.

Khamis, S. ve Vaughn, K. (2011). Cyberactivism in the Egyptian Revolution: How Civic Engagement and Citizen Journalism Tilted the Balance, Arab Media and Society, 14, Summer 2011.

Kirkpatrick, G. (2008). Technology and Social Power. Palgrave Macmillan, Basingstoke.

Klandermans, B ve Goslinga, S. (1996). Media discourse, movement publicity, and the generation of collective action frames: Theoretical and empirical exercises in meaning construction in McAdam, D, McCarthy, J and Zald, M (eds.): Comparative Perspectives on Social Movements: Political Opportunities, Mobilizing Structures, and Structural Framings, Cambridge University Press: Cambridge, 319.

Levy, S. (1984). Hackers: Heroes of the Computer Revolution, Doubleday, New York.

Lomicky, C. S., ve Hogg, N. M. (2010). Computer-mediated communication and protest. Information, Communication and Society, 13(5), 674–695.

Ludlow, P. (2010). WikiLeaks and Hacktivist Culture, The Nation, October 4, 2010 Issue, 25-26.

Lunceford, B. (2012). The Rhetoric of the Web: The Rhetoric of the Streets Revisited Again. Communication Law Review. 12. 40-55.

Martin, J. H. (2000). Hacktivism: The New Protest Movement? Spark-Online, http://www.spark-online.com/april00/trends/martin.html, para. 6.

McCaughey, M. ve Ayers, M. D. (Eds.). (2003). Cyberactivism: Online activism in theory and practice. New York, NY: Routledge.

McChesney, R. (1996). The Internet and U.S. communication policy-making in historical and critical perspective: Symposium: The Net. Journal of Communication, 46(1), 98–124.

McLuhan, M., ve Fiore, Q. (1967). The medium is the message. Harmondsworth: Penguin.

McPhillips, F. (2006). Internet Activism: Towards A Framework for Emergent Democracy, IADIS International Conference WWW/Internet 2006, ISBN: 972-8924-19-4, 329-338.

Melucci, A. (1989). Nomads of the Present: Social Movements and Individual Needs in Contemporary Society, edited by John Keane and Paul Mier, Temple University Press: Philadelphia. p.14.

Metac0m. (2003). What is Hactivism? 2.0. Retrieved Oct 19, 2009, 2009, from http://www.thehacktivist.com/whatishacktivism.pdf

Montgomery, R. (1999). Enemy in Site—It's Time to Join the Cyberwar, Daily Telegraph (Australia), April 19.

Nip, J. (2004). The Queer Sisters and its electronic bulletin board in Cyberprotest: New Media, Citizens and Social Movements, Routledge: London and New York, p.233

Nip, J.Y.M. (2006). Exploring the second phase of public journalism. Journalism Studies, 7 (2), 212-236.

O'Neill, K. (1999). Internetworking for Social Change: Keeping the Spotlight on Corporate Responsibility, United Nations Research Institute for Social Development, Geneva.

OxBlood Ruffin. (2000). Hacktivismo, Cult of the Dead Cow, July 17, http://w3.cultdeadcow.com/cms/2000/07/hacktivismo.html

Raymond, E. (1986). How to become a hacker, Thyrsus Enterprises, Available at: http://www.catb.org/~esr/faqs/hacker-howto.html

Reber, H. B., ve Jun, K. K. (2006). How Activist Groups Use Websites in Media Relations: Evaluating Online Press Rooms, Journal of Public Relations Research, 18, 4, 313-333, http://dx.doi.org/10.1207/s1532754xjprr1804_2

Rheingold, H. (1993). The Virtual Community: Homesteading on the Electronic Frontier. Addison-Wesley, Reading, Mass, USA.

Rohlinger, D. A. ve Brown, J. (2009). Democracy, action, and the Internet after 9/11. American Behavioral Scientist, 53(1), 133–150.

Rushkoff, D. (1994). Media Virus! Hidden Agendas in Popular Culture. New York, NY: Ballantine Books, 20-50. eBook.

Rutherford, K. (2000). Internet activism: NGOs and the mine ban treaty, International Journal of Grey Literature, 1(3): 99-106.

Salmon, C.T., Fernandez, L. ve Post, L.A. (2010). Mobilizing public will across borders: Roles and Functions of communication processes and technologies. Journal of Borderlands Studies, 25 (3 ve 4), 159-170.

Salter, L. (2003). Democracy, new social movements, and the Internet in McCaughey, M. ve Ayers, M. (eds.) Cyberactivism: Online Activism in Theory and Practice, Routledge: New York and London, 129.

Samuel, A. (2004). Hactivism and the Future of Political Participation. Harvard University, Cambridge, Massachusetts.

Sathe, S. P. (2002). Judicial activism in India: Transgressing borders and enforcing limits. London, England: Oxford University Press.

Shifman, L. (2013). Memes in a Digital World: Reconciling with a Conceptual Troublemaker, Journal of Computer-Mediated Communication 18, no. 3, 362–77.

Siapera, E. (2004). Asylum politics, the Internet, and the public sphere: The case of UK refugee support groups online. Javnost: The Public, 11(1), 79–100.

Sivitanides, M., Shah, V. (2011). The Era of Digital Activism, Conference for Information Systems Applied Research, CONISAR Proceedings, Wilmington North Carolina, USA.

Smith, J. (2001). Globalizing resistance: The battle of Seattle and the future of social movements, Mobilization, 6, 1-19.

Smith, M. F. (2005). Activism. In R. E. Heath (Ed.), Encyclopedia of public relations (pp. 5–9). Thousand Oaks, CA: Sage.

Stallman, R. (1985). Why I must write GNU', The GNU Manifesto Web page, http://www.gnu.org/gnu/manifesto.html

Thomas, D. (2002). Hacker Culture (Minneapolis: University of Minnesota Press.

Thompson, J. B. (1995). The media and modernity: A social theory of the media. Stanford, CA: Stanford University Press.

Thompson, J. B. (2000). Political scandal: Power and visibility in the media age. Cambridge, England: Polity.

Tormey, S. (2004). Anti-capitalism: A Beginner's Guide, Oneworld: Oxford, 159.

Touraine, A. (1985). An introduction to the study of social movements, Soc. Res., 52.

Turkle, S. (1984). The Second Self: Computers and the Human Spirit, Granada, London.

Uniting and Strengthening America by Providing Appropriate Tools Required to Intercept and Obstruct Terrorism (USA Patriot Act) Act of 2001, Public Law 107–56, 107th Cong. 1st sess., 814, 816.

Van Laer, J. (2010). Activists online and offline: internet as an information channel for protest demonstrations, Mobilization: An International Journal, vol. 15, no. 3, 405–421.

Wadley, J. (2012). New Study Analyzes Why People Are Resistant to Correcting Misinformation, Offers Solutions. University of Michiga, September 20. http://ns.umich.edu/new/releases/20768-new-study-analyzes-why-people-are-resistant-to-correcting-misinformation-offers-solutions.

Warf, B. (2011). Google bombs, warblogs, and hacktivism: The internet as agent of progressive social change. In Nonkilling Geography. J. Tyner and J. Inwood (Eds.) pp. 127-148. Honolulu: University of Hawai'i Center for Global Nonkilling.

Wasley, A. (2007). Only connect, Index on Censorship, 36(4), 52-58.

Whittier, N ve Taylor, V. (1992). Collective identity and lesbian feminist mobilization, pp. 104-29 in Frontiers of Social Movement Theory, edited by A. Morris and C. Mueller, Yale University Press: New Haven.

Woolley, Samuel C. (2016). Automating Power: Social Bot Interference in Global Politics. First Monday 21, no. 4. doi:10.5210/fm.v21i4.6161.

Zinn, H. (1968). Disobedience and democracy: Nine fallacies on law and order. New York: Random House, 27.

İSLAMOFOBİ, DEHÜMANİZASYON VE ALGI İNŞASI BAĞLAMINDA PEGIDA HAKKINDAKİ HABER VİDEOLARINA GELEN KULLANICI YORUMLARININ METİN MADENCİLİĞİ İLE ANALİZİ

Oğuz KUŞ[*]

Giriş

Gruplararası ilişkilerin etkin ve olumlu bir düzlemde devam edebilmesi için grupların birbirleri hakkında kelimelerle çizmiş oldukları portre büyük önem taşımaktadır. Çünkü kelimeler grupların birbirlerine yönelik algılarının sınırlarını yapılandırmaktadır. Grupların birbirlerine yönelik algısını tarihi yaşanmışlıklar gibi köklü değişkenler etkiliyor olsa da medya gündeminin ve farklılaşan medya aktörlerinin belirgin etkisi göz ardı edilemez. Bu noktada akla Lippmann'ın insanların zihnindeki gerçeklik algısının 'zihindeki resimler' ve 'stereotipler' tarafından yönlendirildiğini vurgulayan ve bu resimlerin dış dünyadan medyanın ana bileşenleri aracılığı ile ulaştırıldığının altını çizen sözde çevreler önermesi gelmektedir (Lippmann, 1998, [1992]). Bu bağlamda geleneksel ve yeni medya aktörlerinin belirli bir grubu betimlerken kullandığı kelimeler, o gruba yönelik tarihi uzamın içerdiği stereotipler de dahil olmak üzere, algının inşa sürecini etkilemektedir.

---

[*] Araş. Gör. Dr., İstanbul Üniversitesi İletişim Fakültesi, oguz.kus@istanbul.edu.tr

Oğuz KUŞ

Bu çalışma, yeni medya platformlarındaki kullanıcı yorumlarının İslamofobik bir algının inşası sürecinde nasıl bir rolü olduğunu anlamayı amaçlamaktadır. Bu yönüyle kullanıcı kaynaklı içeriğin İslam ve Müslümanlar hakkında insanların "zihnindeki resimlere" nasıl etki edebileceğine ve nasıl "stereotiplerin" oluşmasına sebep olabileceğine cevaplar aramaktadır. Bu süreçte dehümanizasyon ve infrahümanizasyon teorik zemini göz önünde bulundurularak bir nefret söylemi olarak İslamofobi değerlendirilmiş, İslamofobinin geleneksel ve yeni medyada vuku bulma biçimleri gözden geçirilmiştir. Bu teorik arka plandan hareketle çoğu zaman İslamofobik söylemlerle gündeme gelen PEGIDA isimli topluluğun YouTube'da en çok izlenen beş videosuna gelen kullanıcı yorumları toplanmış, elde edilen veri seti metin madenciliği tekniğinin de dahil olduğu yarı-otomatize bir içerik analizi süreci ile değerlendirilmiştir. Analiz sonucunda kullanıcı yorumlarındaki İslamofobik perspektifin sebeplerine yönelik tespitler yapılmış, etkileşim sayıları üzerinden hangi sebebin daha görünür olduğu belirlenmiştir. Çalışma çerçevesinde elde edilen bulgular öncül literatür göz önünde bulundurularak tartışılmış ve dijital platformlarda İslamofobi ve diğer dehümanizasyon/infrahümanizasyon içeren söylemleri önlemek için çözüm önerileri sunulmuştur.

Dehümanize ve İnfrahümanize Eden Bir Söylem Olarak İslamofobi

Dehümanizasyon bir grubu insana özgü olmayan niteliklerle betimlemeyi ve bu fiili gerçekleştirirken buna maruz kalan grupları şeytanlaştırıcı kelimeler, nesneler, hayvanlar ve insanlık dışı terimlerle betimlemeyi içermektedir (Bar-Tal ve Hammack, 2012; Haslam ve Stratemeyer, 2016; Kymlicka, 2017; Panaitiu, 2020). Dehümanizasyon dış gruplara yönelik algıyı, dolayısıyla toplumsal iletişimin kalitesini olumsuz bir şekilde etkilemektedir. Dehümanize edilen hedef, insandan daha aşağı görüldüğünden bu hedefe yönelik davranış ahlaki düşünce sınırları kapsamında tutulmamakta veya hedefin saygı görmeye layık olmadığı düşünülmektedir, böylece dehümanize edilen hedefe yönelik istismar veya şiddet içeren davranışların önünde bir engel kalmamaktadır (Haslam, 2006; Pizzirani ve Karantzas, 2018). Gruplararası iletişimde infrahümanizasyon pratiğiyle de sıklıkla karşılaşılabilmektedir. Leyens ve arkadaşları (2007, s. 141) bu durumu algılanan insanlık seviyesinin grup üyeliğine göre farklılık göstermesi ve insan olma haline farklı şekillerde yaklaşılması olarak tanımlamaktadır. Bu görüş, dehümanizasyonun da açık veya örtük bir biçimde gerçekleştirilebileceği yorumunu yapmaya olanak tanımaktadır. Bu bağlamda İslamofobik söylemin de çoğu zaman "biz" ve "onlar" çizgisini belirginleştirerek, bireylerin dehümanize edilmesine sebep olduğunu belirtmek mümkündür. Küreselleşen dünyanın bir gereği olan medeniyetlerin işbirliği zeminini deforme eden İslamofobik söylem, medeniyetler çatışması zemininde yükselen yıkıcı bir etkiye sahiptir.

İslamofobinin ilk tanımlarından bir tanesi Conway (1997) tarafından "Islamophobia: A Challenge for Us All" başlıklı raporda ortaya konmuştur. Bu tanım İslamofobik düşünce sisteminin kavramsal çerçevesini şu şekilde çizmektedir:

"İslam, yeni gerçekliklere karşı monolitik ve tepkisiz görülmektedir. İslam, öteki ve ayrıksı olarak görülmektedir. İslam, aşağı, barbarik, primitiv ve cinsiyetçi görülmektedir. İslam, agresif bir düşman, şiddet eğilimli ve terörizm destekçisi olarak görülmektedir. Müslümanlar çıkarcı olarak görülmektedir. İslam, siyasi ve askeri avantaj sağlamak için kullanılan siyasi bir ideoloji olarak görülmektedir. Müslümanlara yönelik ayrımcılığın savunulması veya Müslümanlara karşı düşmanlığı kabullenilmesi söz konusudur."

Bu noktada farklı araştırmacıların fikirlerini göz önünde bulundurarak İslamofobinin farklı parametrelerini keşfetmek önemlidir. Beliech (2011), Zúquete (2008), Semati (2010) ve Stolz (2005)'un öne sürmüş olduğu düşünsel zemini göz önünde bulundurmaktadır. Fakat Semati Amerika Birleşik Devletleri özelinde bir tanım gerçekleştirdiğinden çalışma kapsamında Zúquete ve Stolz'un önermelerine değinilecektir.

Zúquete (2008), İslamofobinin Müslümanların tümü için bir stigmatizasyon uyguladığını ve İslamofobinin, İslam hakkında korku veren söylemler yayan ve insanları İslam hakkında onu 'düşman' veya 'öteki' şeklinde konumlandıran yargılarda bulunmaya teşvik eden geniş bir düşünce yapısı olduğunu belirtmekte ve İslamın Batılıların düşmanlığını hak eden monolitik bir blok olarak görüldüğüne işaret etmektedir. Diğer bir tanım ise Stolz (2005) tarafından gerçekleştirilmiştir. Stolz İslamofobiyi İslam'ın, Müslüman grupların ve Müslüman bireylerin önyargı ve stereotipler temelinde reddedilmesi olarak tanımlamış ve bu durumun duygusal, bilişsel, değerlendirici ve aksiyon-yönelimli elementler taşıyabileceğinin altını çizmiştir.

Bu açıklamada stigmatizasyon, dikkatle ele alınması gereken bir kavramdır. Çünkü stigmatizasyon bir grubun toplumsal düzlemde nasıl algılandığına yön vermekte ve dehümanizasyon pratikleriyle koşut özellikler göstermektedir. Link ve Phelan (2001, s. 367) stigmatizasyonu dört aşamada tanımlamaktadır.

"İlk aşamada insanlar başka insanların farklılıklarını ayırmakta ve etiketlemektedir. İkinci aşamada dominant kültürel inançlar etiketlenen kişilerin arzulanmayan özellikleriyle -negatif stereotiplerle ilişkilendirilmektedir. Üçüncü aşamada etiketlenen kişiler "biz" ve "onlar" ayrımı gerçekleştirilmek üzere ayrı kategorilere konumlandırılmaktadır. Dördüncü aşamada, etiketlenen kişiler statü kaybı ve eşitsizlikle sonuçlanan ayrımcılığa uğramaktadır."

Geleneksel ve Yeni Medya Penceresinden İslamofobiyi Okumak

Medyanın Müslümanlara yönelik söylemlerin İslamofobik bir algı yaratmak ve Müslümanları farklı temalarda yaftalamak noktasında rol sahibi olduğunu belirtmek mümkündür. Örneğin, Baker, Gabrielatos ve McEnery (2013, s. 65), Birleşik Krallık'ta 1998 -2009 tarihleri arasında yayımlanan gazetelerde İslam'ın ve Müslümanların nasıl yansıtıldığına odaklandıkları çalışmalarında haberlerin çatışma bağlamı içerdiğine, dini ve inananları -tehdit kaynağı olarak yansıtmadıysa- kaygıya sebep olabilecek şekilde betimlediğine işaret etmiştir. Ayrıca, çalışma kapsamında incelenen metinlerde İslam kelimesinin ana sorgu kelimelerinden bir tanesi olmasına karşın, "terör" kelimesine "İslam" kelimesine göre daha fazla rastlandığı belirtilmiştir. Baker, Gabrielatos ve McEnery (2013, s. 201), medyada Müslüman erkekler ve Müslüman kadınların farklı kelimelerle anıldığına işaret etmiştir. Müslüman erkekler yasalar, düzen, radikalleşme, terörizm ve cinayet gibi konularla anılırken; Müslüman kadınların örtü, özgürlük ve baskı konularıyla anıldığı tespit edilmiştir. Bu bulgulara benzer şekilde Ahmed ve Matthes (2017)'in gerçekleştirmiş olduğu çalışmanın bulguları da Müslümanların negatif yönlü çerçevelendiğine ve İslam'ın baskın bir şekilde şiddet içeren bir din olarak tasvir edildiğine işaret etmektedir.

Herbert (2013, s. 97)'in kitle medyasının Hollanda kamuoyunda İslamofobik tutumları inşa etme noktasında kitle medyasının etkisi üzerine sunmuş olduğu önermeler de Müslümanların yaftalanmasını ve Müslümanlara yönelik olumsuz bir algının inşa sürecinin ilerleyişini anlamak noktasında önem arz etmektedir. Çalışmada, medyada Müslümanlar ve göçmenler için küçük düşürücü terimlere yer verildiği belirtilmiştir. İslamofobik politikacıların söylemlerinin eleştirildiği belirtilse de bu eleştirilerin İslamofobik tutuma yönelik değil politikacıların yetkinliklerine yönelik olduğu saptanmıştır. Ayrıca, rekabetçi medya atmosferinin gazetecileri pro-aktif haberciliğe yönlendirdiğinin ve bunun medyayı sadece haber vermek yerine reyting kaygısıyla aktif olarak çatışma yaratmaya teşvik ettiğinin altı çizilmektedir.

Diğer nefret söylemi pratiklerine benzer bir şekilde İslamofobik söylem de dijital olarak dönüşmektedir. Hatta yeni medya platformları İslamofobik söylemin dile getirilmesini, yayılmasını ve tekrardan üretilmesini belirli noktalarda kolaylaştırmaktadır. Dijital mecralar, geleneksel mecralara kıyasla kullanıcı kaynaklı içerik, katılım ve etkileşime daha fazla olanak tanıyor olduğundan İslamofobik bir mesaja sahip olan içeriklerin yayılım ve görünürlüğü geleneksel mecralara göre daha yüksek olabilmektedir. Awan (2016) Facebook'ta Müslümanlara yönelik nefret söylemini ele aldığı çalışmasında kimi kullanıcıların, yorumlarında İslam'ı bir virüse benzettiğine ve Müslümanların hayvana benzetildiğine işaret etmiştir. Ayrıca, Müslümanların stereotipleştirmeye maruz kaldığına ve çevrimdışı ortamda da Müslüman topluluklara yönelik şiddetin teşvik edildiğine dikkat çekmiştir. Oboler (2013), Facebook'ta İslam ve Müslümanlara yönelik nefret söylemi içeren içerikleri 6 farklı kategoriye ayırmıştır: Bir güvenlik ve kamu tehdidi olarak Müslümanlar, kültürel bir tehdit olarak Müslümanlar, ekonomik bir tehdit olarak Müslümanlar, dehümanize edici ve şeytanlaştırıcı içerikler, şiddeti ve soykırımı teşvik eden tehditler, Müslümanları doğrudan hedef alan nefret, mültecileri ve sığınmacıları hedef alan nefret, diğer nefret türleri. Oboler, dehümanize edici ve şeytanlaştırıcı içerikler kategorisi altında farklı Facebook sayfalarında Müslümanları vahşi, alt-insan, şeytan ve parazit olarak tanımlayan içeriklerin mevcudiyetini raporlamıştır.

Yukarıda söz edilen tanım ve çalışma bulgularının da işaret ettiği üzere İslamofobik tutum ve söylem, dehümanizasyon pratiklerinin vuku bulmasına olanak tanıyan bir yapıdadır. Ayrıca bu tutum ve söylemin sosyal ağlarda paylaşılıyor olması İslam'a ve Müslümanlara yönelik algıyı yönlendirmekte, bireylerin zihninde "sahte çevreler" yaratmaktadır. Özellikle Müslümanlara karşı ayrımcılığın savunulması, düşmanlığın kabullenilmesi ve İslam'ın şiddet temasıyla doğrudan ilişkilendiriliyor olması açık veya örtük bir dehümanizasyonun gerçekleşmesine zemin yaratmaktadır. Çünkü, İslam'ın medyada şiddet ve çatışma bağlamında sunuluyor oluşu "biz" ve "onlar" karşıtlığı ortaya çıkarmaktadır. Bu noktada dehümanizasyon ve şeytanlaştırmanın savaşlarda bir araç olduğunun altı çizilmelidir

Algı Yönetimi

(Oboler, 2016). Bu dikotomik bağlam ve dehümanizasyonun araçsallaştığı durumlar göz önünde bulundurulduğunda, İslamofobik söylemin insani özelliklerinden bağımsız bir Müslüman algısı yaratma amacı güttüğünü belirtmek mümkündür. Ayrıca İslam'ın barbarik, primitiv, cinsiyetçi ve şiddet eğilimli görülmesi de dehümanizasyona zemin yaratan tetikleyiciler arasındadır. Bu durum, Müslümanları bir noktada dehümanize ederek, Müslümanlara yönelik ayrımcı tutum ve söylemlerin potansiyel olarak meşrulaşmasına sebep olmaktadır. Müslümanlara yönelik İslamofobik söylem aracılığı ile gerçekleştirilen bu dehümanizasyon, dehümanizasyonun faili olan kişi ya da grubun öz ahlaki sorumluluklarından ayrışmasına sebep olmaktadır. Bu ahlaki sorumluktan ayrışma hali faili ayrımcılığı devamlı olarak gerçekleştiren ve toplumda bu ayrımcı perspektifi yayan bir bileşen haline getirmektedir.

PEGIDA'da Hakkında Bir Arkaplan

Bu bağlamda toplulukların üretmiş olduğu İslamofobik söylemin dijital yansımalarının da dehümanize edici bir algı yaratabileceğini belirtmek mümkündür. Bu durumun 2015 yılında 'Mülteci Krizi' olarak ifade edilen olaylar dizisinin hemen öncesinde kurulan ve hızla yükselişe geçen PEGIDA'nın[1] söylem ve yürüyüşlerinde de görüldüğünü belirtmek mümkündür.

PEGIDA'nın kurulmuş olduğu Almanya'nın Saksonya eyaletinde bulunan Müslüman nüfus toplam nüfusun %5'ini oluşturuyor (Schwan, 2015) olsa dahi oluşumun söylemleri Avrupa'da ve farklı Batılı ülkelerde yankı bulmuştur. Decker (2015), PEGIDA katılımcılarını motive eden faktörlerin güvensizlik ve korku olduğunu belirtmektedir. Güvensizlik gelirdeki düşüş hakkındaki kaygılara yönelikken, korkunun ise kültürel yabancılaşma duygularından, bilinen sosyal düzenin kaybından kaynaklandığını belirtmektedir. Duclos (2015) PEGIDA'nın Noel ve

---

[1] Patriotische Europäer gegen die Islamisierung des Abendlandes - Batının İslamlaşmasına Karşı Vatansever Avrupalılar

233

Hıristiyanlık değerlerini taraftarlarını sözde "İslam tehdidine" karşı mobilize etmek için araçsallaştırdığını belirtmektedir. Toplumun bahsi geçen kaygı ve değerlerinin İslam karşıtı bir zeminde araçsallaştırılması mikro ölçekte organizasyonun faaliyet gösterdiği ülkelerdeki Müslümanların, makro ölçekte ise Müslüman algısının olumsuz etkilenmesine sebep olma potansiyeli taşımakdır. Ayrıca, dehümanizasyon ve bu durumun ardıl sorunları da mevcut tehlikeler arasındadır.

PEGIDA'nın gerçekleştirmiş olduğu mitingler yeni medya platformlarında da yankı uyandırmaktadır. Mitingler haberleştirilmekte ve video olarak da paylaşılmaktadır. Yeni medya platformlarının kullanıcıları haber videolarına yorum yazarak veya oylayarak etkileşime geçmektedir. Yorum veya oylama gibi kullanıcı kaynaklı içerik vasıtasıyla dehümanizasyonun İslamofobik bir söylemle gerçekleşmesine veya görünürlük kazanmasına yol açmaktadır.

Amaç ve Yöntem

Çalışmanın birincil amacı yeni medya platformlarında, İslamofobik söylem taşıyan kullanıcı kaynaklı içeriklerin Müslümanlara yönelik dehümanize edici bir algı yaratma potansiyelini sorgulamak ve bu durumun arkasındaki sebepleri saptamaktır. Bu bağlamda İslamofobi ve dehümanizasyonun hangi temalar altında geliştiğini ortaya koymayı ve bu temaların hangisinin etkileşimin gücüyle birlikte görünürlüğünün artırabileceği hesaplanmıştır. Yeni medya platformlarında kullanılan algoritmalar, etkileşimi önemli bir referans noktası olarak kabul ettiğinden ve bu durum da belirli kullanıcı kaynaklı bir içeriğin görünürlüğünü etkilediğinden kullanıcıların birbirlerinin içeriklerine vermiş oldukları oy sayısı bu noktada önem taşımaktadır. Son olarak çalışma, gözlemlenen olumsuz algının nasıl nötralize edilebileceği noktasında çözüm önerileri sunmayı amaçlamaktadır.

Betimsel bir perspektifi benimsemiş olan bu çalışma içerik analizi tekniğini metin madenciliği ile kombine eden hibrid bir yaklaşıma sahiptir. Bu süreçte makinelerin öğrenmesi süreçlerinden yararlanmakta ve kolektif şekilde hazırlanan eğitim setleri ile eğitilen algoritmanın, içerik analizi sürecinde araştırmacıya tarafsız bir referans noktası oluşturması planlanmaktadır. Araştırma kapsamında kullanılan metin madenciliği yaklaşımının temelini Witten'in (2005, s. 314) öne sürmüş olduğu metin madenciliği tanımı oluşturmaktadır. Witten metin madenciliğini şu şekilde tanımlamaktadır:

"*Metin madenciliği doğal dil metinlerinden anlamlı bilgiler elde etmeyi deneyen yeni bir alandır. En geniş haliyle belli bir amaç doğrultusunda metinleri analiz etme ve bilgi elde etme süreci olarak karakterize edilebilir. [...] başarı kısmi olsa bile!*"

Metin madenciliği sürecinin içerik analizine entegre edilmesi sürecinde ise Yan, McCracken ve Crowston'un (2014) yarı-otomatik içerik analizi perspektifi benimsenmiştir. Bu bağlamda süreç Şekil 1'deki işlem adımları takip edilerek gerçekleştirilmiştir.

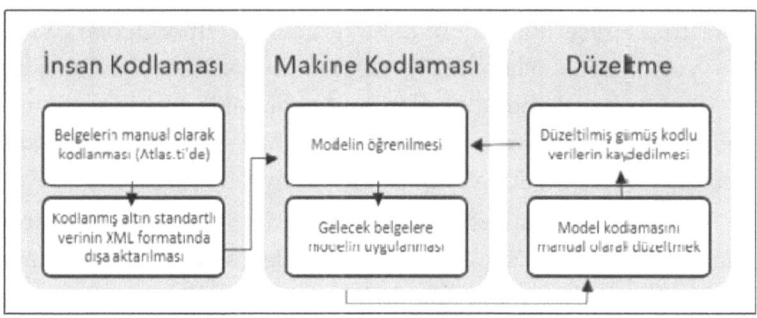

Şekil 1. Yan, McCracken ve Crowston'un yarı-otomatik içerik analizi şeması

Çalışma yeni medyadaki kullanıcı kaynaklı içerikteki İslamofobik perspektif ve dehümanizasyon pratiklerini gözlemlemeyi hedeflediğinden, veri seti Youtube'daki kullanıcı yorumlarının ve bu yorumlara gelen beğenilerin toplanmasıyla oluşturulmuştur. Veri toplanırken sonuçların minimum şekilde kişiselleştirilmesini sağlamak üzere gizli sekmeden YouTube platformuna bağlanılmış ve "pegida" anahtar kelimesiyle sorgu yapılmıştır.

İlk sayfada listelenen ve uluslararası haber siteleri tarafından paylaşılmış olan en çok izlenmeye sahip 5 videoya gelen kullanıcı yorumları toplanmıştır. İlk sayfada listelenen ve uluslararası haber siteleri tarafından paylaşılmış olan videolara gelen kullanıcı yorumlarının toplanmasının iki gerekçesi bulunmaktadır. Bunlardan ilki, ilk sayfada listelenen videoların görünürlük bakımından önem taşıyor olması, bu videoların içerik ve kullanıcı yorumlarının daha çok kişiye ulaşma ihtimali olmasıdır. Uluslararası haber sitelerinin paylaşmış olduğu en çok izlenen videoların yorumları toplamak için kaynak seçilmesi ise içeriklerin tarafsızlığı ve ulaştığı kitle ile ilgilidir. Eğer PEGIDA tarafından paylaşılmış olan videolara gelen yorumlar toplanmış olsaydı videoların izleyici kitlesi belirli bir gruba ait olurdu ve yapılan yorumlar da doğrudan bu kapalı topluluk tarafından görülme ihtimali taşırdı. Fakat, uluslararası haber kanallarının izleyici kitlesi çeşitlilik göstermektedir, ayrıca topluluk tarafından üretilen içeriklere göre daha tarafsızdır. Bu videolara yazılan yorumlarda İslamofobik tutumun genel izleyici kitlesine dağılımını belirlemek daha mümkün olmakla birlikte, İslamofobik yorumların farklı profildeki kullanıcı profillerinin algısını negatif yönlü inşa etmek noktasında zemin bulmaktadır.

Veri toplama sürecinde YouTube Data API kullanılarak Mozdeh Big Data Text Analytics aracı ile Tablo 1'de listelenmiş olan videolardan toplamda 1431 adet kullanıcı yorumu elde edilmiştir. Yorumlar 24.06.2020 tarihinde toplanmıştır. Adı geçen videolarda daha fazla kullanıcı yorumu bulunmasına karşın otomatize sistemlerle veri ve onun ikincil boyutlarını toplarken platformun veri paylaşım politikaları ve veri toplama aracının sınırlılıkları toplanan yorumların sayısını belirlemektedir.

Algı Yönetimi

Tablo 1. Yorumların toplandığı video haberler hakkında bilgi içeren

Video Başlığı	Konusu	Yayıncı / İzlenme Sayısı	Yüklenme Tarihi
Anti-Islam 'Pegida' rally in Dresden sees record turnout	PEGIDA'nın 17,500 kişilik rekor katılımla Dresden'de düzenlemiş olduğu mitinge yönelik bir haber.	BBC News / 70,256	23.12.2014
What is Germany's PEGIDA movement?	PEGIDA'nın ne olduğu, amaçları ve politik bakışaçısı hakkında bilgi aktaran bir haber.	TRT World / 43,975	19.01.2019
PEGIDA anti-Islam protests gain more support in Germany	PEGIDA destekçilerinin sayısındaki yükselişi ve Dresden'deki mitinge katılanların sayısının 17,000'i geçtiğini konu alan bir haber.	Euronews (english) / 40,553	05.01.2015
Germany: Counter-protests as Pegida celebrates 200th Dresden demo with AfD's Hocke	PEGIDA'nın düzenlemiş olduğu 200. gösterinin karşı bir gösteriyle önlenmeye çalışılması sonucu yaşananları gösteren bir haber.	Ruptly / 35,199	18.02.2020
Germany: Pegida holds rally as Merkel makes Dresden visit	PEGIDA'nın Angela Merkel'in Dresden ziyaretini protestosunu konu alan bir haber.	Ruptly / 18,847	16.07.2019

Toplanan 1431 kullanıcı yorumu filtrelenerek İngilizce dışındaki dillerde yapılmış olan yorumlar araştırmanın dışında bırakılmış, böylece kullanılacak olan algoritmanın etkinliği arttırılmıştır. Bu işlem Google Sheets'te "DETECTLANGUAGE" fonksiyonu ile gerçekleştirilmiştir. Bu işlemin sonucunda 1134 adet kullanıcı yorumu elde edilmiştir.

Elde edilen yorumlar yukarıda bahsedilen yarı-otomatik içerik analizi perspektifiyle analiz edilecek olup, bu sürecin gerçekleştirilebilmesi için Rapidminer Studio'da tasarlanan ve çekirdeğinde k-Nearest Neighbor operatörü bulunan bir sınıflandırma algoritması kullanılmıştır (Şekil 1). Bu sınıflandırma algoritmasıyla kullanıcılar tarafından gönderilen yorumların İslamofobik, İslamofobik Değil şeklinde dikotomik bir şekilde sınıflandırabilmesi için yarı-otomatik içerik analizi sürecinin ilk aşaması olan "insan kodlaması" safhasıyla algoritma için bir eğitim seti hazırlanması gerekmektedir. Bunun için 1136 kullanıcı yorumu arasından rastgele bir şekilde 300 adet yorum seçilmiştir. Bu yorumlar ana yorumlar olup kullanıcılar tarafından bu yorumlara cevap olarak atılan yorumları içermemektedir. Bu 300 yorumun 200 tanesi Almanya, Makedonya, Estonya ve Türkiye'de bulunan kişiler tarafından, 100 tanesi ise araştırmacı tarafından İslamofobik/İslamofobik Değil şeklinde el ile kategorize edilmiştir. Böylece eğitim setinde oluşabilecek muhtemel bir araştırmacı önyargısı elimine edilmiş ve kalan yorumları otomatize bir şekilde sınıflandırabilmek üzere efektif bir eğitim seti oluşturulmuştur. İnsan kodlaması, yani eğitim setinin oluşturulduğu safha, Microsoft Excel programı üzerinde gerçekleştirilmiştir.

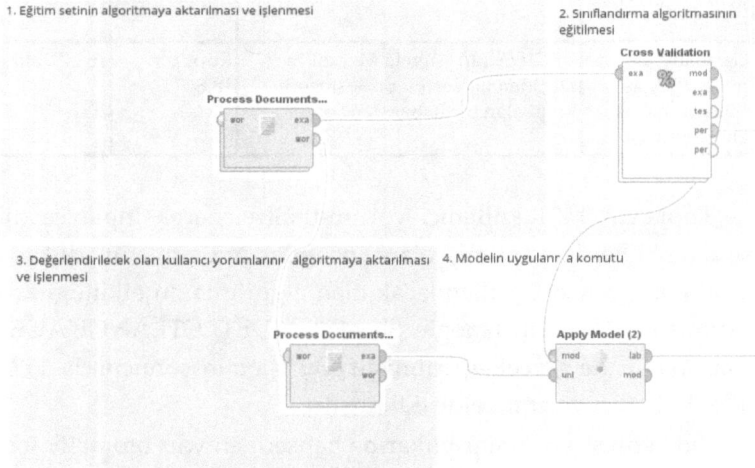

Şekil 2. Sınıflandırma algoritması

Bu sürecin ardından yarı-otomatik içerik analizi sürecinin ikinci safhası olan "makine kodlaması" aşamasına geçilmiştir. Bu aşamada yukarıda bahsi geçen sınıflandırma algoritması, insan kodlaması aşamasında oluşturulan eğitim setiyle eğitilmiş,

Algı Yönetimi

değerlendirilecek yorumlar ve eğitim seti analiz ön hazırlık süreçlerine tabi tutulmuş ve son olarak da yorumlar sınıflandırılmıştır. Eğitim seti ve değerlendirilecek yorumların ön hazırlık süreçlerinde her bir cümle kelimelere ayrılmış ve hepsi küçük harfe dönüştürülmüştür. Böylece eğitim seti ve değerlendirilecek yorumlar arasındaki standardizasyon sağlanmıştır. Ardından, yorumlar k-Nearest Neighbour fonksiyonu ile sınıflandırılmıştır. Algoritma, %55'lik bir kesinlikle sonuçları tahmin ettiğini belirtmiştir. Bir algoritmanın metinleri insan perspektifiyle anlamasının güçlüğü göz önünde bulundurulmak ile birlikte, algoritma tarafından sunulan sonuçların veri setinin araştırmacı tarafından değerlendirilmesi sürecinde tarafsız bir referans noktası sunmak noktasında işlevsel olduğunun altı çizilmelidir.

Makine kodlamasının ardından, yarı-otomatik içerik analizi sürecinin üçüncü aşaması olan "düzeltme" kısmına geçilmiştir. Bu aşamada algoritma tarafından sunulan referans değerlendirmeler gözden geçirilmiş, literatürde bahsedilen İslamofobi tanımlarının sunduğu parametreler göz önünde bulundurularak yorumlara algoritma tarafından atanan sınıflandırma değerleri noktasında düzeltmeler gerçekleştirilmiştir.

İslamofobik yorumlar saptanarak araştırma sorularına cevap verebilmek üzere işlenecek yorumların tespiti gerçekleştirilmiştir. Akabinde, çalışmanın ana amaçlarından olan dehümanize edici bir söylem olarak İslamofobik yorumların olumsuz yönlü bir algı yaratma potansiyelini ve bu yorumların odaklandığı ana temaları belirlemek üzere elde edilen 308 kullanıcı yorumu kelime vektörleri geliştirmek amacıyla başka bir algoritma ile değerlendirilmiştir (Şekil 2). Böylece İslamofobik yorumlarda sıklıkla karşılaşılan kelimeler ve "Islam" ve "Muslim" kelimeleriyle sıklıkla bir arada kullanılan kelimeler tespit edilmiştir. Bu tespit sürecinde, benzer köklere sahip kelimelerin kullanım sayılarını birleştirebilmek üzere algoritmaya "Stem" fonksiyonu eklenmiştir. Bu fonksiyonun işlevini bir örnek üzerinden açıklamak gerekirse "immigrant", "immigration", "immigrate" gibi farklı ama aynı temaya işaret eden kelimeleri "immigr" şeklinde kısaltarak farklı kelimeleri tek çatı altında topladığını belirtmek mümkündür.

Şekil 3. Kelime vektörlerini belirlemek üzere kullanılan algoritma

Son olarak, elde edilen kelime vektörleri bağlamında İslamofobiye sebep olan ve benzer yönlü algı inşa etme potansiyeli taşıyan kullanıcı yorumları kategorize edilmiş ve bu kategorilere ait gönderilerin almış oldukları etkileşim sayıları hesaplanarak dijital mecrada yayılma potansiyeli taşıyan kategoriler belirlenmiştir.

Bulgular

Yorumların metin madenciliği ve araştırmacının dahili ile analiz edilmesi sonucunda 1136 kullanıcı yorumunun 308 tanesinin İslamofobik, olduğu sonucuna varılmıştır. İslamofobik yorumlarda dehümanizasyonun ne şekilde gerçekleştirildiğini ve dijital platformlardaki İslamofobinin sebeplerini keşfetmek üzere gerçekleştirilen ikincil analizde İslamofobik yorumlarda sıklıkla karşılaşılan kelimeler (en az 10 defa) ve "İslam" ve "Müslüman" kelimelerinin bulunduğu cümlelerde sıklıkla geçen geçen kelime grupları saptanmıştır.

Algı Yönetimi

Tablo 2. İslamofobik yorumlarda sıklıkla karşılaşılan kelimeler
(* kategorizasyonda önem arz etmektedir)

Kelime	Kullanım Sayısı	Kelime	Kullanım Sayısı	Kelime	Kullanım Sayısı	Kelime	Kullanım Sayısı
islam	216	nation	26	evil	14	problem	12
muslim	101	see	24	know	14	sai	12
peopl	82	fight	23	liber	14	try	12
countri	66	stop	22	life	14	*west (_)	12
*europ (1)	66	*destroi (4)	21	love	14	believ	11
germani	46	pegida	21	power	14	lost	11
world	45	*kill (4)	20	support	14	*murder (4)	11
german	40	live	20	*western (1)	14	peac	11
haha	40	come	19	call	13	stand	11
religion	39	law	19	*death (6)	13	start	11
*cultur (3)	36	state	19	freedom	13	thing	11
want	35	dai	17	give	13	*war (6)	11
go	31	*ideolog (5)	16	look	13	happen	10
*european (1)	30	*sharia (5)	16	muhammad	13	*islamist (5)	10
get	29	think	16	non	13	mean	10
why	29	time	16	us	13	old	10
*immigr (2)	28	wake	16	*white (1)	13	*rape (4)	10
*christian (1)	27	make	15	america	12	*refuge 2)	10
take	27	year	15	*invad (6)	12		
god	26	*assimil (3)	14	*polit (5)	12		

İslamofobik yorumlarda sıklıkla kullanılan kelimeler Tablo 2'de gösterilmiştir. Bu bağlamda farklı dehümanizasyon ve infrahümanizasyon ifade eden söylemler gözlemlemekle birlikte, İslamofobiye sebep olan ve benzer yönlü algı inşa etme potansiyeli taşıyan kullanıcı yorumları 6 farklı kategori altında toplanmıştır. Bu kategorilerin mevcut veri setinde de öncül literatürde ortaya koyulan kategorilerle benzerlik gösterdiğini belirtmek mümkündür.

(1) Üstün Batı ve Hıristiyanlık Değerleri Vurgusu: Bu kelimeleri içeren İslamofobik yorumlar Batı ve Hıristiyanlık değerlerinin İslam tarafından tehdit edildiğini dile getirmektedir. Bununla birlikte bu değerlerin İslam'a karşı üstün olduğu düşüncesi sert bir şekilde vurgulanmaktadır. Bu kelimeleri içeren kullanıcı yorumlarında dehümanizasyon görülmekle birlikte, infrahümanizasyonun varlığını da gözlemlemek mümkündür. Yorumlarda Hıristiyan Beyaz Avrupa gibi deyimlerin üstünlük vurgulayıcı şekilde kullanılmasına, Müslümanların "üstün Batı medeniyetine" uyumlu olmadığına yönelik ifadelere rastlanmaktadır. Batı, Avrupa, Batılı gibi kelimelere sıklıkla rastlanılmaktadır.

241

(2) **Nefret Edilen Müslüman Göçmen:** PEGIDA'nın söyleminde organizasyonun ana gündemiyle de ilintili olarak Müslüman göçmenlere yönelik sert ifadelere rastlamaktadır. Bunun yansımaları kullanıcı yorumlarında da gözlemlenmektedir. Bu bağlamda infrahümanizasyon etkin bir şekilde gözlemlenmekle beraber göçmen karşıtlığı İslamofobik söylemin bir enstrümanı haline gelmektedir. "Avrupa Avrupalılar içindir" veya Müslüman mültecilerin sınırdışı edilmesini talep eden kullanıcı yorumlarının yanı sıra Müslüman göçmenlerin gelişini işgal metaforuyla ilişkilendirmeye de sıkça rastlanmaktadır. Ayrıca, ağır şartlar içeren göçmen karşıtı yasaları talep eden ifadelerle de karşılaşılmaktadır.

(3) **Kültürel Bir Tehdit Olarak İslam ve Müslümanlar:** Bu kategorideki yorumlarda İslam ve Müslümanlar kültüre ve yaşam tarzına yönelik bir tehdit olarak görülmektedir. Bu kategori "Üstün Batı ve Hıristiyanlık Değerleri Vurgusu" ve "Müslüman Göçmen" vurgusu ile temas halinde olmakla birlikte, entegrasyon kelimesi yerine sıklıkla asimilasyon kelimesinin kullanılması dikkat çekmektedir. Bu durum bir bireyin beraberinde getirmiş olduğu kültürel ve dini değerlerden bütünüyle vazgeçmesine yönelik bir talebe işaret etmektedir.

(4) **Bir Güvenlik Tehlikesi Olarak Müslümanlar:** Bu kategori altındaki kullanıcı yorumlarında, dehümanizasyonun temel anlayışlarından bir tanesi olan, "biz" ve "onlar" ayrımına sıklıkla rastlanmaktadır. Batı medeniyeti ve İslam arasında bir çekişme olduğu iması yorumlara yansımakta, İslam ve Müslümanların Batı'ya yönelik bir güvenlik tehlikesi olduğu veya İslam ve Müslümanların karşısında durulması gerektiği "yok etmek", "savaşmak", "katletmek", "durdurmak" gibi etkin şiddet ve karşı koyuş ifade eden sözcükler içeren kullanıcı

yorumlarıyla dile getirilmektedir. İslam her an tetikte olunması ve karşılaşıldığında zarar verilmesi gereken bir düşman gibi betimlenmektedir.

(5) *İslam'ın Politik Bir İdeoloji Olarak Betimlenmesi:* Bu kategori altındaki yorumlarda İslam'a yönelik dehümanize edici kelimelere rastlanmakla birlikte, İslam bir dinden ziyade bir ideoloji olarak betimlenmektedir. Yorumlar "bu ideolojinin" toplum hayatı için uygun olmayan, nefret dolu, acımasız yönelimleri olduğu ve her an avantaj sağlama eğiliminde olduğu algısını içermektedir.

(6) *Savaşılacak, Savaş İçinde Bulunulan veya Savaş Getiren Bir Düşman:* Bu kategorideki yorumlarda da "biz" ve "onlar" ayrımı ve kutuplaşmanın keskinleştiği görülmektedir. Sıklıkla savaş ve savaşa gönderme yapan "ölüm", "işgal" gibi kelimelerin kullanıldığı görülmektedir. Kimi yorumlarda "İslam'la savaş halindeyiz." veya "İslam Beyaz Avrupa'ya karşı gelirse III. Dünya Savaşı'na doğru gidiyoruz" gibi ifadeler açıkça kullanılmaktadır.

Yukarıda bahsedilen kategorilere ek olarak veri setinin daha iyi anlaşılabilmesi oluşturulan kelime vektörlerinde ve veriyi gözden geçirme süreçlerinde İslam'ın çeşitli hastalıklara (kanser, HIV) veya virüse benzetildiği; hatta kötücül insandışı varlıklara benzetilerek dehümanize eden bir dille betimlendiğine rastlanmaktadır.

Diğer yandan, yukarıda temaları oluşturmak üzere işaretlenen kelimeler göz önünde bulundurularak veri seti taranmış ve temaların toplam etkileşim sayısı hesaplanmıştır. Bu süreçte "Savaşılacak, Savaş İçinde Bulunulan veya Savaş Getiren Bir Düşman" kategorisine arama yapılırken "invasion" kelimesi de eklenmiştir. Böylece, temaların hangisinin etkileşim gücüyle birlikte görünürlüğünün artma potansiyeli taşıdığı hesaplanmıştır. Bu süreçte iki farklı kategoriye ait kelimeyi içeren yorumlara rastlanmıştır. Bu yorumların etkileşim sayısı her iki kategoriye de eklenmiştir.

Şekil 3. Etkileşim Sayısına Göre İslamofobik Dehümanizasyon Kategorilerinin Görünürlük Potansiyeli

Bulgular Üstün Batı ve Hıristiyanlık Değerleri Vurgusu, Bir Güvenlik Tehlikesi Olarak Müslümanlar, Kültürel Bir Tehdit Olarak İslam ve Müslümanlar kategorilerindeki yorumların diğer kategorilerdeki yorumlara göre kullanıcılardan daha fazla etkileşim aldığını ortaya koymaktadır.

Tartışma ve Sonuç

Video paylaşım platformu YouTube'da başlığında "pegida" geçen ve en çok izlenen 5 haber videosuna yazılan kullanıcı yorumları üzerinden elde edilen bulgular, mevcut yorumların %27'sinin İslamofobik olduğuna işaret etmektedir. Tarafsızlığı sağlamak üzere adımlar atılmış bir algoritma sınıflandırması ve araştırmacının tekrar kontrolü sonucunda elde edilen bu oran doğrudan İslamofobik yorumlara işaret etmektedir. Diğer yandan, veri setinde farklı konular ışığında ele alınabilecek nefret söylemine de yaygın şekilde rastlamak mümkündür. Bu söylemlerde dehümanizasyon din bağlamı belirtmeden göç, ülkeler üzerinden yaratılan kutuplaştırıcı dil, düşünce sistemleri ve politikacılara yönelik söylemler üzerinden gerçekleştirilmektedir. Bu söylemler de göz önünde bulundurulduğunda kullanıcı yorumlarındaki olumsuz ifadelerin daha yüksek bir oran olduğunu belirtmek mümkündür.

Algı Yönetimi

İslamofobi perspektifinden değerlendirildiğinde, YouTube gibi bir platformun günlük kullanıcı sayısı ve ele alınan haberlerin mevcut izlenme sayısı göz önünde bulundurulduğunda haberler konuya tarafsız yaklaşıyor olsa dahi kullanıcıların gerçekleştirdiği tartışmaların İslam ve Müslüman algısına yön verebileceğini belirtmek mümkündür. Çünkü katılım sosyal ağların sunduğu en önemli bileşenlerdendir ve kullanıcı yorumları artık üretilen herhangi bir video içeriğinin başat ögelerindendir. Dolayısıyla, belirli bir konuda bir izleyicide inşa edilen algıda salt videonun etkisinin olduğu düşünülemez. Algı, yaratılan ortak içerik ve etkileşimin sonucudur, dolayısıyla kullanıcı yorumları algının inşası sürecinden bağımsız değildir. Bu bağlamda, bir videonun üreticisinin görüşünün yanı sıra etkileşim ile görünürlük kazanan bir kullanıcı yorumunun (bu yorumun içeriği video üreticisinin perspektifine zıt olsa dahi) izleyicide oluşan algıda katkısı olduğunu belirtmek mümkündür.

Çalışmanın bulguları altı farklı kategoride İslamofobik söylemin varlığına işaret etmektedir. Bu kategoriler öncül literatürün işaret ettiği İslamofobik perspektifle uyum göstermektedir. Conway (1997) raporunda İslamofobiyi tanımlarken İslam'ın ayrıksı, barbarik, cinsiyetçi ve agresif bir düşman; askeri avantaj sağlamak üzere kullanılan siyasi bir ideoloji olarak görüldüğüne işaret etmektedir. Benzer bir yaklaşıma analiz edilen kullanıcı yorumlarında rastlamak da mümkündür. Bu bağlamda 2010'lu yıllarda üretilen videolara gelen kullanıcı yorumlarının 1990'lı yılların sonundaki İslamofobi tanımı ile uyum gösteriyor olması dikkat çekicidir.

Diğer yandan Baker, Gabrielatos ve McEnery (2013, s. 65), Müslümanların, 1998-2009 yılında yayımlanan Birleşik Krallık gazetelerinde, bir kaygı kaynağı olarak yansıtıldığına ilişkin bulgulara yer vermiştir. Benzer bir durum, bu çalışma çerçevesinde de gözlemlenmektedir. Bulgular, Müslümanların toplum güvenliğine ve Batı kültürüne yönelik bir kaygı kaynağı olarak

245

görüldüğüne işaret etmektedir. Bu durum, önyargı içeren fikirlerin geniş kitlelere iletirken dönüşen enstrümanlara uyum sağladığına işaret etmektedir. Gazete haberlerinin Müslümanlar hakkında yaratabileceği önyargı içeren algı, dijital platformlarda kullanıcı yorumları ve onların görünürlük kazanması ile oluşma potansiyeli taşımaktadır.

Bu çerçevede Herbert'in (2013) altını çizdiği "rekabetçi medya atmosferinin gazetecileri pro-aktif haberciliğe ve çatışma yaratmaya teşvik etmesi" noktası hatırlanmalıdır. Bu noktada gazetecinin haber üretimiyle algı yaratmaya aktif katılımı söz konusudur. Fakat yeni medyadaki İslamofobik ve dehümanize edici tutum kullanıcı yorumları ile gerçekleşmektedir. Burada Herbert (2013)'in yaklaşımıyla hem örtüşen hem ayrıksı yönler söz konusudur. Yeni medya platformları da geleneksel medya platformları kadar rekabetçi bir atmosfer içindedirler. Böyle bir atmosferde kullanıcının platform üzerinde üretilen herhangi bir içerikle angajmanı, platformun kâr elde edebilmesinin önemli parametrelerinden bir tanesidir. En fazla oylanan kullanıcı yorumlarının daha görünür olmasını da kullanıcı angajmanının sağlanmasıyla ilişkilendirmek mümkündür. Fakat yüksek oy alan kullanıcı yorumlarının İslamofobik bir içerik taşıdığı göz önünde bulundurulduğunda bu durumun Müslüman ve İslam algısı üzerinde olumsuz etkileri olacağını öngörmek güç değildir.

Çalışma çerçevesinde analiz edilen veri setindeki İslamofobik kullanıcı yorumları toplam yorumların %27'sini oluşturuyor olsa dahi yorumlara yönelik toplam beğeni sayısının %52'sini oluşturmaktadır. Bu yönüyle, İslamofobik kullanıcı yorumları bir algının inşasında bir enstrüman haline gelmektedir. Batı ve Hıristiyanlık vurgusu içeren kullanıcı yorumları, Müslümanların ve İslam'ın bir güvenlik tehlikesi ve kültürel bir tehdit olarak görüldüğü yorumlar en fazla etkileşimi almıştır. Bu bağlamdan hareketle dehümanizasyonun ve infrahümanizasyonun belirgin elementlerinden bir tanesi olan "biz" ve "onlar" ayrımının ger-

Algı Yönetimi

çekleştirildiği görülmektedir. Biricik ve üstün Batı değerleri ve diğerleri şeklinde üstenci bir algının yorumlar üzerinden inşasına ve İslam'ın bu değerleri Batı'daki bireylerin elinden almak isteyen bir ideoloji ve bir tehdit olduğu önermesine rastlanmaktadır. Dehümanizasyon ve infrahümanizasyon içeren İslamofobik söylemle mücadele etmek üzere farklı çözüm önerileri geliştirmek mümkündür. Bunlardan ilki platformların nefret söylemi konusunda daha detaylı politikalar geliştirmesidir. Pek çok dijital platformun nefret söylemiyle mücadeleye yönelik politikası bulunmaktadır. Bu politikaların kapsamının güncel sorunlar bağlamında genişletilmesi ve aktif uygulanması sorunun çözümünde önemli bir konuma sahiptir. İkincisi, dijital platformları bilinçli olarak kullanan kullanıcıların kendilerini nefret söylemi, İslamofobi, dehümanizasyon ve buna benzer konularda eğitmesi; bu gibi içeriklerin önlenmesine yönelik, kültürlerarası iletişim perspektifiyle, çözüm odaklı aktif katılım sağlamaları noktasında teşvik edilmesidir. Bu bağlamda dijital platformların eğitimler geliştirmesi ve bu bilinçli kullanıcıları sürece dahil ederek bir nefret söylemiyle mücadele stratejisi geliştirmesi çözüme yönelik bir seçim olma potansiyeli taşımaktadır. Makro perspektiften düşünüldüğünde de dijital medya okuryazarlığı çatısı altında kültürlerarası iletişim ve dinler arası diyalog gibi konuların yaygın eğitim süreçlerine entegre edilmesi, dijital içerik üretme ve üretilen her türlü dijital içeriğin eleştirel bir süzgeçten geçirilebilmesi noktasında bireyleri yetkin kılacak ve İslamofobi gibi nefret dili içeren kullanıcı kaynaklı içeriklerin etkisini azaltmakta rol oynayacaktır.

247

Kaynakça

Ahmed, S. ve Matthes, J. (2017). Media representation of Muslims and Islam from 2000 to 2015: A meta-analysis. *International Communication Gazette*. https://doi.org/10.1177/1748048516656305

Awan, I. (2016). Islamophobia on social media: A qualitative analysis of the facebook's walls of hate. *International Journal of Cyber Criminology*. https://doi.org/10.5281/zenodo.58517

Baker, P. Gabrielatos, C. ve McEnery, T. (2013). Sketching muslims: A corpus driven analysis of representations around the word "Muslim" in the British press 1998-2009. *Applied Linguistics*. https://doi.org/10.1093/applin/ams048

Bar-Tal, D. ve Hammack, P. L. (2012). Conflict, Delegitimization, and Violence. In *The Oxford Handbook of Intergroup Conflict*. https://doi.org/10.1093/oxfordhb/9780199747672.013.0003

Bleich, E. (2011). What is islamophobia and how much is there? theorizing and measuring an emerging comparative concept. *American Behavioral Scientist*. https://doi.org/10.1177/0002764211409387

Conway, G. Runnymede Trust. Commission on British Muslims and Islamophobia. (1997). Islamophobia: A Challenge for Us All. www.runnymedetrust.org: http://www.runnymedetrust.org/publications/17/74.html

Decker, F. (2015). AfD And Pegida: Understanding Germany's New Populist Right. In *Understanding Pegida in Context* (pp. 15–17). Friedrich Ebert Stiftung.

Duclos, C. (2015). PEGIDA in Germany. Retrieved July 1, 2020, from http://blogs.colgate.edu/keck/2015/03/pegida-in-germany.html

Haslam, N. ve Stratemeyer, M. (2016). Recent research on dehumanization. *Current Opinion in Psychology*. https://doi.org/10.1016/j.copsyc.2016.03.009

Herbert, D. (2013). Paradise Lost? Islamophobia, Postliberalism and Dismantling of State Multiculturalism in the Netherlands: The Role of Mass and Social Media. In A. Gillespie, Marie; Herbert, David Eric John; Greenhill (Ed.), *Social Media and Religious Change* (pp. 79–103). De Gruyter.

Haslam, N. (2006). Dehumanization: An integrative review. *Personality and Social Psychology Review*. https://doi.org/10.1207/s15327957pspr1003_4

Kymlicka, W. (2018). Human rights without human supremacism*. *Canadian Journal of Philosophy*. https://doi.org/10.1080/00455091.2017.1386481

Leyens, J.-P. Demoulin, S. Vaes, J. Gaunt, R. vePaladino, M. P. (2007). Infrahumanization: The Wall of Group Differences. *Social Issues and Policy Review*. https://doi.org/10.1111/j.1751-2409.2007.00006.x

Link, B. G. ve Phelan, J. C. (2001). Conceptualizing Stigma. *Annual Review of Sociology*. https://doi.org/10.1146/annurev.soc.27.1.363

Lippmann, W. (1998). Public Opinion. New York: Macmillian. (published in 1922).

Oboler, A. (2013). *Islamophobia on the Internet: The growth of online hate targeting Muslims*. Online Hate Prevention Institute.

Oboler, A. (2016). The normalisation of islamophobia through social media: Facebook. In *Islamophobia in Cyberspace: Hate Crimes Go Viral*.

Panaitiu, I. G. (2020). Apes and articitizens: simianization and U.S. national identity discourse. *Social Identities*. https://doi.org/10.1080/13504630.2019.1679621

Pizzirani, B. ve Karantzas, G. C. (2019). The association between dehumanization and intimate partner abuse. *Journal of Social and Personal Relationships*. https://doi.org/10.1177/0265407518811673

Rapidminer. (2020). *Rapidminer Studio*. https://rapidminer.com/products/studio/

Schwan, G. (2015). How Pegida Uses Social Insecurity. In *Understanding Pegida in Context* (pp. 10–12). Friedrich Ebert Stiftung.

Semati, M. (2010). Islamophobia, culture and race in the age of empire. *Cultural Studies*. https://doi.org/10.1030/09502380903541696

Stolz J. (2005). Explaining islamophobia. A test of four theories based on thecase of a Swiss City. *Schweizerische Zeitschrift Für Soziologie*.

University of Wolverhampton. (2020). *Mozdeh Big Data Text Analysis*. http://mozdeh.wlv.ac.uk/

Yan, J. L. S. McCracken, N. ve Crowston, K. (2014). Semi-Automatic Content Analysis of Qualitative Data. In *iConference 2014 Proceedings* (p. 1128–1132)

Zúquete, J. P. (2008). The European extreme-right and Islam: New directions? *Journal of Political Ideologies*. https://dci.org/10.1080/13569310802377019

DİJİTAL İLETİŞİM BAĞLAMINDA SOSYAL MEDYADA ALGI YÖNETİMİ: SAHTE HESAPLAR, TROLLÜK VE MANİPÜLASYON ÜZERİNE BİR DEĞERLENDİRME

*Ali YILDIRIM**

Giriş

Bir ve sıfırın farklı şekillerde yan yana gelerek oluşturduğu dijital kavramı, bireylerin haber alma ve iletişim kurma yöntemlerini de değiştirmiştir. Sayısal kodların dönüşebilir yapısı, hem görsel hem de yazınsal olarak birbiriyle iç içe geçmiş iletişim kalıpları oluşturmuştur. Dijitalliğin giderek tüm bilim dallarına ve günlük yaşama sirayet eden yapısı, dönüştürücü etkisini arttırmıştır. İletişimin giderek görünmez elektro sinyallerle sağlanması, iletişim bilimlerinde önemli bir değişim yaratmıştır. Aynı andalık, zamandan ve mekandan bağımsız biçimde iletişim kurulmasına olanak tanıyan dijital kavramı, yaygın ağ sistemiyle tüm dünyayı birbirine bağlamaktadır. Günümüz toplumu, Castells'in (2013) deyimiyle bir ağ toplumuna dönüşmüştür. Bireylerin bu ağ sistemini ve ağda yer alan uygulamaları kullanmaya başlaması, bireylere ulaşmak isteyen kişi ve kurumları da harekete geçirmiştir.

Özellikle markalar, tüketici kitlesini elde tutmak ve onlarla iletişim kurmak için dijital araçları kullanmaya başlamışlardır.

---

* Dr.Öğr.Üyesi, Jandarma ve Sahil Güvenlik Akademisi, ayildirim@jsga.edu.tr

Bu araçlar yardımıyla tüketicilerle birebir ve doğrudan iletişim kurma imkanı elde eden markalar, uzun süreli ve stratejik iletişim yönetimi için daha fazla dijital deneyim elde etmeye başlamışlardır. Bu manada dijitali halkla ilişkiler uygulamalarında kullanma konusunda önemli mesafeler almışlardır. Markalarla birlikte kamu kurumları da dijitalin gücü karşısında proaktif bir yönetim anlayışı benimseyerek vatandaşlarla dijital bir iletişim kurma misyonunu edinmiştir.

Bu bölümünde, dijital iletişim kavramıyla birlikte algı yönetimi ele alınmaktadır. Algı ve manipülasyon, dijital algı ve terör örgütlerinin dijitalden nasıl yararlandığı konuları tartışılmaktadır. Dijital iletişimin toplumsal, siyasal, ekonomik etkilerinin kamu kurumlarına nasıl yansıdığı, bu yansımanın avantaja çevrilme noktasında nasıl hareket edildiği sosyal medya ağları üzerinden değerlendirilmektedir.

Dijital İletişim Kavramı

Dijital kavramı, bir ve sıfırın yan yana ve karmaşık şekillerde bir araya gelmesiyle oluşan; resim, video, metin ve çeşitli görsellere evrilmesi ve birbirine dönüşmesi olarak iletişim bilimi içerisinde tanımlanabilir. Bu tanıma ek olarak, kısaca bilgisayar dili de denilebilir. "Matematikçi Gootfried Wilhelm'in 0 ve 1 değerlerinden oluşan aritmetik sistemi keşfetmesiyle dijital dilin temelleri atılmıştır. Dijital dilde her harfin, sembolün bir kodu vardır ve yapılan tüm işler bu dildeki kodlamalar ile gerçekleştirilmektedir" (İspir, 2013, s. 5). Geleneksel medya araçlarının içeriklerinin sadece kendine has özellikler barındırması, maliyeti ve çok çeşitli uzmanlık alanlarına sahip olması, dijitalin daha fazla tercih edilmesine yol açmaktadır. Çünkü dijital iletişim, yalnızca bir bilgisayar özellikli araca ve internete sahip olmakla yönetilebilir. Günümüzde, dijitalin getirdiği olanakların kolaylığı, hızlı ve etkili bir iletişime ve tüm dünyada hedef kitle filtrelenerek iletişime imkan tanımasıyla, son yılların en büyük teknolojileri arasında gösterilebilir.

Algı Yönetimi

Bununla birlikte, dijital iletişim yalnızca haberleşme anlamında yenilikler getirmemiştir. Aynı zamanda iş yapış biçimleri, ticari hayatta ürün satışları, lokasyon bazlı platformlar, yer ve yön bulma, giyilebilir teknolojilerle sağlık sorunlarının tespiti, makinelerin birbiriyle iletişim kurması gibi birçok yenilik sayılabilir. Özellikle birbiriyle entegre çalışan makinelerin kurduğu haberleşme kolaylıkları insan hayatına olumlu tesir etmiştir. Dijital devlet, dijital hükümet veya dijital belediye gibi hizmetlerle vatandaşın dijital teknolojiler aracılığıyla kamu hizmetlerine erişimi sağlanmış ve çeşitli düzeyde yenilikler benimsenmiştir.

Dijital, aynı zamanda iletişimin kalitesinin de artmasına neden olmuştur. Vercic ve Vercic (2013) dijital iletişimin içeriğinin kullanıcılar tarafından birlikte oluşturulması, paylaşması, tartışabilmesi ve değiştirebilmesinden dolayı iletişimir. kalitesini yükselttiğini belirtmektedir. Organizasyonlar açısından da pozitif bir özellik olduğunu dile getirmektedir.

Dijital iletişimin bu bölümde ele alınacak asıl konusu ise algı yönetimidir. Dijital kavramıyla bir zemin oluşturulmuş, dijitalin avantajlarından ve dezavantajlarından bahsedilmiş, kullanım biçimleri ve haberleşmede önemi vurgulanmıştır. Bundan sonraki başlıklarda dijitali kullanarak oluşturulan kullanıcı türevli sosyal ağların algı yönetiminde nasıl kullanıldığı, pozitif ve negatif algının nasıl oluştuğu, sosyal ağların organizasyonlara, özel ve kamu kurumlarına algı noktasında nasıl etkide bulunduğu ortaya konulacaktır.

Sosyal Medyanın Günümüzdeki Etkisi

Sosyal medya, en iyi geleneksel medya paradigması bağlamında tanımlanmaktadır. Televizyon, gazeteler, radyo ve dergiler gibi geleneksel medya tek yönlü, statik yayın teknolojileridir. Örneğin dergi yayıncısı, tüketicilere pahalı içerik dağıtan büyük bir kuruluştur, reklamverenler ise reklamlarını bu içeriğe ekleme ayrıcalığı için iletişimi kullanmaktadır. Yeni internet teknolojileri, herkesin kendi içeriğini oluşturmasını ve en önemlisi de dağıtmasını kolaylaştırmıştır. Bir blog yazısı, tweet veya YouTube videosu milyonlarca kişi tarafından neredeyse ücretsiz olarak üretilebilir ve görüntülenebilir. Reklamverenler, mesajlarını yerleştirmek için yayıncılara veya dağıtımcılara büyük meblağlar ödemek zorunda değildir; artık görüntüleyenlerin akın edeceği kendi ilginç içeriklerini oluşturabilirler (Zarrella, 2009, s. 1).

Facebook, YouTube gibi temel içerik paylaşım sitelerinin kurulmasıyla birlikte birden fazla sosyal ağ faaliyete başlamıştır. Bunların başında Twitter, Linkedin, Google+, Foursquare, Pinterest, Instagram, Skype, Tumblr, Snapchat, Flickr, Periscope, Soundcloud, Whatsapp, Wordpress, Wikiler, forumlar, sözlükler ve daha birçok sosyal ağ vardır. Bu ağlara ek olarak yalnızca resim, video veya metin paylaşımı yapılanların dışında, haberdar olmak ve bilgi sahibi olmak için kayıt olunan ağlar (RSS), sunum ve içerik paylaşılan ağlar (Slideshare), ders ve eğitim videolarının paylaşıldığı farklı uzmanlık alanlarının içerikleri (Uzman TV) farklı türde sosyal ağlara örnek verilebilir. Günümüzde bu kadar sosyal ağın toplum düzeyinde ve küresel ölçekte, dünyanın en uzak köşelerine ulaştığı söylenebilir. Dünyanın şu anda küresel olarak bağlantılı ve birbiriyle ileti alışverişi yaptığı söylenebilir. Uydu TV, mobil telefon ve internetin hızla yayılmasıyla, Çin ve Hindistan gibi ülkeler bile hızla sanayi öncesi toplumlardan endüstriyel kitle toplumlarına ve hatta kısmen post-endüstriyel ağ toplumlarına dönüşmektedir (Van Dijk, 2006, s. 2).

Algı ve Manipülasyon Kavramı

Algı, Türk Dil Kurumu Sözlüğü'nde, "bir şeye dikkati yönelterek o şeyin bilincine varma, idrak" olarak tanımlanmaktadır (TDK, 2020). Algı, İngilizce "perception" kelimesinde anlam bulmaktadır. Kökeni almak olan kelime, duyu organları vasıtasıyla elde edilen ses, görüntü ve tat gibi unsurların beyne iletilerek anlamlandırılması sürecidir. Bu süreçte oluşan anlamlar, beyinde yer alan çeşitli filtreler aracılığıyla gerçekleşmektedir.

Algı Yönetimi

Bu filtreler ise, insanoğlunun doğumundan başlayarak oluşturduğu yaşam deneyimleri neticesinde oluşmaktadır. Bu deneyimler, her bir birey için farklıdır. Bu farklılıklar bireylerin olayları, durumları veya herhangi bir konuyu farklı algılamasına ve farklı anlamlandırmasına yol açmaktadır. Bu noktada iletişimin önem kazanmasının nedeni, kurumsal veya bireysel bir iletişim faaliyetinde iletinin tüm alıcılar tarafından aynı algılanmasını sağlamaktır. Algı düzeyinde iletinin kodlanma aşaması, izleyici kitlenin özellikleri ve algı düzeyleri bakımından belirlenmektedir. Bir başka tanımda algı, tepkilerin istenilen yönde gelişmesini sağlamak için hedef grupların davranışlarını değiştirmek olarak da yer almaktadır (Utma, 2018, s. 2908).

Günümüz toplumlarında ve kişilerarası iletişimde algı konuları pazarlama literatürü açısından değer kazanırken, diğer yandan siyasal iletişim ve kamusal alanda da önem kazanmıştır. Özellikle iletişim teknolojilerinin gelişmesi ve yaygınlaşması, dijitalin sunduğu imkanlar, kamu ve özel kurumların iletişim yönetimlerinde daha dikkatli davranmalarına zemin hazırlamıştır. Özellikle sosyal medya aracılığıyla, büyük kitlelere iletilen gerçekten yoksun dezenformasyon bilgiler, kitlelerin bilinç düzeyinde belli bir yer edinebilmektedir. Özellikle dini, kültürel ve toplumsal olayların arttığı zamanlarda, afet ve yangınlarda, ekonomik kriz ve finansal olaylarda, sosyal medya, kullanıcıların her türlü bilgiyi yayabildiği bir mecra olarak dikkat çekmektedir. Görsel iletişim unsurlarının kolayca ve anlaşılamayacak derecede dönüşebilir yapısı, bir kişi veya kurumu farklı yapıda gösterebilmektedir. Bu ve benzeri kampanyalar bir anlamda gerçeğin yok edilmesi ve yerine istenilen suni bir gerçeğin yaratılması olarak tanımlanabilmektedir. Aynı zamanda buna algı yönetimi adı da verilmektedir. Manipülasyon ise gerçeğin çarpıtılması olarak tanımlanabilir. Van Dijk (2006) 'discourse and manipulation makalesinin özetinde, manipülasyonu zihin kontrolü ve anlama süreçlerine müdahale olarak tanımlamaktadır. Gerçek bir bilginin, iletişim teknikleriyle alıcılara aktarılması ve alıcıda meydana gelen düşünsel ve algısal değişiklikler olarak da tanımlanabilir. Manipülasyon aracılığıyla farklı formda yansıtılan gerçek bilginin değişime uğraması ve o değişimle hedef alıcılarda farklı algılanması ve bir reaksiyona yol açması, algı yönetimi olarak bilinmektedir.

Twitter'ın Algı Oluşturmadaki Yeri

Temmuz 2020'de Twitter'da "ABD eski Başkanı Barack Obama, Tesla'nın kurucusu Elon Musk, Microsoft'un kurucusu Bill Gates, Amazon'un kurucusu Jeff Bezos, Amerikalı iş insanı Warren Buffett, ünlü şarkıcı Kanye West, ABD'li politakacı ve iş insanı Michael Bloomberg, Apple ve Uber'in kurumsal hesapları, Twitter üzerinden Bitcoin dağıtımı yaptıklarına dair tweet paylaştı.", Tweet'te *"Adresime gönderilen tüm Bitcoin ödemelerini iki katına çıkarıyorum. Bin dolar gönderiyorsun ve 2 bin dolar geri gönderiyorum"* bilgisi yer alıyordu. Paylaşılan mesaja binlerce kullanıcı para aktardı. Herhangi bir karşılık alamayan kullanıcılar, konuyu Twitter gündemine taşıdığında, adı geçen hesapların ele geçirildiği ve mesajların sahte olduğu anlaşıldı. Mesajlarda belirtilen hesaplara kullanıcılar yaklaşık 789 bin TL para gönderdi. Bu ve benzeri siber saldırılar ve yönlendirmeler, dijital iletişimin dezavantajları arasında gösterilmektedir (NTV, 2020). Twitter bu yönüyle kullanıcıları ve kurumları zaman zaman tehdit edebilmektedir. Dünyanın birçok bölgesinden milyonlarca kullanıcıya sahip olması, ağ güvenliğini zaman zaman tehlikeye düşürmektedir.

Bununla birlikte Twitter'ın getirdiği çok farklı özellikler mevcuttur. Twitter'ın en büyük özelliği, gündem (Trendig Topics) konularının kullanıcılar tarafından belirlenmesidir. Gündeme alınması gereken konular, çeşitli etiketler (#) aracılığıyla tüm kullanıcılara ulaştırılmaktadır. Etiket kullanarak kullanıcıların yazmış olduğu yoğun tweetler, gündemde almış olduğu tweet sayısına göre sıralanmaktadır. Bu sıralamalarda olayın gerçekliği, güncelliği ve kamuoyunu ne kadar ilgilendirdiği etkili olmaktadır. Özellikle adli, toplumsal, ekonomik ve kültürel bir-

Algı Yönetimi

çok konu Twitter gündemi aracılığıyla kamuoyunun gündemi haline gelmektedir. Bunun getirmiş olduğu çok fazla kritik konu vardır. Gerçekliği doğrulanmamış birçok bilgi ve enformasyon da bu etiketler aracılığıyla yayılmakta ve gerçekmiş gibi algılanmaktadır.

Bu gerçekliğin deforme olmasına, doğru bilgilerin, birçok doğruymuş gibi görünen bilgiler tarafından gizlenmesine neden olmaktadır. Bu ve benzeri dezenformasyon bilgilerin doğruluğunu teyit etmek ve ortaya çıkarmak için Teyit.org gibi bilgi ve haber doğrulama siteleri kurulmuştur. Çünkü, Twitter'da her saniye ortalama 6 bin tweet atılmaktadır. Dakikada 350 bin, günde, 500 milyon, yılda ise 200 milyar tweet atılmaktadır. Bu da muazzam bir veriye tekabül etmektedir (Internet Live Stats, t.y). Bu verinin analizi için özellikle toplumsal olaylarda kullanılmak üzere çok farklı uygulamalar da geliştirilmiştir. Ushahidi de bu programlardan biridir. Kitlelerin bir afet bölgesinde yazmış olduğu bilgiler, bir harita üzerinde görselleştirilerek ve raporlanarak paylaşılmaktadır. Bunun en güzel örneği 2010 yılında Haiti'de meydana gelen afet sırasında yapılan çalışmalar sayılabilir (Zincir ve Yazıcı, 2013, s.75).

Özellikle afet bölgelerinde, yaşanabilecek herhangi bir insani olayda, haberleşme için Twitter içerikleri de analiz edilmektedir. Twitter, toplumsal olayların çözümünde yardımcı bir araç olarak kullanılmasının yanında, özellikle son yıllarda terör örgütleri tarafından da kullanılmaya başlamıştır. Türkiye'nin siyasal sisteminde yaşanan çeşitli tıkanıklıkların ve askıya alınma çabalarının sosyal ağlar aracılığıyla da desteklendiği bilinmektedir. Birçok terörist, Twitter aracılığıyla devlet sırlarını ifşa ederek siyasal sistemi kesintiye uğratmaya çalışmıştır.

Sahte Hesapların ve Trolluğün Algılamadaki Rolü

Sahte hesaplar, günümüzde anonim hesaplar veya bot hesaplar olarak da adlandırılmaktadır. Facebook, Twitter, Instagram gibi mecralarda gerçek ismi ve özgeçmiş bilgileri yer almayan hesaplardır. Bu hesapların özelliği, toplumu ilgilendiren bir konuda, toplu olarak hareket ederek gerçeğin çarpıtılması ve toplumun farklı bir yöne doğru yönlendirilmesini sağlamaktır. Bu hesapların gündeme getirdiği konuların birçoğu ekonomik ve adli konulardır. Özellikle terör örgütlerinin sahibi olduğu hesapların Twitter mecrasında etiket açarak gündeme getirdiği konuların çok fazla olduğu bilinmektedir. Özellikle televizyonlar aracılığıyla yapılan yayınlar, Twitter mecrasında sürekli gündemde tutulan konular ve mobil uygulamalarla geliştirilen yeni iletişim yöntemleri, algıyı yönetmek için yapılan girişimler olarak öne çıkmaktadır.

Sahte hesapların çalışma prensibi, her bir hesabın farklı ve ardışık, birbiriyle uyumunun olmasına gerek kalmadan bir etiket etrafında yoğun bir mesajın paylaşılması olarak bilinmektedir. Yazılan mesajların herhangi bir anlamı yoktur. Sosyal ağ algoritması, anlamı değil, biçimi dikkate almaktadır. Örneğin aynı ileti birden fazla yazılamamaktadır. Bu yüzden bot hesaplara verilen talimat, birbiriyle farklı ve uyumsuz kelimelerin seçilerek yazılmasıdır.

Bir başka konu ise trol hesaplar konusudur. Bu hesaplar, gerçek kullanıcılar olmasıyla bilinmekte ve çeşitli siyasi ve ekonomik çıkar gruplarını desteklemektedir. Özellikle siyasi konularda yaptıkları paylaşımlar çok fazla etkileşim elde etmektedir. Bu etkileşimin nedeni, gündemde yer alan konunun herhangi bir gerçeği yansıtıp yansıtmaması değil, algının kendi siyasi görüşünün lehine dönmesini sağlamaktır. Bu konuda trol hesaplar, çarpıtılmış birçok metin ve görsel kullanabilmektedir. Bu görsellerin birçoğu 'photoshop' aracılığıyla manipüle de edilebilmektedir. Trol hesapların bir başka yönü de, ünlü ve tanınmış kişilerin hesaplarını "paradoy account" biosu altında kopyalayarak takipçi elde etmeleridir. Bu yöntemle, birçok önemli kurumun ve kişilerin takipçileri, fark etmeden sahte hesabı takip ederek paylaşılan bilgi ve enformasyonlara inanma eğilimi göstermektedir.

Algı Yönetimi

Fotoğraf 1. Bot hesapların anlamsız cümlelerle bir etiketi (tag) Twitter gündem listesine eklemesi

Dijital Dolandırıcılık: Oltalama veya Manipülasyon

Günümüzde Covid-19 salgının başlaması ve günlük yaşamı kesintiye uğratması, alışveriş ve ihtiyaçların da çevrim içi platformlara taşınmasına neden olmuştur. Market alışverişinden kamu kurumlarındaki işlere, üniversite tercihlerinden bireysel ihtiyaçlara kadar birçok işlem internet tabanlı cihazlar aracılığıyla gerçekleştirilmektedir. Bu konuda, internet dolandırıcıları da harekete geçerek, kredi kartı ve kişisel bilgileri ele geçirmek için çeşitli yöntemler denemektedir. Oltalamanın, internet tarihinde en eski hırsızlık yöntemlerinden biri olduğu söylenebilir. Oltalama kullanıcıların mail adreslerine veya günümüzde mobil cihazlarına gönderilen mesaj veya mail aracılığıyla kişisel ve banka bilgilerini ele geçirip dolandırmaktır. Kullanıcıya gönderilen hediye, indirimli kod veya *"kazandınız"* gibi ifadelerle bir mesajı açmaya veya bir linke tıklamaya yönlendirerek dolandırma işlemi gerçekleştirilmektedir. Bu yöntemde, genellikle yaş ortalaması yüksek olan internet kullanıcıları hedef seçilmektedir. Yaş oranı yüksek olan kullanıcılar, internet dünyasının doğasını özümsememiş, bilgilerin manipüle edilme ihtimalini düşünmeyen, bir telefon aracılığıyla bile dolandırılma ihti-

259

mali olan insanlardır. Genç neslin internete ve dijital platformlara hakim olması, dolandırılma ve oltaya düşme ihtimallerini düşürmektedir. Son günlerde ortaya çıkan bir başka oltalama yöntemi ise devletin üst düzey kurumlarının logoları ve çeşitli görselleri kullanılarak yapılan internet dolandırıcılıklarıdır. Bu yöntemde Facebook, Instagram veya Twitter aracılığıyla "sponsorlu" reklamlar hazırlanarak, sanki devlet kurumu halka ödeme yapmaya başlamış algısı yaratılmaktadır. Burada asıl amaç, kullanıcıların yanıltıcı görsellere ve içeriklere girmesi sağlanarak kişisel banka hesap bilgilerine ve şifrelerine erişmektir. Böylece kullanıcıların kişisel banka hesaplarından para kaçırılması hedeflenmektedir.

Sahte Hikayeler ve Gerçeğin Kayboluşu

Sahte hikayeler, dijital mecralar aracılığıyla dramatik olarak hazırlanmış görsel ve metinlerin insanların ilgisini çekerek bağış yapmalarını içermektedir. Özellikle hastalık veya ameliyat olacak olan bir hastanın hastanede yatar pozisyonda bir fotoğrafının paylaşılarak, fotoğraf altı yazıya ise "acil yardım bekleniyor" yazılarak banka bilgileri ve hastane bilgileri verilmektedir. Bu görsel ve metinler, kullanıcıların duygusuna hitap etmekte ve ilgili hesaplara kullanıcılar para gönderebilmektedir. Bu tür algı yönetiminde, bazen gerçekte böyle bir hasta olduğu doğrulanmakta; fakat herhangi bir kampanyaya ihtiyacı olmamaktadır. Bazı durumlarda ise ne hasta ne de hastane bulunmaktadır. Sadece hesap bilgileri kullanılarak yardım yapılması istenmektedir. Bu sahte hasta ve yardımlaşma hikayeleri, gerçekte olacak olan ihtiyaçların da bir süre sonra görmezden gelinmesine neden olmaktadır.

Algı Yönetimi

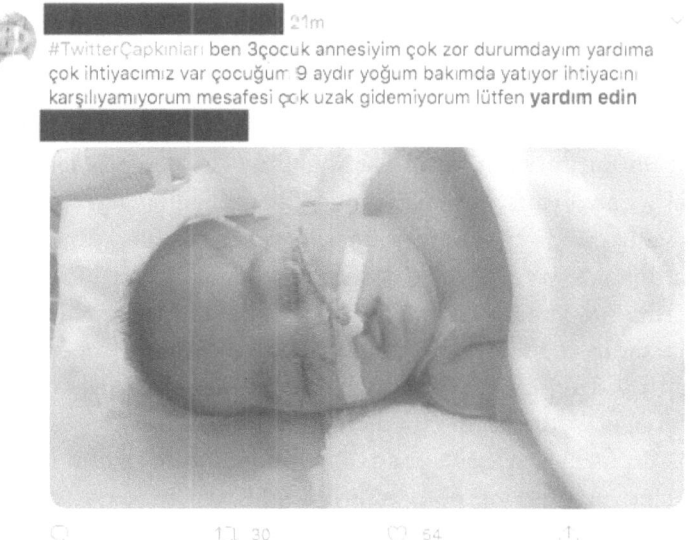

Fotoğraf 2. Çocuk fotoğrafı kullanılarak sahte bir hikaye yaratılması (Twitter.com)

Aynı zamanda afet durumlarında sahte bilgiler içeren tweetler de algı ve manipülasyona dönüşmektedir. 24 Ocak 2020 tarihinde meydana gelen Elazığ depreminde enkaz altında olduğuna dair tweetler atan bazı kullanıcılar, doğru sayılabilecek bilgi ve enformasyonun da bozulmasına neden olmuştur.

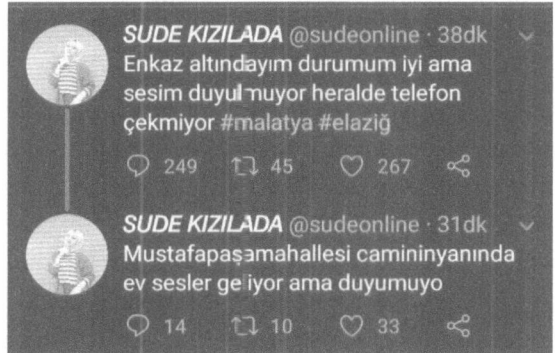

Fotoğraf 3. Sahte tweet atarak gerçeği manipüle eden bir hesap

Dijital Dünyada Algıyı Yönetmek

Dijital algı, bir kurum veya kuruluşun sosyal medya, web siteleri ve arama motorlarında hakkında yazılan ve haberleştirilen bilgi ve enformasyonların ortaya koymuş olduğu bilinirliktir. Bir kurum veya kuruluşun dijitalde yer alan bilgilerinin sosyal yaşama yansıyan imajı da denilebilir. Dijital algı, yönetilmesi ve üzerinde planlar yapılması gereken bir unsurdur. Dünyada dijitalde yer alan bilgi ve enformasyonların bir kurumun itibarına ne derece etki ettiğiyle ilgili önemli araştırmalar yer almaktadır. Diğer taraftan propaganda ve psikolojik operasyonlar için de önemli bir platform haline gelen dijital medya bugün algı operasyonlarının en yoğun olarak yapıldığı araç haline gelmiştir. Özellikle sosyal medya ve dünyanın her yerinden haber siteleri üzerinden kontrolsüzce politik, askeri, ekonomik veya sosyal fotoğraf, video ve yazılı içerikler paylaşılmakta, bu yolla kitlelere istenilen ideolojiler empoze edilmekte ve algılar istenilen şekilde yönetilmektedir.

"Algı yönetimi günümüzde iletişimden, halkla ilişkilere, psikolojiden, uluslararası ilişkilere, siyaset biliminden, işletmeye birçok bilimsel alanın yakından ilgilendiği bir kavram olmakla birlikte; psikolojik operasyonlar, propaganda, kamu diplomasisi hatta halkla ilişkiler gibi kavramlarla da birlikte anılmaktadır" (Ayhan ve Çakmak, 2018, s. 13).

Dijital dünya, sosyal medya ve onun türevlerinden meydana gelmektedir. Bu mecraların sağlamış olduğu ücretsiz birçok uygulama, son yıllarda algı yönetiminde kullanılmaktadır. Sponsorlu reklamlar, ücretsiz kanal açma ve video yayınlama, hazır internet siteleri kullanılarak oluşturulan içerikler, sosyal medya hesaplarının denetlenebilir yapısının eksikliği dolayısıyla gerçek olmayan hesapların oluşturulması ve yayın yapması gibi unsurlar, dijital dünyada bir silah olarak kullanılmaktadır. Dijital dünyayı yalnızca kurumsal firmalar ve kamu kurumları kullanmamaktadır. Aynı zamanda terör örgütleri, dolandırıcılar ve birçok yasadışı faaliyetin içerisinde olan gruplar da kullanmaktadır. Bunların üstesinden gelebilmek ve örgütsel faaliyetlerini

Algı Yönetimi

en aza indirebilmek için dijital dünya kullanıcılarının daha bilinçli ve dijital okur-yazar olması, önem arz etmektedir. Böyle bir ortamda, kamusal olarak bir karşı mücadele mekanizmasının devreye girmesi gerekmektedir. Yapılan provokasyonlar, algı faaliyetleri ve dezenformasyonun yok edilmesi noktasında stratejik ve dijital bir iletişim planının hazırlanması ve uygulanması, yapılabilecek algı operasyonlarını önlemeye yardımcı olabilecektir.

Terör Örgütlerinin Dijital Algı Eylemleri

"Terör örgütleri yalnızca askerî katı güç (hard power) uygulayarak mücadelenin kazanılmasının mümkün olmayacağını bilmekte, bu nedenle de ılımlı güç (soft power) olarak medyadan yararlanmak istemektedirler" (Avşar, 2017, s. 118). Terör ve medyanın birbirini destekleyen yanlarının olduğu Kazan'ın (2016, s. 117) makalesinde yer almaktadır. Terör örgütleri görünürlük elde ederken medyada, yer bulabilmektedir. Terör organizasyonları, terörist gruplar ve örgütler ile bireysel çapta faaliyet gösteren illegal yapılar, son yıllarda eylemlerini kitlesel hale getirmek için interneti etkin biçimde kullanmaktadır. Bu konuda NATO nezdinde "Terorists' use of internet" (Teröristlerin internet kullanımı) isminde bir de kitap yayımlanmıştır. Kitapta yer alan bilgilere göre teröristlerin interneti kullanmadaki birinci amacı propaganda yapmak, ikinci amacı ise bir saldırı amacı olarak kullanmaktır (NATO, 2017). İnternet ve internetin sunduğu imkanlar, sıradan insanların yanında terör eylemlerini gerçekleştiren teröristlere de çeşitli imkanlar sunmaktadır. Bu imkanlar arasında en önemlileri; iletişim kurmak, ikna etmek ve işbirliği gerçekleştirmek olarak bilinmektedir. Bu imkanları kullanan teröristler, taraftar toplayarak kitlelerini genişletmektedir. Özellikle son yıllarda dünyada birçok eylem gerçekleştiren DEAŞ terör örgütü, interneti etkili kullanarak militan toplamıştır.

The Soufan Group'un yayımladığı rapora göre, en az 86 ülkeden 27 ila 31 bin insan, büyük çoğunluğu DEAŞ olmak üzere terör örgütlerine katılmak için Suriye ve Irak'a gitmiştir (Karakaş, 2017, s. 35). İnternet üzerinden dijital dergiler yayımlamış, YouTube üzerinden ilgi çekici videolar üretmiş olan DEAŞ, çeşitli internet siteleri aracılığıyla haber ve bilgi paylaşımında bulunmuştur. DEAŞ'ın dijital eylemleri, başarıya ulaşarak dünya üzerinde birçok ülkeden saflarına militan katılmasını sağlamıştır. Doğu Afrika'daki El Kaide bağlantılı bir terör grubu olan Al Shabaab tarafından 2013 yılında Westgate alışveriş merkezine yapılan saldırı, Twitter üzerinden tweet atılarak kamuoyuna duyurulmuştur. Bu ve benzeri eylemlerin dijital medya üzerinden yayına sokulması, kamuoyunun algısını da büyük oranda etkilemektedir (World Economic Forum, 2018). Ek olarak, Türkiye'de terör örgütü PKK, YouTube ve websiteleri üzerinden algı eylemlerini günümüzde de sürdürmektedir. PKK'nın sözde haber ajansı bir web sitesi üzerinden faaliyet göstermektedir. Aynı zamanda diğer illegal yapılanmaların da devletin gizli bilgilerini elde edip Twitter üzerinden yayınladığı bilinmektedir. Halen bunun yanında internet, çok çeşitli terör faaliyetlerine de ortam hazırlayacak bilgilerle doludur. Örneğin, Google Türkiye arama motoruna "patlayıcı bomba nasıl yapılır" diye yazıldığında 29 Eylül 2020 itibarıyla 1 milyon 200 bin sonuçla karşılaşılmaktadır. Bu ve buna benzer bilgilerin potansiyel terör olaylarını da özendirdiği söylenebilir.

Sonuç ve Değerlendirme

Dijital dünya, geleceğin şekillenmesinde önemli bir unsur olarak hayatımızda yer almaktadır. Kişi ve kurumların bu dünyayı nasıl yönetecekleri sorunsalı ise her geçen gün farklı formlarda karşımıza çıkmaktadır. Geleneksel medya araçlarının geçtiğimiz 100 yıldaki değişimi fazla bir farklılık ortaya koymazken, son 20 yılda gerçekleşen dijital medya yeniliklerinin farklılığı, muazzam bir duruma gelmiştir. Otonom araçlar (kendi kendine sürüş deneyimi), yapay zeka, artırılmış gerçeklikler, karma gerçeklikler, nesnelerin interneti (cihazların kendi kendileriyle internet dolayımlı etkileşime geçmesi), sosyal ağların algoritma olarak tahmin gücünün artması, tutum ve davranışları

Algı Yönetimi

çok daha önce tahmin edebilme yeteneği, sayısallaşmanın vermiş olduğu yakınsama veya yöndeşme (convergence), insan hayatını kökten değiştirmeye başlamıştır. Bu değişime yönelik yapılan tahminler, her geçen gün değişmekte ve yenilenmektedir. Önümüzdeki 50 yılda internet çağının ve dijitalleşmenin nasıl bir dünya yaratacağı bilinmemektedir. Özellikle gerçek dünyanın bir yansımasının gerçeklik olarak algılanması, toplumsal hayatı olumsuz etkileyecektir. Bu olumsuz etkilerden özellikle ülke yönetimleri ve güvenlik kurumları da proaktif davranmadığı sürece zarar görebilir. Yeni dünya düzeninde siber uzamın getirmiş olduğu güvenlik sorunları, iyi tespit edilmeli ve kısa ve uzun vadede çözümler üretilmelidir. Dijital medyanın yalnızca sosyal ağlarda hesap açıp duyuru niteliğinde mesaj paylaşmak yerine, çalışma prensiplerine ve düzenine ilişkin bilgi sahibi olunması şarttır. Siber saldırıların son yıllarda artması, yalnızca güvenlik güçlerinin zarar göreceği anlamına gelmemektedir. Almanya'da bir sağlık kuruluşuna yapılan siber saldırıda, hastaneye başvuran bir hastanın bir başka hastaneye yönlendirilmesi sonucu, yolda hayatını kaybettiği bildirilmiştir. Bu olayda hastaneye yapılan siber saldırıda kayıtların değiştirildiği düşünülmektedir. Bu olay, bir siber saldırı sonucu bir kişinin hayatını kaybetmesi olarak kayıtlara geçmiştir (CNNTURK, 2020). Bu ve benzeri kurumsal saldırılar, ülkeleri tehdit etmekte ve güvenlik açıklarının daha iyi inşa edilmesini elzem kılmaktadır. Dijital dünyanın yalnızca paylaşım ağı olarak algılanması sorunu günümüz kurumları tarafından bir sorun olarak görülmelidir. Bu çalışmada, sosyal ağların algı yönetimindeki rolüne değinilse de, dijital medyayı sosyal ağlardan ibaret görmemeli ve tüm parametrelerin dikkatlice kullanılması önem arz etmektedir.

Özellikle sosyal ağlarda yer alan sahte ve trol hesapların algı yönetimini ne derece etkilediği bilinen bir gerçektir. Bu hesaplara yönelik olarak tedbirlerin alınması şarttır. Bununla mücadelede gerekli güvenlik açıklarının tespit edilmesi önemlidir.

Sahte ve anonim hesaplardan gelen tehlikelerle birlikte onaylanmış hesaplardan da çeşitli tehlikelerin geldiği bilinmektedir. Özellikle onaylı hesapların da ele geçirilebileceği yukarıdaki başlıklarda belirtilmiştir. Dünyanın en önemli insanları arasında yer alan Bill Gates ve Elon Mask gibi Twitter kullanıcılarının hesabından yapılan dolandırıcılık, buna örnek verilebilir. Yapılması gereken, sosyal ağlardan gelecek mesaj ve bilgilerin birden fazla kaynaktan doğrulanması ve teyit edilmesidir. En güvenilir hesapların bile ele geçirilebileceği unutulmamalıdır. Özellikle Whatsapp gibi bireysel olarak kullanılan ağlardan gelecek samimi ve gerçekmiş gibi görünen mesajlara bile şüpheli yaklaşılması, dijital dünyanın benimsenmesi gereken bir davranış şeklidir. Sonuç olarak, dijital evren çok hızlı bir biçimde genişlemekte ve kişisel tutum ve davranışlarımızı bizden daha fazla tahmin edebilmektedir. Bu dünyanın getirmiş olduğu avantajlarının yanında dezavantajları da dijital bir okuryazar olarak iyi bir biçimde özümsenmelidir.

Kaynakça

Avşar, Z. (2017). İnternet çağında medya, terör ve güvenlik. *TRT Akademi*, 2(3), 116-132. Erişim Adres: https://dergipark.org.tr/tr/download/article-file/289070

Ayhan, A. ve Çakmak, F. (2018). Türkiye'ye yönelik algı operasyonlarının dijital medyaya yansımaları, *Akdeniz Üniversitesi İletişim Fakültesi Dergisi*, (AKİL) Kasım (30) s. 11-35. https://doi.org/10.31123/akil.456509

Castells, M. (2013). *Ağ toplumunun yükselişi*. İstanbul: İstanbul Bilgi Üniversitesi Yayınları.

CNNTURK, (2020, 19 Eylül). Almanya'da siber saldırıdan ilk ölüm, Erişim Adresi: https://www.cnnturk.com.

Internet Live Stats, (t.y.). Twitter usage statistics, Erişim Adresi: https://www.internetlivestats.com. Erişim Tarihi: 04.09.2020.

Hellsten, I., Jacobs, S. ve Wonneberger, A. (2019). Active and passive stakeholders in issue arenas: a communication network approach to the bird flu debate on Twitter. *Public Relations Review*, 45(1), 35-48. Erişim Adres: https://www.sciencedirect.com/science/article/pii/S036381111830211X

İspir, B. (2013). Yeni iletişim teknolojilerinin gelişimi. Mesude Canan Öztürk (Yay. haz.). *Dijital iletişim ve yeni medya* içinde (2-25). Eskişehir: Anadolu Üniversitesi, Web-Ofset.

Karakaş, C. K. (2017). DEAŞ propagandasında yeni medya kullanımı. *Marmara İletişim Dergisi*, (28), 33-46. 10.17829/midr.20172333774

Kazan, H. (2016). Terör-medya ilişkisi ve medyada terör haberciliği. *Güvenlik Stratejileri Dergisi*, 12(24), 109-146. Erişim Adres: https://savunmasanayiidergilik.com/images/uploads/Makale/GSD-24-Art-4-122016.pdf

Morris, T., ve Ballantine, P. (2015). *Social media for writers: marketing strategies for building your audience and selling books*, Amerika Birleşik Devletleri: Writers Digest Book.

NATO, (2017, 27 Eylül). Terorist use' of internet, Erişim Adresi: https://www.nato.int/cps/er./natohq/topics_168045.htm.

NTV, (2020, 3 Eylül). Twitter'da siber saldırı: ünlüler, büyük şirketler ve siyasilerin hesapları ele geçirildi, Erişim Adresi: https://www.ntv.com.tr/teknoloji/twitterda-siber-saldiri-unluler-buyuk-sirketler-ve-siyasilerin-hesaplari-ele-gecirildi,LAS8sNKQh0aixhri5Z2UhA,

Seçil, U. (2018). Dijital çağda medyanın psikolojik gücü: algı yönetimi perspektifinden kuramsal bir değerlendirme. *Atatürk Üniversitesi Sosyal Bilimler Enstitüsü Dergisi*, 22(Özel Sayı 3), 2903-2913.

TDK, (2020). Erişim Adresi: https://sozluk.gov.tr/.

World Economic Forum, (2018, 29 Eylül). What we can learn from ISIS about using the internet to counter terrorism, Erişim Adresi: https://www.weforum.org/agenda/2018/09/what-we-can-learn-from-isis-about-using-the-internet-to-counter-terrorism.

Van Dijk, T. A. (2006). Discourse and manipulation. *Discourse & Society*, 17(3), 359-383. https://doi.org/10.1177/0957926506060250

Van Dijk, J. (2006). *The Network society*, Los Angeles: SAGE Publications Limited.

Verčič, A. T. ve Verčič, D. (2013). Digital natives and social media. *Public Relations Review*, 39(5), 600-602. https://doi.org/10.1016/j.pubrev.2013.08.008

Zarrella, D. (2009). *The Social Media Marketing Book*. Kanada: O'Reilly Media, Inc.

Zincir, O. ve Yazılı, S. (2013). Kriz yönetimi ve afetlerde sosyal medya kullanımı. *İstanbul Üniversitesi Siyasal Bilgiler Fakültesi Dergisi*, 1(49), 65-82.

IV. BÖLÜM
Algı Yönetimi - Reklam ve Marka

MARKALAR AÇISINDAN ALGI YÖNETİMİ NEDİR, NE DEĞİLDİR?

*Hatun BOZTEPE TAŞKIRAN**

Giriş

İnsanlar arasındaki duygu, düşünce ve bilgi alışverişini mümkün kılan iletişimin birlikte en çok anıldığı kavramların arasında algı yönetimi de bulunmaktadır. Algı yönetimi kavram ve uygulamaları birbirleriyle iletişim halinde bulunan ve çeşitli iletişim amaçlarına ulaşmayı hedefleyen insanlar, gruplar, kurumlar açısından her daim ilgi uyandırmıştır. Tarihin tüm dönemlerinde iletişim faaliyetleri ile karşısındaki kişi ya da kitleyi etkilemek, ikna etmek, erişmeyi arzu ettiği amaçlar doğrultusunda eyleme geçmesini sağlamak isteyen kişi ve kuruluşların algı yönetimi ile meşgul olduğu vurgusu söz konusu olmuştur. Bu amaçlar doğrultusunda algı yönetiminin ilk defa siyasetle ilgili bir kavram olarak gündeme geldiği ve propaganda ile özdeş özelliklere sahip faaliyetlerin algı yönetimi olarak ifade edildiği bilinmektedir. Algı yönetimi bu açıdan değerlendirildiğinde manipülatif etkiyi odak noktasında bulunduran ve etik eleştirilere açık strateji ve uygulamalar bütünü olarak görülmüştür. Algı yönetiminin propaganda ile özdeş görüldüğü ve siyasetle ilişkilendirildiği bu bakış açısının yanı sıra ileti-

---

* Doç. Dr., İstanbul Üniversitesi İletişim Fakültesi, hatun.boztepe@istanbul.edu.tr

şim bilimleri kapsamında yer alan gazetecilik, siyasal iletişim, halkla ilişkiler, marka iletişimi gibi disiplin ve alanlar açısından da değerlendirilmesi gereklilik taşımaktadır.

Günümüzde algı yönetimi sadece hedef kitleleri istenen şekilde düşünmeye, hissetmeye ve davranmaya yönlendiren, onların iknasını amaçlayan ve manipülatif bir etki oluşturmak isteyen strateji ve uygulamalar bütünü olarak değerlendirilememektedir. Özellikle marka ile tüketicilerden oluşan hedef kitleler arasındaki ilişki süreçleri bağlamında ele alındığında algı yönetiminin propaganda ile benzer özelliklere sahip uygulamalar olmanın ötesinde bir anlayışla ele alınması ve uygulamaya aktarılması önem arz etmektedir.

Markalar ile hedef kitleler arasındaki iletişim süreçleri temelde iki taraf arasındaki olumlu ve uzun vadeli devam edecek bir bağın tesisini ve sürdürülmesini amaçlamakta; marka iletişimi doğrultusunda tüketicilerin markalara yönelik olumlu algılara sahip olması hedeflenmektedir. Marka iletişiminin bu amaçlarına başarılı biçimde ulaşabilmesi ise propaganda ile benzer niteliklere sahip algı yönetimi uygulamaları ile mümkün olamamakta; algı yönetiminin marka iletişimi açısından farklı bir perspektiften değerlendirilmesi zorunluluk taşımaktadır. Bu gereklilikten hareketle söz konusu çalışmada algı yönetimi stratejik ve uygulamaları markalar yönünden ele alınmakta; günümüz çağdaş marka iletişimi anlayışı açısından algı yönetiminin ne şekilde değerlendirilmesi ve uygulamaya aktarılması gerektiğine yönelik bir çerçeve sunulmaya çalışılmaktadır. Çalışmada algı yönetimi ve marka arasındaki bağlantının tesis edilmesinin ardından, markaların algı yönetimi uygulamaları marka vaatleri, marka performansı, marka deneyimi ve tüketici beklentileri doğrultusunda irdelenmektedir.

Algı Yönetiminin Algılanışı

Algılama insanların yaşamlarını sürdürmelerinde kritik rol üstlenen temel bir eylemdir. İnsanlar algılama doğrultusunda dünyayı anlamlandırır, çevrelerinde olup bitenlere anlam yükler, algılama faaliyetleri sonucunda duygu, düşünce ve davranış oluşumu gibi çeşitli tepkiler ortaya koyarlar. Agarwal'in belirttiği gibi (2009, s. 1) algılama dış dünyadan duyumsama aracılığıyla edinilen işlenmemiş verilerin karşılaştırma, kaydetme, yorumlama ve geri bildirim sunma gibi bilişsel süreçlerden geçirilmesi sonucunda ortaya çıkmaktadır. Bu bakış açısının da işaret ettiği üzere algılamanın ortaya çıkabilmesi için insanların duyum faaliyetini gerçekleştirerek çeşitli uyaranlara ilişkin ham haldeki işlenmemiş verileri almalı ve bunları bilişsel süreçlerden geçirerek anlamlandırmalı, yorumlamalı ve değerlendirmelidir. Her bireyin kendisine ulaşan uyaranlara aynı anlamları yüklemesi, aynı yorumları getirmesi ve aynı değerlendirmeleri yapıp aynı tepkileri vermesi ise beklenmemektedir.

Uyaranlara ilişkin verilerin yorumlanması ve anlamlı biçime getirilmesi sonucu algılama meydana gelmektedir (Odabaşı ve Barış, 2005, s. 128). Algı duyu organları tarafından edinilen verilerin organize edilmesine ve yorumlanmasına dayanmakta ve böylelikle onların anlamlandırılması faaliyeti ortaya çıkmaktadır (Arkonaç, 2005, s. 69). Algılama sonucunda algılanan nesneye, olaya ya da duruma ilişkin kanaatlerin, inançların ve duyguların oluşması, davranış ve tepkilerin ortaya konması söz konusu olmaktadır (Eren, 2007, s. 70). Algılama doğrultusunda çeşitli uyaranlara ilişkin duygu, düşünce ve davranışların belirlenmesi nedeniyle, algılamanın ne şekilde yönlendirilebileceği ve algılama üzerinde istenilen etkilerin nasıl oluşturulabileceği sorusu çoğu zaman yanıtlanması arzu edilen temel sorular arasında bulunmuştur. Bu soruya verilecek yanıt ise genellikle siyaset bilimi ve askeriye uygulamaları ile ilişkilendirilen ve propaganda ile benzer özelliklere sahip uygulamaların algı yönetimi olarak kavramsallaştırılmasına zemin oluşturmuştur.

Algı yönetiminin zaman zaman bilgi savaşı olarak da isimlendirildiğini belirten Jones ve Simons (2017, s. 522) kavramın Amerika Birleşik Devletleri Savunma Bakanlığı tarafından ortaya konan tanımına yer vermektedir. Bu tanıma göre algı yönetimi; seçilmiş bilgi ve göstergelerin yabancı hedef kitlelerin duygularını, güdülerini, nesnel gerekçelerini ve ayrıca bilinç yapısının meşru tahminlerini etkilemek için iletilmesi ve/veya reddedilmesine yönelik, sonuç olarak yabancı davranışlarının ve resmi eylemlerinin gönderici lehine oluşmasını amaçlayan eylemlerdir. Algı yönetimi çeşitli biçimlerde gerçekliğin yansıması, operasyon güvenliği, gizleme ve aldatma ve psikolojik operasyonları kombine etmektedir. Algı yönetimine Amerika Birleşik Devletleri Savunma Bakanlığı tarafından getirilen tanımlamadan anlaşılacağı üzere eylemler doğrultusunda hedeflenen kitlelerin tutumlarının etkilenmesi ve tutumların belirlenen amaçlara uygun biçimde şekillendirilmesi hedeflenmekte, bu doğrultuda gizleme, aldatma da dahil olmak üzere etik açıdan tartışmaya açık bir durum ortaya çıkabilmektedir. Bu perspektiften ele alındığında algı yönetiminin propaganda bağlamında değerlendirilmesi gündeme gelmektedir.

Arzu edilen amaca erişilebilmesi için algıların şekillendirilmesi ve yönetilmesine dayanan propaganda (Kalender, 2008, s. 41); iletilen mesajların tartışılmasından ya da yorumlanmasından ziyade gönderildiği gibi kabul edilmesine ve hedef kitleler tarafından onaylanmasına dayanmaktadır. Sonuç olarak hedef kitlelerin tutum ve davranışlarının mesaj doğrultusunda şekillendirilmesi amaçlanmaktadır (Aziz, 2007, s. 15). Propaganda uygulamalarının da temelde hedeflenen kitlelerin duygu, düşünce ve davranışlarının etkilenmesine odaklandığı düşünüldüğünde, algı yönetiminin siyaset bağlamında ele alınış biçiminin propaganda ile benzerlik taşıdığı söylenebilmektedir.

Özçağlayan ve Apak'ın da işaret ettiği gibi (2017, s. 112) algı yönetimi propaganda çalışmalarının bir parçası ve yöntemi olarak ele alınabilmektedir. Propaganda çalışmaları ve bu bağlamda özellikle siyasi amaçlarla yürütülen faaliyetler tarihsel süreçte ön plana çıkmaktadır. Örgütlü ve sistematik olarak hedef kitlede istenen tutumların oluşmasının sağlanması üzere gerçekleştirilen propaganda çalışmaları savaş ve kriz dönemlerinde ya da siyasi iktidarın güçlendirilmesine yönelik kullanılabilmektedir. Robinson da bu bakış açısı ile benzer şekilde (2015) organize edilmiş siyasal iletişim biçimi olarak tutumları etkilemek üzere tasarlanan algı yönetiminin tarihsel olarak propaganda olarak nitelendirilen aktivitelerle benzer niyet ve amaçlara sahip olduğuna dikkat çekmektedir.

Propagandanın hedef kitlelerinin pasif konumda bulunması ve onların davranışlarının güçlü bir şekilde ideolojik olarak motive olmuş mesaj göndericisi tarafından yapılandırılmış bir mesaj ile değiştirilmeye açık halde olması da (Weaver ve diğerleri, 2006, s. 11), algı yönetiminin propaganda ile örtüşen niyet ve amaçlara sahip olduğunu doğrular niteliktedir.

Marka Kavramı ve Algı Yönetimi

Algı yönetimi kavram ve uygulamalarının propaganda ile bağlantısı ve siyasetle ilişkisi her daim ilgi çekmiştir. Ancak günümüzde algı yönetimi iletişim bilimleri kapsamında pek çok alan açısından da ilgi uyandırmaktadır. İlişki tarafları arasındaki iletişim süreçlerinin başarılı biçimde sürdürülmesinin zorunlu olduğu marka ve marka iletişimi perspektifinden de algı yönetiminin irdelenmesi gereklilik taşımaktadır. Ancak markalar açısından algı yönetiminin yukarıda paylaşılan bilgiler doğrultusunda propaganda ile benzer ve özdeş biçimde uygulanmasının marka iletişimi amaçlarına ulaşılmasını mümkün kılmayacağı söylenebilmektedir. Çalışmanın ilerleyen kısımlarında marka kavramına ilişkin bilgilerin paylaşılmasının ardından markalar açısından algı yönetiminin ne şekilde ele alınması gerektiğine yönelik değerlendirmeler ortaya konacaktır.

Markalar, ürün ve hizmetlerin birbirlerinden farklılaşması amacına hizmet eden ve kime ait olduğunu gösteren görsel unsurların, somut ve soyut değerlerin bir kombinasyonu olarak tanımlanabilmektedir. Markalamanın ortaya çıkışı oldukça eski dönemlere dayansa bile özellikle sanayi devrimi sonrası kitlesel üretime geçiş markalar açısından önemli bir yer tutmaktadır. Aynı gereksinimi karşılamaya aday alternatiflerin çoğalması, işletmeleri markalama yoluyla rekabet yarışında farklılaşma zorunluluğu ile karşı karşıya bırakmıştır.

Ürünler, işletmeler ve tüketiciler için etkili bir farklılaştırma stratejisi olarak değerlendirilen markalama (Schembri, 2009, s. 1299); bir yandan ürün ve hizmetlerin diğer benzerlerinden ayırt edilmesini sağlayarak ürünler ve sahibi olan işletmeler için farklılaşmayı mümkün kılarken; diğer yandan da tüketicilerin ürün/hizmetleri birbirlerinden ayırt edebilmelerini sağlamaktadır.

Ürün ve hizmetlerin birbirleriyle benzeşen niteliklere sahip olması ve aynı şartlar altında pazara sunulmasından ötürü tüketicileri kendi ürünlerini satın almaya yöneltmek isteyen işletmeler markalamaya başvurmaktadır. Markalar, aynı ya da benzer niteliklere sahip ürünleri ve hizmetleri tüketicilerin zihninde farklılaştırmayı sağlamaktadır (Özdemir, 2009, s. 64). Aaker'in belirttiği gibi marka (1991, s. 7) ürün ve hizmetlerin, bir ya da bir grup satıcının tanımlanması ve aynı zamanda ürün ve hizmetlerin rakiplerden farklılaşabilmesi amacıyla tasarlanan ayırt edici bir isim ve/veya semboller olarak tanımlanabilmektedir. Her ne kadar markadan bahsedildiğinde isim, logo, semboller gibi göstergebilimsel unsurlar ön plana çıksa da günümüzde marka bu bakış açısının ötesinde çok daha geniş kapsamlı bir boyuta ulaşmıştır. Markalar artık farklılaşmayı ve tüketicilerde olumlu algılar meydana getirme başarısını sadece sembollerden oluşan uyaranlar doğrultusunda gerçekleştirememektedir.

Günümüzde geçerli olan çağdaş marka sistemi marka ismi, semboller ve göstergebilimsel unsurların yanı sıra, markanın kapsadığı somut ve soyut değerlere ve irtibat noktalarındaki ürün/hizmet deneyimine dayanmaktadır (Kapferer, 2012, s. 10). Markanın ulaştığı geniş kapsam ve marka iletişiminin marka ile tüketici arasında uzun vadeli ve olumlu ilişkiler kurulması şeklinde ifade edilebilecek nihai amacı göz önünde bulundurulduğunda markalar kapsamındaki algı yönetimi uygulamalarının propaganda ile benzer niteliklere sahip olması mümkün görünmemektedir. Marka iletişimi ile propaganda doğrultusunda gerçekleştirilen algı yönetimi uygulamaları elde etmeyi beklediği, hedef kitlelerin istenen yönde tepkiler vermesi olarak özetlenebilecek çıktılar açısından benzerliğe sahip olmakla birlikte, bunu yaparken kullandığı yöntemler ve uygulama metotları bağlamında farklılaşmayı gerektirmektedir.

Marka İletişiminde Algı Yönetimi Peki Nasıl?

Marka iletişimi en basit tanımıyla tüketicilerin markaya yönelik olumlu algı ve tutumlar geliştirmesi amacına dönük iletişim süreçlerinin stratejik biçimde yönetilmesidir (Boztepe Taşkıran, 2017, s. 66). Marka iletişimi kısa vadede tüketicileri satın almaya yönlendirme, alternatifler içinden markanın tercih edilmesini sağlama gibi amaçlara odaklansa da daha önce de belirtildiği gibi nihai olarak markalar ile tüketicilerden oluşan hedef kitleleri arasında olumlu ve uzun vadeli ilişkiler oluşturmayı hedeflemektedir. Marka iletişiminin kapsamına dair bu açıklamalardan da anlaşılacağı üzere markalar için de bir algı yönetimi gerekmekte; ancak marka iletişiminin nihai amacına ulaşabilmek için bu algı yönetimi uygulamalarının marka vaatleri, marka performansı, marka deneyimi, marka tatmini ve marka beklentileri doğrultusunda ele alınması ve gerçekleştirilmesi zorunluluk arz etmektedir.

Markalar kimlik özellikleri doğrultusunda tüketicilere sundukları yararlar bağlamında marka vaatlerini sunmakta ve böylelikle marka konumlandırılmaktadır. Markanın sunduğu yararlar ve vaatleri aracılığıyla tüketici zihninde konumlandırılması markaya yönelik beklentileri gündeme getirmektedir. Tüketiciler markaların kendilerine yönelttikleri iletişim içeriklerini algılama sürecindeki bir uyaran olarak değerlendirmekte ve beklentilerinin karşılanacağı düşüncesiyle markayı tercih etmektedir. Marka tercihi ve satın almanın sonucunda ise markanın beklenen performansı gösterip göstermemesi kritik bir önem taşımaktadır. Marka performansının tüketicinin beklentisini karşılaması, olumlu marka deneyiminin ortaya çıkması ve böylelikle marka tatminin meydana gelmesi durumunda marka iletişiminin hedeflediği marka ile tüketiciler arasında uzun vadeli ve olumlu bağın tesisi, hedef kitlelerde markaya yönelik olumlu algıların oluşması amaçlarına başarılı biçimde ulaşılabilmektedir.

Bu açıdan ele alındığında marka iletişimi kapsamındaki algı yönetimi uygulamalarında hedef kitlelere yanıltıcı, eksik ya da gerçekle örtüşmeyen bilgilerin sunumunun tüketicilerin sadece bir kez istenen tepkiyi yani satın alma davranışını gerçekleştirme tepkisini vermesine neden olacağı söylenebilmektedir. Tüketiciler kendilerine sunulan marka vaatlerinin, yarar önerilerinin marka performansı ile örtüşmediğine yönelik bir değerlendirmeye sahip olduğunda ise o markayla olan bağını sürdürmeme kararı verebilmektedir. Bu durum ise günümüz rekabet koşullarında hiçbir işletme ve markanın tercihi olmamaktadır. Günümüz işletmeleri markalar ile tüketiciler arasında tesis edilen güçlü bağlar dolayısıyla pazarda güçlü bir konum elde etmeyi arzulamakta ve bu güçlü konumu zedeleyebilecek, tüketicinin bir kerelik iknası ya da sadece bir kez istenen tepkiyi vermesine yönelik uygulamalardan uzak durmak durumunda kalmaktadırlar. Aksi takdirde elde edilen tüketicilerin dahi başka alternatiflere, diğer markalara geçişi söz konusu olmaktadır. Bu nedenle de marka iletişimi kapsamındaki algı yönetimi uygulamalarının propaganda ile özdeş niteliklere sahip uygulamalarla benzerlik taşımaması kritik bir öneme sahiptir. Marka iletişimi kapsamında başarılı algı yönetimi uygulamaları için marka vaatleri, marka konumlandırma, marka deneyimi, marka tatmini ve tüketici beklentileri arasındaki bağlantıların stratejik bir bakış açısıyla değerlendirilmesi ve birbirleri üzerindeki etkilerinin dikkatli biçimde ele alınması gündeme gelmektedir.

Marka Algı Yönetiminde Ön Plana Çıkan Kavramlar

Marka algı yönetiminde başarılı olmak, tüketicilerin markaya yönelik olumlu algılara sahip olmasını ve markayı tercih etmesini sağlamak, markayla uzun vadeli sürecek olumlu bağlar tesis etmesini olanaklı kılmak ile mümkün hale gelmektedir. Bu doğrultuda markaların somut ve soyut değerleri, marka özellikleri ve vaatleri doğrultusunda doğru bir konumlandırma gerçekleştirmesi, bu konumlandırmaya ilişkin iletişimi başarılı biçimde yönetmesi ve tüketiciyi satın almaya yönlendirmesi, satın alım sonrasında ise konumlandırma ile örtüşecek bir marka performansı sergilemesi gerekmektedir. Tüketicilerin beklentilerini karşılayacak bir marka performansı ve olumlu marka deneyimi sonucunda tatmin ortaya çıkacak ve böylelikle marka algı yönetimi süreci başarılı biçimde yönetilebilecektir.

Marka algı yönetimi sürecinde öncelikli olarak marka vaatlerini, markaların somut ve soyut özellikleri bağlamında tüketicilere sunduğu fayda önerilerini kapsayan marka konumlandırma gündeme gelmektedir. Marka konumlandırma tüketicinin zihninde markanın bir konum elde etmesine yönelik faaliyetlerdir. Marka konumlandırmada tüketiciye markayla ilgili birtakım uyaranlar sunulmakta ve bu uyaranlar doğrultusunda tüketicinin değerlendirmeler yapması beklenmektedir. Marka konumlandırma aşamasında yanıt verilmesi gereken bazı sorular bulunmaktadır. Bu sorular ise şu şekildedir: 1) marka vaadi ve müşterinin elde edeceği yararlara atıfta bulunan marka neye yaramaktadır sorusu, 2) markanın hedeflediği tüketicilerin kimler olduğunu açıklayan marka kimin içindir sorusu, 3) tüketicilerin markayı satın almalarına yönelik gerçeklere dayalı ve öznel unsurlara işaret eden gerekçelerin ifade edildiği neden sorusu ve 4) markanın hangi temel rakiplerden farklılaşmayı istediğine yanıt veren marka kime karşıdır sorularıdır (Kapferer, 2008, s. 175). Marka konumlandırmada yanıt verilmesi gereken bu sorular ve bu soruların yanıtlarını içeren marka iletişimi süreçleri aynı zamanda marka algı yönetimi kapsamında tüketicilere birtakım uyaranlar sunulması anlamını taşımaktadır. Bu bağlamda Schmitt ve arkadaşlarının belirttiği gibi (2014, s. 729) marka ismi ve sloganları, renkler ve şekiller gibi görsel kimlik unsurları, maskotlar ve marka karakterleri ayrıca diğer sözlü, görsel ya da duyusal uyaranlar marka kaynaklı uyaranlar olarak ifade edilebilmektedir.

Marka kaynaklı uyaranlar marka iletişim süreçleri doğrultusunda hedef kitlelere sunulmakta, hedef kitlelerin bu uyaranları değerlendirmesi neticesinde ise markayı satın alma kararı verilmekte ya da verilmemektedir. Markanın satın alınma kararının ortaya çıkması halinde ise tüketici beklentilerinin karşılanıp karşılanamayacağı sorunu gündeme getirmektedir.

Tüketiciler satın alım öncesinde bir ürün ve hizmete yönelik beklentilere sahiptir ve satın alım sonrasında mevcut marka performansını bu beklentilerle karşılaştırmaktadır. Eğer tüketici beklentileri karşılanırsa tatmin ve satın alım niyetinin sürdürülmesi gibi olumlu çıktılar meydana gelebilmektedir (Song ve diğerleri, 2011, s. 83). Markaların başarılı algı yönetimi uygulamalarını hayata geçirebilmesi için marka konumlandırmaya yönelik iletişim süreçleri ile tüketicilere sunulan uyaranlar doğrultusunda oluşan beklentilerin, satın alım sonrası marka performansı ile karşılanması gerekmektedir.

Tüketicilerin markayla ilgili uyaranlarla karşılaşması ile başlayıp marka performansı ile karşılaştığı sürecin tüketici için olumlu bir marka deneyimi meydana getirmesi marka algı yönetiminin başarısı için anahtar konumda bulunmaktadır. Zarantonella ve Schmitt'in işaret ettiği gibi (2010, s. 532) tüketiciler eşsiz ve akılda kalıcı deneyimler sağlayan markalara yönelik bir arayış içindedirler ve bunun bir sonucu olarak da marka deneyimi pazarlama akademisyenleri ve uygulayıcıları açısından ön plana çıkmaktadır. Tüketiciler markayla ilgili uyaranlarla karşılaştıkları andan başlamak üzere, markayı deneyip umdukları performansı bulup bulmadıklarına yönelik bir değerlendirme yaptıkları satın alım sonrası aşamaya kadar marka deneyiminin içinde bulunmaktadırlar. Bu deneyimin uyaranların kendilerine ulaşmasından itibaren olumlu bir seyir izlemesi, tüketicilerin olumlu değerlendirmelerinin ortaya çıkması ise algı yönetimi açısından önem arz etmektedir.

Bilgi arama, karar verme ve / veya ürün kullanma sürecinden geçmiş bir tüketicinin markayla ilgili deneyim sahibi olduğuna yönelik bakış açısı da (Ha ve Perks, 2005, s. 440) marka deneyiminin sadece markayı kullanma eylemi ile sınırlı tutulamayacağına işaret etmektedir. Tüketiciler markayla ilgili uyaranlarla karşılaştıkları andan itibaren algılama eylemini gerçekleştirmekte ve markalar için de algı yönetimi süreci başlamaktadır. Algı yönetimi sürecinin tüm deneyim süresince yani markaya yönelik beklentilerin karşılanmasına yönelik marka performansının ortaya konması ve ardından markaya yönelik olumlu algıların sürdürülmesine dek marka deneyiminin her aşamasında gerçekleştirilmesi gereklilik taşımaktadır.

Marka deneyimi; bir markanın tasarımı, kimliği, ambalajı, iletişim uygulamaları gibi marka kaynaklı uyarıcılar tarafından ortaya çıkarılan kişiye özgü ve duyumlar, hisler, algılar gibi içsel ve aynı zamanda davranışsal tüketici yanıtları olarak tanımlanmakta (Brakus ve diğerleri, 2009, s. 53); marka deneyiminin olumlu olması marka algı yönetimi uygulamalarının başarılı biçimde gerçekleştirildiği anlamını taşımaktadır.

Tüketicilerin bir markayla ilgili deneyimlerini ne şekilde değerlendirdiği ve yorumlandığı ile ilgili olan marka deneyimi (Ding ve Tseng, 2015, s. 996), aynı zamanda marka tatmini ve marka sadakati için önemli ve ilgi çekici bulunmaktadır (Nysveen ve Pedersen, 2014, s. 827). Marka deneyiminin marka tatmini ve marka sadakati ile olan bağlantısı da marka deneyiminin, markaların algı yönetimi uygulamalarında başarılı olup olmadığına yönelik bir gösterge olarak ele alınmasına neden olmaktadır. Bu bilgilerden hareketle markaların başarılı bir algı yönetimi süreci işletebilmek için marka konumlandırmadan itibaren tüketicilerle olan irtibatın her aşamasında tüketicinin olumlu marka deneyimine ve dolayısıyla markayla ilgili olumlu algılara sahip olmasına özen göstermesi gerekliliğinden söz edilebilmektedir. Tüketicilerin kendilerine vaat edilenler doğrultusunda şekillendirdiği beklentilerinin, marka performansı ile karşılandığına yönelik bir değerlendirmelerinin ortaya çıkması aynı zamanda olumlu marka deneyimi anlamına gelmekte; bu durum da marka tatmininin ve marka sadakatinin sağlanması ile başarılı bir algı yönetiminin varlığına işaret etmektedir.

Sonuç

Siyasal ve askeri amaçlarla bağlantılı bir şekilde ortaya çıkan algı yönetimi kavramı, propaganda ile benzer özelliklere sahip, hedeflenen kitlelerin tutumlarını etkilemeye ve istenen tutumların sergilenmesine dayanan strateji ve faaliyetler bütünü olarak değerlendirilmektedir. Bu tanımı itibariyle algı yönetiminin manipülatif bir etkiyi barındırdığı, hedef kitlelerle girilecek iletişim süreçlerinde yanıltıcı ve aldatıcı içeriklerin dahi kullanımının söz konusu olabileceği dikkat çekmektedir. Amaç her koşulda hedef kitlenin istenen yönde algılar geliştirmesi, istenen tepkileri vermesidir.

Algı yönetimi her ne kadar siyaset ve askeriyeyle bağlantılı bir kavram olarak görülse de iletişim bilimi kapsamındaki tüm disiplin ve alanların da algı yönetimiyle bağlantısı bulunmaktadır. Tüketicilerden oluşan hedef kitlelerde markaya yönelik olumlu algılar ve tutumlar meydana getirmeyi nihai amaç olarak belirleyen, marka ile tüketici arasında uzun vadeli olumlu ilişkiler tesis etmeyi arzulayan marka iletişimi de bu alanların arasında bulunmaktadır. İşletmelerin kendi ürün ve hizmetlerini benzerlerinden farklılaştırmak, tüketici tercihi haline getirmek için başvurduğu markalama çabaları istenen amaçlara ulaşabilmek için iletişimden destek almalı ve algı yönetimine başvurmalıdır. Tüketicilerle uzun süreli bağı hedefleyen markalar için ise algı yönetiminin propaganda ile benzer niteliklere sahip uygulamalar olarak değerlendirilmemesi önem arz etmektedir.

Markaların propaganda kapsamında değerlendirilebilecek algı yönetimi uygulamalarına başvurması halinde kısa vadede tüketiciyi ikna etmesi ve satın almaya yönlendirmesi mümkün olabilecek; ancak o tüketicinin tekrar aynı markayı tercih etme-

Algı Yönetimi

si, markayla olan bağını sürdürmesi olasılığı ortadan kalkacaktır. Bu açıdan bakıldığında markaların algı yönetimi uygulamalarının beklentileri karşılayacak marka performansı, olumlu marka deneyimleri ve marka tatmini bağlamında gerçekleştirilmesi gereklilik taşımaktadır. Marka algı yönetiminde marka konumlandırmadan itibaren açık ve gerçeğe dayalı mesajların, vaatlerin, fayda önerilerinin tüketicilere sunulmasına dikkat edilmeli ve sürecin her aşamasında tüketicinin markayla olan her irtibatında yaşadığı deneyimin olumlu gitmesi sağlanmalıdır. Markalar açısından başarılı algı yönetimi uygulamaları için tüketicilerin beklentilerini karşılayacak bir marka performansının ortaya konması ve tüketicinin markadan duyduğu tatmin doğrultusunda söz konusu markaya yönelik olumlu algılar ve tutumlar geliştirmesi mümkün kılınmalıdır. Böylelikle markalar açısından sürdürülebilir katkılar sağlayabilecek başarılı bir algı yönetimi uygulamasının gerçekleştirilmesi söz konusu olabilecektir.

Kaynaklar

Aaker, D. A. (1991). *Managing brand equity: capitalizing on the value of a brand name*. New York: The Free Press

Agarwal, K. (2009). *Perception management the management tactics*. New Delhi: Global Publications.

Arkonaç, S. A. (2005). *Psikoloji zihin süreçleri bilimi*. 4. basım. İstanbul: Alfa Yayınları.

Aziz, A. (2007). *Siyasal iletişim*. Genişletilmiş 2. basım. Ankara: Nobel Yayınları.

Boztepe Taşkıran, H. (2017). *Marka iletişimi ve dijital stratejiler*. İstanbul: Der Yayınları.

Brakus, J. J., Schmitt, B. H. ve Zarantonello, L. (2009). Brand experience: what is it? How is it measuerd? Does it affect Loyalty?. *Journal of Marketing*, 73, 52-68.

Ding, C. G. ve Tseng, T. H. (2015). On the relationship among brand experience, hedonic emotions, and brand equity. *European Journal of Marketing*, 49 (7/8), 994 – 1015.

Eren, E. (2007). *Örgütsel davranış ve yönetim psikolojisi*. 10. baskı. İstanbul: Beta Basım.

Ha, H. ve Perks, H. (2005). Effects of consumer perceptions of brand experience on the web: brand familiarity, satisfaction and brand trust. *Journal of Consumer Behaviour*, 4 (6), 438 – 452.

Jones, J. G. ve Simons, H. W. (2017). *Persuasion in society*. 3rd edition. London: Routledge.

Kalender, A. (2008). Halkla ilişkiler: kavramlar, tanımlar ve uygulama alanları. A. Kalender ve M. Fidan (Ed.), *Halkla ilişkiler* içinde (s. 11 – 47). Konya: Tablet Yayınları.

Kapferer, J. N. (2008). *The new strategic brand management: advanced insights and strategic thinking*. 4th edition. London: Kogan Page.

Kapferer, J. N. (2012). *The new strategic brand management: advanced insights and strategic thinking*. 5th edition. London: Kogan Page.

Nysveen, H. ve Pedersen, P. E. (2014). Influences of co-creation on brand experience the role of brand engagement. *International Journal of Market Research*, 56 (6), 807 – 832.

Odabaşı, Y. ve Barış, G. (2005). *Tüketici davranışı*. 5. baskı. İstanbul: Mediacat Kitapları.

Özçağlayan, M. ve Apak, D. (2017). Soğuk savaş yıllarında algı yönetimi, haber ve propaganda ilişkisi. *Marmara İletişim Dergisi*, 28, 107 – 130.

Özdemir, H. (2009). Kurumsal sosyal sorumluluğun marka imajına etkisi. *İstanbul Ticaret Üniversitesi Sosyal Bilimler Enstitüsü Dergisi*, 15, 57 – 72.

Robinson, P. (2015). News media, communications, and the limits of perception management and propaganda during military operations. R. Johnson ve T. Clack (Ed.), *At the end of military intervention* içinde (s. 271 – 291). Oxford: Oxford University Press.

Schembri, S. (2009). Reframing brand experience: the experiential meaning of Harley – Davidson. *Journal of Business Research*, 62, 1299 – 1310.

Schmitt, B. H., Brakus, J. ve Zarantonello, L. (2014). *The current state and future of brand experience*. Journal of Brand Management, 21 (9), 727 – 733.

Song, H., Li, G., van der Veen, R. ve Chen, J. L. (2011). *Assessing mainland Chinese tourists' satisfaction with Hong Kong using tourist satisfaction index*. International Journal of Tourism Research, 13, 82 – 96.

Weaver, C. K., Motion, J. ve Roper, J. (2006). From propaganda to discourse (and back again): truth, power, the public interest, and public relations. J. L'Etang ve M. Pieczka (Ed.), *Public relations critical debates and contemporary practice* içinde (s. 7 – 21). New Jersey: Lawrence Erlbaum Associates.

Zarantonello, L. ve Schmitt, B. H. (2010). *Using the brand experience scale to profile consumers and predict consumer behaviour*. Brand Management, 17 (7), 532 – 540.

TÜKETİCİ DAVRANIŞLARINDA BİR ALGI YÖNETİMİ ARACI OLARAK ÜRÜN YERLEŞTİRMENİN ROLÜ

*Kübra ECER**

Giriş

Dijitalleşmenin etkisi ile firmalar arasında artan rekabet, reklam ve pazarlama stratejilerinin önemini giderek artırmaktadır. Pazarlama teknik ve stratejileri, tüketici davranışlarını etkileme ve hatta kendi ürünleri lehine yönlendirme çabasını içerdiğinden, tüketici davranışlarını etkileyecek unsurları belirlemek firmalar için oldukça önemlidir. Davranışsal iktisat yaklaşımında belirtildiği üzere, birçok değişkenin etkisi altında karar veren bireyler sınırlı rasyonel ve hatta irrasyonel kararlar almaktadır. Yapılan pek çok araştırma bireylerin diğer birçok hususta olduğu gibi tüketim kararlarını da yalnızca fayda maksimizasyonu çerçevesinde şekillendirmediğini kanıtlamıştır. Tüketicinin, tüketim faaliyetini hiçbir etki altında kalmadan, her halükarda rasyonel olarak gerçekleştirdiği düşüncesi gerçek hayatta mümkün değildir. Tüketici davranışında; bireysel, sosyal, kültürel ve psikolojik birçok faktörün etkisi bulunmaktadır. Bu nedenle tüketici algısının yönetmek için, tüketici karar sürecini etkileyen ve yönlendiren faktörlerin doğru değerlendirilmesi gerekmektedir. Ana akım iktisat bireyleri akılcı olarak tanımladığından karar ve davranışlarını değerlendirirken diğer tüm faktörleri göz ardı etmiştir.

---

* Dr., Cumhurbaşkanlığı İletişim Başkanlığı, kubra.ecer@iletisim.gov.tr

Tüketim kararı süreci; ihtiyacın ortaya çıkması, para, alternatifler arasından tercih etme, satın alma kararı ve ürünün kullanımı gibi aşamaları barındırır. Ancak tüketiciler satın alma kararlarını hızlı bir şekilde verdiklerinden, algı yönetiminin tüketici davranışları üzerinde etkisi olduğu düşünülmektedir. Bu bağlamda bireylerin karar vermelerini etkileyen faktörlerin doğru analiz edilmesi gerekmektedir. Günümüzde, kullanımı artan ürün yerleştirme yolu ile tüketici davranışlarını yönlendirme amaçlanmaktadır. Reklam ve pazarlama profesyonellerinin başarısı, tüketici algısının yönetiminde ne kadar başarılı olduklarına bağlıdır.

Dijitalleşmenin kitle iletişim araçlarını çeşitlendirmesiyle birlikte firmaların tüketiciler ile iletişim olanağı artmıştır. Firmaların kitle iletişim araçlarını kullanarak tüketicilerin algısını yönlendirmek için kullandığı yöntemlerden biri de ürün yerleştirmedir. Ürün yerleştirme; ürünün, tüketici zihninde benzer ürünler arasından ayrılarak farklılaştırılması ve tüketici kararının yönlendirilebilmesi amacıyla kullanılan önemli bir araçtır.

Çalışmanın amacı; bir algı yönetimi aracı olarak ürün yerleştirmenin, tüketici davranışlarındaki rolü değerlendirmektir. Bu amaçla ilk bölümde; algı yönetimi ve algı yönetiminin amacı açıklanmıştır. İkinci bölümde; genel olarak tüketici davranışlarını etkileyen faktörlerden bahsedilmiş, üçüncü bölümde ise algı yönetimi ile tüketici davranışları ilişkisine değinilmiştir. Çalışmanın son bölümünde bir algı yönetimi aracı olarak ürün yerleştirmenin tüketici algısındaki rolü değerlendirilmiştir.

Algı Yönetimi ve Algı Yönetiminin Amacı

Algı, insanların çevresinde bulunanlara tanıklık etmesidir. İnsanlar, duyu organları sayesinde etrafında yaşananları özümseyerek bir sonuca varmaktadır. Kendisine iletilenler anlam kazanmaya başladığında, kişi için algılama süreci başlar. Algının anlamlanması, yorumlanarak değerlendirilmesi ile zihinsel bir bütünlük haline gelmesi ise algılama olarak tanımlanmaktadır (Tutar, 2013, s. 186). Kişilerin maruz kaldığı çevreyi organize etme ve duyuları aracılığıyla edindiği bilgileri düzenlemesine dayalı anlama ve farkına varma süreci algılama süreci olarak da (Girişken, 2017, s. 48; Arkonaç, 2005) değerlendirilmektedir. Algı, birbirinden bağımsız olarak tatma, koklama, göre ve duyma gibi farklı duyulardan gelen veriler aracılığıyla bir anlam kazanmaktadır (Arkonaç, 2005). Fakat algılama basitçe duyu organlarımız sayesinde oluşan bir faaliyet olarak değerlendirilmemelidir. Algılama sürecinde önemli olan duyumsanan iletilerin yorumlanarak içselleştirilmesidir (Koç, 2007). Bireyler duyu organları ile kendine ulaşan iletiler ile çevresindeki olgu ve olayları anlamlandırdığı bir süreci yaşamaktadır.

Algılama yalnızca fiziki bir olay olarak değerlendirilmemelidir. Bireylerin kişilik özellikleri, inanç ve tutumlarından etkilenen öznel bir olgudur. Bireyin algısı kendi inanç, fikir ve dünya görüşü gibi öznel yargılarına göre belirlenmektedir (Özer, 2009, s. 3). Başka bir deyişle; bireylerin uyarıcıları seçtiği, organize ettiği ve yorumladığı süreç, algılamadır. Bu nedenle algılama, bireylerin davranışları üzerinde güçlü bir etkiye sahiptir (Güzeloğlu, 2010, s. 288) Algılamanın öznel bir süreç olması nedeniyle bireylerin arzuları, sosyal çevreleri ve beklentileri gibi olgular süreç üzerinde oldukça etkilidir. Duyumsanan olgular bireyin kendi duygu ve yargı süzgecinden geçerek değerlendirilecektir. Yani algılama süreci, duyumsanan olgularla kişisel özellikleri bir arada kullanılması ile ortaya çıkmaktadır.

Algılama süreci, dört basamaktan oluşmaktadır. Birinci basamakta, etraftan gelen iletiler kabul edilmektedir. Bu aşamada bireylerin kabulleri öznel durumlarına göre farklılık gösterecektir. İkinci basamakta, iletilerin bilgi haline dönüştürülerek sürecin içine dahil edilmesine ilişkin karar verilmek üzere iletiler işlenmektedir. Bireyler iletileri algılamadan önce iletiler kısa ya da uzun süreli hafızaya işlenmektedir. Üçüncü basamakta, iletiler biriktirme alanlarındaki bilgilerle kıyaslanarak daha sonra kullanılmak üzere hafızaya kaydedilmektedir. Dördüncü basamakta ise algılama sona erer ve tepki oluşur (Güney, 2012, s.

89). Algılama süreci bireylerin tecrübeleri ve bu bağlamda şekillenen düşünce yapılarından ayrı olarak değerlendirilemez.

Algı yönetiminin temelinde, hedef kitlenin algısı ile etki düzeyinin belirlenmesi ve bu doğrultuda sistemli bir yönlendirme ile amaçlanan davranış değişikliğinin meydana gelmesi amacı bulunmaktadır.

İnsanın etrafıyla ilişki düzeyini düzenleme ve şekillendirme, algı yönetiminin ana noktası olarak değerlendirilmektedir (Bakan ve Kefe, 2012, s. 23). İnsan psikolojisi tabiatı gereği dış uyarıcılara açık bulunaktadır. Bu sebeple kamu ve özel sektör, medya, yasal ya da yasadışı örgütler hakikati manipülasyonla sunabilmektedir. Bu süreçte yanlış bilgiler sunulmamakta aksine doğru bilgiler iletilmekte ancak doğru bilgilerin yanı sıra yerleştirilmek istenen bilgiler de iletilmektedir. Böylelikle ulaşılmak istenen birey ya da grupların psikolojileri yeni duruma yavaş yavaş alıştırılmış olacaktır (Ersaydı, 2011). Doğrudan birey ya da gruplara ulaşmaya çalışmak kişilerin ikna edilme durumunu fark etmelerini sağlayacağından hedeflenen kitlenin yönlendirileceği alandan uzaklaşmasına neden olacağından süreç dikkatle takip edilmelidir.

Algı yönetimi, hedef kitlenin uyarıcılara ne anlam yüklediğine bağlıdır. Algılamanın bireylerin duygu ve davranışlarını etkilemesi nedeniyle, tutum ve davranışların yönetilmesi ile algıların yönetilmesi paralellik göstermektedir. Birey, algılarına göre tepki verdiğinden, algı yönetimiyle bireylerin davranışları yönlendirilebilmektedir (Tutar, 2008, s. 103). Algı yönetimin amacı da hedeflenen birey ya da grubun arzu edilen şekilde yönlendirilmesidir.

Algı yönetiminin başarısı, hedef kitlenin kendi tutum ve davranışlarının değiştirilmesi amacıyla maruz kaldığı uyarıcıların farkında olmamasına bağlıdır. Bireyler bir konuda tutum ve davranışlarının değiştirilmeye çalıştığını fark ettiğinde, değiştirilmesi istenen davranışlara daha da sıkı bağlanacaktır. Bireylerin algı yönetimine karşı direnç kazanması isteniyorsa bu bireyler sürecin farkına varmaları için uyarılmalıdır. Algı yönetiminin farkında olan kişilerin ikna edilmesi ise çok zor hale gelmektedir (Kamalski, Lentz, Sanders ve Zwaan, 2008, s. 550) Algı yönetimi hedefindeki bireyde meydana gelen davranış değişikliğinin, kişinin kendi isteği doğrultusunda gerçekleştiği inancının bulunması, algı yönetimin başarısı olarak değerlendirilmektedir.

Teknolojik gelişmeler ve dijitalleşme ile algı yönetimi oldukça etkili bir araç haline gelmiştir. Günlük hayatta bile algı yönetimi sıklıkla kullanılan bir yöntemdir. Özellikle dijital iletişim araçları kullanılarak hedef kitlenin davranışları etkili bir biçimde yönlendirilebilmektedir. Ancak algı yönetiminde hedef kitlenin yaş, cinsiyet gibi demografik özellikleri, kültürel özellikleri, eğitimi veya diğer öznel özelliklerine göre yönlendirme yapılması gerekmektedir. Aksi takdirde algı yönetimi, hedef kitlede istenen davranış değişikliğini gerçekleştiremeyecektir.

Tüketici Davranışları ve Tüketici Davranışını Etkileyen Faktörler

Tüketici, bireylerin istek ve ihtiyaçlarını karşılamak amacıyla ücreti karşılığında ürün veya hizmet alan kişi ya da gruplardır. Satın alınan mal veya hizmeti bireysel ya da aile ihtiyaçları için kullananlar, bireysel tüketici iken söz konusu mal veya hizmeti üretim sürecine dahil edenler yada ekonomik faaliyete konu edenler örgütsel tüketici olarak değerlendirilmektedir (Kütükoğlu, 2019, s. 21).

Tüketim için karar süreci, bireylerin ihtiyaçlarını ve etrafındakilerin isteklerini karşılayacağını düşündükleri ürün ve hizmetleri tespit etme, onları elde etmek için çaba gösterme ve para harcama ve sonrasında elden çıkarma gibi davranışları içeren ve bu davranışları etkileyen zaman dilimini kapsamaktadır (Güven, 2010, s. 117). Tüketim süreci, bireylerin ihtiyaç duydukları mal ve hizmetleri kullanma dönemini kapsamaktadır. Tüketim tüm bireylerin gerçekleştirdiği ve uzak kalmasının mümkün olmadığı bir eylemdir.

Tüketici davranışı; bireyin ürün ve hizmetlerin elde edilmesi, tüketimi ve tüketimden sonra elden çıkarma sürecine ilişkin tüm davranışlar için kullanılan kavramdır (aktaran Şimşek ve Kurt, 2019, s. 218). Tüketici davranışları, anlık kararlarla meydana gelebileceği gibi önceden planlanarak da oluşabilmektedir (Saltık, 2011, s. 7). Tüketici davranışı; bireylerin ya da kurumların ihtiyaçlarını gidermek amacıyla kullanacakları ürün ve hizmetleri seçme, kullanma ve ölçerek değerlendirme sürecidir (Perner, 2007, s. 1). Tüketici davranışı; içinde birçok aşamayı barındıran, kişi ve kurumlara göre farklılık gösterebilen faaliyetlerden oluşan davranışlar olarak değerlendirilmektedir. Ayrıca tüketme amacıyla sahip olunmak istenen ürün ile ilgili fikir ve değerlendirme aşamaları da sürece dahil edilmektedir. Tüketim faaliyetlerinin gerçekleştiği süreç ise, birey ya da kurumun bir ürün ya da hizmete ihtiyaç duyulduğu andan itibaren başlayan, ihtiyacı gidermek için yapılan araştırma, araştırma sonucundaki tercih ve akabinde satın almanın gerçekleşmesi ve ihtiyacını giderdikten sonra değerlendirme ve ondan vazgeçme aşamalarını kapsamaktadır.

Tüketici davranışlarının bireysel etkenlerle çevresel etkenlerin bir işlevi olduğunu açıklayan model, psikolog Kurt Lewin tarafından kara kutu modeli olarak oluşturulmuştur. Muhtelif uyaranlara maruz kalan tüketiciler, bireysel ve çevresel etkenlerin etkisiyle uyarana tepki göstermektedir. Ancak açıkça gözlemlenemeyen bu etkiler kara kutu olarak isimlendirilmektedir (Odabaşı ve Barış, 2004). Birçok uyarıcıya maruz kalan tüketiciler, hem kişisel hem de çevresel etmenlerden etkilenerek bir tepki geliştirmektedir. Kara kutu ismiyle anılan kavram gözlenemeyen etkileri içermektedir (Çağıran ve Kaptan, 2020). Bu bağlamda çevresel etkinlikler, pazarlama etkinlikleri ve bu gibi diğer uyarıcılar tüketicilerin karar alma süreçlerini ve bu sürecin işlemesini etkilemektedir. Tüketici davranışlarına ilişkin model aşağıda şekillendirilmiştir.

Algı Yönetimi

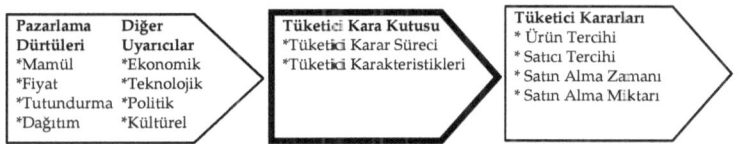

Şekil 1. Tüketici davranışı modeli (aktaran Çağıran ve Kaptan, 2020)

Tüketici davranışlarının tam anlamıyla değerlendirilebilmesi için birey davranışlarının anlaşılması gerekmektedir. Bireylerin davranışlarını etkileyen veya yönlendiren unsurlar tüketim sürecine de etkilemektedir. Bireyler maruz kaldıkları uyarıcıları algılar ve anlamlandırdıktan sonra bir tepki oluşturur. Bu tepkiler anlamsız değildir, kendisine iletilenlerin özümsenmesi ile güdülenmiştir (Günaydın, 2019, s. 112). Tüketici davranışları ihtiyaç duyulan ürün ya da hizmetin kimden, nereden, ne zaman ve nasıl temin edileceği ve elden çıkarılacağı süreçleri de kapsadığından bu aşamaların hepsinde farklı uyarıcılara maruz kalmakta ve her aşamada karar mekanizması yeniden işlemektedir. "Farklı bir söyleyiş ile; toplumsal ve kültürel uyarıcıların etkisinde kalan faktörlerin etkisi, algılayanın bireysel özellikleri ile birlikte değerlendirildiğinde farklı davranışlara sebep olabilecektir" (Kotler ve Armstrong, 2009).

Toplumların gelişmişlik düzeyinden bağımsız olarak, üretimin birincil amacı tüketim olarak değerlendirilmektedir. Ancak üretilen mal ve hizmetlerin bireylerin ihtiyaçlarını gidermesi tek başına yeterli olmamakta, bireylerin taleplerinin şekillendirilmesi (Bilge ve Göksu, 2010) ve yönlendirilmesi amacıyla tüketici davranışını etkileyen faktörlerin önemi de ortaya çıkmaktadır. Ana akım iktisada göre tüketici her zaman faydasını maksimize etmeyi amaçlayan ve buna göre tüketim için en doğru kararı veren olarak tanımlanmış olsa da tüketicilerin karar ve davranışları birçok faktörden etkilenmektedir. Bunlar genel olarak (Kırçova ve Köse, 2017):

- Bireysel,
- Sosyal,
- Psikolojik,
- Kültürel olarak kategorize edilmektedir.

Bireysel faktörler; yaş, cinsiyet, meslek gibi demografik faktörleri içermektedir. Aile ve toplumsal sınıf gibi faktörler bireylerin davranışları üzerindeki etkisi oldukça güçlüdür ve sosyal faktörler olarak değerlendirilir. Bireyselleşmenin arttığının düşünüldüğü günümüzde dahi, kişinin bebekliğinden itibaren maruz kaldığı uyarıcılar tüm karar verme mekanizmasını güçlü bir şekilde etkilemektedir. Kültürel faktörler ise esasında sosyal faktörlerinde temelinde bulunan kültür, alt kültür etkilerini içermektedir. Psikolojik faktörler; öğrenme, algılama gibi kavramları kapsamaktadır. Bu çalışmada, teması itibariyle, tüketici davranışlarını etkileyen psikolojik faktörlere daha detaylı yer verilecektir.

Tüketici davranışlarını etkileyen psikolojik faktörlerden biri olan öğrenme, zaman içerisinde tüketici davranışını yönlendirmektedir. "Bir ihtiyaca binaen gerçekleştirilen tüketim genel olarak çevreden edinilen bilgilere istinaden oluşan değerlere göre yapılmaktadır. Gündelik hayatta tercih edilen markalar, ürünlerin deneme boylarını kullanarak satın almaya karar verme gibi durumlar, tüketme davranışının öğrenme ile kazanıldığına örnek olarak gösterilmektedir" (Odabaşı ve Barış, 2018). Algılama, çevredeki uyarıcıların etkisinin fark edilerek benimsenmesi ile bireysel değerlendirme sürecini başlatmaktadır. Bireylerin algılarının birbirinden farklı olması nedeniyle de tüketici davranışı kendine özgü olarak şekillenmektedir. Bireyler birçok uyarıcı ile karşılaşmaktadır. Uyarıcıların bir diğerinden ayrılarak bireyin tüketim kararını etkilemesi için o kişide farkındalık yaratması gerekmektedir. Tüketicinin algı sınırının içinde kalan uyarıcının etkisi ile tüketici kararları yönlendirilecektir.

Algı Yönetimi ve Tüketici Davranışları Arasındaki İlişki

Ana akım iktisada göre tüketiciler faydalarını maksimize etmeyi amaçladıklarından tüm kararlarını rasyonel olarak almaktadır. Ancak rasyonel insanın gerçek hayattaki karşılığının sorgulanması ile birlikte iktisadi kavramların gerçekçi ve daha iyi anlaşılabilecek yeni bir boyuta taşınmasını amaçlayan yeni teoriler ortaya çıkmıştır. Ana akım iktisadın en temel varsayımlarından biri olan homoeccnomicus kavramı, tüketiciyi tüm psikolojik, sosyal ve toplumsal olgulardan bağımsız birey olarak tanımlayarak, teorinin gerçeklikten uzaklaşmasına neden olmuştur. Bu varsayımdan hareketle, insanların karar süreçlerinde daima rasyonel olduğu öne sürülerek psikolojik etmenler geri plana itilmiştir. Ancak gerçek hayatta tüketicinin her zaman faydasını maksimize eden, piyasa hakkında tam bilgiye sahip ve çoğu aza seçen olmadığı başta davranışsal iktisat çalışmaları olmak üzere birçok araştırma da ortaya konmuştur. Tüketici davranışı; sabit gelir, sabit fiyat ve iki ürün ile basitleştirilerek açıklanacak bir süreç değildir. Tüketici karar ve davranışları; kişisel, sosyal, psikolojik ve kültürel birçok faktörün etkisine maruz kalmaktadır ve günümüzde artık "tüketim, bireylerin artan ve değişıklik gösteren ihtiyaçlarını gidermek ve bununla birlikte dış dünya ile bir iletişim aracı olarak bireylerin psikolojik ihtiyacını da tatmin eden bir kavram olarak değerlendirilmektedir" (Bilge ve Göksu, 2010). Bu bağlamda tüketici karar sürecini etkileyen birçok psikolojik faktör bulunmaktadır. "Tüketicinin X ürün ya da hizmetini, Y mal veya hizmetine tercih etmesi; satın alacağı ürün ya da hizmeti aynı yerden almaya eğilimli olması gibi durumların gerçek sebebini tüketici bile açıklayamayabilir"(Mucuk, 1999). Bu nedenle firmalar için tüketici kararlarına etki edebilmek, önemlidir.

Bireyin bilişsel sistemi ikiye ayrılmaktadır. İnsanlar; bir yandan kontrolsüz, zahmetsiz, çağrışımsal, bilinçsiz ve hızlı olarak karar verdiği sistem 1, diğer yandan da çaba ile, tümdengelimli, kendini tanıyan ve yavaş çalışan kontrollü sistem 2 şeklinde iki karar alma mekanizmasına sahiptir (Kahneman, 2011). Sistem 1 hızlı karar almayı sağlamaktadır. Bu durum hayatı kolaylaştırmakla birlikte karar sapmalarına neden olmaktadır. Bireyler günlük hayatlarında birçok seçim yapmaktadır ve bu seçimler de çoğunlukla sistem 1 kullanılmaktadır. Sistem 1 ise maruz kaldığı uyarıcılara göre şekillenen ve algı yönetimine açık bir yapıdır. Satın alma kararlarında çoğunlukla sistem 1 devrededir ve bu nedenle kararlar hızlı bir şekilde alınmaktadır. Nöropazarlama alanında yapılan çalışmalarda; bir ürünü devamlı kitle iletişim araçlarında görmenin, onun tüketiciler tarafından daha çok arzulandığını göstermektedir. Birini bir işi yaparken görmek, beyin için sanki o işi kendi yapıyormuşçasına bir tepki vermesine neden olacaktır" (Tüzel, 2010, s. 168). Örneğin, tüketici seyrettiği bir filmde; sağlıklı, yakışıklı ve iyi kariyeri olan bir karakterin her toplantı öncesi tükettiği gofretin kendisine enerji ve güç verdiğinin tekrarına maruz kaldıkça, karakter ile aynı hissi yaşamak için o gofreti tüketme arzusu duyacaktır. Tüketicilerde arzu yaratan şeyin duygular olduğunun göz ardı edilmemesi gerekmektedir.

Tüketici davranışlarını etkileyen psikolojik faktörlerden en önemlisi algı yönetimidir. "Algı yönetimi son yıllarda siyaset, ekonomi, medya gibi birçok alanda kullanılmaktadır. Algı yönetimi, hedef kitlenin gerçeklik algısını yönlendirerek rakiplerin önüne geçme görevini yerine getirmektedir. Kişilerin bilinçaltı hedeflenerek, geçmiş deneyimlerinden ziyade oluşturulan yeni duruma göre oluşturulan gerçeklik algısı ile yönlendirilmektedir" (aktaran Göksu, 2016).

Teknolojinin gelişmesiyle birlikte pazarların farklılaşması beraberinde artan rekabeti de getirmiştir. Tüketici kararlarını yönlendirmek için yalnızca açık reklam kullanımı yeterli olmamaktadır. Zaten doğası gereği karmaşık olan tüketici karar sürecini analiz etme, teknolojik yeniliklerin etkisiyle daha da zorlu hale gelmiştir. Bu bağlamda algı yönetimin önemini fark eden firmalar doğru stratejiler ile tüketici karar sürecini etkileyerek davranış değişikliğini kendi lehlerine gerçekleştirebilmektedir. Algı yönetimi, tüketici kararlarını etkilemek için yapılan faaliyetleri kapsamaktadır. Amaç, tepkilerin istenen şekilde gerçekleşmesini sağlamaktır. Algı yönetiminin temel amacı tüketicinin kararını yönlendirmek, algı aracılığıyla hedef kitlede tutum ve davranış değişikliği yaratmaktır (Tutar, 2008). Tüketici de arzuyu duygular yaratmaktadır. Ancak isteklerin sürekliliği sağlanmaz ise uzun ömürlü olmayacaklardır. Bu nedenle tüketici kararına etki ederek satın alma davranışında devamlılık sağlanmak isteniyorsa, firmalar ürün ya da hizmetlerine karşı sürekli istek yaratmalıdır (Imbriale, 2007). Bu nedenle firmalar eğer ürün ve hizmetlerini satmaya devam etmek istiyorlarsa, hedef kitlesinin karar alma sürecini analiz etmeli ve devamlı uyarıcılara maruz bırakılmalıdır.

Firmalar, tüketicinin kendi ürününü tercih etmesi için algı yönetimini kullanmaktadır. Bir ürünün tercih edilmesi için, ürünün diğerlerinden farklı olması ya da farklı olduğu algısının tüketici de oluşması gerekir. İletişim araçlarının artması ile bireyler uyarıcılara yoğun bir şekilde maruz kalmaktadır. Tüketicilerin dünyanın herhangi bir yerindeki bir ürüne kolaylıkla ulaşabilme imkanına sahip olması, üreticiler arasındaki rekabeti artırmıştır. Firmalar, benzer ürünler arasından kendi ürününün tercih edilebilirliğini artırmak için klasik reklam araçlarını kullanmak yerine ürünleri için olumlu imaj yaratacak yolları deneyerek, tüketicilerin algılarını yönetmeye çalışmaktadır.

Bireylerin zihinsel yapısını keşfetmek ve buna göre genel anlamda davranışlarını özel anlamda ise tüketim kararlarını etkilemek başlangıçta zor olarak değerlendirilebilir ancak teknolojinin getirdiği avantaj ve dezavantajlar doğru tahlil edilerek oluşturulan algı yönetim stratejilerinin tüketici kararlarını etkileme de başarılı olacağı şüphesizdir. Ayrıca tüketicilerin maruz bırakıldığı uyarıcıların hedef kitleyi rahatsız etmemesi, algı yönetiminin başarısını artıracaktır.

Ürün Yerleştirmenin Tüketici Kararlarını Etkilemesi Bakımından Değerlendirilmesi

Firmalar, tüketicinin kararlarını kendi ürünleri lehine etkilemek amacıyla bazı faaliyetlerde bulunmak zorundadır. Bu nedenle tüketici algısının yönlendirilmesi oldukça önemlidir. Algı yönetiminin etkinliği hedef kitleyi rahatsız etmediği ölçüde başarılı olacaktır. Bu minvalde ürün yerleştirme, tüketicinin kararlarını etkileme bakımından kullanılan en önemli araçlardan biri olarak değerlendirilmektedir.

Müşteri ve medya arasında karşılıklı yapılan bir sözleşmeye istinaden ve ücret mukabilinde yapılan, içeriğinde yer alan ürünün ya da hizmetin reklamının yapıldığı belli olan reklamlara açık reklam; reklamı yapılan ürün ya da hizmetin kendisi ile ilişkisiz bir içerikte yer alarak yapılan reklam ise gizli reklam yani ürün yerleştirme olarak tanımlanmaktadır (Elden, 2009). Bir diğer deyişle ürün yerleştirme; "tüketici davranışını etkilemek için medya içeriğine bir marka yerleştirmek" (Newell, Salmon ve Chang, 2006) olarak da tanımlanmaktadır.

Pazarlama kavramlarından biri olan ürün yerleştirme, firma ve tüketiciler arasında bilgi alışverişini sağlamak maksadıyla yapılan tüm satış stratejilerinin uyumlu bir şekilde çalışmasını sağlamaktadır (Belch ve Belch, 2004, s. 16). Ürün yerleştirme üç şekilde uygulanabilmektedir. "Görsel ürün yerleştirme de; ürün, dizi veya film sahnelerinde görsel olarak bulunmaktadır. İşitsel ürün yerleştirme de; ürünün vurgulanması ya da dile getirilme sıklığı ile uygulanır. Olay dizisi biçimindeki uygulamalarda ise görsel ve işitsel ürün yerleştirme birlikte kullanılmaktadır" (Russell, 1998).

Ürün yerleştirme en az etkiliden en çok etkiliye göre aşağıdaki gibi sıralanmaktadır (Mazıcı ve diğerleri, 2017, s. 244):
- Pasif Ürün Yerleştirme: Ürünün dizi ya da film sahnesinde aktif olarak kullanılmadan bulunmasından ibarettir ve en sık uygulanan yöntemdir.

- Dijital Ürün Yerleştirme: Ürünün çekim sonrasında ilgili sahneye dijital olarak entegre edilmesi şeklinde uygulanmaktadır.
- Ürün Tanıtımı/Hediye: Yarışma programlarında sıklıkla uygulanan ve hızlı tüketim markaları tarafından tercih edilen bir yöntemdir.
- Aktif Ürün Entegrasyonu: Ürün ya da hizmetin bir sahnede karakter tarafındar. kullanılması şeklinde gerçekleşmektedir.
- Senaryo Entegrasyonu: Ürün ya da hizmetin hedef kitleye ulaştırılması istenen mesajın senaryonun doğal akışında sözlü olarak iletilmesidir ve en etkili yöntem olarak değerlendirilmektedir.

Ürün yerleştirme ile yerleştirilen ürünün rakiplerinden ayrılarak tüketici algısında farkındalık yaratmak ve tüketicinin kararını o ürünü kullanmak üzere yönlendirme amaçlanmaktadır. "Ürün yerleştirme geleneksel televizyon reklamları ile kıyaslandığında, birçok avantaja sahiptir. Bu avantajlardan en önemlisi ise hedef kitlenin ürün yerleştirmeye maruz kalmaktan kaçınamamasıdır" (aktaran Gümüş, 2018, s. 419). Ürün yerleştirmenin bireylerin kararları üzerindeki etkisinin önemi "E.T. the Extra Terrestrial filmindeki uzaylının yediği Reese's Pieces isimli şekerin, film yayınlandıktan sonra satışının yüzde 65 oranında artması ile anlaşılmıştır"(Newell ve diğerleri, 2006, s. 2). Filmde, ürün yerleştirmenin en basit hali kullanılmasına rağmen şekerlemenin satış miktarındaki artış oranı, yöntemin başarısını göstermektedir.

Teknolojik ilerlemeler tüketicilere reklamları engelleme imkanı sunduğundan geleneksel reklamların etkinliklerin azalmasına neden olmuştur. Bu nedenle geleneksel reklamlardan ziyade tüketicinin devre dışı bırakamadığı ürün yerleştirme yöntemi yaygınlaşmıştır. "Ürün yerleştirme reklamların aksine hızlandırılamaz veya kapatılamaz olması nedeniyle daha fazla tercih edilmektedir. Ürün yerleştirme ve benzer yöntemlerin yakın gelecekte giderek daha yaygın hale geleceği düşünülmektedir" (Mummalaneni ve diğerleri, 2019, s. 34). Film seyreden tüketicinin dikkatini dağıtmadan bir ürünün reklamının yapılabilmesi, ürün yerleştirme ile mümkündür. Tüketicinin film seyrederken oyuncunun telefonunu, arabasını, yediği bisküviyi vs. tekraren görmesi, firmaların ürün yerleştirmeyi kullanma isteklerini artırmaktadır.

Farklılaşan kitle iletişim araçlarını kullanarak tüketicilerin algılarını yöneterek kararlarını yönlendirmek gittikçe zorlaşmaktadır. Ancak ürünleri TV ya da dijital platformlarda bulunan eğlence yöntemlerine yerleştirmek geleneksel reklamcılık anlayışına bir alternatif olmaktadır. Ürünleri yerleştirmek ve bu şekilde tüketicilerin en yüksek düzeyde dikkatini çekmek amaçlanmaktadır. Aslında bu yöntem hem geniş bir tüketici kitlesinin kararlarını etkin bir şekilde etkilemek hem de reklam maliyetini düşürmek için oldukça etkilidir (Sharma ve Nayak, 2015, s. 244). Örneğin başarılı bir sinema filmine ürün yerleştirme yapıldığında oldukça geniş bir tüketici kitlesine kolaylıkla ulaşmak mümkün olacaktır. Dijitalleşme ile kitle iletişim araçlarına her geçen gün farklı bir mecra katılmaktadır. Reklamcıların geleneksel reklamları kullanarak dijital çağa uydurması ise olası görünmemektedir. "Yapılan araştırmalar, ürün yerleştirmenin ürün satın alma kararını etkilediğini ortaya koymuştur" (aktaran Sharma ve Nayak, 2015, s. 245). Buna göre tüketicinin yerleştirilen ürünü satın alma kararının bu yöntem ile etkilendiği söylenebilmektedir. Ürün yerleştirme ile yerleştirilen ürün markasının bilinirliği de artmaktadır.

Ürün yerleştirmenin kullanıldığı ilk dönemlerde yapay görünümlü teknikler kullanılırken, günümüzde teknolojik gelişmeler ve dijitalleşme ile geliştirilen yeni stratejiler ile ürün yerleştirme yöntemi güçlendirilmiştir (Sung ve Gregario, 2008, s. 91). Ürün yerleştirme, tüketici kararlarını etkilemek için alternatif ve güçlü bir yol sağlamakta ve bunu geleneksel reklamcılıktan daha hassas bir şekilde yapmaktadır (Mummalaneni ve diğerleri, 2019) Ürün yerleştirme tek başına bir seçenekten çok reklamcılık sektöründe tamamlayıcı bir unsur olarak değerlendirilmelidir.

Ürün yerleştirme, tüketici kararlarına etki etmek isteyenler tarafından birçok dijital medya mecrasında tercih edilmesinin nedeni geleneksel reklam stratejilerine göre daha fazla fayda sağlamasıdır (Öztürk ve Okumuş, 2014, s. 3) Örneğin Amerika Birleşik Devletleri'nde (ABD) TV'de ürün yerleştirmenin pazar büyüklüğü yaklaşık yedi milyar dolardır ve bu tutar ABD toplam TV reklam pazarının yaklaşık yüzde onuna eşittir (aktaran Mummalaneni ve diğerleri, 2019, s. 2).

Tüketicinin zihninde ürün yerleştirme ile ilişkilendirilen mutluluk ve memnuniyet gibi duyguların tüketicinin satın alma kararını etkin bir şekilde yönlendirdiği düşünülmektedir (aktaran Öztürk ve Okumuş, 2014, s. 13).

Bir algı yönetiminin başarısı, hedef kitlenin maruz kaldığı uyarıcılardan rahatsız olmaması ve hayatın doğal akışı seyrinde kendine iletilen uyarıcılar olarak algılamasına bağlıdır. Bu nedenle ürün ya da hizmetlerinin tüketici tarafından tercih edilmesini arzu eden firmalar geleneksel reklamlardan ziyade ürün yerleştirme yöntemini kullanmaktadır.

Sonuç ve Değerlendirme

Son yıllarda davranışsal iktisat yaklaşımının önem kazanması ile birlikte ana akım iktisadın varsayımlarından biri olan homoeconomicus kavramının tüketici davranışlarını açıklamadaki yetersizliği eleştirilmektedir. Tüketicilerin tüm kararlarını rasyonel olarak vermediklerine ilişkin çalışmaların artışı ile tüketici karar ve davranışlarını etkileyen faktörler belirlenmiştir. Pazarlama ve reklam sektöründe artan rekabet ile dijitalleşmenin getirdiği farklı kitle iletişim araçları ile tüketici karar ve davranışlarını etkileyen psikolojik etkenler ve bunun içerisinde en önemlisi olan algı yönetiminin önemi fark edilmiştir. Farklı alanlarda da kullanılan algı yönetimi özellikle ekonomik alanlarda tüketici kararlarının yönlendirilmesi amacıyla etkin bir biçimde kullanılmaya başlanmıştır. Ancak tüketicinin kararlarını yönlendirmek amacıyla geleneksel reklamları kullanmak günümüzde başarılı bir strateji olarak değerlendirilmemektedir. Teknolojik gelişmeler tüketiciye açık reklamlardan uzak kalma fırsatını vermektedir. Ayrıca yapılan çalışmalar, tüketicilerin açık şekilde reklamlara maruz kalmasının reklamın etkisini azalttığını ve tüketicilerin reklamlara karşı duyarsız hale geldiğini ortaya çıkarmıştır.

Ürün yerleştirme hem üreticiler için tüketicide farkındalık yaratması ve aynı zamanda tüketiciyi duyarsızlaşmadan yönlendirme imkanı tanıması hem de tüketici için bir zaman kaybı ya da rahatsızlık hissettirmeden kendine en yüksek düzeyde tatmin sağlayacak üründen haberdar olmasını sağlaması nedeniyle başarılı bir algı yönetme aracı olarak kullanımının daha da yaygınlaşacağı değerlendirilmektedir.

Kaynakça

Arkonaç, S. A. (2005). *Psikoloji zihin süreçleri bilimi*. İstanbul: Alfa Yayınları.

Bakan, İ. ve Kefe, İ. (2012). Kurumsal açıdan algı ve algı yönetimi. *Kahramanmaraş Sütçü İmam Üniversitesi İİBF Dergisi*, 1(2), 19-34.

Belch, G.E. ve Belch, M.A. (2004). *Advertising and promotion: an integrated marketing communications perspective*. Boston: McGraw-Hill Irwin.

Bilge, F. A. ve Göksu, N. (2010). *Tüketici davranışları*. Ankara: Gazi Kitabevi.

Çağıran, H. K. ve Kaptan, S. (2020). Üniversite eğitimli kadınlarda tüketici davranışları bazında satın alma eğilimleri: Çorum Araştırması. *Finans Ekonomi ve Sosyal Araştırmalar Dergisi*, 5(1), 120-145. https://doi.org/10.29106/fesa.703628

Elden, M. (2009). *Reklam ve Reklamcılık*. İstanbul: Say Yayınları.

Ersaydı, B. ve Çevik, S. (2011). Psikolojik operasyon, algı yönetimi ve propaganda. *21.Yüzyıl Türkiye Enstitüsü*. Erişim adresi (07.08.2020): http://www.21yyte.Org/Tr/Arastirma/Milli-Guvenlik-Ve-Dis-PolitikaArastirmalari-Merkezi/2011/10/24/6344/Psikolojik-Operasyon-Algi-Yonetimi-Ve-Propaganda

Girişken, Y. (2017). *Gerçeği algıla*. İstanbul: Beta Yayınevi.

Göksu,O. (2016). Algı yönetimi ve reklam. Seda Çakar Mengü (Ed.). *Reklamı anlamlandırmak* içinde, (s. 205-232). İstanbul: Der'in Yayınları.

Gümüş, N. (2018).Türk dizilerindeki ürün yerleştirme uygulamalarına yönelik tüketici algılarının incelenmesi: Azerbaycan üzerinde bir araştırma. *Manas Sosyal Araştırmalar Dergisi*, 7(3), 415-440.

Günaydın, M. (2019). *Gerçek zamanlı reklamların tüketici davranışlarına etkisi: Sosyal medya üzerine bir araştırma*. (Yayımlanmamış Yüksek Lisans Tezi). Marmara Üniversitesi Sosyal Bilimler Enstitüsü, İstanbul. Erişim adresi (01.09.2020): https://tez.yok.gov.tr/UlusalTezMerkezi/tezSorguSonucYeni.jsp

Güney, S. (2012). *Sosyal psikoloji*. 2. Baskı. Ankara: Nobel Akademik Yayıncılık.

Güven, S. (2010). *Sürdürülebilir kalkınma açısından aile, tüketim ve çevre*. Hacettepe Üniversitesi. Ankara: Tüketici Araştırma Test ve Eğitim Merkezi.

Güzeloğlu, C. (2010). Ambalaj tasarımında görsel bir unsur olarak rengin tüketici algısı üzerindeki rolü içinde *Tüketici Yazıları* II. Ed. Müberra Babaoğul ve Arzu Şener. Ankara: Hacettepe Üniversitesi TÜPADEV Yayınları.

Imbriale, R. (2007). *Motivasyon temelli pazarlama*. (S. Köse, Çev.). İstanbul: MediaCat.

Kahneman, D. (2011). *Thinking, fast and slow*. New York: Penguin Books.

Kamalski, J. Lentz, L. Sanders, T. ve Zwaan, R. (2008). The forewarning effect of coherence markers in persuasive discourse: evidence from persuasion and processing. *Discourse Processes*. 45 (6). 545-579. doi:10.1080/01638530802069983

Kırçova, İ. ve Köse, Ş. (2017). Televizyon dizileri ve filmlerde ürün yerleştirmeye yönelik genç tüketicilerin tutumlarına ilişkin bir nitel araştırma. *Pazarlama ve Pazarlama Araştırmaları Dergisi*, 19, 51-77.

Koç, E. (2007). *Tüketici davranışı ve pazarlama stratejileri*. Ankara: Seçkin Yayıncılık.

Kotler, P. ve Armstrong, G. (2005). *Principles of Marketing*. New Jersey: Pearson Prentice Hall.

Kütükoğlu, G. (2019). *Sosyal medyanın satın alma karar sürecindeki rolü: giresun ilinde bir uygulama*. (Yayımlanmamış Yüksek Lisans Tezi). Giresun Üniversitesi Sosyal Bilimler Enstitüsü. Erişim adresi (01.09.2020): https://tez.yok.gov.tr/UlusalTezMerkezi/tezSorguSonucYeni.jsp

Mazıcı, E. T., Ateş, N. B., ve Yıldırım, A. (2017). Televizyon programlarında ürün yerleştirme: "survivor all star" Örneği. *Selçuk İletişim Dergisi*, 9(4), 238-257.

Mucuk, İ. (1999). *Pazarlama ilkeleri*, İstanbul: Türkmen Kitabevi.

Mummalaneni ,S., Wang Y., Chintagunta, P.K. ve Dhar, S.K. (2019) Product placement effects on store sales: evidence from consumer packaged goods. *Marketing Science Conference*'da sunulan bildiri, Johns Hopkins University.

Newell, J., Salmon, C.T. ve Chang, S. (2006). The hidden history of product placement. *Journal of Broadcasting & Electronic Media*, 50 (4), 575-595 Doi:10.1207/s15506878jobem5004_1

Odabaşı, Y. ve Barış, G. (2004). *Tüketici davranışı*. İstanbul: MediaCat.

Özer, A. M. (2012). Bir modern yönetim tekniği olarak algılama yönetimi ve iç güvenlik hizmetleri. *Karadeniz Araştırmaları Dergisi*, 33, 147-180.

Öztürk, S. ve Okumuş, A. (2014). Pazarlama iletişimi aracı olarak ürün yerleştirme: kavramsal bir çerçeve. *İstanbul Üniversitesi İşletme Fakültesi İşletme İktisadı Enstitüsü Yönetim Dergisi*, 76(1), 1-34.

Russell, C.A. (1998). Toward a framework of product placement: Theoretical propositions, *Advances in Consumer Research*, 25, 357-362.

Saltık, I. A. (2011). *Turizm sektöründe deneyimsel pazarlama ve tüketici davranışları üzerine etkisi*. (Yayımlanmamış Yüksek Lisans Tezi). Muğla Üniversitesi Sosyal Bilimler Enstitüsü. Erişim adresi (01.09.2020): https://tez.yok.gov.tr/UlusalTezMerkezi/tezSorguSonucYeni.jsp

Sharma, K. ve Nayak, N. (2015). Product placement: does it lead to brand recall among indian consumers. *International Journal of Business and Management*, (10)5, 244-250. doi:10.5539/ijbm.v10n5p244

Sung, Y. ve Gregorio, F.D.(2008). New brand worlds: College student consumer attitudes toward brand placement in films, television shows, songs and video games. *Journal of Promotion Management*, 14(2), 85-10.

Şimşek H., Kurt.M. (2019). Tüketici davranışlarının davranışsal iktisat açısından değerlendirilmesi, *Turkish Studies CUDES*, 14(5), 215-222. doi:0.29228/TurkishStudies.23032

Tutar, H. (2008). *Simetrik ve asimetrik iletişim bağlamında örgütsel algılama yönetimi*. İstanbul: MediaCat Yayınları.

Tutar, H. (2013). *Davranış bilimleri kavramlar ve kuramlar*. Ankara: Seçkin Yayıncılık.

Tüzel, N.(2010). Tüketicilerin zihnini okumak: Nöropazarlama ve reklam. *Marmara İletişim Dergisi*, 16, 163-176.

V. BÖLÜM
Algı Yönetimi - Sinema ve Fotoğraf

BATI SİNEMASINDA ÖTEKİLEŞTİRİLEN TÜRKLER VE TÜRKİYE ALGISININ DEĞERLENDİRİLMESİ

*Mesut AYTEKİN**

Giriş

Sinema, kitleleri etkileme gücü keşfedildiğinden bugüne erk sahipleri, ideolojiler ve devletler tarafından sıklıkla kullanılmıştır. Sinema, güçlü bir öykü anlatıcısı olması ve dramatik yapıyı çok iyi kullanmasıyla mesajın hedef kitleye başarılı bir şekilde aktarılmasını sağlamaktadır. Açık mesajların yanında zengin alt metinleri ile bilinçaltına işlemesi onu etkin ve başarılı bir propaganda unsuruna, algı yönetiminde işlevsel bir araca, kamu diplomasisinde yumuşak bir güce çevirmiştir.

Bazen bir film ile bazen zaman içerisinde izlenen filmler ile kaynağın istediği mesaj hedef kitle tarafından algılanmaktadır. Hitler'in Alman Sineması'nda, Lenin'in Sovyet Sineması'nda, Amerikan Sineması'nın nerdeyse her döneminde sinema algı operasyonlarında kullanılmıştır. Tüm dünyayı hem teknik hem de içerik olarak etkileyen bu amaçla çekilmiş filmler, sinemanın değişimine de yol açmıştır.

---

* Dr. Öğr. Üyesi, İstanbul Üniversitesi İletişim Fakültesi, mesutaytekin@gmail.com

Batı özellikle kendisi dışında sömürmek istediği ülkeleri, zamana yayarak, sinema vasıtası ile kültürel egemenliği altına almaya çalışmaktadır. Sinema filmlerinde kullandıkları imgeler, mekânlar, diyaloglar ve yeniden biçimlendirdikleri sinemasal ögeler ile istedikleri algıyı oluşturmaktadırlar. Kendi doğruları, inançları ve çıkarları doğrultusunda çektikleri filmleri, güçlü dağıtım ağları ve bağlantıları sayesinde dünyanın pek çok ülkesinde göstermektedirler. Bu anlamda çok stratejik bir noktada olan Türkiye, tarihsel süreçten gelen bir hesaplaşma arzusu ve bugünün siyasal şartları gereği bu algı çalışmalarından payını almaktadır. Batı'nın ne içinde ne de dışında tutularak genel anlamda ötekileştirilen Türkiye, kökten dinci, kaba ve çağdışı bir imaj ile Batı sinemasında temsil edilmektedir. Batı'nın zihin yapısında ve bilinçaltında yüzyıllar öncesinden gelen kökleşmiş oryantalist bakış açısı Türk kimliğini belli bir kalıba sokmuştur. Bu modern dışı, barbar, duygusuz ve arka planında yok edilmesi gereken millet imajı, her daim sinema ile beslenmektedir.

Bu çalışmada Batı sinemasında sinemanın doğuşundan bugüne kadar ötekileştirilen Türkiye ve Türk kimliği üzerinde durularak güncel örnekler ile bu önyargılı ve ince örülmüş siyaset ürünleri incelenmeye çalışılmaktadır.

Bir "Öteki" Var "Ben"den Dışarı

Öteki, "ben"in/"biz"in dışında olan, merkezdeki olguya benzemeyen, onun özelliklerini taşımayan ve onunla ortak noktaları bulunmayan için kullanılan bir kavramdır. Bizden olmayanı, dışarıda kalanı temsil eder ancak ben ve "biz"in tanımlanmasında etkin rol oynamaktadır. Türk Dil Kurumu sözlüğünde; *"diğeri, öbürü; sözü edilen veya benzer iki nesneden önem ve konum bakımından uzakta olan; mevcut kültürün içinde dışlanmış olan"* şeklinde tanımlanmaktadır (Öteki, 2020). Hem sıfat hem de zamir olarak kullanılabilen kavram, sosyal bilimlerin ilgilendiği önemli konulardan biridir.

Günter Frankenberg, ötekinin başka bir ülkede doğmuş olan, sonradan gelen, devlete yabancı, vatansız, konuk, ait olmayan, mülteci ya da turist olduğunu ifade etmektedir (aktaran Öztürk, Gümüşoğlu ve Gökmen, 2018). Öteki, bulunduğu yere ve zamana ait değildir ya da iktidar sahipleri veya söylem sahipleri tarafından bu şekilde konumlandırılır. Bilgin, ötekinin "ben"i mutlak inkâr ederek onunla bağ kurmayı reddettiğini söyler (aktaran Köse ve Küçük, 2015, s. 117). "Biz"e clan bu karşıtlık, "biz"in yüceltilmesi "öteki"nin alçaltılması sonucunu doğurmakta ve öteki istenilmeyen olarak kodlanmaktadır (Köse ve Küçük, 2015, s. 117). Öteki kavramı, tanımlamalarında genel olarak olumsuz anlamlar yüklü bir kelime olarak açıklanır. İdealize edilenin karşısında yasak elma hükmündedir.

Öteki, Doğu-Batı arasındaki çatışmada da çok sık kullanılan kavramlardan biri olup bu bağlamda oryantalizm ile yakından ilişkilidir. Uluç ve Soydan (2007, s. 37) oryantalizmi, Doğu'ya ait kültür, tarih, edebiyat, dil, din gibi çeşitli ögelerin Batı tarafından incelenmesi ve bu incelemelerin yazılar, resimler, filmler ya da medya gibi araçlarla dolaşıma sokulması şeklinde açıklamaktadır. Edward Said ise oryantalizmi kendi sözleriyle kısaca "Avrupa'nın kendi Doğu fikri" olarak tanımlamaktadır (aktaran Öztürk ve diğerleri, 2018). Ona göre oryantalizm, Batı'nın Doğu'ya hâkim olmak, onu yönetmek, sömürmek için bulduğu bir yoldur (Turan, 2020).

Batı'nın zıt ögesi iken aynı zamanda onu bütünleştiren ve uzun bir dönem merak konusu haline getirdiği Doğu, kültürel, dinsel, tarihsel vb. açılardan Batı'yı beslemiştir (Bulut, 2016, s. 8). Doğu'nun zenginlikleri Batı'nın hedefi haline gelmesine neden olmuştur. Yaşayışların, kültürlerin, inançların farklılıkları bir tehlike olarak görülmüş zaman içinde aradaki uçurum büyümüştür. Doğu öncelikle Batı'nın ne kadar gerisinde olduğunu belirten metinler ile yeniden inşa edilmiş; üretilen tüm bilgiler Avrupa'nın emperyal amaçlarına hizmet edecek şekilde kullanılmıştır (Turan, 2020, s. 8-9).

Batı, Doğu'ya dair geçmişe ait bilgileri kullanıp tarihi romantizm yaşarken eski gelenek ve alışkanlıkları bugünün Doğu'sunda devam ediyor imajı oluşturmaya çalışmaktadır. Batı'nın, döneme göre Doğu'ya bakışında farklılıklar gözlense de temelde Doğu geri kalmış, geleneksel değerleri savunan, tutucu, şiddet yanlısı ve yobaz kabul edilmektedir. Doğu, içinde çıkarcı, maddiyatı seven, görgüsüz, cinselliğe düşkün, anlayışsız, çirkin insanların yaşadığı; egzotik, gizemli, mistik, doğaüstü masalsı bir atmosfere sahip bir yerdir. Oryantalist sanatçılar, resimde, fotoğrafta, sinemada gerçek olandan ziyade, kurguladıkları Doğu'yu işleyip sunmuşlardır (Köse ve Küçük, 2015, s. 118). Bu süreçte aktif rol oynayan oryantalist sinema, tıpkı resim ve fotoğraf gibi "hayalî doğu" algısına dayanan filmler üretmektedir (Köse ve Küçük, 2015).

Batı, ideolojisi ve çıkarları doğrultusunda farklı ülkeleri ve milletleri ötekileştirerek (kendinin kabul ettiği) üstünlüğünü korumaya çalışır. Ötekileştirme işlemiyle Said, Batı'nın, kendi "Hayali Doğu"sunu icat ettiğini ve sömürgeci anlayışını meşrulaştırdığını iddia eder (Köse ve Küçük, 2015, s. 118). Bulut'ta Said ile aynı düşünceyi paylaşmaktadır. Ona göre (2017, s. 13) "Ötekinin barbarlığında kendi uygarlığını bulan Avrupa", söylem ve temsillerle Avrupalı yönetimlerini Doğu ülkelerinde sömürgecilik faaliyetlerine girişmeleri için açıkça teşvik etmiş ya da gerçekleştirilen sömürgecilik faaliyetlerini meşrulaştırmak için ihtiyaç duyulan açıklamaları geliştirmiştir.

Batı, medeni, laik, özgür, eğitimli, demokratik, insan ve hayvan haklarına saygılı vb. olumlu sıfatları kendine yükleyerek merkez konumda dünyayı yönetmeye ve "ötekilerin" her türlü kaynağını kullanmaya çalışmaktadır. Hatta ülkelerin kendi kaynaklarını kullanmalarını ve gelişmelerini engelleyerek kendi "ötekisinin" devamlılığı ve tam olarak ötekileşebilmesi için çaba sarf etmektedir. Ötekileştirme ise ortak bir kimliği diğerine göre tanımlayan, coğrafi ve kültürel sınırların, yaşama dair belirli simge ve sembollerin kullanımı, ortak kaygı ve korku gibi

Algı Yönetimi

sınırlayıcı unsurlardan başka kimlikleri dışlayıcı davranış ve söz kalıpları aracılığıyla farklılıklar yaratılarak gerçekleştirilmektedir (Yurdigül, 2002, s. 3).

Levinas, öteki ve/veya ötekileştirmenin iktidar eksenli ve benmerkezci bir anlayışın ürünü olduğunu ifade etmektedir (Avşar'dan aktaran Öztürk ve diğerleri, 2018). İktidar sahipleri öteki hakkında geliştirdikleri olumsuz düşünceleri/söylemleri, ellerindeki imkânlarla ve kitle iletişim araçları ile yayarak düşüncelerin/söylemlerin kendi halkları ve diğer ülke halkları tarafından kabul edilmesini sağlamaktadırlar. Çünkü Morley ve Robins göre yeni küresel Batılı medya, küresel medyanın tek yönlü akışı içerisinde yayın ağı ile kendimiz/ötekiler, içeride olanlar/dışarıdakiler, Batılılar/Doğulular, Hıristiyanlar/Müslümanlar, iyiler/kötüler şeklinde kurduğu karşıtlıkları ile Batılı olmayan ötekileri, tamamen kendi istek ve arzularına göre temsil etme hakkını kendinde görmektedir (aktaran Mora, 2008). Sinema da bu amaçla kullanılan 20. yüzyılın etkili kitle iletişim araçlarından biridir.

Ötekileştirilen Türkler ve Türkiye

Türkiye, halkının çoğunluğunun Müslüman olmasından dolayı coğrafi yakınlığın da etkisi ile özellikle Araplarla aynı görülmekte, oryantalist bakış açısı ile değerlendirilmektedir. Türkiye Cumhuriyet'i kurulduğu günden bugüne yeni bir kimlik ile modern ve laik bir devlet olduğunu ifade etmeye çalışsa da Batı'nın gözünde Osmanlı'nın devamı, uzun geçmişinden gelen gelenek ve kültürünün taşıyıcısı olarak kabul edilmektedir. Batı'nın Türk'e ve Türkiye'ye bakışını Hentsch'in Akdenizli Doğu için yaptığı öteki açıklamasında görmek mümkündür.

"Akdenizli Doğu, çok eskilerden beri Avrupa için en yakın ve en çok mücadele edilen bir ötekilik, tam anlamıyla "öteki" olmuştur, çünkü gerek coğrafi açıdan gerek hayali olarak hemen bitişiğindedir: Zaman zaman gizemli, tehditkâr, baştan çıkartıcı ya da itici, hem ıssız hem mahşer gibi, hem barbar hem zarif, kâh şiddet dolu kâh uyuşuk, bir sihir, bir kaçış ya da öfke diyarı; ama hep mevcut ve daima öteki." (Hentsch, 2016, s. 85).

Türkiye, Batı'ya entegre olmaya çalışsa da geçmişi ve Müslüman kimliği çıkar çatışmalarında hemen ön plana çıkarılmakta, ön yargılar ile siyasi kararlar verilmektedir. Doğu ve Batı sentezini içeren bir ülke olmasına karşın Türkiye, Batı için Doğu'nun bir özeti yani geri kalmış, İslam'dan dolayı muhafazakâr, kapalı, antidemokratik bir ülkedir (Sarı, Akyol, Aytekin ve Ünlü, 2019). Tutal'a göre ise (2003, s. 169) bugünün Türkiye'si ya Osmanlı İmparatorluğu'nun egzotikleştirilmiş geçmişine bağlı çekiciliğin ya da aynı imparatorluğun Avrupa'ya meydan okuyan mirasçısı olarak hatırlanmaktadır. Avrupa kolektif bilincinde, Türk hala cezbedici ve barbar Doğuludur.

Türklere yönelik oryantalist söylem, Batı tarafından yaratılmış bir gerçeklik, kanallar aracılığıyla kitlelere ulaştırılıp alt metinle manipülatif ve ötekileştirici yorumlar yaratılmaya çalışılmaktadır (Sarı ve diğerleri, s. 2019). Dünyayı yönettiği düşüncesi ile kendini merkeze alan Batı, ötekisi olarak kabul ettiği Doğu üzerindeki baskısını ve kontrolünü medyalar aracılığı ile sürdürmektedir. Teknik, içerik ve yayın gücü ile Batı, ötekileştirdiği Türkler ve Türkiye için de klişe imajlar üretmekte, gerçekleri kurmaca hikâyeler ile değiştirmekte, oryantalist bakış açısını her fırsatta sunmaktadır. Scognamillo'nun ifadesiyle (1996) Türkler, Batı sinemasında, sessiz sinema döneminden itibaren, katliam tutkunu, ırz düşmanı, kaba, ilkel, güvenilmez, istilacı, talancı insanlar olarak basmakalıp önyargılarla tasvir edilmişlerdir ve harem hayatı, esir pazarları, göbek dansları, fesler, işkenceler vb. imgelerle tanıtılmışlardır.

Sinema, Algı ve Propaganda İlişkisi

Sinema, insanoğlu için dertlerinden, gündelik sıkıntılarından, hayatın zorluklarından kaçtığı bir eğlence aracı iken iktidar sahipleri için bir propaganda, meşrulaştırma ve homojenleştirme aracıdır. Sinema, devletin, uluslararası güçlerin ya da hâkim iktidarların meşrulaşmasını sağlarken yine aynı güçlerin istekleri doğrultusunda toplumun değişimine de zemin hazırlamaktadır. Erden'in ifadesiyle (2004, s. 44) sinema 20. yüzyılın halkla en çok bütünleşen sanat dalı olarak siyasetin ilgisini çekmiş, doğrudan bir propaganda aracı olarak kullanıldığı gibi dolaylı olarak da halkı yönlendirmek için kullanılan araçlardan biri olmuştur. Rıza Kıraç da (2008, s. 18) bir propaganda malzemesi olarak kullanılan sinemanın masumiyetini yitirerek ticari ve siyasi amaçlarla kullanılan bir meta konumuna geldiğini ifade etmektedir. Özellikle ticari sinema ürünleri, iktidar sahiplerinin elinde mevcut sistemin devamı, kendi meşruiyetlerinin sağlanması ve devamlılığı için önemli bir güçtür.

Kanlı savaşlara ve iktidar mücadelelerine sahne olan 20. yüzyıl, sinemanın propagarda aracı olarak etkin olarak kullanıldığı pek çok olaya tanıklık etmiştir. Naziler, dönemin bütün kitle iletişim araçlarından yararlanmışlar, sinemanın özelliklerinde faydalanarak halkı istedikleri şekilde yönlendirebilmişlerdir. Sovyetler, 1917 Devrimi sonrasında yeni yönetim sistemini halka anlatmak için sinemayı kullanmıştır. Okuma yazma oranı çok düşük olan halka, sinema filmleri yardımıyla devrimin felsefesi anlatılmış, devlete destek olunması ve bu uğurda çalışılması, çaba gösterilmesi istenmiştir.

Türk Sineması'nın kurumsal olarak ilk faaliyetlerini göstermeye başlaması da halkın savaş sürecindeki algısını değiştirmek amacıyla olmuştur. Almanya ziyaretinde Alman ordusunun sinema kolundan etkilenen Harbiye Nazırı Enver Paşa'nın emriyle 1914 yılında kurulan Merkez Ordu Sinema Dairesi'nin tüzüğünde yer alan beş görevinden ilk ikisi; cephelerde savaşan birliklerin harekâtlarıyla ve önemli olaylarla ilgili olarak filmler çekmektir (Scognamillo, 2010, s. 71). Ayastefanos'taki Rus Abidesi'nin Yıkılışı filmi, Çanakkale Savaşları'nda Alman ve Türk kameramanlar tarafından kayda alınan belge görüntüler, propaganda amacıyla çekilmiştir. Bu filmler İstanbul'daki sinemalarda gösterilerek halkın morali yükseltilmeye çalışılmış, orduya destek verilmesi sağlanmıştır.

Thiesse'nin ifadesiyle (2010, s. 152) yeni kimlikleri maddi ve simgesel düzeyde şekillendirmek, nüfusları harekete geçirmeye birleştirme gücüne sahip yeni referansları üretmek için devasa bir kültürel yaratım çalışması gerekmektedir. Bu devasa kültürel yaratım çalışmasını sağlayan araçlardan en önemlisi ise sinema olmuştur. Gerek Almanya'da gerek SSCB'de gerek Türkiye Cumhuriyeti'nde sinema, bu amaçla kullanılmıştır.

Sinemada Pazarlanan Amerikan Rüyası

Sinemayı algı operasyonları ve etkin bir propaganda aracı olarak en iyi kullanan ülke sineması, Amerikan Sineması'dır.

Amerikan hükümetleri sinemanın gücünü ilk yıllarından beri kullanmaktaydı ancak 1930'lardan itibaren daha etkin ve koordineli bir şekilde kullanmaya başladılar ve halkı istedikleri yöne çektiler. Amerika sinemayla özellikle savaş ve krizlerle mücadele içinde olan dünyaya "Amerikan Rüyası"nı pazarladı. Amerikan popüler kültürünü ve Amerikan yaşam biçimini sempatik hale getiren Hollywood, filmlerini, küresel seyircisine kolaylıkla ulaştırdı (Kırel, 2006, s. 66).

Sinema, özellikle milliyetçi duyguları açığa çıkarmak için propaganda ve tarihten yararlanır. Roger'ın ifadesiyle (2008, s. 47) tarihselcilik ve propaganda kombinasyonu milliyetçiliği beslemektedir. Toplumun bir arada tutulabilmesi, yönlendirilebilmesi ve istenilen amaç doğrultusunda çalıştırabilmesi için icat edilen ötekiye karşı duyguların canlı tutulması gerekmektedir. Bu aşamada kullanılan sinema ile dışlayıcı bakış için ötekiye yüklenen olumsuzluklar görselleştirilir. Kıraç'ın ifadesiyle (2008, s. 18) sinema "imajdan ibaret bir gösteri dünyasına" dönüşmektedir.

Hollywood, ABD'nin çıkarları doğrultusunda ötekiler oluşturarak ülkeye medya emparyalizmi ile güvenli duvarlar örmektedir. Boyd-Barrett medya emparyalizmini herhangi bir ülkedeki medya sahipliği, yapısı, dağıtım veya içeriğinin tek başına veya birlikte, diğer ülke veya ülkelerin medya çıkarlarının önemli miktarda dış baskısına maruz kalması süreci olarak tanımlamaktadır (aktaran Alemdar ve Erdoğan, 2005, s. 396). Amerika pek çok ülkede sinemanın her aşamasında endüstriye hâkim konumdadır. Bu güçle üretilen başarılı içerikler sayesinde kabul ettirilen ötekiler, üzerlerine giydirilen imajlar ve sıfatlar ile yeniden ve yeniden üretilerek onlara yüklenen anlamlar pekiştirilmektedir. Ryan ve Kellner (1997, s. 35), sinemadaki bu tür anlatı aracılığıyla kültürel temsillerin içselleştirilmesinin görsel-işitsel boyutta mümkün hâle geldiğini, böylelikle yeniden üretilmiş olan rol modellerin sürekliliğinin sağlanarak kalıcı bir stereo tipleştirme yapılabileceğini ifade etmektedirler.

Bu filmleri seyreden insanların bakış açıları Amerikanvari olmakta, algıları ABD'nin istediği yöne kaymaktadır. Artık Araplar potansiyel terörist, Afrikalılar uyuşturucu kaçakçısı, Ruslar mafya, Çinliler vahşi, Taylandlılar seks kölesi, Türkler barbardır. Filmler yoluyla Hollywood, hem bölgesel hem de ülkesel bir ötekileştirme, etiketleme yapmaktadır. Kellner'a göre medya gösterileri, kimin güçlü ve ya da güçsüz olduğunu; kimin güç ve vahşet uygulama erkine sahip, kimin aciz olduğunu ortaya koymaktadır (Yücel ve Sürmeli; 2019: 113). Böylece güce sahip olanların durumu meşru hale gelirken, güçsüz olanlara da aynı yerde kalmaları mesajı verilmektedir. Shohat ve Stam, bu durumu iktidarsızlaştırılmayla açıklamaktadırlar (aktaran Diker, 2018, s. 180-182).

Türkleri ve Türkiye'yi Ötekileştiren Filmler

Farklı türlerde çekilen birçok Batı filminde Türk karakterlere, mekânlarına, müziklerine yer verilmiştir. Bu filmler çözümlendiğinde Batı Sineması'nın Türkleri ve Türkiye'yi nasıl ötekileştirdiğini, bunu yaparken hangi unsurları kullandığını, açık ve gizli mesajları görmek mümkündür. Bu amaçla dört (Geceyarısı Ekspresi, Arabistan Lawrence, Kurtlar İmparatorluğu, Takip İstanbul) Batı Sineması filmi amaçsal örneklem yöntemiyle örneklem olarak seçilmiştir. Filmler seçilirken hikâyesinin Türkler ve Türkiye üzerine kurulu olmasına, farklı film türlerinden ve ülke sinemalarından olmalarına, kamuoyunda konumuzla ilgili gündem oluşturmuş olmalarına dikkat edilmiştir. Bu filmler Batı'nın kitle iletişim araçları ile amaçladığı ötekileştirilmiş, oryantalist Türk ve Türkiye imajına büyük ölçüde hizmet etmiş, bu bakışın çerçevesini çizerek, devamlılığının sağlanmasında etkili olmuştur.

Geceyarısı Ekspresi Karanlığı

Türk ve Türkiye imajına en büyük zararı veren filmlerin başında Geceyarısı Ekspresi (Midnight Express/1978) gelmektedir. Etkisi uzun yıllar devam eden film, pek çok insanın Türk ve Türkiye algısını kökünden değiştirmiş ve nefret dolu önyargıların oluşmasına neden olmuştur. Senaristliğini Oliver Stone'un üstlendiği filmin yönetmenliğini Alan Parker yapmıştır. Filmin başrollerinde Brad Davis, Irene Miracle, Bo Hopkins, John Hurt yer almaktadır.

Geceyarısı Ekspresi filmi, Türkiye'den Amerika'ya uyuşturucu kaçırırken yakalanan Billy Hayes'in hapishane hayatını anlatmaktadır ve Hayes'in 1976'da Türkiye'de yaşadıklarını anlattığı aynı isimli kitaptan uyarlanmıştır. Ancak filme yansıyanlar kitabın ve gerçeklerin çok ötesine geçmiştir. Film bir karalama kampanyası ürünü, propaganda için sipariş edilmiş bir film gibidir. Hayes'in babasının sözleri bu düşünceyi doğrulamaktadır. Zira ona göre Türklerin ne yemekleri, ne otelleri, ne restoranları ne de şehirleri güzeldir, tek kelime ile her şey berbattır. Onun ifadesiyle asıl güzel ve konforlu olan ise Hilton otelidir yani Amerika'dır yani Batı'dır.

Film, Hayes'in havaalanındaki yakalanma sahnesinden itibaren Türklerin şiddet uyguladığının altını çizip, çocuklara, güçsüzlere, yabancılara kötü muamele ettiğini vurgulamakta, Türkiye'nin adaletsiz bir ülke olduğu söylemini defalarca tekrarlamakta, Türkleri tecavüzle suçlamaktadır. Filmde hiç iyi bir Türk karakter yoktur. Gardiyanlar, polisler, avukatlar, hâkimler olumsuz özellikler ile donatılmıştır. Türklere atfedilen kötülük, giyimlerine bedenlerine de yansıtılmış, oyuncu tercihleri bu yönde kullanılmıştır.

Hapishane koşulları hem fiziksel hem de yönetimsel olarak çok kötüdür. Virane ortamda kapasitenin çok üstünde mahkûm kalmaktadır. Mahkûmlar, insan olarak muamele görmemektedirler. Gardiyanların tutumu çok sert ve kabadır. Hayes'in arkadaşının kedisini öldürürler, Hayes'i suçsuz yere falakaya yatırırlar, mahkûmları döverler, cinsel istismarda bulunmaktadırlar. Nedensiz yere sadistçe bir tutum vardır. Örneğin suçları belli olmayan üç çocuk, tüm mahkûmların gözü önünde falakaya yatırılmaktadır. İri kıyım, tecavüzcü müdür, kendi çocuklarının gözü önünde falakayı başlatmaktadır. Barbar Türk imajı bu sahnede iyice perçinlenmektedir.

Hayes, müebbet ceza verildiği sahnedeki konuşmasında hem filmin ana cümlesini hem de Batı'nın Türklere bakışını anlatmaktadır. Ağzından tükürükler saçarak öfke dolu bir şekilde Türkleri, sevmedikleri ve haram kabul ettikleri domuza benzeterek onlardan nefret ettiğini söylemekte, küfretmektedir. Mahkeme salonunda sessizlik hâkimdir. Hâkim, bu haksız olaylardan suçluluk duyar gibi başını önüne eğmekte, bu kararının kendinin değil Ankara'nın baskısı sonucu verildiğini ifade etmektedir. Türkiye, satın alınabilen avukatlar, siyasi otoritenin emrinde hâkimler, aşırı milliyetçi savcılar ile demokrasi ve özgürlüğün yok olduğu bir kaos ülkesidir. Özellikle Hayes'in avukatlığını yapan Necmi, siyasi bağlantıları, paragöz tavırları, rüşvete başvurması adaletin kanun ile sağlanmadığının göstergesidir.

Kendini "geri kalmış" Doğu üzerinden tanımlayan "medeni" Batı fikri eskiden beri Hollywood'un yanı sıra en iyi olanı belirleyen Akademi'nin de ilgisini çekmektedir (Yurdigül ve diğerleri, 2015). Geceyarısı Ekspresi, çizdiği bu karamsar ve gerçeklikle bağdaşmayan hikâyesine rağmen Batı sinemasının zirve takdir mekanizmalarından biri olan Oscar ile ödüllendirilmektedir. Film, 6 dalda aday olduğu 52. Oscar Ödülleri'nden En İyi Senaryo ve En İyi Özgün Müzik (Giorgio Moroder) ödülleri ile dönmektedir. Gerçekleri saptıran, kurgu ve yalan bir hikâyeye dayanmamasına rağmen senaryo dalında Oscar alması oldukça ironiktir.

Arabistanlı Lawrence'ın Çöl Yalanları

Batı sinemasının özellikle oryantalist bir bakış açısı ile ürettiği Türk karşıtı yapımların en etkililerinden biri de Arabistanlı Lawrence'tır. Arabistanlı Lawrence, 1962 yılında bir İngiliz yapımı olarak beyazperdeye aktarılmıştır. Filmin yönetmenliğini Kwai Köprüsü (1959) ile adını duyurmuş olan David Lean, yapımcılığını Sam Spiegel yapmıştır. Filmin başrollerinde Peter O'Toole, Omar Sharif, Jack Hawkins ve Anthony Quinn gibi dönemin en ünlü aktörleri yer almaktadır. Arabistanlı Lawrence filmi, İngiliz casusu ve bilim adamı aynı zamanda Arap uzmanı Thomas Edward Lawrence'ın Arabistan'a casus olarak gönderilmesi ve burada Arapları örgütleyerek Osmanlı'ya karşı ayaklanması sürecini anlatmaktadır.

Tutkulu, hırslı, akıllı, öngörülü, merhametli, çalışkan, adil, temiz Lawrence, dağınık, vahşi ve cahil Arapları bir araya getirerek Batı'nın birleştirici ve medeni gücünü ortaya koyar. Batı değerlerinin sembolü olarak Arapların kahramanı olur. Masum, güçsüz insanların topraklarını sömüren bir kimlikte karşımıza çıkan Türkler, barbar, vahşi, öldürmeye hevesli, cinsel sapıklıkları olan, zengin sömürgeci bir millet olarak sunulmaktadır.

Filmde temel olarak oryantalist bakış hem Araplara hem de Türklere yani Doğu'ya açık olarak yansıtılmıştır. Geri kalmışlık, maddiyata düşkünlük, cahillik, vahşilik hem diyaloglar hem eylemlerle ile seyirciye aktarılmaktadır. Ancak Araplar'ın mağduriyetleri ve gerçeklerin farkına varamamasının altı çizilerek mutlak kötü Türklere bütün suç yüklenmektedir. Türkler, emperyal bir güç olarak Araplara hükmetmeye çalışmaktadır. Çok altınları, paraları, güçlü silahları, demiryolları ile yaygın ulaşım ağları vardır. Düzenli ordusuna, sistemli yapılarına rağmen Türkler, filmde birçok defa küçümsedikleri ve önemsemedikleri Araplar tarafından yenilgiye uğratılmaktadır.

Türklerin tacizci ve işkenceci olduğu savı Lawrence yakalandığı sahnede gösterilmektedir. Bu sahnede bir Türk generali, askerlerinin içinde, onlardan çekinmeden Lawrence'ı taciz et-

Algı Yönetimi

mekte ve cinsel ilişkiye girme imasında bulunmaktadır. Seçilen plan ve oyunculuklar ile bu açıkça dile getirilmektedir. Anlaşıldığına göre general bu eylemi birçok defa yapmıştır. Lawrence, bu isteği onun cinsel organına yumruk atarak cevaplandırmaktadır. Araya giren Türk askerleri Lawrence'ın çıplak sırtına ince bir sopayla vurarak işkence etmektedir. Acı içindeki Lawrence'ın mavi gözleri yakın planda görülürken kahramanın sırtına vurulan sopa gösterilmez; onun yerine bu durumdan en ufak bir utanç duymayan aksine zevk alan Lawrence'ın ellerini tutmuş Türk askerinin kızdıran, vicdansız gülüşü verilmektedir.

Filmde Türk askerleri hiç mücadele ederken gösterilmemektedir. Onlarca asker, silah ve teçhizata sahip olmalarına rağmen Arapların coşkulu saldırıları ve mücadeleleri karşısında yenilmektedirler. Örneğin Akabe'de, dağınık Bedevilerin düzensiz saldırısında kolayca teslim olmaktadırlar. Şam yakınlarında yaşanan çarpışmada sahnesinde de benzer görüntüler vardır. Savaştan kaçan yorgun, umutsuz, güçsüz Türk askerleri (sanki yaptıklarından pişman gibidirler), Lawrence önderliğindeki öfkeli Araplar ile karşılaşmaktadırlar. Zira Türkler, geçtikleri köyde vahşice; kadın, çocuk demeden herkesi öldürüp, köyü yakıp yıkmışlardır. Lawrence, kendine direnmesine karşın öfkesine yenilip "esir yok" diyerek Arapları intikam almaya davet etmektedir. Türkler kılıçtan geçirmekte, tek tek öldürülmektedir. Arapların öldürme, kesme, vurma, saldırı anları detaylı şekilde gösterilirken Türklerin bir iki silah atışı dışında ölmekten başka rolleri yoktur. Sahne sonunda yerle bir edilmiş Türk ordusu yakın ve genel planda gösterilmektedir.

Film, sinematografik özellikleri, mekân, dekor ve müzik kullanımı ile çok başarılıdır. Zorlu çöl şartlarında tasarlanan güzel kadrajları hikâye anlatımını çok estetik hale getirmiştir. Alt metni güçlü, gönderme yüklü sahneleri ile seyircinin algısını kolaylıkla yönlendirebilmektedir. Kalabalık figüranlı sahnelerin uyumlu yapısı, yakın planların duygu aktarımı seyirciyi etkilemektedir. Sinema eleştirmenlerinin de çok olumlu eleştiriler getirdiği film, 1963 Oscar Ödüllerinde 10 dalda aday gösterilip yedi ödül (En İyi Film, En İyi Yönetmen, En İyi Sinematografi, En İyi Müzik, En İyi Sanat Direktörlüğü, En İyi Kurgu, En İyi Ses) almıştır. Arabistanlı Lawrence'ın sinemanın en üst düzey organizasyonu tarafından ödüllendirilmesi yaratılmak istenen algının kabul gördüğünü, onaylandığını ve dolaysıyla bu algı yönetimini meşrulaştırdığını söylemek mümkündür.

Zincirini Kırmış Milliyetçi Kurtlar

Fransız yapımı Kurtlar İmparatorluğu (2005), ülkücüler üzerinden Türkleri, oryantalist bir söylem ile ötekileştirmektedir. Filmde ülkücüler, Batı'nın Türkler için her zaman vurguladığı kötü özellikleri taşımaktadır. Suç makinası olarak gösterilen Türkler, Avrupa'nın başındaki büyük sorun olarak konumlandırılmaktadır. Ejder'in Öpücüğü (2001) filmiyle tanınan Chris Nahon'ın yönetmenliğini yaptığı filmin başrollerinde Jean Reno, Jocelyn Quivrin, Arly Jover, ve Laura Morante yer almaktadır. Film ülkemizde de kitapları çok satan ünlü polisiye yazarı Jean-Christophe Grangé'in Kurtlar İmparatorluğu kitabından aynı isimle Christian Clavier, Chris Nahon, Jean-Christophe Grangé ve Franck Ollivier tarafından uyarlanmıştır.

Fransız terörle mücadele polisleri tarafından gizli bir proje için izinsiz bir şekilde yüzü ve kimliği değiştirilen Türk göçmen Sema Gökalp, Anna Heymes adıyla yeni hayatına devam etmektedir ancak silinen hatıraları onu rahat bırakmamaktadır. Diğer tarafta üç kaçak göçmen Türk kadını vahşice öldürülmüştür. Bu cinayetleri aydınlatmak için mücadele eden idealist genç dedektif Paul Nerteaux, son çare olarak polislerin yöntemleri yüzünden sert bir şekilde eleştirdiği ve uzak durduğu Türkler konusunda uzman Jean-Louis Schiffer'dan yardım ister. Uyumsuz ikili Fransa'dan Türkiye'ye uzanan Türk suç şebekesini çökertir.

Türk bayrakları, kurt işaretleri, dört hilalli madalyonlar, sarkan bıyıklar filmde sık sık görülür. Filmdeki suç örgütünün adı "Bozkurtlar"dır ancak Türkçe seslendirmede hep "Kurtlar" adı geçmektedir. Filmde kurban rolünü canlandıran Sema'da Türkler, adam kaçırma, uyuşturucu, cinayet, taciz, tecavüz, göçmen ticareti gibi pek çok yasal olmayan işle uğraşmaktadır. Final sahnesinde yakın desteğe gelen Türk polisi dışında filmde olumlu bir Türk karakteri yoktur.

Film, Türklerin aşırı milliyetçiliği ve kendi halkını sömürüsü üzerine hikâyesini kurmuştur. Ülkücüleri temsil eden Altın Hilal, Avrupa'da ve Türkiye'de yasal olmayan işleri yürüten bir oluşumdur. Kapadokya'da Bedevilerin yaşadığı gibi bakımsız, karanlık dağ başındaki mağaralarda yaşamaktadırlar. Mağara loş, doğu halıları ile döşeli, egzotik bir mekân olarak dekore edilmiştir. Altın Hilal'in adamlarının giyimleri kötü, saçı başı dağınık bakımsız, fakir kişilerdir. Oryantalist temsilin öngördüğü şekilde kaba, cahil, şiddete meyilli medeniyetten uzak karakterlerdir. Diğer taraftan ülkücü olduğu iddia edilen oluşumun adamları PKK militanları gibi poşu ve şalvarlıdır ve dağlarda yaşamaktadır. Fransa'daki ülkücü Türkler ise garip şekilde Araplar gibi başlarına çember takmakta, şalvar giymektedirler. Azer'in Nakliye Sorumlusu Müdür Yardımcısı olarak görev yaptığı Türklere ait olan şirketin adı "Oriental Fruits" yani "Oryantal Meyveler"dir. Bu oluşum cinayet ve uyuşturucu, adam kaçırma dışında çocukları küçük yaşta ölümcül bir silaha dönüşecek şekilde eğitip kötü işlerinde kullanmaktadır. Liderleri ise küçük kız çocuklarını taciz eden bir sübyancıdır. Sema'yı da çocukken taciz etmiş, travma geçirmesine neden olmuştur.

Türkler, kadınlara şiddet uygulamaktan, onları sömürmekten çekinmemektedir. Oysaki Fransızlar, kadınların medeni ortamda çalışmalarına müsaade etmekte özgürce isteklerini yapmalarına fırsat vermektedirler. Fransız terör şubenin başındaki isim, işçi bir Türk kadınını, Fransız ev hanımına dönüştürmek ile övünmektedir. Sema da aynı fikirde olup gerçek kimliğindeki gibi biri olmak yerine bir Fransız kadını, Anna Haymes olarak hayatına devam etmek istediğini belirtmektedir.

Mafya İstanbul'da Takipte

Taken serisinin ikinci filmi Takip İstanbul (Taken 2/2012), Batı'nın yardımına muhtaç, çağının çok gerisinde bir Türkiye göstermektedir. Yapımcılığını Besson'un yaptığı filmin yönetmenliğini Olivier Megaton üstlenmiştir. Filmin başrollerini Famke Janssen, Liam Neeson, Rade Serbedzija, ve Jon Gries ve paylaşmaktadır. Senaristliğini Besson ile birlikte Robert Mark Kamen'ın yaptığı film 40 milyon dolarlık bir bütçe ile çekilmiştir.

Emekli CIA ajanı olan Bryan Mills, ilk filmde kızını kurtarmak için öldürdüğü Arnavut mafyasının adamları ile hesaplaşmak zorunda kalmaktadır. İş için İstanbul'a gelen Mills'in peşinden Arnavut Mafyası da gelir. İntikam için eski karısını ve kendisini kaçıran mafya, kızlarının da peşindedir. Mills'in görevi uzmanlığını kullanarak hem eski karısını hem de kızını kurtarmaktır.

Bol bol Türk bayrağı ve camii gördüğümüz filmde, düşmanla işbirliği yapan, kadını önemsemeyen, şiddete başvuran Türkler, zamanı geçmiş elektronik cihazlar (tüplü televizyon gibi) ve arabalar kullanmaktadır. Filmde, karanlık, eski, yıkık-dökük binalar, bakımsız hanlar, dar sokaklar, evler arasına asılmış çamaşırlar, Arnavut kaldırımları ile taşrayı andıran İstanbul vardır. Ara geçişlere sıkıştırılan birkaç güzel İstanbul manzarası ile durum dengelenmeye çalışılsa da Takip: İstanbul, Türkiye'yi geri kalmış bir ülke olarak göstermektedir. Bu ülke mafyanın istediği her şeyi rahatlıkla yapabildiği, güpegündüz el bombalarının patladığı, insanların kaçırıldığı, can güvenliğinin olmadığı bir yerdir. Polis tüm bunlara ses çıkarmadığı gibi mafya ile işbirliği yapmaktadır. Mills'in güvenebileceği tek yer, Amerikan Büyükelçiliği'dir.

Türk polislerinin klasik statüsündeki Murat 124 ve Murat 131 otomobilleri kullanması ise ayrı bir ironidir. Senaryo gereği zarar göreceklerinden dolayı bütçede tasarrufa gitmek için böyle bir çözüm bulunduğu düşünülse de filmde kullanılan diğer ögeler ve oluşturulmaya çalışılan atmosfer göz önüne getirildiğinde bu otomobillerin bilinçli bir kullanım olduğu ve verilmek istenen oryantalist bakışa uyduğu için tercih edildikleri ortaya çıkmaktadır.

Filmde çok sık siyah çarşaflı kadın görünmesi ise Arap ülkesi havasını pekiştirmektedir. Mills'te zaten bir Arap iş adamını korumak için İstanbul'a gelmiştir. Özellikle siyah çarşaflı kadınlar kamera kadrajında kalmakta ya da kameraya yakın geçmekte, ana karakter ile bakışmaktadır. Türkiye'de kadınlar, İslami baskının altında çarşaf ile dışarı çıkmak zorunda, özgürlük ve medeniyetten uzak bir hayat sürmektedirler. Ancak Amerikalı kadınlar özgür, bakımlı, istediklerini yapabilecek hayata sahip, medeni bir hayat yaşamaktadırlar.

Sonuç

Batı sinemasında Türkiye ve Türklerin ötekileştirildiği filmler, örneklem olarak ele aldığımız dört filmle sınırlı değildir. Bu filmler dışında sinema tarihinde Türklere ve Türkiye'ye yönelik ötekileştirici olumsuz sahneler, söylemler, Ararat, Köprüdeki Kız, Out of Reach, Olağan Şüpheliler, Wonder Woman gibi pek çok film vardır. Bu filmler daha geniş bir çalışmada ayrıntılı ve karşılaştırmalı olarak ele alınabilir.

Çözümlediğimiz filmlerde Türkler ve Türkiye açık şekilde ötekileştirilmiştir. Oryantalist bakış açısına hizmet edecek şekilde filmlerin genel olarak birçok ögesi kurgulanmıştır. Gerçek olaylardan alınan ya da esinlenilen hikâyeler amaçlar doğrultusunda genişletilerek, çarpıtılarak ve kurguya uygun şekilde yeni yan öyküler eklenerek yeniden şekillendirilmektedir. Gerek karakterlerin davranışları gerek dekorlar gerek seçilen mekânlar gerek kullanılan müzikler gerek sahne arkalarında kullanılan objeler, Türklerin öteki olduğunu tanımlamak için başarılı şekilde kullanılmıştır. Laik ve demokratik bir ülke olan Türkiye, otoriter bir rejimle yöneltilen Orta Doğu ülkesi gibi sunulmuştur. Filmlerde Türkler, Arap gibi sunulmuştur. Onlar gibi giyinen, düşünen, yaşayan, tutucu bakış açısına sahip, kadını ikinci planda tutan, ıssız, bakımsız yerlerde ikame eden, görgüsüz, cahil, kaba, savaşa hevesli, acımasız, barbar karakterler ile temsil edilmişlerdir. Türkiye sadece camileri ile meşhur, egzotik yerleri olan bir ülke gibidir. Yasal olmayan işlerin yapıldığı, silahların, bombaların patladığı, mafyanın, teröristlerin, casusların kol gezdiği, geri kalmış ve güven içinde yaşamanın mümkün olmadığı bir ülke imajı çizilmektedir.

Türkler ötekileştirildikleri bu filmlerde her türlü kötü özelliğe sahip düşman karakterler olarak sembolize edilmektedirler. Türkler, barbar, vahşi, potansiyel katil hatta çoğu defa eli kanlı katil, uyuşturucu satıcısı, kadınlara ve çocuklara önem vermeyen, kaba, bakımsız, çirkin, sübyancı, tecavüzcü, tacizci, şiddete meyilli, görgüsüz, kaba ve eğitimsizdir. Genel olarak iri, esmer, sakallı veya bıyıklı ve fiziksel olarak çirkindirler. Medeni Batı insanı için ibretlik bir vesika gibi Türk karakterler popüler ticari filmlerde ön plana sürülmektedir.

Bazen büyük bütçeli popüler filmler ve ünlü oyuncular ile bazense B tipi düşük bütçe ve tanınmamış oyuncularla aktarılan kurmaca hikâyeler, seyirciler üzerinde çok etkili olmakta ve algılarının negatif yönde değişmesine zemin hazırlamaktadır. Farklı film türlerinin kullanılması da çok daha farklı kitlelere mesajın ulaşmasını sağlarken ötekileştirilmiş Türk ve Türkiye imajının da yeniden üretilerek mesajın tekrar sayısını arttırmaktadır. Bununla birlikte hem güncel hem de tarihi olaylar, ötekileştirilen Türk ve Türkiye imajı için kullanılmaktadır. Köklü tarihsel geçmişi Türkler hakkında işlenebilecek pek çok öykü sunmaktadır. Tarihten gelen düşmanlık bugünün savaş ortamı medya ortamında sergilenmektedir. Birikmiş öfke ve intikam duygusu gerçeklerin sinematografik bir şekilde dramatik yapıya uygun olarak aktarılması ile tatmin edilmeye, dünya insanlarının algısında Batı'nın istekleri doğrultusunda bir değişimin olması için çaba sarf edilmektedir. Çoğunlukla Amerikan sinemasında ötekileştirilen Türk ve Türkiye imajı görsel de İngiliz, Fransız, İtalyan, Yunan ve Alman sinemalarında da örneklere rastlamak mümkündür.

Bununla birlikte bu filmlerin pazarlaması da çok iyi yapılarak pek çok insan tarafından izlenmesi sağlanmaktadır. Örneğin güçlü dağıtım ağları ile ötekileştirilmiş Türk ve Türkiye içerikli pek çok Amerikan filmi dünyanın dört bir yanında vizyona girmiştir. Ötekileştirilmiş Türk ve Türkiye imajı sunan filmler, DVD, VCD, Blu Ray, televizyon ve dijital platformda tekrar ve tekrar gösterime sokulmaktadır. Sinemalarda filmi izleyemeyen insanlar bu gösterim mecraları ile zaman ve mekâna bağlı kalmadan filmleri rahatlıkla izleyebilmektedir. Ayrıca zaman içinde bu filmlerin etkileri azalsa bile insanlar, yeni medya ortamlarında filmlere ulaşabilmektedir. Sosyal medya ağlarında film içinden sahneler paylaşılarak, diyaloglar aktarılarak, capslar yapılarak yeni içerikler üretilebilmektedir. Dolayısı ile yanlış bilgilerin yayılımı artarak devam etmektedir. Dijital dünyanın güçlü arşiv gücü de üretilen bu içeriklerin ve yanlış bilgilerin kaybolmasını, yok olmasını engellemektedir. Bu filmlere karşı alınabilecek er etkili çözüm doğruların anlatıldığı başarılı sinema filmleri çekmektir.

Kaynakça

Adorno, T. W. (2003). Kültür endüstrisini yeniden düşünürken, (B. O. Doğan, Çev.). COGİTO. Erişim adresi: http://blog.aku.edu.tr/ometin/files/2013/12/k%C3%BClt%C3%BCr-end%C3%BCstrisinin-yeniden-d%C3%-BC%C5%9F%C3%BCn%C3%BCrken-Adorno.pdf, ET: 26.04.2016

Alemdar, K. ve Erdoğan, İ. (2005). *Öteki kuram: Kitle iletişim kuramı ve araştırmalarının tarihsel ve eleştirel bir değerlendirmesi*. Ankara: Erk Yayıncılık.

Bulut, Y. (2016). *Oryantalizmin kısa tarihi* (7. bs.). İstanbul: Küre Yayınları.

Diker, C. (2018). 'Batı' ideolojisinin 'batı-dışı'ndan üretimi: Akademi ödüllü Ashgar Farhadi filmlerinin kültür emperyalizmi boyutundan incelenmesi. *TRT Akademi*, 3 (5), 94-111.

Erden, E. O. (2004). Nasyonal sosyalist sinema. *Toplumsal Tarih*, 122, 44-19

Ryan, M. ve Keller, D. (1997). *Politik kamera: Çağdaş Hollywood sinemasının ideolojisi ve politikası*, (E. Özsayar, Çev.). İstanbul: Ayrıntı Yayınları.

Hentsch, T. (2016). *Hayali doğu: Batı'nın Akdenizli Doğu'ya politik bakışı*. (A. Bora, Çev.). İstanbul: Metis Yayınları.

Kıraç, R. (2008.) *Film icabı (Türkiye sinemasına ideolojik bir bakış)*. İstanbul: De Ki Yayınları.

Kırel, S. (2006). Küresel seyircilik, Hollywood ve "öteki" sinemalar bağlamında İran filmlerinin konumlandırılması, *İlet-i-şim Dergisi*. 4, 51-69.

Köse, M. ve Küçük M. (2015). Oryantalizm ve "öteki" algısı. *Sosyal ve Kültürel Araştırmalar Dergisi*. 1 (1), 107-127.

Mora, N. (2008) Kendi-öteki iletişimi ve etnomerkezcilik. *Selçuk İletişim*. 5 (2), 206-218.

Öteki (2020, Ekim). Erişim adresi: https://sozluk.gov.tr/

Öztürk, İ., Gümüşoğlu, T. ve Gezer, G. (2018). Kültürlerarası çeviri kapsamında oryantalizm ve öteki kavramı. *Sosyal ve Kültürel Araştırmalar Dergisi*. 4 (8), 17-45.

Roger, A. (2008). *Milliyetçilik kuramları*, (Kılıç, A. U., Çev.). İstanbul: Versus.

Sarı, Ü., Akyol, O, Aytekin, M., ve Ünlü T. (2019 Nisan). *Televizyon dizilerinde Türklere yönelik oryantalist söylem: Friends ve The Simpsons örneği*. 6. Uluslararası Multidisipliner Çalışmaları Kongresi'nde sunulan bildiri. Gaziantep.

Scognamillo, G. (2010). *Türk sinema tarihi*. İstanbul: Kabalcı Yayınevi.

Scognamillo, G. (1996). *Batı sinemasında Türkiye ve Türkler*. İstanbul: İnkilâp Kitabevi.

Tutal, N. (2003). Doğu ve Amerika arasında Avrupa. *Doğu Batı Düşünce Dergisi*. 6 (23), 175.

Turan S. (2020). EURIMAGES destekli Türk filmlerinin self oryantalizm kavramı çerçevesinde incelenmesi: 2014–2018. *(Yayınlanmamış yüksek lisans tezi)*. İstanbul Üniversitesi Sosyal Bilimler Enstitüsü, İstanbul.

Uluç, G. ve Soydan, M.: 2007 Said, oryantalizm, resim ve sinemanın kesişme noktasında harem ve suare, *Bilig-Türk Dünyası Sosyal Bilimler Dergisi*, 42, 35-53.

Thiesse, A. M. (2010). *Ulusal kimlikler ulusaşırı bir paradigma*, A. Dieckhoff ve C. Jaffrelot (Eds.), Milliyetçiliği Yeniden Düşünmek (s. 151-178) içinde. (Çetinkasap, D. Çev.) İstanbul: İletişim Yayınları.

Yurdigül Y. (2002). Türkiye'de televizyon haberlerinde sıra dışı kimliğin sunumu: travesti konulu haberler, *(Yayımlanmamış Yüksek Lisans Tezi)*, İstanbul Üniversitesi Sosyal Bilimler Enstitüsü, İstanbul.

Yurdigül, Y, Naci, İ. ve Aslı Y. (2015). Ötekinin inşa edildiği sorunlu bir alan olarak Oscar ödül törenleri. *Atatürk İletişim Dergisi*, 9, 1-10.

Yücel, A. ve Sürmeli, Z. (2019). Sinemada oryantalist ve oksidentalist söylem: "Duvara Karşı" filmi örneği, *İdil*, 8 (54), 111-125.

FOTOĞRAF VE ALGI YÖNETİMİ

*Onur AKYOL**

Giriş

Yeni iletişim teknolojilerinin sonucu olarak her an fotoğraf çekebilir ve paylaşabilir konuma gelinmiştir. Sosyal medya ile birlikte tarihte hiç olmadığı kadar fotoğrafa maruz kalınmaktadır. Bu fotoğrafların yüzlercesi algı yönetiminin bir unsuru olarak kullanılmaktadır. Bu çalışmanın amacı; fotoğrafın algı yönetimine yönelik olarak kullanımını incelemek ve görsel belge niteliğinde olan fotoğrafların bazı kurgulama ve müdahaleler ile algı yönetimi için manipülasyona uğratıldığını ortaya koyabilmektir. Manipülasyon fotoğrafçının çerçevesini yaparken başlamaktadır. Fotoğrafçı bakış açısı, seçtiği objektif türü gibi teknik olduğu düşünülen seçimlerinde dahi kendi algı dünyasını ve yaratmak istediği algıyı fotoğrafa yansıtmaktadır. Fotoğrafçının dünyayı algılama biçiminin ürünü olan fotoğraf, algı yönetimi konusunda en etkili iletişim araçlarındandır. Fotoğrafın algı yönetim gücü savaşların seyrini değiştirmeye yetecek kadar kuvvetlidir. ABD'nin Vietnam topraklarını istila ettiği savaşta, Nick Ut'un çektiği "Vietnamlı Kız" (1972) fotoğrafının savaşın bitmesinde etkili olduğu bilinmektedir. Suriye'de 2011 yılında başlayan ve hala devam etmekte olan iç savaşta, pek çok savaş kurbanı fotoğraflanmış ancak hiçbiri Aylan Bebek'in (2015) Bodrum kıyısında sahile vurmuş, küçük bedenini gösteren fotoğraf kadar etkili olmamıştır. Savaşlar, silahlı çatışmalar,

---

* Dr. Öğr. Üyesi, İstanbul Üniversitesi İletişim Fakültesi, onur.akyol@istanbul.edu.tr

terör eylemleri, anlaşmazlıklar ve siyaset çerçevesinde kullanılan fotoğraflar algı yönetiminin etkili bir aracı olarak karşımıza çıkmaktadır. Özellikle sosyal medya üzerinden paylaşılan fotoğraflarla çeşitli unsurlar, gruplar kendi istekleri doğrultusunda algıları yönetmeye çalışmaktadır. Algı yönetimi, gerçekleri yansıtma, gerçeği gizleme, yönlendirme ve çarpıtma gibi davranışları bünyesinde barındırırken fotoğraf, bu işlevleri uygulamadaki en etkili unsur olarak karşımıza çıkmaktadır. Bu çerçevede, günlük milyonlarca fotoğrafın paylaşıldığı günümüzde fotoğrafın algı yönetimi için nasıl kullanıldığının incelemesi çalışmanın önemini oluşturmaktadır. Bu bağlamda, bu çalışmada fotoğraf ve gerçeklik ilişkisini aktarabilmek için "Fotoğraf ve Gerçeklik" başlığı açılmış akabinde "Basın Fotoğrafçılığı ve Algı Yönetimi" başlığı ile fotoğrafın ilk yıllarından günümüze algı yönetiminde nasıl kullanıldığı açıklanmaya çalışılmıştır. Son olarak "Sosyal Medyada Paylaşılan Fotoğrafların Algı İnşasındaki Kullanımı" bölümünde günlük milyonlarca fotoğrafın paylaşıldığı sosyal medyada algıların nasıl yönetilmeye çalışıldığı örnekler üzerinden incelenmiştir.

Fotoğraf ve Gerçeklik

Gelişen teknoloji sonucu fotoğraf günlük yaşamımızın her anında yoğun bir şekilde kullanılmaktadır. Geçmişte ulaşılması zor ve maliyetli olan fotoğraf makineleri özellikle cep telefonlarında meydana gelen teknolojik gelişmelerle herkesin her an fotoğraf çekebilmesine ve paylaşabilmesine imkân sağlamıştır. Söz konusu görüntü envanteri ilk kez 1839'da oluşmaya başlamış ve o tarihten itibaren hemen her şey fotoğraflanmış durumdadır (Sontag, 2011, s. 1). Fotoğraf, gerçekliği birebir yeniden üretme becerisi ile kazandığı belge niteliği ve kolay saklanabilme özelliğiyle zamanın tanığı olarak geleceğe aktarılacak bir toplumsal bellek konumundadır. Fotoğraf, bir anı, bir olayı ölümsüzleştirerek onu tarihin bir parçası haline getirmekte ve aynı zamanda gerçekleştiğine dair şüphe duyulan bir olayın gerçek olduğunu gösteren kanıtı olmaktadır. Barthes'e (1992, s.

83) göre; fotoğraf, aynı anda hem geçmiş, hem de gerçek olandır. Sontag'a (2011, s. 3) göre ise; fotoğraflanmış görüntüler dünyayla ilgili tespitler olmaktan ziyade, dünyanın parçaları, fotoğrafa aktarılmış görüntüler, herkesin yapabileceği ya da edinebileceği gerçeklik minyatürleridir. Toplumların görsel hafızasını oluşturan fotoğraf, gerçeklikle olan sıkı sıkıya ilişkisiyle dikkatleri üzerine çekmektedir. Fotoğraf ile ilgili günümüzde iki yaklaşım yaygın olarak savunulmaktadır: Birincisi, mekanik yapısından dolayı gerçekliğin güvenilir bir belgeleyicisi sayılması, ikincisi ise fotoğrafın teknik süreç içinde insan müdahalesine gerek olmamasından ötürü kazandığı güvenilirlik şeklindedir (Doğru ve Arıkan, 2019, s. 917). Her ne kadar fotoğraf, gerçekliğin fotoğrafçının edimi ve iradi müdahalesiyle belirlenen bir izdüşümüyse de, fotoğrafçının müdahalesi, yaratıcılığı, onun dış dünyaya bağımlılığı nedeniyle, diğer görsel sanatların yaratıcılarına göre daha zayıftır ve fotoğrafçı var olan bir gerçeklik görüntüsünü kullanmak zorundadır (Göksungur, 2006, s. 32). Fotoğrafın güvenilirliği dijital fotoğrafçılığın olanaklarıyla sarsılmış durumdadır ancak güvenilir bir belgeleyici olma özelliğini fotoğraf hala korumaktadır (Doğru ve Arıkan, 2019, s. 917). Fotoğraf ve gerçeklik arasındaki ilişkiye yönelik tüm olumlamalara rağmen Heinrich Böll'e (aktaran Price, 2004, s. 174) göre; fotoğrafçılığın en büyük aldatmacası, en baştaki "nesnel gerçeklik" aldatmacasıdır. Sonuç olarak fotoğraf karesini oluştururken kararı veren objektif değil, fotoğrafçının gözüdür. Fotoğrafçı bakış açısı, seçtiği objektif türü gibi teknik olduğu düşünülen seçimlerinde dahi kendi algı dünyasını ve yaratmak istediği algıyı fotoğrafa yansıtmaktadır. Fotoğrafçı karşısındaki, uçsuz bucaksız gerçekten kendi karar verdiği bir bölümü seçerek onu göstermektedir (Göksungur, 2006, s. 41). Fotoğraf makinesinin düşünme yeteneği yoktur ve yargılama, seçme, düzenleme, dâhil etme, dışlama, yakalama kısaca kadrajlama ile ilgili her şey fotoğrafçı aracılığıyla gerçekleşmektedir (Price, 2004, s. 15). Fotoğrafçı, fotoğrafı çekerken teknik, estetik kaygılarının dışında dış dünyayı algılama

biçimi, iç dünyası, göstermek istedikleri ya da göstermesini istedikleriyle kadrajını şekillendirmektedir. Aynı noktadan bir olay farklı fotoğrafçılarla fotoğraflandığında farklı şekillerde görselleştirilmektedir. Bu noktada, fotoğrafın etkin gücü, görüntünün birebir gerçekliğinden çok nasıl sunulduğu ile alakalıdır. Gerçeğin sunumu ile ilgili iki yaklaşım öne çıkmaktadır. Bunlardan birincisi, gerçek belli bir niyet çerçevesinde değiştirilerek, bir kısmını gizlenerek veya manipülatif bir şekilde yeniden oluşturularak verilmesi, ikincisi ise, gerçeği bir hikâye ve ona yardımcı kompozisyonel ögeler vasıtasıyla daha etkin bir hale getirerek sunmak ve bu sayede eleştirilmesi gereken gerçekliğin farkına varılmasını sağlamak şeklindedir (Aktaş, 2019, s. IV). Fotoğraf makinesinin fiilen gerçekliği yorumlamakla kalmayıp, aynı zamanda gerçekliği yakaladığı şeklinde bir anlayış söz konusuysa da, fotoğraflar en az resimler ve çizimler derecesinde dünyanın bir yorumunu sunmaktadır (Sontag, 2011, s. 7).

Fotoğraf, icadından itibaren savaşların, devrim ve siyasi ayaklanmaların gözlemcisi konumunda yer almaktadır (Turner'dan aktaran Aktaş, 2019, s. 9). Kırım Savaşı, Amerikan iç Savaşı, I. Dünya Savaşı, Nazi Almanya'sı, Amerikan Çiftçi Örgütü Projesi, II. Dünya Savaşı, Vietnam Savaşı gibi savaşlarda fotoğraf; gerçeğin doğrudan görülmesini sağlayarak her şeyi en yakından gören tanık olarak varlığını göstermiş ve onu etkili bir kitle iletişim aracı haline gelmiştir ancak gerçeğe bu kadar sadık bir araç olması, fotoğrafın bir propaganda aracına dönüşmesini de sağlamıştır (Özdemir'den aktaran Karaoğlu, 2009, s. 25). Fotoğrafın propaganda amacıyla kullanılması fotoğrafı, gerçekliğin fotoğrafçının edimi ve iradi müdahalesiyle belirlenen bir izdüşümünden çıkararak manipülasyona açık bir olguya dönüştürmüştür. Günümüzde dijital teknolojinin avantajlarıyla fotoğraf üzerindeki manipülasyon algı yönetiminin bir aracı olarak sıklıkla kullanılmaktadır.

Fotoğraflar bize kanıt teşkil ederken, hakkında bir şey işitip de şüpheyle karşıladığımız bir şeyi, onun bir fotoğrafı bize gösterildiğinde kanıtlanmış sayılmaktadır (Sontag, 2011, s. 5). Bu bağlamda fotoğraf, inandırıcılığı yüksek bir propaganda aracıdır. Buna karşılık fotoğraflanan bir görüntünün üzerinde oynanmış olması gerçeği çarpıtabilmekte ve farklı bir gerçeklik yaratılmış olmaktadır. Geçmişe ve geleceğe ışık tutacak bir kanıt niteliğinde olan ve tüm görsel teknik verileri de içinde barındıran savaş fotoğrafları, manipülatif bir bakış açısının sıkça kullanıldığı bir alan olarak karşımıza çıkmaktadır (Aktaş, 2019, s. XII). Manipüle edilmiş fotoğraflarla yaratılan gerçekliklerle, toplumlar üzerinde algı yönetimi gerçekleştirilerek toplumlar manipüle edilebilmiş, ülkeler savaşa sokulmuş ya da savaşlara son verilmiştir (Demirel, 2015, s. 629). Fotoğrafın politik ve gündelik hayatın yoğun bir şekilde içinde yer alması onun belli amaçlar için kullanılacak bir araç olarak düşünülmesinin yolunu açmıştır (Aktaş, 2019, s. 9). Bu doğrultuda fotoğraf ister gerçekliğin bir izdüşümü olsun ister manipülatif olsun algı yönetimi için kullanılabilecek elverişli bir alan olarak görülmektedir.

Basın Fotoğrafçılığı ve Algı Yönetimi

19. yüzyılın ikinci yarısından itibaren yeni bir teknoloji ve sanat dalı olarak fotoğraf basında kullanılmaya başlamıştır. Başlangıçta gazetecilikte fotoğrafa karşı bir direnç olmuş, çoğu editör ya da gazete sahibi bu yeni sistemi pahalı, zahmetli ve riskli bulduğu için gazetelerinde kullanmak istememişlerdir (Kanburoğlu, 2013, s. 60). Teknolojik gelişmelerle fotoğrafın gazetelere direkt olarak basılabilmesi haber fotoğrafının kullanımını arttırmış basın fotoğrafçılığının gelişmesini sağlamıştır. Gazetecilik anlayışı ile belgeleme 1853 yılında Kırım Savaşı sırasında başlamış ve o tarihten sonra fotoğrafın etkinliğinin artmasıyla, haberde olayları fotoğraflı aktarmak yaygınlaşmıştır (Kanburaoğlu, 2013, s. 43). Günümüzde gelinen noktada ise yazılı ve görsel basında neredeyse fotoğrafsız haber bulunmamaktadır.

Fotoğraf, ilk yıllarında güzel anların kaydedilip saklanması amacıyla kullanılsa da zamanla olayların aktarımında toplumları etkilemek, gündem oluşturarak kamuoyu yaratmak amacıyla kullanılmaya başlanmıştır. Yazılı basında fotoğrafların haberle birlikte kullanılması, haberlerin inandırıcılığını ve basına olan güveni arttırmıştır (Demirel, 2015, s. 630). Görsel ilgi çekiciliği nedeniyle fotoğraf, zaman içerisinde yazılı metinlerin kanıtı olmaktan çıkarak haber fotoğraf çerçevesi içerisine sığmaya başlamış, fotoğraf anlatım diliyle haberin aktarım sürecine hâkim olmuştur (Arslan, 2019, s. 51). Fotoğrafın evrensel görsel dili haberde fotoğrafın kullanımını yaygınlaştırmıştır. Fotoğraf, orada olma duygusu uyandırması ve inandırıcılığıyla haberin vazgeçilmez görsel malzemesi olarak basında kullanılmaktadır. Fotoğraflar gazete sayfasının estetiğini sağlarken, haber içeriğini desteklemekte ancak her şeyin ötesinde haberin doğruluğunun bir kanıtı olmakta ya da olduğu varsayılmaktadır (Soygüder, 2013, s. 1656). Fotoğraf, haberin en önemli ögelerinden biridir ve tek başına belge niteliği taşımaktadır. Fotoğrafın basında kullanılmaya başlamasıyla birlikte, haberin doğruluğu, güvenilirliği ve inandırıcılığı fotoğrafın varlığı ile kanıtlanmaya çalışılmıştır. Basında haberin yanında kullanılarak, haberi güçlendiren, bazen haberle eş değer gösterilen, bazen de haberin önüne geçerek tüm dikkati üzerine çeken fotoğraf, bir öykü anlatırken aynı zamanda bir mesajı yaymayı amaçlamaktadır. Bu bağlamda fotoğraf, toplumları etkileyen ve yönlendiren bir güce sahiptir. Bu güç, fotoğrafı oluşturan görselde var olan mesajın içindeki kodların hedef kitle tarafından hızlı, etkili ve kalıcı olarak algılanmasıyla ilgilidir (Doğru ve Arıkan, 2019, s. 913). Haber fotoğrafından beklenen, olayı tüm açıklığı ve gerçekliği ile yansıtması, özellikle manipüle edilmemiş olması ve tarafsız olmasıdır (Korkmaz, 2014, s. 39). Buna karşılık fotoğraf etkisi nedeniyle, basın fotoğrafçılığında özellikle siyaset ve savaş fotoğraflarında teknik (yeniden kadrajlama, renklendirme, yön çevirme vb.) açıdan ya da olaya müdahale (ölen askerlerin yerini değiştirme gibi) ederek gerçekleştirilen kurgulama yöntemleriyle birinci dereceden manipüle, propaganda ve algı yönetimi aracı olarak kullanılmaktadır. Fotoğraf, algı ile kişi arasındaki oluşturduğu köprüyle kişiyi başka noktalara sürükleyebilmektedir (Özlem Dede, 2017, s. 30). Jacques Rancière'e (aktaran Aktaş, 2019, s. 9) göre görüntüler bakışımızı değiştirir; eğer anlamları öngörülmemişse ve anlamları da etkilerini öngörmüyorsa, görüntüler mümkün olanın manzarasını değiştirmektedir. Fotoğrafın algıları nasıl değiştirebileceği fotoğrafçılar tarafından fotoğrafın basında kullanılmaya başladığı ilk yıllarından beri bilinen bir gerçektir.

Tarihin ilk sarsıcı savaş fotoğraflarını çeken Mathew Brady ve ekibinin çektiği fotoğraflar savaşın şiddetini ve gerçek yüzünü gösteren ilk somut çalışmalar olarak kabul edilmektedir (Bajac, 2004, s. 77). Ancak Brady'nin ekibi Gettysburg'da (Amerika İç Savaşı -1865) ölen askerlerin yerlerini değiştirmiş ve arka plandaki görüntünün fotoğrafta daha iyi görünmesi için bazı nesneler eklenmiş ya da çıkarmıştır (Sontag, 2004, s. 54).

Fotoğraf 1. Robert Capa'nın "Düşen Asker" isimli fotoğrafı, İspanya İç Savaşı, 1936 (Kanburoğlu, 2013, s. 221).

Günümüzde bile halen savaş fotoğrafçılığı denildiğinde ilk akla gelen foto muhabirlerden biri olan Robert Capa'nın dünyaca ünlü bir savaş fotoğrafçısı olmasını sağlayan İspanya İç

Savaşı'nın ikonik bir sembolü haline gelen "Düşen Asker" (1936) fotoğrafının yapılan araştırmalarla kurmaca bir fotoğraf olduğu ortaya koyulmaktadır (Bal, 2019, s. 49-50). Sontag'a (2004, s. 54-55) göre; "Bir Cumhuriyetçi Askerin Ölümü" nün etkileyici özelliği, onun gerçek bir anı temsil etmesi, o anın tesadüfen yakalanmasıdır; yere düşmekte olan askerin Capa'nın kamerası için kurgulanmış özel bir poz olduğu anlaşıldığı takdirde bütün değerini kaybedeceği açıkça ortadadır. Gerçek bir anı yansıtıp yansıtmadığı tartışılsa da Capa'nın deklanşöre basmasıyla ikonik bir fotoğraf olan o an, çekildiği dönemde "eyleme yakın olan fotoğrafçı" şeklinde değişen savaş fotoğrafçılığının bir simgesi olarak tarihe geçmiştir. Capa'nın biyografisini yazan Richard Whelan (aktaran Özlem Dede, 2017, s. 48), askerin vurulma anında çekilip çekilmediğinin bir önemi olmadığını, simgelediklerinin daha önemli olduğunu, tartışmanın yersiz olduğunu belirterek bir anlamda fotoğrafın yarattığı anlamın ve oluşturduğu algıların gerçekliğinden daha önemli olduğunu vurgulamaktadır. Whelan gibi Amerikalı gazeteci William Hearst (aktaran Aktaş, 2019, s. 9) da fotoğrafın gücünü "Sen fotoğrafı çek ben savaşı çıkartırım" sözüyle vurgulamaktadır. Fotoğraf etki gücü ve yarattığı algılarla savaş çıkarabildiği gibi savaşların bitmesinde de rol oynamıştır. Fotoğraflar, savaşın acı yönünü insanlara göstererek kitleleri harekete geçirebilmiş, savaşa karşı söylem ve eylemler teşvik edilmiş ve sonuç olarak savaşın bitmesine katkıda bulunmuştur. Tarihin seyrinin değişmesinde etkili olan bu tarz fotoğrafların başında Vietnam savaşı sırasında çekilen "İnfaz Anı" (Fotoğrafçı: Eddie Adams) ile "Çıplak halde koşan kız çocuğu" (Fotoğrafçı: Nick Ut) fotoğrafları gelmektedir. Basında yer alan haber ve görüntüler Amerikan halkının orduya olan desteğini kaybettirmiş ve nihayetinde ordunun Vietnam'dan çekilmesine sebep olmuştur (Ercan, 2016, s. 23).

Algı Yönetimi

Fotoğraf 2. Eddie Adams'ın "İnfaz Anı" isimli fotoğrafı, Vietnam Savaşı, 1968. (Kanburoğlu, 2013, s. 213).

Steve Mccurry'nin 1985 yılında National Geographic'te yayınlanan "Afgan Kızı" fotoğrafı, Afganistan'da gerçekleşen savaşın ve mültecilerin tüm dünyaya yayılan simgesi haline gelmiştir (Kanburoğlu, 2013, s. 246). Bu fotoğraflarla ve daha fazlasıyla savaşlarla ilgili basın aracılığı ile algı yönetimi gerçekleştirilmiştir. Körfez savaşı sırasında gazetelerde yayınlanan "petrole bulanmış karabatak" fotoğrafları hâlâ hafızalardadır ve bu fotoğraflar insanları Bağdat'ta ölen binlerce insandan daha fazla etkilemiştir. Bu fotoğraf, Saddam Hüseyin'in Kuveyt'i bombalamasından sonra denize dökülen petrolün bir sonucu olarak servis edilmiştir. Saddam Hüseyin'e karşı kamuoyu yaratmak, algıları inşa etmek adına bu fotoğraf kullanılmıştır. Ancak, yayınlanan bu fotoğrafın, Alaska'da yaşanan bir petrol tankeri faciasında çekildiği ortaya çıkmıştır (Kanburoğlu, 2013, s. 437). Amerikan'nın Irak işgali sırasında savaşı zafer ile sonuçlandırdığı algısını yaratan; Bağdat'taki Saddam Hüseyin heykellerinin yıkılması ve bu olayın fotoğraflanmasıdır (Aktaş, 2019, s. 58). Fotoğraflar Irak halkının desteğinin alındığını vurgulayacak şekilde olayın geçtiği Firdevsi Meydanı'nı kalabalık olmamasına rağmen kalabalık gösterecek (Tele objektif kullanımı) teknik düzenlemelerle bir algı yönetimi aracı olarak servis edilmiştir. Basında fotoğraflarla oluşturulan algı yönetimi için uygulanan yöntemler dezenformasyon, misinformasyon, subliminal mesajlar, manipülasyon ve propaganda şeklindedir (Özlem Dede, 2017, s. 30).

Fotoğraf 3. Medyanın manipülasyon şekli (Demirel, 2015, s. 632).

Manipülasyon deyince aklımıza ilk gelen ikonik görsel (Fotoğraf 3.); rehin bir askere su verildiğini gösteren fotoğrafın, üç farklı haber ajansının AL JAZEERA, IMPERIV ve CNN tarafından paylaşılma şeklidir. Bir fotoğrafın basit bir kırpma, çerçeveleme ile bile yarattığı algının ne kadar değiştiği bu örnek üzerinden somut olarak anlaşılmaktadır (Demirel, 2015, s. 632). Haber fotoğrafçılığında manipülasyon haber fotoğrafçılığının en başından beri söz konusu olup, ilk haber fotoğrafçısı olarak tarihte yerini alan Roger Fenton bile Kırım Savaşı sırasında fotoğraf çekerken çekim yapmadan önce savaşı daha vahim ve dramatik göstermek için yerdeki şarapnel ve top mermileri parçalarını fotoğrafı çektiği alanda dizerek kurgulama yapmış ve fotoğrafı bu şekilde çekmiştir (Kanburoğlu, 2013, s. 435). Buna karşılık gerçekliğin bir izdüşümü olan fotoğraflarda algı inşasında etkili bir şekilde kullanılmıştır. Örneğin, Pulitzer ödüllü Kevin Carter'ın zayıflıktan ölmek üzere olan siyah küçük kız çocuğu ile yakınında bekleyen akbabayı yansıtmakta olan "Akbaba ve Çocuk" adlı fotoğrafıyla Afrika'ya özellikle Somali'ye yardımlar artmış, sayfalarca tutulan raporlardan, yapılan analizlerden bu fotoğraf daha etkili olmuş ve Afrika'daki açlığı dünya gündemine getirmiştir (Kanburoğlu, 2013, s. 234). Benzer şekilde günümüzde sınır komşumuz olan Suriye'de 2011 yılında başlayan ve hala devam etmekte olan iç savaşta, pek çok savaş kurbanı fotoğraflanmış ancak hiçbiri Aylan Bebek'in (2015) Bodrum kıyısında sahile vurmuş, küçük bedenini gösteren fotoğraf kadar etkili olmamıştır. Tüm dünyada bu olay, aynı fotoğraflarla medyada yer almış, insanların mültecilere, savaşa, çocuklara bakış açısını etkileyen fotoğraflardan birisi olmuştur (Özlem Dede, 2017, s. 53). Kapılarını Suriyeli mültecilere açmayan Avrupa ülkelerine bu fotoğraftan sonra büyük bir tepki gelmiş ve sonuç olarak Avrupa sınırlı sayıda da olsa Suriyeli göçmenlere kapılarını açmıştır (Demirel, 2015, s. 633).

Fotoğraf 4. Nilüfer Demir'in (Doğan Haber Ajansı) Aylan bebek fotoğrafı, Bodrum, 2016 (Türkiye Foto Muhabirleri Derneği, 2016).

Savaşlar, silahlı çatışmalar, terör eylemleri, anlaşmazlıklar ve politikalar çerçevesinde kullanılan fotoğraflar algı yönetiminin etkili bir aracı olarak karşımıza çıkmaktadır. İktidar ve çıkar grupları, yarattığı gerçeklik algısı nedeniyle fotoğrafı bir algı yönetme ve ikna aracı olarak görmüş ve bu bağlamda kullanmışlardır (Satkın, 2014, s. 7). Dijitalleşme ve yeni medya ile birlikte görsellik her zamankinden daha fazla ön plana çıkmıştır.

Görselliğin gün geçtikçe önem kazandığı dünyamızda fotoğraf önemini kaybetmemiş aksine dijitalin getirdiği çekim öncesi ve sonrası avantajlarıyla algı yönetiminin en etkili aracına dönüşmüştür. Kamuoyu oluşturmak için haber fotoğrafları üzerinde oynamalar yapılmakta, istenilen ideolojik göndermeleri içerecek şekilde gerçeklik yeniden üretilmekte ve böylece fotoğraf bir belge olarak gösterdiği şeyden göstermesi istenilen şeye dönüştürülmektedir (Abdulhakîmoğulları, 2019, s. 36). Bu bağlamda fotoğraf, algı yönetiminin en önemli araçlarından biri konumundadır.

Sosyal Medyada Paylaşılan Fotoğrafların Algı İnşasındaki Kullanımı

Günümüzde sosyal medya ile birlikte tarihte hiç olmadığı kadar fotoğrafa maruz kalınmaktadır. Bu fotoğrafların yüzlercesi algı yönetiminin bir unsuru olarak kullanılmaktadır. Fotoğrafik manipülasyon ve propaganda, dijitalleşerek mesafelerin ortadan kalktığı, sanal bir dünyanın oluştuğu günümüzde yaşanan toplumsal olayların da vazgeçilmez bir parçası haline gelmiştir (Demirel, 2015, s. 630). Dijitalleşme ile manipülasyon ve propagandanın çok daha kolay yapılabiliyor olması, sosyal medya aracılığıyla sınırsız ve hızlı paylaşım fotoğrafı algı inşasında en etkili araç olarak konumlandırmaktadır. Dünya nüfusunun yüzde kırkı sosyal medyayı aktif olarak kullanmakta; dakikada 500 binin üzerinde sosyal medya üzerinden içerik paylaşılmaktadır (Alp, 2019, s. 12). Sosyal medyada hızla yayılan fotoğraflar toplumsal algının inşasında siyasetçiler, çeşitli unsurlar ve gruplar tarafından kullanılmaktadır. Sosyal medyanın denetimindeki güçlük, isteyenin bu alanda manipülatif fotoğraflar paylaşmasını kolaylaştırmaktadır. Sosyal medya denetimin ve kontrolün çok zor olması nedeniyle, algı yönetimi faaliyetleri için uygun zemin teşkil etmektedir. Propaganda amaçlı fotoğraflar hızlı ve etkili olduğu için sosyal medya hesapları üzerinden paylaşılmaktadır (Korkmaz, 2014, s. 45). Toplumsal değişimlerde sosyal medyanın kamuoyunu yönlendirme rolü, siyasal iletişim stratejilerinde, iş yaşamının her evresinde, halk hareketlerinde açıkça gözlemlenmektedir (Alp, 2019, s. 16). Sosyal medya sadece kurumlara değil sıradan insanlara bu imkânı vermektedir. Eraslan'a (2020, s. 5) göre; dünya, sosyal medya üzerinder istihbarat sağlayan, algı ve propagandayı etkin yapan ülkeler ile bu uygulamalara maruz kalan ülkeler diye ikiye ayrılmaktadır. Eraslan'ın vurguladığı gibi propaganda ve algı inşası için önemli bir alan haline gelen sosyal medya bugün algı operasyonlarının en yoğun olarak yapıldığı yer olarak karşımıza çıkmaktadır. Özellikle sosyal medya üzerinden kontrolsüzce siyasi, askeri, ekonomik veya sosyal içerikli fotoğraflar paylaşılarak kitlelere istenilen ideolojiler empoze edilmekte ve algılar istenilen şekilde yönetilmeye çalışılmaktadır (Ayhan ve Çakırak, 2018, s. 18). Siyasal iletişim açısından, sosyal medyanın rolü bilgilendirme amacından ziyade, hedef kitleyi kendi fikirleri etrafında organize etmeyi amaç edinmektedir (Alp, 2019, s. 16). Sosyal medya, fikirlerin hızlıca yayılabilmesi ve kısa sürede örgütlenmenin gerçekleşebilmesi açısından geleneksel medya gücüne sahip olmayan gruplar için ve otoriter rejimlere yönelik yapılacak algı çalışmaları için yeni bir zemin oluşturmaktadır (Okumuş, 2015, s. 195). Sosyal medyanın gücü ve etkileme alanının büyüklüğü Orta Doğu'da Arap Baharı adı verilen toplumsal olaylarda tüm dünya tarafından çok net olarak görülmüştür (Alp, 2019, s. 44). İnternet Devrimi olarak da adlandırılan Arap Baharı sürecinde toplumsal algı, sosyal medya araçlarıyla ile yönetilerek bir plan dâhilinde mevcut yönetimler değişime zorlanmıştır (Arğın, 2018, s. 92). Algıları yönetmek isteyenler sosyal medya hesapları üzerinden çeşitli mesajları kitlelere yayarak algıları inşa etmeye çalışmaktadır. Sosyal medya özellikle kamuoyu oluşturulması kapsamındaki faaliyetlerde yoğun ve etkin bir şekilde kullanılmaktadır. Kamuoyu oluşturulurken algılar inşa edilmeye çalışılmaktadır. Günümüzde sosyal medya aracılığıyla yayılan bir bilgi kısa sürede küresel boyuta ulaşarak kitleleri etkileme gücüne sahip olmaktadır. Algı yönetmek isteyenler tarafından oluşturulan içeriklerin (fotoğraf başta olmak üzere, video, yazı vb.) sosyal medya araçlarında devamlı tekrarlanmasıyla hedef kitlenin hem düşünceleri şekillendirilmekte hem de algı yönetimi yapılmaktadır. Sosyal medya üzerinden paylaşılan içeriklerle hangi yönde etkiler oluşturulmak isteniyorsa o yönde kamuoyu oluşturularak insanlar yönlendirilebilmektedir. Toplumların istenilen gibi düşünmesi ve yaşanan olayları istenildiği şekilde algılamasının en kolay yapılabileceği yer sosyal medyadır (Gönenç, 2018, s. 128). Sanal bir ortam olan sosyal medya kurgu ve gerçek arasındaki sınırları görünmez hale getirmekte ve bu nedenle algıların yönetimini daha kolaylaştırmaktadır.

Bu bağlamda fotoğraf kanıt niteliği taşıması, kolay üretilmesi, kolay paylaşılması ve kolay manipüle edilmesi açısından sosyal medyada algı inşası adına en çok tercih edilen araç özelliğini taşımaktadır. Sosyal medyada paylaşılan anlık fotoğraflar üzerinde hızlı ve kolay bir şekilde oynamalar yapılarak paylaşılan içerik gerçekmiş gibi gösterilmektedir. Böylece algılar istenilen şekilde inşa edilmeye çalışılmaktadır.

Fotoğraf, hem geçmişi hem şimdiyi hem de geleceği kurgulayabilecek güçte bir araç niteliğindedir. Buna karşılık fotoğraflar kendi başlarına ahlaki bir konum yaratamazlar, ancak mevcut tutumlardan birini güçlendirebilir ve yeni şekillenmeye başlayan başka bir tutumun oluşmasına da katkıda bulunabilmektedir (Sontag, 2011, s. 21). Bu doğrultuda fotoğraf hedef kitleyi etkileyebilmek için manipülasyona açık bir araçtır. Fotoğrafın manipülasyon için de kullanılabilecek elverişli bir alan olması algıları yönetmek isteyenlerin dikkatlerini çekmesine neden olmuştur. Örneğin; Gezi parkı olaylarında hedefleri doğrultusunda kitleleri harekete geçirmek için gerçek olmayan fotoğraflar sosyal medyada sıklıkla kullanılmıştır. Başka bir ülkede bot kazasında yaralanan bir kişiye ait olan fotoğraf polis panzeri altında ezilerek ölen genç fotoğrafı olarak sosyal medyada paylaşılmıştır. Aynı şekilde İtalya'daki bir eylemde polisin köpeğe biber gazı sıktığı (Fotoğraf 5.) fotoğraf gezi olayları sırasında yaşanmış gibi insanları provoke etmek için sosyal medya üzerinden servis edilmiştir (Topbaş ve Işık, 2014, s. 220). 2012 Avrasya Maratonuna katılan on binlerce kişinin fotoğrafı, halk Taksim'e yürüyüşe geçti şeklinde algı yaratmak için kullanılmıştır (Korkmaz, 2014, s. 45).

Fotoğraf 5. İtalya'da bir eylemde gerçekleşen olayın manipülasyonu (İnternethaber, 2013).

Terör örgütleri algı yönetimi için sosyal medyada manipülatif fotoğrafları sıklıkla kullanmaktadır. Özellikle PKK terör örgütü psikolojik üstünlüğü elde edebilmek, uluslararası kamuoyunun dikkatini çekebilmek ve kamuoyu yaratabilmek adına manipülasyona uğramış, sahte fotoğraflarla kendi isteği doğrultusunda algı inşa etmeye çalışmaktadır. Örneğin; sosyal medya hesapları üzerinden "7 yaşındaki Baran Çağlı Cizre'de asker ve polisin açtığı ateş sonucu yaşamını yitirdi" (2015) şeklindeki içerikle paylaşılan fotoğrafın, Irak'ta hayatını kaybeden bir çocuğa ait olduğu ortaya konmuştur. Rusya'nın bombalaması sonucu hayatını kaybeden iki kız çocuğu fotoğrafı (2015), sosyal medya hesapları üzerinden Türkiye'de gerçekleşen bir katliam gibi gösterilerek, Türkiye aleyhinde propaganda yapılmıştır (Ayhan ve Çakmak 2018, s. 26-28). Terör örgütü film sahnelerinden aldıkları işkence görüntülerini dahi sosyal medya hesaplarında Türkiye Cumhuriyeti Devleti yaptı şeklinde paylaşmıştır. Bu örnekler sayısız şekilde çoğaltılabilmektedir. Sosyal medyada yapılan bu paylaşımlarla Türkiye'nin itibarını zedelenmeye yönelik propaganda yapılarak, bir anlamda algı operasyonları yürütülmüş ve hedef kitlenin algıları Türkiye aleyhinde yönetilmeye çalışılmıştır. Benzer şekilde Türkiye'nin yapmış olduğu sınır ötesi operasyonlarını itibarsızlaştırmak için arşiv ya da manipülatif fotoğraflar terör örgütleri tarafından sosyal medya hesaplarında kullanılmıştır. Zeytin Dalı harekâtında kamu üzerinde baskı yaratabilmek ve algıları yönetebilmek adına sahte fotoğraflar yayınlanmış, ölü teröristlerin görüntüleri sivil diye servis edilmiş, Esad güçleri tarafından gerçekleştirilen zulmü belgeleyen fotoğraflar sosyal medyada Zeytin Dalı Harekâtı ile bağdaştırılmaya çalışılmıştır (Ayhan ve Çakmak 2018, s. 26). Yine terör örgütü tarafından sosyal medyada Afrin'de saldırıya uğrayan Türk Silahlı Kuvvetleri'ne ait tanklar ve rehin Türk askerleri şeklinde paylaşılan fotoğrafların (Fotoğraf 6.) Ekim 2015'te Yemen'de yakılan Suudi Arabistan'a ait bir tank ve 3 Mart 2014'te IŞİD'in Felluce'de ele geçirdiği Irak Ordusu'na mensup askerlere ait olduğu ortaya koyulmuştur. Orijinal fotoğraflara stok fotoğraf sitesi "Getty Images" dan ulaşılabilmektedir. Benzer algıları yaratmak adına terör örgütü mensupları, 2009 yılında İsrail'in Gazze'ye düzenlediği saldırı sonrası kaydedilen fotoğrafı Barış Pınarı Harekâtı sırasında fosfor bombasının bıraktığı alev izlerinin görüldüğü fotoğraf şeklinde paylaşmışladır. Terör örgütü tarafından algı yönetimi amacıyla kullanılan manipülatif fotoğraf örnekleri sıklıkla kullanılmaktadır. Denetimin zor olduğu sosyal medya, fotoğraf ve diğer içeriklerin milyonlarca kişinin gördüğü varsayılırsa gerçek bir ögenin manipüle edilerek tekrar paylaşılarak propaganda malzemesi olarak kullanılmasının önüne geçilmenin de zorluğu anlaşılmaktadır (Demirel, 2015, s. 628). Özellikle terör örgütleri sosyal medyanın bu özelliğinden faydalanmaya çalışmaktadır.

Algı Yönetimi

Fotoğraf 6. Rehin Türk askerleri şeklinde paylaşılan fotoğraf ve orijinali (Foça, 2018).

Bill Gates'e (aktaran Yamı. 2009, s. 51) göre; fotoğrafa hükmedenler, insanların beyinlerine de hükmeder. Bill Gates fotoğrafın algı inşasındaki önemini dikkat çekici bir şekilde vurgulamaktadır. Mobil internet ve akıllı telefon uygulamalarının yaygınlaşmasıyla fotoğraf her an sosyal medyada paylaşılabilir hızlı bir şekilde geniş kitlelere ulaşabilir hale gelmiştir. Bu bağlamda fotoğrafın algı inşasındaki rolü sosyal medya ile artmıştır.

Sonuç ve Değerlendirme

Her gün milyarlarca insan sosyal medya üzerinden milyonlarca fotoğraf paylaşmaktadır. Görselliğin bu denli hakim olduğu günümüzde fotoğraf gerçeklik ilişkisi nedeniyle algı yönetiminin en önemli parçası konumundadır. Yeni iletişim teknolojilerinin gelişmesi ve özellikle mobil teknolojilerin yaygınlaşmasıyla fotoğraf, kolay ve hızlı çekilebilir/paylaşılabilir hale gelmiştir. Fotoğrafın kanıt niteliğinde olması, kolay üretilmesi, üretilirken ya da üretildikten sonra manipülasyona açık olması ve sosyal medya aracılığıyla hızlı bir şekilde paylaşılabilir olması fotoğrafı, algıları yönetmek isteyenlerin temel araçlarından biri haline getirmiştir. Aslında fotoğraf ve algı yönetimi ilişkisi fotoğrafın ilk yıllarından beri var olan, savaşların başlamasına ya da sona ermesine neden olacak kadar güçlü bir ilişkidir. Basın, fotoğrafı bulurduğu günden itibaren algı yönetiminin bir parçası olarak kullanmıştır. Ancak gerçekle algılanan gerçek arasındaki uçurumun gitgide açıldığı günümüzün sanal dünyasında dijital teknolojiler ile birlikte fotoğraf ve algı yönetimi arasındaki ilişki zirveye çıkmıştır. Fotoğraflar aracılığıyla artık çok hızlı bir şekilde algı inşaları ve propaganda uygulamaları gerçekleştirilmektedir. Bu tür uygulamalar, dijital teknolojiler ve sosyal medya aracılığıyla profesyonel bir biçimde yapılabileceği gibi bireysel olarak da yapılabilmektedir. Çıkar grupları, siyasiler, terör örgütleri ve hatta bireyler fotoğrafın manipülasyon ve propaganda gücünden yararlanarak algı yönetimi yapmaktadır. Bu bağlamda bu tür bir etkiye maruz kalmamak adına iyi bir medya okuryazarı olmak gerekmektedir. Sosyal medya üzerinden paylaşılan fotoğraflara şüpheyle yaklaşılmalı, paylaşılan fotoğrafların doğruluğu, manipülasyona uğrayıp uğramadığı, algı yönetimi için kullanılıp kullanılmadığı (internet üzerinden yapılacak görsel aramalar ya da görsellerin doğrulandığı güvenilir siteler üzerinden) araştırılmalıdır. Denetimin ve kontrolün zor olduğu dijital dünyada algı yönetimine karşı devletin alacağı önlemlerle birlikte belki daha da önemlisi bireysel önlemlerin alınması gerekliliğidir. Aksi halde toplumlar üzerinde algı yönetimi gerçekleştirilerek toplumlar istenilen yönde manipüle edilebilir.

Kaynakça

Abdulhakimoğulları, E . (2019). Althusser'in devletin ideolojik aygıtları bağlamında fotoğrafın kullanımı. *Journal of Political Administrative and Local Studies, 2(1),* 27-42. Erişim adresi: https://dergipark.org.tr/tr/pub/ jpaljournal/issue/48920/537888.

Aktaş, F. (2019). *Savaş fotoğrafçılığı bağlamında stratejik algı yönetimi ve Coşkun Aralörneği.* Yayınlanmamış yüksek lisans tezi, Atatürk Üniversitesi Güzel Sanatlar Enstitüsü, Erzurum.

Alp, H. (2019). *Algı inşasında sosyal medyanın gücü.* İstanbul: Kriter Yayınevi.

Arğın, E. (2018). *Algı yönetimi ve sosyal medya: 2017 anayasa referandumu üzerinden bir inceleme.* Yayınlanmamış doktora tezi, İnönü Üniversitesi Sosyal Bilimler Enstitüsü, Malatya.

Arslan, İ. (2019). *Siyasal iletişim bağlamında haber fotoğrafı: Gezi parkı olaylarının yazılı medya organlarında fotoğraflarla sunumu.* Yayınlanmamış yüksek lisans tezi, Erciyes Üniversitesi Sosyal Bilimler Enstitüsü, Kayseri.

Ayhan, A. ve Çakmak, F. (2018). Türkiye'ye yönelik algı operasyonlarının dijital medyaya yansımaları. *Akdeniz Üniversitesi İletişim Fakültesi Dergisi*, 11-35. doi: 10.31123/akil.456509.

Bal, O. (2019). *Belgesel fotoğrafçılıkta kurgusal yaklaşımlar*. Yayınlanmamış yüksek lisans tezi, İstanbul Üniversitesi Sosyal Bilimler Enstitüsü, İstanbul.

Bajac, Q. (2004). *Karanlık odanın sırları*. (A. Berktay, Çev.). İstanbul: Yapı Kredi Yayınları.

Barthes, R. (1992). *Camera Lucida fotoğraf üzerine düşünceler*. (R. Akçakaya, Çev). İstanbul: Altıkırkbeş Basın Yayın.

Demirel, G. (2015). Fotoğrafın manipülasyon ve gündem saptama gücü. *International Journal of Social Sciences and Education Research, 1(2)*, 625-636. doi:10.24289/ijsser.106463.

Doğru, M. S. ve Arıkan, A. (2019). Göstergebilimsel açıdan fotoğraf incelemesi: Pulitzer ödüllü savaş fotoğrafları. *Erciyes İletişim Dergisi, 6(2)*, 913-928. doi:10.17680/erciyesiletisim.552804.

Eraslan, L. (2020). *Sosyal medya ve algı yönetimi: sosyal medya istihbaratına giriş*. (2.Baskı). Ankara: Anı Yayıncılık.

Ercan, Ö. (2016). Medyanın kitleleri etkilemedeki gücü: Suriye savaşı üzerinden yazılı basın İncelemesi. Yayınlanmamış Yüksek Lisans Tezi, Bahçeşehir Üniversitesi Sosyal Bilimler Enstitüsü, İstanbul.

Foça, M. A. (2018, 24 Ocak). Fotoğrafın Afrin'de esir alınan Türk askerlerini gösterdiği iddiası. Erişim adresi: https://teyit.org/fotografin-afrin-de-esir-alinan-turk-askerlerini-gosterdigi-iddiasi.

Göksungur, İ. (2006). *Fotoğrafın sanatsal özellikleri*. Yayınlanmamış yüksek lisans tezi, Marmara Üniversitesi Güzel Sanatlar Fakültesi, İstanbul.

Gönenç, Ö. (2018). *Medyada algı yönetimi*. İstanbul: Der Yayınları.

İnternethaber, (2013, 31 Mayıs,). Polis köpeğe biber gazı sıktı yalanı! Erişim adresi (15 Eylül 2020): https://www.internethaber.com/polis-kopege-biber-gazi-sikti-yalani-541880h.htm.

Kanburoğlu, Ö. (2013). *Haber fotoğrafçılığı*. İstanbul: Say Yayınları.

Karaoğlu, Y. (2009). *Görsel bir sanat dalı olarak fotoğraf ve yeni iletişim ortamlarının fotoğraf sanatındaki kullanımı*. Yayınlanmamış yüksek lisans tezi, Marmara Üniversitesi Sosyal Bilimler Enstitüsü, İstanbul.

Korkmaz, A. (2014). Etik bağlamda haber fotoğrafçılığının manipülasyon ve propaganda aracı olarak kullanılmasının değerlendirilmesi. *Gümüşhane Üniversitesi İletişim Fakültesi Elektronik Dergisi, 2(4)*, 26-52. doi: 10.19145/guifd.21094.

Okumuş, F. (2015). *PKK/KCK terör örgütünün algı yönetimi*. Yayınlanmamış yüksek lisans tezi, Gazi Üniversitesi Sosyal Bilimler Enstitüsü, Ankara.

Özlem Dede, D. (2017). *Basın fotoğrafında algı yönetimi*. Yayınlanmamış yüksek lisans tezi, Haliç Üniversitesi Sosyal Bilimler Enstitüsü, İstanbul.

Price, M. (2004). *Fotoğraf çerçevedeki gizem*. (A., K. Koş, Çev.). İstanbul: Ayrıntı Yayınları.

Satkın, M. (2014). Fotoğraf, gerçeklik ve ideoloji. *Sanat-Tasarım Dergisi*, 5,7-13. doi: 10.17490/Sanat.201559164.

Sontag, S. (2004). *Başkalarının Acısına Bakmak*. (O. Akınhay, Çev.). İstanbul: Agora Kitaplığı.

Sontag, S. (2011). *Fotoğraf Üzerine*. (2. Baskı). (O. Akınhay, Çev.). İstanbul: Agora Kitaplığı.

Soygüder, Ş. (2013) Fotoğraf editörlüğü kurumu ve gazeteler için önemi. *The Journal ofAcademic Social Science Studies*, 6 (2), 1653-1677. doi: 10.9761/jasss_702.

Türkiye Foto Muhabirleri Derneği. (2016). *Türkiye foto muhabirleri derneği yılın basın fotoğrafları*. Türkiye foto muhabirleri derneği yılın basın fotoğrafları arşiv kategori, haber içinden erişildi: https://www.tfmd.org.tr/yilinbasin-fotograflari/16/haber.

Topbaş, H. ve Işık, U. (2014). Kurgu ile gerçeklik arasında Gezi parkı eylemleri ve soysal medya. *Birey ve Toplum Sosyal Bilimler Dergisi*, 4(7), 197-230. doi: 10.20493/bt.90898.

Yamı, Ş. V. (2009). *Dijital Manipülasyon ve Medya Etiği*. I. Medya ve Etik Sempozyumunda sunulan bildiri, Fırat Üniversitesi İletişim Fakültesi, Elazığ. Erişim adresi: https://www.academia.edu/1005898/D%C4%B0J%C4%B0TAL_MAN-%C4%B0P%C3%9CLASYON_VE_MEDYA_ET%C4%B0%C4%9E%C4%B0.

VI. BÖLÜM
Algı Yönetimi ve Kamu Diplomasisi

ALGI YÖNETİMİ VE ULUS MARKALAMA İLİŞKİSİ: TÜRKİYE ULUS ALGISI VE MARKASI

*Ergün KÖKSOY**

Giriş

Günümüzde bilgi teknolojilerinin ve dijital iletişim olanaklarının da gelişmesiyle algı yönetimi iletişim, pazarlama, medya, siyaset, uluslararası ilişkiler ve diplomasi gibi alanlarda oldukça popüler hale gelmiştir. Öyle ki bir taraftan algıların gerçeklerden daha gerçek olduğu, diğer taraftan ise algı yönetiminin, iletişimin ve itibarın yönetilmesiyle aynı anlama geldiği iddia edilmektedir. Ticari ürün ve hizmet markalarında olduğu gibi ülkelerin ve ulusların gerçekleri ile algılanış biçimleri arasında aleyhlerine önemli bir farklılık oluştuğunda bu durumdan zarar görecekleri ve uluslararası politik ve ekonomik rekabette geri kalacakları vurgulanmaktadır. Ülkelerin politik, ekonomik ve kültürel alanlardaki algılarını bütüncül bir şekilde yönetebilmelerinin yollarından biri olarak ulus markalama çalışmaları gösterilmektedir. Bu çalışmada, algı yönetimi ve ulus markalama kavramlarına ve bağlantılarına değinilecektir. Sonuç bağlamında Türkiye'nin ulus markası değerleme endekslerindeki ye-

---

* Dr. Öğr. Üyesi, Marmara Üniversitesi İletişim Fakültesi, koksoy7@gmail.com

ri incelenecek ve Türkiye ulus algısı ve ulus markası yönetimine ilişkin öneriler getirilecektir.

Algı ve Algı Yönetimi

Algı ve algı yönetimi konusunun ilgi uyandırmasının nedeni her iki olgunun da insan öğrenmesinin ve davranışının ayrılmaz ve doğal parçaları olmasından kaynaklanmaktadır. Algı en basit anlamıyla insanın bir şeye dikkatini yönelterek o şeyin bilincine varması ve o şeyi idrak etmesi olarak tanımlanmaktadır (TDK, 2020). Bir başka deyişle bilginin seçilmesi, düzenlemesi ve yorumlaması (Poyraz, 2020, s. 49) anlamına gelmektedir. Algılama ise dış dünyadaki soyut / somut nesnelere ilişkin olarak alınan duyumsal bilgi ve bu bilgilerin alınma ve yorumlanma süreci olarak belirtilmektedir. Duyumsal bilgiden kastedilen duyu organları aracılığıyla alınan, duyma, görme, dokunma, tatma, koklama ve bunlara ek olarak hissetme duyularından gelen duyumlardır (İnceoğlu, 2011, s. 86). Algılama, basitçe iki aşamadan oluşur, duyumların alınması ve anlamlandırılması (Eren, 2007, s. 71).

Algılama süreci nesnel değil son derece kişisel süreçlerdir. Bu nedenle herkesin olayları ve nesneleri algılaması (seçici algılama), organize etmesi (algısal bütünleme), yorumlaması (algısal yorumlama) ve tekrar hatırlaması kendisine göre gerçekleşmektedir. Bu da algılamada mutlak bir gerçeklikten ve nesnellikten çok herkesin kendi gerçekliğini oluşturması anlamına gelmektedir (Poyraz, 2020, s. 49). Yani okunan, izlenen, görülen, duyulan aynı olsa bile bundan algılanan, anlaşılan farklı olmaktadır. Öyle ki tutum, kanaat ve davranışın oluşması için olmazsa olmaz bir unsur olan algılama gerçeklerden çok gerçeklerin nasıl algılandığıyla ve bu algılamanın nasıl yönetildiğiyle ilişkili hale gelmektedir. Kişiselliği yaratan bir başka unsur da algılamanın sadece fizyolojik (duyumsal) bir süreç değil sosyo-psikolojik bir süreç olmasından kaynaklanmaktadır. Algılama, kişisel özelliklerin, deneyimlerin, beklentilerin, ihtiyaçların, toplumsal ve kültürel özelliklerin, grup aidiyetlerinin etkisi altında

Algı Yönetimi

gerçekleşir. İçinde bulunulan ortam, ortamın özellikleri, uyaranın niteliği de algılamayı etkiler. Bu yüzden algılama birçok unsurun dahil olduğu karmaşık aynı zamanda yaşamsal bir süreç olarak tanımlanır.

Algı yönetimi konusunun popülerlik kazanmasının nedeni kişilerin kendi algılarını nasıl yönettikleri değil algılayan kişi ve algılanan dünya ve nesneler arasına üçüncü bir tarafın ya da tarafların (kişinin) girmesi nedeniyledir. Bu durum algıları ve algılamayı yönetilebilir, yönlendirilebilir hale getirmektedir. Kavramın tüm dünyada bilinirlik kazanması Amerika Birleşik Devletleri'nde (ABD) savunma ve istihbarat amaçlı çabalarda kullanılmasıyla olmuştur. Propaganda ve psikolojik savaş metotlarının taşıdığı olumsuz izlenimlerden kurtulmak için yeni bir kavram olarak alana kazandırılmıştır. Algı yönetimi kavramı, ABD için yabancı ülkelerdeki istihbarat örgütlerinin, liderlerin, halkların etkilenmesi, bu kurumların ve kişilerin ABD'nin hedefleri doğrultusunda tavır almaları ve adım atmaları için bilgi akışının oluşturulması, yönlendirilmesi ve geniş kitlelerin etki altına alınması için yürütülen çalışmaları tanımlamak için kullanılmıştır. Sadece yabancı halkları değil ABD'nin aldığı politik kararların hem ülke içinde hem de ülke dışında taraftar bulması, desteklenmesi ve benimsenmesi için uygulanan yöntemleri tanımlamaktadır (Saydam, 2012). Bunun bir yansıması olarak başlangıçta uluslararası ilişkiler, uluslararası krizler, askeri operasyonlar, düşük yoğunluklu çatışma ve çözüm alanları ve konularıyla ilişkilendirilmiştir. Algı yönetimi yabancı hedef kitlelerin tutumlarını ve karar vermelerini etkilemek için girişilen her türlü eylemi içerirken, bu kapsamdaki en önemli faaliyetlerin kamu diplomasisi, kamu/oyu ve medya bilgilendirme çalışmaları, psikolojik operasyonlar, operasyon güvenliği sağlama, gerçekleri yansıtma, aldatma, gerçeği gizleme ve gizli eylem faaliyetleri gibi her türlü eylem olarak ifade edilmiştir (Nato, 2003; Siegel, 2006, s. 118).

Algı yönetimiyle ilgili yapılan tanımların ortak noktalarına bakıldığından sıklıkla bilgilendirme, muhatapların duygu ve düşüncelerini etkileme, belirli bir düşünce ve fikri kabul ettirme, ikna etme, politika ve faaliyetlere destek ve meşruluk sağlanma, yalan bilgiyi engelleme ya da yalan bilgiyi yayma, kamuoyunu yanıltma gibi amaçlar sıralanmaktadır. Siegel bu amaçları sistematik bir şekilde genel olarak şu şekilde özetlemiştir. Algı yönetiminde öncelikli amaç politikalar ve eylemlere ilişkin iç ve dış kamuoyunu bilgilendirmek ve destek sağlamak, bu desteği korumak ve muhataplar nezdinde meşruiyetin sürdürülmesini temin etmektir. Yani herhangi bir konuda, sorunda gündem oluşturmak ve bu gündeme destek sağlanmak ilk amaç olarak belirtilmektedir. İkinci amaç düşman ya da üçüncü taraflara niyet ve hedefleri iletmek ve açıklığa kavuşturmaktır. Niyetlerin açıklanması ve muhataplar nezdinde güçlü bir farkındalık yaratılması oluşturulmak istenen algı için önem taşımaktadır. Üçüncü amaç ise yerel halkın tutum ve davranışlarını etkilemek ve politikalara desteklerini ve uyumlarını sağlamaktır (2006, s. 24). Algı yönetimi çalışmalarının nihai amacı muhatapların neyi ve nasıl düşüneceklerini yani algılarını oluşturmak ya da belirlemektir.

Algı yönetimi çalışmalarının başarıya ulaşması için hedef kitlelerin dikkatinin çekilmesi, bu dikkatin kontrol altında tutulması amacıyla bilgilerin ve mesajların sistemli etkili şekilde sunulması, sunulan bilginin hedef kitlenin zihin yapısına, duygularına ve deneyimlerine uygun olarak tasvir edilmesi, iletişimin ve algılamanın devamı için mesajların doğru araçlar ve yöntemlerle tekrar edilmesi gerekmektedir (Callamari ve Reveron, 2003, s. 3). Bütün bu süreçlerde sunulan bilgilere, politikalara ve eylemlere karşı hedef kitleler nezdinde güven ve meşruluk yaratılması önem taşımaktadır (Zaman, 2007, s. 19). Bunun bir yansıması olarak algı yönetimi sıklıkla yalan, aldatma ya da gerçeklerin üstünün kapatılması ile anılsa da günümüzde gerçek bilgilere ve etkili iletişime dayanan bir yöntem olarak görülmeye başlanmıştır. Yalan ve aldatmanın, askeri ve psikolojik savaş ortamlarında düşmanın karar verme süreçlerini yanıltmak ve çıkarlarına zarar vermek için bilginin manipülasyonu, tahrif edilmesi ve bozulması olarak kullanıldığı, ancak algı yönetiminin uluslararası ilişkiler ortamıyla ilişkilendirilip barış zamanında gerek düşmanın gerekse diğer hedef kitlelerin karar verme süreçlerinin etkilenmesi ve biçimlendirilmesi amacını taşıdığı belirtilmiştir (Callamari ve Reveron, 2003, s. 2).

Benzer şekilde algı yönetimi propaganda, siyasal iletişim, halkla ilişkiler, pazarlama, marka yönetimi gibi alanlarla bağlantılı bulunmakta, hedef kitlelerdeki mevcut algıların belirlenmesi, olumsuz algıların düzeltilmesi, yeni algıların yaratılması, hedef kitlelerin bilgilendirilmesi, ikna edilmesi, olumlu düşünce ve anlayış oluşturulması, taraflar arasındaki iletişim ve ilişkilerin yönetilmesi ve sonuç olarak da itibarın yönetilmesiyle ilişkilendirilmektedir (Saydam, 2012, s. 70; Poyraz, 2020, s. 53). Öyle ki algı yönetimi, iletişim ve itibar yönetiminin bir parçası haline gelmekte (Kadıbeşegil, 2001, s. 182) stratejik bir yetenek ve alan olarak yönetim faaliyetinin önemli bir parçası kabul edilmektedir.

Ulus Markalama ve Ulus Algısının Yönetimi

21. yüzyılda ürün ve hizmet sağlayıcısı kurumların karşılaştığı en önemli mücadele alanlarından biri dijital teknolojilerle desteklenen, yeni liberal piyasa ekonomisinin ilkeleriyle biçimlenen rekabetçi yeni pazarlarda diğer ürün ve hizmetlerden farklılaşarak öne çıkma ve talep görme ihtiyacıdır. Bu ihtiyacı gidermenin en önemli yollarından biri marka yaratma ve markalaşma olarak gösterilmektedir. Marka kavramı en basit anlamıyla bir ürün ve hizmeti rakiplerinden ayırt etmeye, farklılaştırmaya ve farklı şekilde tanımlamaya yarayan isim, logo, amblem, kavram, sözcük, simge, tasarım, algı, imaj ve bütün bunların bileşkesi olan somut ve soyut unsurların tümü olarak tanımlanmaktadır (Fan, 2010, s. 3; Davies, 2020, s. 21; Dinnie, 2008, 14). Markalama denildiğinde ise marka kimliği yaratmak ama-

cıyla bir dizi pazarlama ve satış faaliyetinin gerçekleştirilmesi; müşterinin satın alma ve kullanma deneyimleri için ürün ve hizmetlerin sistematik biçimde tasarlanması, öykülenmesi, medya ile ilişkilerin kurulması ve teknolojinin uygulanması olarak anlaşılmaktadır (Moon ve Millison, 2003, s. 58). Bu süreç aynı zamanda stratejik marka yönetimi sürecidir. Keller'e göre stratejik marka yönetim süreci marka değerinin yaratılması, ölçülmesi ve yönetilmesi için pazarlama programlarının ve aktivitelerinin tasarlanmasını ve uygulamasını içermektedir (Dinnie, 2008, s. 15). Markalama kampanyalarının amacı alıcıların zihninde farklılaşma ve farklı bir yer edinme (Zaharna, 2009, s. 90), satıcının ürün ve hizmet teklifini diğerlerinden farklılaştırma süreci olarak tanımlanmaktadır (Dinnie, 2008, s. 14).

Başlangıçta kar amacı güden kuruluşlar için geçerli olan markalaşma ihtiyacı günümüzde kar amacı gütmeyen kuruluşlar, sivil toplum kuruluşları, kamu kurumları, şehirler, ülkeler ve uluslar için de bir gereklilik haline gelmektedir. Sıklıkla küreselleşme olarak belirtilen ve siyasal ilişkilerden ekonomik ilişkilere, toplumsal ilişkilerden kültürel ilişkilere kadar ülkeler ve insanlar arasındaki ilişkilerin ve bağımlığın arttığı süreçler kurumlar, ülkeler ve uluslararasındaki farkları da belirsizleştirmiştir. Küreselleşen ekonomide kar amacı güden şirketlere benzer şekilde ülkeler de birçok alanda rekabet içine girmiş, kendilerini, markalarını, şehirlerini, turizm olanaklarını bir şirket gibi pazarlamak zorunda kalmışlardır. Anholt günümüzde bir şirket ya da bir ürünün iyi bir marka imajına sahip olmasının önemi gibi bir ülkenin de uluslararası alanda iyi bir itibara sahip olmasının önemli olduğunu belirtmiştir. Günümüzde rekabet halinde olanlar sadece şirketler ve markalar değil ülkeler, bölgeler ve şehirlerdir (2007). Bununla birlikte ülkeler için en önemli zorluk bu özellikleri (bölge, ürün ve hizmetleri) hem iç hem de dış hedef kitleler nezdinde nasıl farklılaştıracakları ve marka haline getirecekleri olarak belirtilmektedir (Dinnie, 2008, s. 14).

Algı Yönetimi

Aralarında Almanya, İskoçya, Güney Kore, İspanya, Mısır, İngiltere, Yeni Zelanda'nın da bulunduğu birçok ülke bazen ekonomik rekabette (turizm, yatırım ve ihracat) güçlenmek bazen geçmiş ve eskiyen ülke imajlarını yenilemek bazen de olumsuz ya da zayıf imajlarını düzeltmek için ulus markalama çalışmaları gerçekleştirmişlerdir (Anholt, 2008b, s. 24-31). Sadece gelişmiş ülkeler değil gelişmekte olan ülkeler de ulus markalamaya ihtiyaç duymaktadırlar. Gelişmekte olan ülkeler küresel pazara girişte, uluslararası medya kuruluşlarının ilgisini çekmede, turist ve yabancı yatırımcıların zihninde olumlu izlenim oluşturmada, ülke markalarının değersiz algılanmalarının önüne geçmede ulus markalama çalışmalarından yararlanmaktadırlar (Özüdoğru ve Yüksel, 2019, s. 330). Öyle ki ulus markalama faaliyetleri yürütmeyen ülkelerin, küresel rekabetin hem iç hem de dış pazarda etkisinin artması ile ekonomik ve politik alanlarda zorluklar yaşayacağı iddia edilmiştir (Van Ham, 2001, s. 2). Olins de marka haline gelemeyen devletlerin ekonomik ve politik alanlarda dikkat çekmede zorlandıklarını belirtmiş, imaj ve itibarın devletlerin stratejik değerinin önemli birer parçası hali geldiğini vurgulamıştır (Chernatony, 2008, s. 17).

Ulus markalama kavramı ilk olarak 1996 yılında İngiliz politika danışmanı Simon Anholt tarafından 'nation branding', 'ulus markalama' adıyla kullanılmıştır. Bu kavramı kullanma sebebini ülkelerin itibarlarının tıpkı şirketlerin marka imajı gibi işlev gördüğü ve bunun ülkelerin ilerlemesi ve refahı için kritik önemde olduğu gözlemine dayandırmaktadır. Anholt, marka yönetiminin ticari sektörlerde strateji geliştirme ve zenginlik yaratmada en güçlü araçlardan biri olarak kendini ispat ettiğini, bunun ulus markalama alanına uygulanmasının ülkelerin, şehirlerin, bölgelerin rekabet edebilirliğine muazzam ve geniş kapsamlı etkileri olacağını belirtmiştir (2007). Anholt daha sonra ulus markalama yerine 'competitive identity', 'rekabetçi kimlik' kavramını kullanmışsa da hem kendisinin diğer çalışmalarında hem de alan yazımında ulus markalama adı daha sık kullanılmıştır. Anholt, rekabetçi kimlik kavramını kullanma sebebini yapılan işin ulusal kimlikle, politik ve ekonomik rekabetle alakalı olduğu oysa markalama kavramından anlaşılanın ise çoğu zaman ticari sektöre ait çağrışımlar olduğu şeklinde açıklamıştır (2008b, s. 22).

Ulus markalama, bir hükümet ya da özel kuruluşun, ulusun imajını değiştirme yeteneği için kullandığı etkileme gücü, davranışı, tutumu, kimliği veya ulusun imajını olumlu yönde değiştirmek için kullandığı marka yaratma araçlarına verilen ortak ad olarak tanımlanmıştır (Gudjonsson, 2005, s. 285). Bir başka tanımla ülkelerin hem kendi iç kamuları hem de yabancı kamular nezdinde tutarlı ve anlamlı algılar yaratmaya çalıştıkları bir süreci belirtmektedir. Ulus markalama ile ülkeler, haklarındaki yanlış algıları ortadan kaldırma ve kendilerini daha uygun bir şekilde yeniden konumlandırma olanağı bulmaktadırlar (Chernatony, 2008, s. 18). Ulus markalama sıklıkla yer ve ülke markalama kavramlarıyla karıştırılmaktadır. Yer markalama ya da ülke markalama ile ulus markalama arasındaki farklar hususunda ilkinin daha özel bir alana (turizm başta olmak üzere bölge, şehir, dış satım, ihracat konularına) ikincisinin ise daha genel bir alana (kimlikler, politikalar, değerler, kültür, vb.) odaklandığı vurgulanmıştır. Bu ayrıma rağmen ulus markalama ve ülke markalama birbirine yakın, zaman zaman da birbirinin yerine kullanılabilen kavramlar olarak belirtmekte, ulus markalamanın, yer ve ülke markalamayı da kapsayan en üst düzey amaç olduğu belirtilmektedir (Szondi, 2008, s. 4).

Ulus markalamanın ulus algısının yönetimine doğru evrildiği vurgulanmış, kavramın, uluslararası hedef kitleler nezdinde ulus itibarını artırmak için imajların yaratılması, yönetilmesi ve değerlendirilmesini kapsadığı ifade edilmiştir (Fan, 2010, s. 6). Fan, başarılı bir ulus markalama çalışmasının siyasi, kültürel ve ekonomik faaliyetlerin tümünü kapsadığından yalnızca pazarlama ile ilgili olmadığını, ulusal karakterin tüm yönlerini kapsadığını belirtmiştir (2006, s. 3). Bu nedenle belirli bir bölge-

Algı Yönetimi

nin turizm amaçlı tanıtılmasına ulus markalama adı vermenin hatalı olacağı belirtilmiştir (Anholt, 2008a, s. 265). Anholt'un geliştirdiği rekabetçi kimlik modeline göre hükümetlerin, ülkelerinin ve ulusun marka politikasını yönetmeleri için altı alanda rekabetçi olmaları gerekmektedir. Bu alanlar siyasi konular, kültür, sosyal sermaye, yatırımlar, markalar ve turizmdir (2007, s. 26). Ulus markalamanın ekonomik, diplomatik ve kültürel bağlamlarda ülkeyi farklılaştıracak istikrarlı, orta ve uzun vadeli stratejik hamlelerden oluştuğu ve ekonomik kazanımlarının yanı sıra toplumsal ve politik açılardan da ülkeye avantaj sağlama potansiyeli içerdiği belirtilmiştir (Nas, 2017, s. 26). Güçlü ve pozitif bir ulus markası günümüzün küreselleşen ekonomisinde ülkeler için önemli bir rekabet avantajı olarak gösterilmiştir (Chernatony, 2008, s. 17).

Ulus markasının yönetimi, ulus algısının ve imajının ne olması gerektiğine karar verme ve buna ilişkin genel politikaların ve stratejilerin uygulanması anlamına gelmektedir. Ulus markalama sürecinde ulusun marka kimliği, marka imajı, marka amacı, marka değerleri ve marka konumlandırması gibi hususların değerlendirilmesi ve belirlenmesi önem taşımaktadır. Her ülkenin kendi şartları ve amaçları çerçevesinde bir ulus markalama stratejisi belirlenmeli ve uygulanmalıdır.

Ulus markalama ticari ürün ve hizmetlerin markalamalarından farklılıklar taşımakla birlikte, markalama terminolojisi ve yöntemi açısından benzerlikler taşımaktadır. Bu hususların belirlenmesini ve değerlendirmesini de içerecek şekilde ulus markalama süreci üç aşamadan oluşmaktadır. Bu aşamalar strateji geliştirme, uygulama ve sembolik eylemlerdir. Birinci aşama ulusun kim olduğu, hem içerde hem dışarda nerede durduğu, nasıl algılandığı, nasıl algılanması istendiği ve oraya nasıl ulaşılacağının belirlenmesidir. Bu aşamadaki zorluklar farklı aktörlerin nasıl bir araya getirileceği, ihtiyaç ve arzularının nasıl uzlaştırılacağı, diğeri ise uygulanabilir ve ilham verici hedeflerin nasıl ortaya çıkarılacağıdır. Uygulama aşaması stratejinin gerçekleştirildiği, uygulandığı siyasal, ekonomik, kültürel, hukuksal, yasal, kurumsal, eğitimsel vb. adımların atıldığı aşamaları göstermektedir. Uygulama aşaması stratejiyle ortaya konan, arzulanan kimlik unsurlarının ve değerlerin hayata geçirilmesini amaçlamaktadır (Anholt, 2013, s. 7). Bu uygulamalar en basit unsur olan tasarım unsurlarından (ulusal logo, slogan, vb.) stratejinin yönetim kararlarına, planlarına eşlik ettiği uzun vadeli markalaşma çabalarına kadar uzanmaktadır (Kaneva, 2011, s. 118). Sembolik eylemler ise stratejin nasıl hayata geçeceğini gösteren, insanlara ilham veren, simge niteliğinde, ulusal hikayenin bileşeni olacak ve bunun aktarılmasında araç görevi görebilecek, örnek faaliyetleri tanımlamaktadır. Sembolik eylemlerin stratejiyi yansıtması, birbirleriyle tutarlı olması, uzun yıllar sürdürülmesi önem taşımaktadır. Anholt'a göre sembolik eylemler eğer gerçek amaçlarına hizmet etmezse etkisiz, saygınlığı olmayan ve propagandadan öteye geçemeyen faaliyetler olarak algılanacaktır. Ulus markalamanın amacı ulus itibarını yaratmaktadır. İtibar ise söylemden çok eylemle ortaya çıkmaktadır (2013, s. 7).

Ulus markalama çalışmalarının aktörleri ve sahibinin kim olduğu önemli bir husustur. Ulus markasının sahibi ve aktörleri belirli bir sektör, kurum ya da sadece hükümet değil tüm ulustur (Dinnie, 2008, s.15). Sadece belirli bir sektör, belirli bir parti ya da grubun düşüncesi ulus markasını belirlemekten uzaktır. Hükümetler ulus markalama faaliyetlerine ulus adına öncülük ve sahiplik ederken gerek strateji oluşturma gerekse uygulama süreçleri bu çoğulculuğu kapsar şekilde düzenlenmelidir. Ulus markalamanın araçları olarak ihracat, turizm, yabancı yatırım ve kamu diplomasi faaliyetleri gösterilmiştir (Zaharna, 2009, s. 90). Benzer şekilde ulus markalamanın beslendiği alanlar menşei etkisi, yer pazarlaması, kamu diplomasisi ve ulusal kimlik olarak belirtilmiştir (Fan, 2010, s. 98, aktaran: Özüdoğru ve Yüksel, 2019, s. 333). Bu araçlar ve alanlar ulus markalama stratejisini hayata geçirmek ve ulus algılarını oluşturmak için uygun ortamları ve yöntemleri sunmaktadır.

Algı Yönetimi

Anholt'un da ifade ettiği gibi marka yönetimi ticari sektörlerde strateji geliştirme ve zenginlik yaratmada en güçlü araçlardan biri olarak kendini ispat etmiş, şirketlerin rekabetçi pazarlarda ayakta kalmasını ve varlıklarını sürdürmesini sağlamıştır. Bu anlayışın ulus markalama alanına uygulanmasının ve ülkelerin ulus markalama çalışmaları gerçekleştirmelerinin benzer şekilde devletlerin, bölgelerin, şehirlerin uluslararası alanda gerek ekonomik gerekse politik konularda rekabet edebilirliğine muazzam ve geniş kapsamlı etkileri olacağını belirtilmektedir (2007). Günümüzde bu rekabette bazı ülkeler üst sıralara çıkarken bazı ülkeler ise dezavantajlı durumda düşmektedir. Ülkelerin gerçeklikleri ile algılanış biçimleri arasında aleyhlerine önemli bir farklılık oluştuğunda ülkelerin bu durumdan zarar göreceği ve rekabette geri kalabilecekleri vurgulanmaktadır. Bu yüzden küreselleşme çağında algıların gerçeklerden daha önemli olduğu belirtilmektedir (Anholt, 2007). Ulus markalamanın nihai amacı bu algıları yani ulus algılarını gerçeklere yaklaştırmak, gerçekleri ise rekabet edebilir bir şekilde düzenlemek ve yönetmektir.

Ulus algısı denildiğinde her ulusun gerek kendi vatandaşları üzerinde gerekse yabancı halklar üzerinde bir algısı ve imajı vardır. Bu algılar ve imajlar ulusların marka algılarını ve nihayetinde ulus markasını da belirler. Öyle ki her ülke herhangi bir algı, pazarlama ve markalama çalışması yapmadan da bir algıya ya da ulus algısına/imajına sahiptir. Bu imaj güçlü ya da zayıf, mevcut ya da modası geçmiş, açık ya da belirsiz olabilir (Fan, 2006, s. 12). Örneğin Belçika denildiğinde insanların aklına Brüksel, çikolata, tenten, Avrupa Başkenti gibi algılar gelirken, Hollanda denildiğinde Van Gogh, lale, Amsterdam gelmektedir (Rainisto, 2003, s. 51, aktaran: Zeybek, 2020, s. 98). Ulus markası uluslararası toplumun zihninde oluşan ve bir ulusa dair algılamaların bütünü olarak tanımlanmaktadır. Bu algılamalar insanlar, yerler, şehirler, kültür/dil, tarih, yemekler, moda, ünlü kişiler, küresel markalar vb. birçok öğe içerebilmek-

351

tedir (Fan, 2010, s. 2). Toplumların bir ülke ya da ulusla ilgili tek bir algılarının olmayacağı gibi farklı toplumların farklı algılar taşıyacağını da belirtmek gerekir. Avrupa toplumlarının Türkiye algısı ile Afrika toplumlarının Türkiye algısı tamamen birbirinden farklı özellikler taşıyabilmektedir. Bu nedenle ulus algısı yabancı halkların herhangi bir ülkeyle ilgili taşıdığı imajlar olarak belirtilmektedir. Ulus markalama ise ulus markasının aksine ülkelerin algılarını, imajlarını değiştirmek ya da güçlendirmek ve yönetmek için kullanılan stratejiler toplamı olarak ifade edilmektedir.

Ulus markasının yönetilmesi ve kısa dönemde sonuç alınması zordur (Fan, 2010, s. 2). Ülkelerin markalama faaliyetlerinde bu gerçeği kabul etmeleri ve kısa dönemli reklam ve tanıtım kampanyalarının aksine uzun dönemli stratejiler benimsemeleri gerekmektedir (Dinnie, 2008, s.15). Ulus hakkındaki mevcut önyargıları düzetmek ve algıları değiştirmek için dört yöntemin kullanılabileceği belirtilmektedir. Bunlar ülke içinde yapılanlar ve yapılma şekilleri, ülke içinde üretilenler ve üretilme biçimleri, diğer insanların ülke hakkındaki görüşleri ve ülkenin kendi vatandaşlarının kendileri hakkındaki görüşleri. Bu yöntemler değerlendirildiğinde ilk iki yöntemin uygulanması ve bunların diğerlerine etkili bir şekilde anlatılması gerektiği belirtilmektedir (Anholt, 2007). Çoğu zaman ise yapılan ilk iki yönteme bakılmadan reklam ve pazarlama kampanyalarıyla bir takım hayali algıların ve imajların yaratılabileceğine inanılmasıdır. Hükümetlerin asla gerçeklerden kopuk sadece görüntülere ilişkin marka ve reklam çalışmaları yapmamaları gerektiği belirtilmektedir. Ülkelerin algılarında ve imajlarında fark yaratan unsurların yeni fikirler, politikalar, yasalar, ürünler, hizmetler, şirketler, binalar, sanat ve bilim çalışmaları olduğu vurgulanmakta, itibarın da bu unsurlarla birlikte geldiğine dikkat çekilmektedir. Bunlar ortaya çıktığında insanlar dikkat kesilecek ve algılarını değiştirmeye istekli hale geleceklerdir. Bu yüzden marka yönetimi ulusal politikanın bir bileşeni olarak

Algı Yönetimi

görülmeli, asla (siyasal) yönetimden, planlamadan ve ekonomik gelişmelerden ayrı bir unsur olarak yani "kampanya" olarak düşünülmemelidir (Anholt, 2008b, s. 23). Ulus markalamanın ulus algısı üzerindeki etkisi nedeniyle ulus markalama en üst ve en kapsamlı stratejik algı yönetimi faaliyeti olarak kabul edilmektedir.

Türkiye Ulus Algısı ve Markası

Rekabetçi kimlik (ulus markası) üstünlüğü ülkelere, uluslararası politik ve ekonomik rekabette önemli avantajlar sağlamaktadır. Konunun önemi nedeniyle ülkelerin, ulusların algılanış biçimlerini ve bunun bir göstergesi olan ulus markası değerlerini ve yumuşak güç kapasitelerini ölçen birçok endeks (metot) ortaya çıkmıştır. Yumuşak güç herhangi bir açık tehdit yani askeri ve ekonomik bir tehdit olmadan (sert güce başvurmadan) ülkelerin başkalarının (diğer halkların) davranışını ikna veya cazibe (değerler, kültür, politikalar, vb.) yoluyla belirleme gücü olarak tanımlanmıştır (Nye, 2005, s. 14). Ulus marka değeri yüksek olan ülkelerin yumuşak güç kapasiteleri de aynı ölçüde gelişme göstermektedir. Ürün ve hizmet markaları için marka değeri (brand equity) markanın elde etmiş olduğu olumlu, güçlü ve sağlam bir algı ve itibarın markaya sağladığı maddi kazanç olarak belirtilirken (Anholt, 2007) ulus marka değeri ise ülkelerin algı, imaj ve itibarının ülkeye, ülkeye ait ürünlere, sektörlere, bölgelere sağladığı değeri ölçme iddiasındadır. Bu tür endeksler doğruluğu göreceli yöntemler olmakla birlikte ülkelerin algılarına ve marka değerlerine etki eden unsurları belirlemede, izlemede ve takip etmede bir platform işlevi görmeleri nedeniyle muteber kabul edilmektedir.

Genel olarak bakıldığında ülkelerin uluslararası algı, marka değeri ve yumuşak güç kapasitelerini ölçen endekslere Anholt-Ipsos Nation Brands Index, Brand Finance Nation Brands Index, Future Brand Country Index, Reputation Institute Country RepTrak, Good Country Index, Portland The Soft Power 30 Index, Monocle Soft Power Survey gibi örnekler verilebilir. Bu

353

endekslerde ülkelerin politik, ekonomik, toplumsal ve kültürel kapasiteleri, yetenekleri ve bunların kamuoyu nezdindeki algıları ölçülmektedir (Davies, 2020). Örneğin Anholt-Ipsos Nation Brands Index'te ülkelerin yönetim, kültür-tarihi miras, insan, yatırım-göç, turizm ve ihracat algıları ölçülerek marka imajının gücü ve değeri belirlenmeye çalışılmaktadır (Anholt- Gfk, 2019). Benzer şekilde Brand Finance Nation Brands Index'te ülkelerin marka gücünü, performansını ve sonuç olarak değerini oluşturan unsurlar ürün ve hizmetler (yönetim, pazar, turizm), toplumsal gelişmişlik (yaşam kalitesi, güvenlik, yasal sistem, imaj vb.), yatırımlar (yetenekler, pazar gelişmişliği, teknoloji kullanımı, vergilendirme, altyapı vb.) şeklinde sıralanmaktadır (Brand Finance, 2019, s. 16). Future Brand Country Index'te ise ülkelerin marka algılarını ve değerlerini ölçmek için dikkate alınan göstergeler değerler sistemi (politik özgürlük, çevreye duyarlılık, hoşgörü), yaşam kalitesi (eğitim ve sağlık, yaşam standardı, güvenlik), iş potansiyeli (ürünler, gelişmiş teknoloji, ürün altyapısı), miras ve kültür (tarihi yerler, kültür – sanat, doğal güzellikler), turizm (ödenen paraya değerlik, cazibe, tercih edilirlik, otel ve konaklama seçenekleri, yemek), ülke menşei (otantik ürünler, yüksek kaliteli ürünler, nadir ürünler, menşei etkisi) olarak sıralanmaktadır (Davies, 2020, s. 36). Son olarak Portland The Soft Power 30 Index'in ölçüm kriterleri objektif data (%5) ve anket datası (%35) olarak iki başlıkta değerlendirilmektedir. İlki üçüncü kaynaklardan elde edilen verilerden hesaplanan yönetim, dijital, kültür, girişim, bağlantı kurma, eğitim göstergeleri olarak sıralanırken sübjektif data olarak belirtilen ve insanların ülke hakkındaki algılarını ölçen anketlerle elde edilen verilerden oluşan göstergeler yemek kültürü, teknolojik ürünler, arkadaşlık, kültür, lüks ürünler, dış politika, ülkenin yaşanıla bilirlik özelliği olarak sıralanmaktadır (Portland, 2019, s. 27).

Algı Yönetimi

Değerlendirme endekslerinin her birinin farklı değerlendirme yöntemleri ve göstergeleri bulunmakla birlikte değerlendirmelerde ağırlıklı olarak insanların ülkeler hakkındaki algıları ve ülkelerin özellikleri, finansal ve kurumsal performanslarıyla ilgili üçüncü kaynakların sunduğu veriler esas alınmaktadır (Davies, 2020, s. 31-38; Dinnie, 2008, s. 62). Bu endeksler ülkelere marka değerlerini, özelliklerini ve algılarını görme, izleme ve değerlendirme fırsatı sunarken başta yatırım kuruluşları, değerlendirme kuruluşları, turizm otoriteleri, medya kurumları olmak üzere yatırımcılar, politikacılar, turistler, öğrenciler ve sıradan vatandaşlar için birer referans kaynağı niteliği taşımaktadır.

Ülkelerin ulus algılarını, ulus markası değerini ve yumuşak güç kapasitelerini ölçen bu endekslerde Türkiye'nin yeri incelendiğinde 2019 yılındaki hiçbir değerlendirmede ilk on ve ilk yirmi ülkenin arasında yer al(a)madığı belirlenmiştir. Endekslerde Almanya (Anholt-Ipsos), ABD (Brand Finance), Japonya (Future Brand), Finlandiya (Good Country), Fransa (Portland), İsveç (Reputation Institute) ilk sıralarda yer alan ülkeler olmuştur (Davies, 2020, s. 43). Türkiye, Brand Finance Nation Brands Index'te 31. sırada (Brand Finance, 2019, s. 14), Future Brand Country Index'te 40. sırada, Portland The Soft Power 30 Index'te 29. sırada yer almıştır. Bazı endekslerde ise herhangi bir sıralamada yer alamamıştır (Monocle Soft Power Survey gibi.)

Türkiye'nin sıralamadaki yerlerine ilişkin değerlendirme kuruluşlarının yaptığı analizlerde Türkiye'nin marka değerinin artış eğiliminde olduğu belirtilirken bazı güncel politik ve ekonomik gelişmelerin marka değerini olumsuz etkileceği vurgulanmıştır. Örneğin Brand Finance, Türkiye'deki ekonomik durgunluğun, TL'deki değer kaybının, Suriye'ye yönelik sınır ötesi operasyonların ülkenin marka değerini olumsuz etkilediğini ve risk oluşturduğunu belirtmiştir (Brand Finance, 2019, s. 12). Ancak bu noktada Türkiye'nin Suriye'nin kuzeyine yönelik olarak yaptığı askeri operasyonların bir yandan kendi milli güvenliğini ve sınır güvenliği sağlama, diğer taraftan da bölgedeki terör örgütlerini etkisiz hale getirme ve mülteciler için güvenli bölge oluşturma amaçlarının yok sayılması tartışmaya açıktır.

Future Brand ise yaptığı değerlendirmede Türkiye'nin ve özellikle İstanbul'un popülaritesi, kültürü ve tarihi mirasıyla benzersiz özellikler taşıdığı, bu unsurların ülke markasının en güçlü yanlarını oluştururken ülke markasını olumsuz etkileyenler unsurların ise "darbe girişimi, öldürülen gazeteciler, muhalefete yönelik baskılar vb." olarak sıralandığı görülmüştür (Future Brand, 2019, s. 145). Yapılan değerlendirmelerden anlaşılan ulus marka değerinin durağan bir varlık değil son derece dinamik; ekonomik ve politik gelişmelerden, haber akışlarından ve dezenformasyondan etkilenen bir varlık olduğudur.

Türkiye'nin ulus markası ve yumuşak güç sıralamalarında görece arka sıralarda kalmasından hali hazırda değerli bir marka olarak algılanmadığı ve yumuşak güç kapasitesinin zayıf olduğu sonucu çıkarılmaktadır. Bunun nedenlerinden biri Türkiye'nin bugüne kadar gerçekleştirdiği tanıtım ve markalaşma politikalarının niteliğinde yatmaktadır. Bu çalışmalar turizm, yatırım ve dışsatım tanıtımlarıyla sınırlı kalmıştır (Köksoy, 2015, s. 55). Bu durumu ulus markası konusunda yazılmış yerli akademik literatür de büyük oranda desteklemektedir. Turquality Projesi, Turkey: Discover The Potential Projesi, Turkey Home Projesi bunların en önemlileri olarak belirtilmektedir. Bu çalışmaların ortak özelliği turizm, ihracat ve dış yatırımlarının artırılmasına yönelik farkındalık yaratma amaçlı olmalarıdır. Bu tür çalışmaların ulus markalama olarak adlandırılmaları hatalı bir yaklaşım olacaktır.

Türkiye'nin ulus algısı ve marka değerini olumsuz etkileyen diğer unsurlar ise şu şekilde sıralanabilir. İlki, dönemsel ve günlük politikalardan, ekonomik ve toplumsal gelişmelerden kaynaklanan önyargılar, yalan haberler, gerçek dışı bilgiler ve bunlarla oluşan algılar ve imajlardır. İkincisi, Türkiye'nin değerlerini, hedeflerini, başarılarını, tarihi mirasını, doğal güzelliklerini yeterince ve etkili bir şekilde anlatamaması ya da uluslararası muhataplarınca anlaşılamamasıdır. Üçüncüsü ise Türkiye'nin politik, ekonomik ve toplumsal alanlarda karşı karşıya kaldığı kurumsal ve sistemsel sorunların çözümünde yetersiz kalmasıdır. Bu sorunlara demokratik kültürün bütün kurum ve alt yapılarıyla yeterince yerleşememiş olması, ekonomi ve üretim alanında yaratıcı endüstriler ve katma değeri yüksek üretim modeline geçilememiş olması, eğitim, sağlık, iş yaşamında vb. yaşam standartlarının ve mutluluk endekslerinin hali hazırda istenilen seviyenin altında olması örnek verilebilir.

Engin kültürel zenginliği, birçok medeniyeti kapsayan tarihsel mirası, el değmemiş doğal güzellikleri, harika turizm yerleri, doğu ile batı arasındaki mükemmel stratejik konumu, medeniyetler arasındaki köprü rolü, en batıdaki Asyalı, en doğudaki Avrupalı olması, hoşgörüsü, misafirperverliği, politik ve ekonomik başarı hikayesi, insani yardımları vb. özellikleri ve bunların politik ve sloganik ifadelerle sürekli anlatılması Türkiye'yi marka haline getirememektedir. Aksine daha fazla kafa karışıklığı yaratmaktadır. Bu olumlu özellikler Türkiye'nin politik ve ekonomik amaçlarına ulaşmada rekabetçi bir kimlik ve değer yaratamamaktadır.

Bu yüzden algı yönetimi ve ulus markalama Türkiye için kendi ulus markasını inşa etmede ve zenginlik yaratmada en güçlü araçlardan biri olabilir. Türkiye'nin ulus marka kimliğini, marka amacını, marka vaadini, marka değerlerini ve marka unsurlarını stratejik bir perspektifle değerlendirmesi hem iç kamuoyu nezdinde ulusal kimliğini daha anlaşılır ve güçlü kılabilir hem de dış kamuoyunu, sahiplendiği olumsuz algıları gözden geçirmeye teşvik edebilir ve olumlu algılar oluşturmalarını sağlayabilir. Bu tarz bir değerlendirme sonucunda ortaya çıkarılacak "Türkiye Ulus Markası Vizyonu ve Kitabı", Türkiye'nin uluslararası ilişkilerine, diplomasisine, iletişimine, ekonomik, politik, sosyal ve kültürel alanlardan dahil olan her bir aktöre ve vatandaşa Türkiye'nin neyi sahiplendiği, neyi savunduğu ve neyi amaçladığı konusunda bir fikir ve ortak bir ülkü sunabilir.

Sonuç

Bu çalışma algı yönetimi ve ulus markalama konusunu en üst boyutta yani ülkeler ve uluslar bağlamında ele almıştır. Algı yönetimi kısa vadede, günlük politikalarda bir iletişim (bilgilendirme ve etkileme) yöntemi ve tekniği olarak değerlendirilirken uzun vadede bir itibar ve marka yönetimi unsuru haline gelmektedir. Algı yönetimi ve ulus markalama ülkelere ulus algısını ve ulus markasını değerlendirme ve yönetme fırsatı sunmaktadır. Küreselleşen dünyada ülkeler birçok konuda (ekonomik, politik, teknolojik, vb.) diğer ülkeler ile rekabet içine girmişler, kendilerini diğer ülkelerden farklılaştırmak ve pazarlamak (politikalarını, kültürlerini, ürünlerini, hizmetlerini, şehirlerini, vb.) zorunda kalmışlardır. Güçlü ve pozitif bir ulus algısı ve markası günümüz dünyasında ülkelere önemli bir rekabet avantajı sağlamaktadır. Zayıf ve negatif bir ulus algısı ise tam tersine ülkeleri rekabetin dışına atmakta, birçok sorunla karşı karşıya bırakmaktadır.

Ülkelerin gerçeklikleri ile algılanış biçimleri arasında aleyhlerine önemli bir farklılık oluştuğunda ülkeler bu durumdan zarar görmekte, olumsuz algılanmaktadır. Bu yüzden algı yönetiminin ve ulus markalamanın nihai amacı bu algıları yani ulus algılarını gerçeklere yaklaştırmak, gerçekleri ise rekabet edilebilir bir şekilde düzenlemek ve yönetmektir. Gerçeklere yaklaştırma doğru şekilde algılanma, gerçekleri rekabetçi bir şekilde düzenleme ise ulus markası inşa etme anlamına gelmektedir. Algı yönetimi bunu iletişim disiplininin yöntem ve teknikleriyle gerçekleştirirken ulus markama ise pazarlama ve marka yönetiminin strateji oluşturma ve değer yaratma anlayışıyla yapmaktadır. Günümüzde artık ulus markalama ulus algısının yönetimine doğru değişmekte, bu özelliğiyle en üst ve en kapsamlı stratejik algı yönetimi faaliyeti olarak kabul edilmektedir. Bu yüzden her iki alan ulus algılarının ve markasının yaratılması ve yönetilmesi konularında birlikte değerlendirilmelidir.

Konu, Türkiye bağlamında değerlendirildiğinde algı yönetimi ve ulus markalama sadece propaganda, kamuoyu bilgilendirme, kültür, turizm, yatırım ve dışsatım tanıtımlarının sınırlılığından ve sığlığından kurtarılmalı daha kapsamlı, yönetimin bir parçası olacak şekilde hükümet, diğer ulusal aktörler, marka, pazarlama ve iletişim uzmanları birlikteliğiyle ele alınmalıdır. Yukarıda incelenen endekslerin temel göstergeleri ulus markalamanın önemi ve kapsayıcılığı konusunda faydalı bir perspektif sunmaktadır. Marka yönetimi ulusal politikanın bir bileşeni olarak görülmeli, asla (siyasal) yönetimden, planlamadan ve ekonomik gelişmelerden ayrı bir unsur olarak yani "kampanya" olarak değerlendirilmemelidir. Sonuç olarak Türkiye kendi ulus algısını ve markasını inşa etmeli ve yönetmelidir. Eğer Türkiye, kendi tanımlamalarını yap(a)mazsa Anholt'un da belirttiği gibi daha güçlü devletlerin Türkiye'nin 'marka yapısını' ve algısını oluşturacağı unutulmamalıdır.

Kaynakça

Anholt, S. (2007). Competitive identity the new brand management for nations. Cities and regions. New York. Palgrave Macmillan.

Anholt, S. (2008a). 'Nation branding' in Asia. *Place Branding and Public Diplomacy.* 4 (4). 265-269.

Anholt, S. (2008b). From nation branding to competitive identity - The role of brand management as a component of national policy". Dinnie, Keith. (Ed.), Nation branding: Concept, issues and practice. İçinde (22-33). USA. Elsevier. Erişim adresi: http://www.culturaldiplomacy.org/academy/pdf/research/books/nation_branding/Nation_Branding_-_Concepts,_Issues,_Practice_-_Keith_Dinnie.pdf

Anholt, S. (2013). Beyond the nation brand: The role of image and identity in international relations. *Exchange: The Journal of Public Diplomacy.* Vol. 2 (2013), Iss. 1, Art. 1. Erişim adresi: https://surface.syr.edu/cgi/viewcontent.cgi?article=1013&context=exchange

Brand Finance Nation Brands. (2019). Erişim adresi: https://brandfinance.com/knowledge-centre/reports/brand-finance-nation-brands-2019/

Callamari, P. ve Reveron, D. (2003). Chine's use of perception management. *International Journal of Intelligence and Counter Intelligence*. 16, 1-15. Erişim adresi: http://pds4.egloos.com/pds/200703/27/99/chi%20pm.pdf

Chernatony, L. (2008). Adapting brand theory to the context of nation branding. Dinnie Keith (Ed.), Nation branding: Concept, issues and practice. İçinde (16-22). USA. Elsevier. Erişim adresi: http://www.culturaldiplomacy.org/academy/pdf/research/books/nation_branding/Nation-_Branding_-_Concepts,_Issues,_Practice_-_Keith_Dinnie.pdf

Davies, J.D. (2020). Where is best?, a critical deconstuction of nation brands ranking, and the creation of a less theoretically flawed index of European country brand strength. Erişim adresi: https://helda.helsinki.fi/bitstream/handle/10138/317494/Davies_Caelum_Thesis_2020.pdf?sequence=3&isAllowed=y

Dinnie, K. (2008). Nation branding: Concepts, issues, practices. New York: Elsevier.

Eren, E. (2007). Örgütsel davranış ve yönetim psikolojisi. 10. Baskı. İstanbul. Beta Basım.

Fan, Y. (2006) Branding the nation: What is being branded? *Journal of Vacation Marketing*. 12 (1) : 5 – 14.

Fan, Y. (2010). Branding the nation: Towards a better understanding. Erişim adresi: http://www.academia.edu/5185202/ Branding_the_nation_towards_a_better_understanding.

Future Brand. (2019). Future brand country index. Erişim adresi: https://www.futurebrand.com/uploads/FCI/FutureBrand-Country-Index-2019.pdf

İnceoğlu, M. (2011). Tutum algı iletişim. Ankara. Ekinoks Yayınları.

Kadıbeşegil, S. (2001). Halkla ilişkilere nereden başlamalı?. Ankara. MediaCat.

Kaneva, N. (2011). Nation branding: Toward an agenda for critical research. *International Journal of Communication* 5 (2011), 117–141.

Köksoy, E. (2015). Kamu diplomasisi perspektifinden ulus markalaması. *Akdeniz Üniversitesi İletişim Fakültesi Dergisi*. Sayı 23. 42-61.

Leonard, M. ve Alakeson, V. (2000). Going public: diplomacy for the information society. London: The Foreign Policy Centre.

Moon, M. ve Millison D. (2003). Ateşten markalar-internet çağında marka sadakati yaratmanın yolları. MediaCat.

NATO. (2013). Mind games. Erişim adresi: https://www.nato.int/docu/review/2003/issue2/english/art4.html

Nye, J.S. (2005). Yumuşak güç, dünya siyasetinde başarının yolu. R. İ. Aydın. (Çev.). Ankara. Elips Kitap.

Algı Yönetimi

Özüdoğru, Ş. ve Yüksel A. H. (2019). Ulus markalama ve beslendiği kaynaklar: Bir derleme. *BEÜ SBE Dergisi.* 8 (1), 329-349. Erişim adresi: https://dergipark.org.tr/en/download/article-file/749569

Portland, (2019). The soft power 3C. Erişim adresi: https://www.uscpublicdiplomacy.org/sites/uscpublicdiplomacy.org/files/The%20Soft%20Power-%2030%20Report%202019.pdf

Poyraz, E. (2020). Kişilerarası iletişimde algının yeri ve önemi üzerine kuramsal bir çalışma. Serhat Ulağlı. (Ed.), *İletişim çalışmaları* içinde (48-65). İstanbul. Motto Yayınları.

Saydam, A. (2012). *Algılama yönetimi.* İstanbul. Remzi Kitapevi.

Siegel P. C. (2006). Perception management: Io's stepchild?. Erişim adresi: https://www.tandfonline.com/loi/flic20

The Anholt- Gfk Roper Nation Brands Index 2018 Report For Scotland. (2019). Erişim adresi: https://www.gov.scot/binaries/content/documents/govscot/publications/statistics/2019/01/anholt-gfk-roper-nation-brands-indexsm-2018-report-scotland/documents/methodology-report/methodology-report/govscot%3Adocument/00545271.pdf

Tuch, H. N. (1990). *Communicating with the world: U.S. public diplomacy overseas.* St. Martin's Press Inc.

Van Ham, P. (2001). The rise of the brand state: The postmodern politics of image and reputation. *Foreign Affairs.* 80/5.2-6.

Zaharna, R. S. (2009). Mapping out a spectrum of public diplomacy initiatives-ınformation and relational communication frameworks. Nancy Snow ve Philip M. Taylor (Ed.), Handbook of public diplomacy. İçinde (86-100). Routledge

Zaman, K. (2007). Perception management: A core io capability. Naval Postgraduate School. Thesis. Monterey, California. Erişim adresi: https://apps.dtic.mil/dtic/tr/fulltext/u2/a474371.pdf.

Zeybek, B. (2020). Kamu diplomasisi aracı olarak ülke markalama. Oğuz Göksu. (Ed.), *Kamu diplomasisinde yeni yönelimler* içinde (s. 89-108). Konya. Literatürk Yayınları.

VII. BÖLÜM
Algı Yönetimi – Güvenlik ve Terör

TERÖR VE GÜVENLİK ALGISINDA YENİ PARADİGMALAR

*Ali Fuat GÖKÇE**

Giriş

Bu çalışmada güvenlik, terör ve algı olmak üzere üç anahtar kavram bulunmaktadır. Çalışma bu anahtar kavramlar üzerinden tartışılacaktır. Bunlardan birincisi terör kavramıdır. Terör ya da terörizm anlam bakımından birbirine yakın kavramlar olarak çeşitli alanlarda birbirinin yerine kullanılmaktadır. Amaç bakımından birbirinden ayrılan bu kavramlardan terörizm terör kavramından türetilmiştir. Terör, terör örgütleri olarak genelleme yapılarak akademik yazında kullanılırken ve bir düşünceler bütünü olarak bahsedilirken de terörizm şeklinde ifade edilmektedir. Bu çalışmada güvenlik ve algı kavramlarını terörizm üzerinden değerlendirmek için, amacı kargaşa çıkararak, şiddet yoluyla isteklerini elde etmek olan terör örgütlerinin çağın gerekleri doğrultusunda değişen paradigmaları ve karşı tarafın geliştirdiği paradigmalar incelenecektir. Terör örgütlerinin değişen paradigmaları güvenliğini tehdit ettikleri grup, toplum ya da ülkenin tekrar güvenliği sağlayabilmek amacıyla

---

* Doç. Dr., Gaziantep Üniversitesi, İktisadi ve İdari Bilimler Fakültesi, afgscem@gmail.com

tepki göstermesi ve tedbir almasında yani karşı tarafın güvenlik paradigmasında da değişikliğe neden olmaktadır.

Güvenlik kavramı ise uygarlığın ilk çağlarından itibaren insanlık için vazgeçilmez bir kavram olarak toplumsal yaşantının her safhasında yer almaktadır. Gıda, sağlık, eğitim, çevre, bilgi güvenliği ve siber güvenlik olarak insanlık tarihinde insanların ihtiyaçları doğrultusunda gelişen kavramların yanı sıra asayişin sağlanması bağlamında kişisel güvenlikten başlayarak toplumsal gelişmelerle bağlantılı olarak ulusal ve uluslararası güvenliğe kadar geniş bir alanda kullanılmaktadır. Bu çalışmada terör bağlantılı olarak ortaya çıkan güvenlik sorunlarının çözümü bağlamında uluslararası ve ulusal güvenlik kavramları üzerinden açıklama yapılacaktır. Güvenlik kavramı içinde yer alan gıda, sağlık, eğitim, bilgi güvenliği ve siber güvenlik gibi diğer alanlardaki güvenlik sorunları çalışma kapsamında ele alınmayacaktır.

Algı kavramı ise bir bütün olarak ele alınıp terör ve güvenlik kavramlarının değişen paradigmalarının kişisel, toplumsal olarak algılanışı yönünden incelenecektir. Dolayısıyla çalışmada tarihsel ve betimsel araştırma türü uygulanacak olup, belgeye dayalı analiz yapılacaktır. Öncelikle bu kavramlar tanımlandıktan sonra terör örgütlerinin algı yönetiminde geliştirerek kullandıkları yöntemler ve araçlar açıklanarak, bunun karşı taraftaki etkisi ve tepkisi yani güvenliği sağlamadaki geliştirdiği paradigmalar tarihsel süreç içindeki örneklerle ve belgelerle açıklanmaya çalışılacaktır.

Algı ve Algı Yönetimi

Algı, bilgi teorisinin merkezinde yer alması nedeniyle bireylerin dünyayı nasıl gördüğüne, duyduğuna, dokunduğuna, kokladığına ve tattığına dayanmaktadır. Dolayısıyla algıyı beş duyumuzla çevremizde olanlarla hakkında bilgi edinme süreci olarak belirtmek mümkündür. Algı dış dünyadan gelen uyarıların zihinsel olarak yorumlanması, anlamlandırılması ve kavramlaştırılması ve elde edilen bilgilerin bu süreç sonrasında yeniden adlandırılmasıdır (Tunç ve Atılgan, 2017, s. 229; Callamari ve Reveron, 2003, s. 2).

Algıların, tecrübeye dayanan algı ve zihinsel algı olarak iki şekilde oluştuğunu söylemek mümkündür. Tecrübeye dayanan algı duyularımızla gerçekleştirdiğimiz, zihinsel algı ise bir şeyleri bilmek olarak adlandırılabilir. Bireyler, dışarıdan aldıkları bilgiyi sahip olduğu inanç, önceki bilgileri ve duygularıyla yeniden şekillendirir Her bireyin tecrübeye dayalı algı ve zihinsel algı olarak sahip olduğu bir algı çerçevesi bulunmaktadır (Stupak, 2000, s. 252-254).

Algı yönetimi ilk kez ABD Savunma Bakanlığı tarafından tanımlanmıştır. Bu tanıma göre algı yönetimi, bireylerin ve kitlelerin düşüncelerini, hedeflerini, mantık yapısını, istihbarat servisleri ve liderlerini etkileyerek önceden belirlenmiş bilgilerin yayılması veya durdurulması ve bunun sonucunda karşı tarafın davranış ve düşüncelerinin istenilen doğrultuda yönlendirilmesidir (Tunç ve Atılgan, 2017, s. 232). Bu tanıma göre algı yönetiminde kullanılacak taktik ve tekniklerin birey, devlet, kurum ve kuruluşlara göre farklılıklar gösterdiğini söylemek mümkündür. Algı yönetimi içinde yer alan her aktörün amacı ve hedef kitlesinin farklı olması uygulanacak taktik ve tekniklerin de farklı olmasını gerekli kılmaktadır. Devletler kendi çıkarları doğrultusunda hedef ülkeler üzerinde etki kurmak, o ülkeleri yönlendirmek, uluslararası alanda istenilen bir imaj yaratmak için algı yönetimine başvururken, şirketler azami kar elde etmek, bireyler maddi ve manevi çıkarlarını gerçekleştirmek, siyasi partiler ise iktidara gelmek için algı yönetimine başvurmaktadır.

Devletlerin ülke içindeki algı yönetimi uygulamaları "Algı Yönetimi", uluslararası alandaki uygulamaları "Kamu Diplomasisi", kurum ve kuruluşların uygulamaları ise "Halkla İlişkiler" adı altında yapılmaktadır. Yine algı yönetiminin propaganda, psikolojik savaş, örtülü operasyon, kamu diplomasisi, gibi kavramlarla beraber kullanıldığını da görmek mümkündür (Elsbach, 1994, s. 60-65).

Devletler çıkarlarını korumak ve en üst seviyeye çıkarmak, bölgesel ve küresel bir güç olmak ve güvenliğini sağlamak için birçok taktik ve teknik kullanmaktadır. Bunlar arasında propaganda, ekonomik araçların kullanımı, silahlı müdahale ya da güç kullanma tehditleri yer almaktadır. Dolayısıyla devletlerin sahip oldukları güç vasıtasıyla varlıklarını devam ettirme ve güvenliğini sağlama kapasitesine sahip olduğunu söylemek mümkündür. Buradaki güç kavramına baktığımızda ise sert güç, yumuşak güç ve akıllı güç gibi ayrımlara tabi tutulduğu görülmektedir (Payam, 2018, s. 17). Bu ayrım içinde bazı yazarlar algı yönetimini akıllı güç olarak değerlendirmektedir. Sert güç ise bir ülkenin gücü içinde sayılan diplomatik güç, askeri güç, ekonomik güç ve bilgi gücü kapsamında askeri ve ekonomik güç olarak karşımıza çıkmaktadır. Yumuşak güç ise istenilen bir şeyin çekici ve cazip hale getirilmesidir. Yumuşak güç kaynaklarını kültür, siyasi değerler ve dış politikalar şeklinde belirtmek mümkündür. Kamu diplomasisi yumuşak gücün en önemli unsuru olarak karşımıza çıkmaktadır (Nye ve Armitage, 2007, s. 6; Baldwin 2012, s. 15)

Algı yönetiminin uygulama araçları arasında etkin olarak kitle iletişim araçlarını görmek mümkündür. Kitle iletişim araçlarıyla karşı taraf üzerinde uygulanan psikolojik savaş, propaganda taktik ve teknikleriyle teknolojinin gelişmesine bağlı olarak etkili olmayı ve onların algısını yönetmeyi hedeflemekte, her iki dünya savaşında uçaklarla atılan kağıtlarda yazılanlarla yapılan yöntemlerden bugün bilişim dünyası ve sosyal medya üzerinden yapılan yöntemlere doğru hızla evrilmiştir.

Günümüzde algı yönetimini sadece devletler kullanmamakta devlet dışı aktörler, terör örgütleri gibi yasal ya da yasal olmayan tüm aktörler kullanmaktadır. Algı yönetimini kullanan aktörler algı yönetiminin akademik alanda belirtilen uyulması gereken ahlaki ve hukuki sınırlarının dışına çıkmakta, kafalar karıştırılmakta, bilgiler gerçeklere dayanmamakta, hedef kitlenin kültürü ve değerleri göz önünde bulundurulmamaktadır.

Terör ve Terörizm

Terör kavramı daha önce de kısaca belirtildiği gibi terörizm kavramından farklıdır. En önemli farkı eylemler ve faaliyetlerin iradi olup olmaması ya da bir amacının olup olmaması şeklinde belirtmek mümkündür. Terörizmde özellikle siyasal bir hedefe ulaşmak için bilinçli ve planlı şiddet kullanımı yer alırken, terörde ise bir olayı, konuyu protesto etmek ya da bir faaliyet icra edilirken herhangi bir aşamasında kontrol edilemez hale gelmesi ve şiddete dönüşüp mağduriyet yaratması yer almaktadır (Ergil, 1992, s. 140; Gökçe, 2018, s. 368).

Terör kavramı bugünkü anlamında ilk kez Fransa'da 1789 Devrimi'nden sonra kullanılmıştır. Latince "terrere" eyleminden türemiş ve Osmanlıca "tedhiş" kelimesinin karşılığı olarak korku salmak, yıldırmak ve dehşete düşürmek anlamlarına gelmektedir. Türk hukuk sisteminde 3713 sayılı Terörle Mücadele Kanunu'nda da belirtildiği üzere terör örgütleri cebir ve şiddet kullanarak, baskı, korkutma, yıldırma, sindirme veya tehdit yöntemlerini kullanmaktadır (Yayla, 1990, s. 335; Gökçe, 2018, s. 368). Bu yöntemleri kullanırken mevcut teknolojinin imkanlarından da azami ölçüde faydalanmaya çalışmaktadır. Teknolojik gelişmelerle bağlantılı olarak eylemlerini planlayıp uygularken, aynı zamanda eleman temini ve propagandasını da yapmaktadır. Yine teknolojik gelişmelere bağlı olarak uyguladığı taktik ve teknikleri geliştirmekte ve kullandıkları silahları ve malzemeleri de çeşitlendirmektedir.

Terörün ve terörizmin tarihsel sürecinde uyguladığı şiddet kapsamında ve taktik ve tekniklerinde o günkü teknolojinin varlığını görmek mümkündür. 20. yüzyılın başlarında terör örgütleri uyguladıkları taktik ve stratejilere ideolojik boyutu da katmış ve ideolojik boyuta propagandayı da eklemiştir. Propaganda boyutu ilk kez İtalyan anarşist Errico Malatesta tarafından "eylem yoluyla propaganda" adı verilerek uygulamaya konulmuştur. Bu strateji terör örgütlerinin varlığını sürdürmesi ve taraftar kazanabilmesi amacıyla kendi ideolojilerine yakın olanlara yapılan bir olumlu propaganda olurken, karşı tarafta, yani şiddete maruz kalan kesimde ise korku ve baskı yaratması ve sonucunda örgütün varlığını ve gücünü kabule zorlayarak terör örgütleri için yine olumlu propagandaya dönüşmektedir (Mango, 2005, s.12).

Terörün son yüzyıllardaki gelişimi ve safhalarını güvenlik kavramının safhaları gibi belirtmek mümkündür. Fransız Devrimi sonrası Robespierrie ve Kamu Selameti Komitesinin karşı devrimcilerle olan mücadelesinde iktidar sahipleri sert ve şiddete dayalı tedbirler almıştır. Fransa'da yaşanan bu gelişme ve karşı devrimcilerin anarşist hareketleri, 19. yüzyılın sonu ve 20. yüzyılın başlarında terörizme dönüşmüştür (Gökçe, 2016, s.7).

20. yüzyılın başlarında ve iki dünya savaşı arası dönemde etnik ve dini motifli terör örgütlerinin ortaya çıktığı görülmektedir. Doğu'da Hınçak ve Taşnaksutyun, Batı'da İngiltere'de İrlanda merkezli etnik terör faaliyetleri görülürken, Hindistan'da Sihler, 1930'lu yıllarda ise Mısır'da Müslüman Kardeşler ve Genç Mısır örgütleri kurularak dini motifli terör faaliyetleri başlamıştır. Aynı zamanda Filistin'de Yahudi terör örgütleri Irgun Zvai Leumi ve LEHI eylemlerine başlamıştır (Türkiye Barolar Birliği, 2006, s. 35-37).

İkinci Dünya Savaşı sonrası Soğuk Savaş döneminde iki kutuplu dünyanın birbirleriyle olan mücadelesinde terör örgütleri maddi olarak menfaat sağlamış ve sahada başlıca aktör olmaya doğru yönelmiştir. Bu dönemde Soğuk Savaş'ın aktörleri kendi aralarındaki sorunların çözümünde diplomasi ve silahlı kuvvetlerin yerine terör örgütlerini kullanmaya başlamış ve bu amaçla hedef ülkelerde ve bölgelerde kendi ideolojilerine yakın kesimler üzerinde faaliyette bulunarak örgütler kurulmuş ya da kurulmuş olan örgütler desteklenmiştir (Ganser, 2005, s. 113-115).

Soğuk Savaş sonrası ekonomik, kültürel ve siyasi alanda meydana gelen gelişmelerin yarattığı küreselleşme terör örgütlerini de küresel bir aktör haline getirmiştir. Terör örgütleri eylemlerini küresel düzlemde yapmaya başlarken, eylemlerinde klasik savaş taktik ve tekniklerini uygulamaya, bazı terör örgütleri üniforma giymeye başlamışlardır. Bu şekilde hem bölgesel güç hem de küresel bir aktör olmuşlar ve terörün aynı zamanda bir savaş biçimi olduğu algısı yaratılmıştır (Mallin, 1978, s. 390-392; Kupperman ve Trent, 1980, s. 39).

11 Eylül 2001 tarihinde Amerika Birleşik Devletleri'nde İkiz Kulelere uçakla yapılan intihar saldırısı, terör ve güvenlik kavramlarında bir dönüşümün başlangıcıdır. Bu saldırı terör örgütlerinin, ana karasında kendini izole etmiş ve güvenli olduğunu düşünen Amerika'ya adeta meydan okuma olarak nitelendirilirken, ulus devletler bakımından da güvenliği sağlamada farklı stratejilerin uygulanmasının başlangıcı olarak nitelendirilebilir. Bu saldırı ile terör örgütleri çağın sunduğu imkanlarla bölgesel ve yerel etki yapacak eylemlerin ötesinde küresel etki yapacak eylemlere başlamışlardır. Post Modern Terörizm olarak adlandırılan bu dönemde terör örgütleri konvansiyonel silah ya da hafif silah kullanmanın yanı sıra biyolojik, kimyasal silahlara sahip olmaya ve bunları kullanma tehdidinde bulunmaya, tank ya da zırhlı araç ile karadan-karaya, karadan-havaya füzeler kullanmaya başlamıştır. Son dönemlerde de bomba yüklü insansız hava araçlarını eylemlerinde kullanmışlardır. Maddi açıdan destekleyen ülkelere olan ihtiyaç azalmış, uyuşturucu ve silah kaçakçılığının yanı sıra petrol kuyuları da işletilmeye, ayrıca sahip oldukları internet siteleri vasıtasıyla e-ticaret yapılmaya başlanmıştır. Terör örgütleri eylemlerinin etkisini artırmak ve taraftar kazanmak amacıyla sosyal medyayı kullanmaya başlamış, eylemlerini kayıt altına alarak sosyal medyada yayınlamışlardır. Bununla birlikte sosyal medya üzerinden eylem talimatı vermeye, kendi programlarını ve amaçlarını sosyal

medya üzerinden duyurmaya başlamışlardır (Laquer, 1996, s. 28-35; Gökçe, 2016, s. 8).

Güvenlik Kavramı ve Safhaları

Güvenlik kavramı içinde birçok değişkeni barındıran ve değişen şartlara göre kavramın çerçevesinin belirlendiği ve adlandırıldığı bir kavramdır. Maslow'un ihtiyaçlar hiyerarşisindeki güvenlik ihtiyacından günümüzde üçüncü kuşak haklar içinde sayılan "çevre" hakları bağlamında çevre güvenliğine, bilişim teknolojinin gelişimine ve tehditlerine karşı siber güvenliğe kadar uzanan değişimlerle dinamik bir yapıya sahip olduğu görülmektedir. Bütün bu gelişmelere rağmen güvenlik kavramının içinde varlığını korumak ve sürdürmek için tehlikelerden uzak kalma ve tehdit barındırmayan ortamın yaratılması gibi temel hususları belirtmek mümkündür. Burada önemli olan husus amaca ilişkin olan bir anlam taşımasıdır. Varlığını korumak ve sürdürmek bir insan için en önemli amaçtır. Bu amacı gerçekleştirmek için tehlikelerden uzak durmak ve tehdit altında bulunmamak gerekir. Ayrıca güvenlik ve tehdit arasında da doğrudan bir ilişkinin olduğu görülmektedir. Eğer bulunulan ortamda ya da amaca yönelik yapılacak bir faaliyet esnasında kişiler kendini güvensiz hissediyorsa bir tehditten söz etmek mümkündür (Özcan, 2011, s. 447-449). Burada tehdidin iki boyutu mevcuttur. Birincisi tehdit gerçek olgulara ve olaylara dayanmaktadır. Bu durumda yakın zamanda gerçekleşecek olan açık bir tehdit ve tehlike bulunmaktadır. İkincisi ise algı ve tahminlere dayanır. Kişiler çok yakın tehdit ya da tehlikeyle karşılaşmasa bile, etrafında gerçekleşen olaylar sonucu yakın gelecekte kendisini tehdit edebilecek, güvenliğini ortadan kaldırabilecek bazı hususların varlığından korkabilir. Zihninde böyle bir algı oluşabilir ve ani reaksiyonlar gösterebilir ya da planlı şekilde o tehlikeden uzaklaşma gayreti içine girebilir.

Güvenlik temel bir değer olarak kaybedilmesi halinde sahip olunan her şeyin kaybedileceği anlamına gelmektedir. Dolayısıyla insanlar güvenliklerini tehdit edebilecek hususları ortadan kaldırmak için bütün gayretlerini gösterir ve iş birliğine gidebilir (Morgan, 2006, s. 1). İlk insanların doğa ve vahşi hayvanlara karşı olan hayatta kalma mücadelesini bu hususa en çarpıcı ilkel bir örnek olarak vermek mümkündür. Tabi bu iş birliğinin sonucu olarak klanların, köylerin, kasabaların, kentlerin ortaya çıktığını ve toplumsal gelişmelerin yaşandığını ve günümüze kadar gelindiğini belirtmeden geçmemek gerekir.

Birey seviyesinde geçerli olan bu husus toplumsal alanda ya da devletler düzeyinde de geçerlidir (Sancak, 2013, s.125). Toplumlar ve devletler güvenliklerini tehlike altında hissettikleri durumda ya da uluslararası bir gelişmenin toplum ya da devlet üzerinde güvenliği tehlike altına düşüreceği algısının oluşması durumunda ilgili birimler gerekli tedbirleri almaya yönelecektir.

Uluslararası ilişkilerin kurucu teorileri olan realist teori ve idealist ya da liberal teori açısından güvenlik kavramını kısaca değerlendirdiğimizde devletler arasında bireysellik ya da iş birliği hususlarının ön plana çıktığı görülmektedir. Realistlere göre her devlet kendi çıkarını düşündüğünden bir diğeri ile iş birliği yapmaz ve kendi güvenliğini kendisi sağlarken, idealist ya da liberal teoriye göre iş birliği yapılarak kurulacak örgütler vasıtasıyla güvenliğin savunulabileceği belirtilmektedir (Arı, 2010, s. 364-373; Sancak, 2013, s. 127; Waltz, 1979, s. 90-93).

Güvenlik kavramının gelişimini saflara ayırmak gerekirse, klasik dönem ve modern dönem olarak ikiye ayırmak mümkündür. Klasik dönem olarak insanlık tarihinin başlangıcından uluslararası ilişkilerin bir disiplin olarak çalışılmaya başlandığı Birinci Dünya Savaşı sonrasına kadar olan dönemden bahsetmek mümkündür. Birinci Dünya Savaşı sonrası güvenliğin sağlanması bakımından idealist- liberal teorisyenlerin bakış açısıyla kurulan Milletler Cemiyeti'nin çabaları tehditleri ve algılarını ortadan kaldırmamış ve devletler hızlı bir şekilde güvenliklerini sağlamak amacıyla silahlanmaya başlamışlardır. Tabi burada emperyalist düşüncedeki devletlerin silahlanmasında güvenliğin başka bir boyutunu görmek mümkündür. Emperyalist devletler ekonomik güvenlik bağlamında dünya kaynaklarına sahip olma düşüncesiyle silahlanırken, bu kaynaklara sahip ya da geçiş güzergahında olan devletler de tehdit algısıyla silahlanmaya başlamış ve sonucunda İkinci Dünya Savaşı yaşanmıştır.

İkinci Dünya Savaşı sonrasını modern dönem olarak değerlendirdiğimizde karşımıza ilk olarak Soğuk Savaş dönemi çıkmaktadır. Bu dönemde güvenlik algıları askeri, ekonomik, ideolojik ve siyasal temeller üzerinde şekillenmiştir. Soğuk Savaş'ın başat aktörlerinin yukarıda sayılan her alanda attığı adıma karşılık diğer aktör de karşılık vermiş ve tek başına bir ülkenin güvenliğini sağlayamayacağı düşüncesi oluşmuş ve karşılığında ittifaklar sistemi kurulmuştur (Dedeoğlu, 2008, s. 38). Yine bu dönemde silahlanmanın niteliği ve devletlerin sahip oldukları silah sistemleri ve kapasiteleri güvenlik algısının şekillenmesine yardımcı olmuş ve muhtemel bir savaşın tek taraflı olarak başlatılmasını önleyerek aslında barışa katkıda bulunmuştur. Tehdit algısının sabit ve açık görülebilir olması alınacak tedbirleri de beraberinde getirmiştir. Güvenliğin sağlanması için caydırıcılık etkeni esas olarak kabul edilmiştir (Baldwin, 1995, s. 120-122).

Soğuk Savaş sonrası dönemde tehdidin boyutu değişmiş, sadece askeri alanda hissedilen tehditler çevresel, toplumsal, kültürel, dini, sosyal alanlara da sıçramış, ancak en büyük değişim, devletten devlete olan klasik tehdit boyutu asimetrik ve çok boyutlu bir konuma ulaşmıştır. Tehdit olgusunda ve toplumdaki algısında meydana gelen niteliksel ve niceliksel değişim güvenlik kavramında da değişime neden olmuştur. Salt devleti önceleyen güvenlik olgusunun yerini bireyleri önceleyen, sosyal, çevresel, sağlık, dini ve kültürel sorunların güvenliğini de düşünür olmuş, yeni duruma göre genişlemiş ve derinleşmiştir (Mc Donald, 2008, s. 68).

Soğuk Savaş'ın sona ermesiyle birlikte düşman algısında boşluk ortaya çıkmıştır. Komünist blokun ortadan kalkması güven-

Algı Yönetimi

lik stratejileri bağlamında kısa da olsa belirsizlik dönemi yaşatmış, ancak "medeniyetler çatışması", "radikal İslam", "haydut devletler" gibi kavramlar ortaya atılmış, bu kavramların içi doldurulmaya çalışılırken, 11 Eylül 2001 İkiz Kule saldırısı bu kavramları meşrulaştırmıştır (Arıboğan, 2003, s. 112-135).

11 Eylül saldırıları devletlerin güvenlik stratejilerinde de değişikliğe neden olmuştur. Caydırıcılık politikasının yerini "önleyici savaş" ya da "önleyici müdahale" adı verilen tehdidin sınırların ötesinde bulunduğu yerde etkisiz hale getirilmesini, saldırının gerçekleşmeden önce önlenmesini amaçlayan bir güvenlik politikası almıştır. Bu değişim terör örgütlerinin imkân kabiliyetlerinin artmasına paralel olarak devletlerin güvenlik algısının bir yansıması olarak ortaya çıkmıştır. Bu değişimin ilk uygulaması Amerika Birleşik Devletleri'nin Afganistan ve Irak'a müdahalesinde görülürken, süreç içinde Türkiye tarafından da önceden sınırları içinde karşılanan tehdit, artık sınırların ötesinde karşılanmaya başlanmış ve 24 Temmuz 2016 başlayan Fırat Kalkanı Harekâtı sonrası terör örgütlerine karşı sınır ötesinde Zeytin Dalı, Barış Kalkanı, Barış Pınarı, Pençe Harekatları yapılmıştır (Blumenwitz, 2003, s. 35-38)

Terör, Güvenlik ve Algı Yönetimi Etkileşimi ve Yeni Paradigmalar

Terörle ilgili yukarıda korku ve baskı ile sindirme ve yıldırma yaratmak genellemesi yapılmıştır. Bu tanımdan hareket ederek terör örgütlerini belirlemek ve terör örgütü olarak ilan etmek uluslararası alanda her zaman geçerli olmamaktadır. Bunun en önemli sebepleri arasında emperyalist devletlerin daha önce de belirtildiği gibi hedef ülkelerde ya da coğrafyalardaki farklılıkları kendi emellerinin gerçekleşmesi için kullanmaya çalışması yer almaktadır. Böyle olunca da terör örgütü mü? Yoksa, bağımsızlık ya da özgürlük mücadelesi veren bir yapı mı? Olduğu konusunda uluslararası alanda tartışmalar devam etmektedir. Yasal iktidara karşı mücadele eden ve şiddet kullanan örgütler zamanla dış güçlerin desteğini almaktadır. Bu örgütler, desteğini aldığı güçler tarafından bağımsızlık ya da özgürlük mücadelesi veren örgütler olarak görülürken, şiddet uyguladığı ülke tarafından ise terör örgütü olarak görülmektedir. Bunun en önemli dönemlerini Soğuk Savaş ve özellikle sonrasında görmek mümkündür. Soğuk Savaş öncesi özellikle Fransız Devrim'inden sonra ortaya çıkan milliyetçilik akımları, emperyalist devletler tarafından çok milletli yapıları parçalama adına kullanılmış ve bu dönemde farklı milletlerden oluşan devletlerde bağımsızlık mücadeleleri teşvik edilerek, küçük ama yönetilebilir devletler kurulmaya çalışılmıştır. Birinci Dünya Savaşı'na giden süreçte Avusturya-Macaristan İmparatorluğu ile Osmanlı İmparatorluğu'nun parçalanma süreci bunun örnekleriyle doludur. Hedef ülkenin farklılıkları yoğun bir psikolojik savaşla olgunlaştırılarak yasal iktidara karşı isyana ve şiddetle mücadeleye hazır hale getirilerek örgütler kurulmuştur. Osmanlı İmparatorluğu içindeki farklılıklar üzerinde özellikle din üzerinden psikolojik savaş verilmiş ve Gayri-Müslim tebaanın hukuki, kültürel ve dini haklarının yeterince olmadığı, haklarını istedikleri gibi özgürce kullanamadıkları propagandasıyla hem iç basında ve kamuoyunda hem de dış basında ve kamuoyunda yoğun bir psikolojik harekat yapılarak hedef grupları hazır hale getirilmiştir. Tabi bu arada hedef gruplar üzerinde millet benliği yaratabilmek amacıyla, din adamları, gezginler vb. kişiler vasıtasıyla kitaplar, hikayeler, masallar yazılmaya ve yazdırılmaya başlanmıştır. Osmanlı İmparatorluğu'nun parçalanması sürecinde Batılı emperyalistler ile Rusya'yı sürecin dış aktörleri olarak görmek mümkündür. Yunan, Sırp, Bulgar ve Ermeni ayaklanmalarında aynı yöntemler ve psikolojik harekat uygulanmıştır. Bulgar milliyetçilik ateşini ilk yakan kişi Sofya yakınlarındaki Hilander Manastırında rahip Otest Paisii olmuştur. Paisii'nin yazdığı kitap Bulgarlara milli benliklerini hatırlatan ilk eser olarak bilinmektedir (Aydın,

1990, s. 282). Bulgar milliyetçi ateşiyle ortaya çıkan gruplar, Rusya'nın desteği ile silahlanmış, bugünün terör örgütü olan, o zamanın adlandırmasıyla "çeteler" oluşturulmuş ve devlete karşı mücadeleye girişmiştir. Aynı dönemin başka bir örneğini ise Ermeni isyanlarında görmekteyiz. Ermeni milliyetçi akımlarının başlangıcının 1870-80'li yıllarda başladığı görülmektedir. Ermeni milliyetçiliğinin temsilcisi olan Taşnaksutyun, bu dönemin saldırgan milliyetçi akımının bir sonucu olarak ortaya çıkmış ve ilk başlarda Rusya, sonraları Fransa ve diğer Batılı devletler tarafından desteklenmiştir. Taşnaksutyun'un kurulması, şiddete yönelmesi aşamalarının hepsinde yukarıda belirtilen algı yönetimi süreçlerinin aynısını görmek mümkündür. Taşnaksutyun'un fikir babası Grigori Artsruni, Mikaelyan ve Raffi'nin görüşleri, yazıları Ermeni toplumu üzerinde muazzam etkiler yaratmıştır. Bu liberal düşüncedeki kişilerin yazılarının yanı sıra Ermeni Kilisesi'nin faaliyetleri, Ermeni basınının Türk politikaları ve resmi yöneticilerin gayri-Müslimlere karşı uygulamalarına fazlaca yer vermesi, Ermeni devleti ve Türkiye Ermenilerinin kurtarılması ve birleşerek Büyük Ermenistan kurma hayali Ermeni gençliği üzerinde büyük etkiler yapmaya başlamıştır. Taşnak basını Kafkas cephesinde savaş ilan edilmeden gazete sayfalarında Türk düşmanı yazılarla kamuoyunu muhtemel bir savaşa hazırlamıştır. Milliyetçi basının propagandaları ve Çar diplomatları ve ajanlarının ödüllendirme başta olmak üzere çeşitli destekleriyle Ermeni halkı üzerinde yeterli algı oluşturulmuştur. Taşnaksutyun'a verilen destekle yapılan psikolojik harekât, Ermeni toplumunda gerçeklere dayanmayan, kafaları karıştırarak yaratılan haklarını kullanamayan, ezilen halk algısıyla oluşan Ermeni çeteler vasıtasıyla bölgede Türk ordusuna ve Müslüman halka karşı terör faaliyetleri başlamıştır (Karinyan, 2006, s. 25-40).

Bu duruma karşı, o dönem "çete" olarak adlandırılan bu terör örgütlerinin bu değişen paradigmalarına karşı her devletin yapması gereken tepki gösterilmiş ve her iki toplum arasında yaşanan gerginlik ve çatışma ortamının sonlanması ve asayişin sağlanması için tedbirler alınmış ve o güne kadar örneği pek görülmeyen farklı bir yöntem uygulanarak Ermeniler tehcire tabi tutulmuştur. Bu husus terör örgütlerinin değişen paradigmalarına karşı devletin verdiği tepkinin 19. yüzyıl sonu ve Birinci Dünya Savaşı öncesi döneminin en çarpıcı örneğidir.

Terör örgütleri ve güvenlik bağlamında değerlendirilen diğer bir safha olan İkinci Dünya Savaşı sonrasında devletler caydırıcılık politikası uygularken, bunu sağlamak için sürekli olarak daha fazla silah, daha güçlü silah, daha yok edici silah üretmeye başlamıştır. Üretilen silahların dönem dönem insandan uzak yerlerde denemesi yapılarak kitle iletişim araçları vasıtasıyla dünya kamuoyuna duyurulması sağlanmakta ve karşı tarafa korkuya dayalı psikolojik faaliyet yapılarak caydırıcılık sağlanmaya çalışılmıştır. Nükleer Denemelerin Kapsamlı Yasaklanması Antlaşması Örgütü (CTBTO) verilerine göre 1945'ten 2016 yılına kadar 2 bin 56 nükleer deneme gerçekleştirilmiş, en çok denemeyi ise ABD ve Sovyetler Birliği gerçekleştirmiştir. ABD 1945-1992 tarihleri arası 1032 nükleer bomba denerken, Sovyetler Birliği 1949-1990 tarihleri arasında 715 nükleer bomba denemiştir (TRT Haber, 2016). Tabi bu arada taraflar bu silahların verilerine ulaşmak için istihbarat örgütleri ya da terör örgütleri vasıtasıyla yeraltı faaliyetlerine girişmeyi de ihmal etmemişlerdir.

Bu dönemin güvenlik algısını devletler arasındaki mücadele oluştururken, ekonomik temelli olmak üzere Soğuk Savaşı'n aktörleri arasındaki paylaşımın yapılabilmesi amacıyla hedef ülkelerdeki farklı yapılar kullanılmıştır. Bu hususa Mozambik'te Frelimo ve Renamo arasındaki mücadele örnek olarak verilebilir. Tabi Mısır, Irak, Suriye rejimleri üzerindeki ABD ve Sovyetler Birliği mücadele örnekleri de bu dönem için verilebilir. Mısır'da kurulan Müslüman Kardeşler Örgütü, Suriye ve

Algı Yönetimi

Filistin merkezli Filistin Kurtuluş Örgütü ve Hizbullah gibi örgütler emperyalist devletlerin emelleri doğrultusunda kurulmuş ya da bağımsızlık adına zaman zaman o ülkelerden destek alarak faaliyet göstermişlerdir.

Soğuk Savaş dönemi örgütlerinin eylemlerine bakıldığında daha önce belirtildiği gibi eylemle propaganda yönteminin uygulandığı, eylemlerinde önemli kişilere suikast, sabotaj türü eylemlerin yanı sıra örgütün büyüklüğüne bağlı olarak maddi kazanç elde edebilmek amacıyla banka soygunu eyleminden, uyuşturucu madde ve silah kaçakçılığı faaliyetlerinde bulundukları görülmektedir. Suikast ve sabotajlarını dünya ve ülke kamuoyunda etki yaratacak kişilere ve tesislere yöneltmektedirler. 1971 yılında El Fetih direniş örgütü içinde kurulan Kara Eylül örgütünün Münih Olimpiyatlarında, 4-5 Eylül 1972 tarihinde düzenlediği saldırı, Türkiye'de Bahriye Üçok, Ahmet Taner Kışlalı, Abdi İpekçi, Nihat Erim, Hrant Dink gibi kamuoyu tarafından bilinen akademisyen, gazeteci, yazar ve siyasetçilere düzenlenen suikastlar bunlara verilecek örneklerdir. Yine bu dönemde toplumda korku ve baskıya neden olabilecek düzeyde PKK tarafından köylere yapılan baskınlar ve katliamlar ile alışveriş merkezi bombalamaları ve sabotajları, terör örgütlerinin uyguladığı taktik ve teknikler arasında yer almakta olup kamuoyunda örgütün büyüklüğü, etkililiği hakkında bir algının oluşmasına yönelik psikolojik harekât faaliyetleri olarak değerlendirilebilir. Bu algının gelişen teknolojiyle birlikte kitle iletişim araçlarında uzun süreli ve sürekli olarak yer alması halkın aydınlatılmasının ve haber alma özgürlüğünün ötesinde adeta terör örgütlerinin uyguladığı eylemle propaganda taktiğine ve istediği psikolojik harekata destek olmaktadır.

PKK terör örgütünün Doğu ve Güneydoğu'da yol kesme eylemleri amacına yönelik bir sonuç ortaya çıkararak toplumda korku ikliminin yerleşmesine, bölgeye seyahatler başta olmak üzere, ekonomik faaliyetlerin durmasına; öğretmenlerin, sağlık çalışanlarının öldürülmesi, okulların ve sağlık ocaklarının yakılması bu hizmetlerin o bölgelerde aksamasına neden olmuştur. Bu algının oluşması terör örgütünün amacına olumlu yönde katkı sağlarken güvenlik bağlamında devletin halkını koruyamadığı, eğitim ve sağlık hizmetleri başta olmak üzere temel hizmetleri yerine getiremediği algısını toplum üzerinde oluşturmaktadır.

Devlet terör örgütlerinin bu değişen taktiklerine karşı güvenlik algısını oturtabilmek amacıyla daha fazla güvenlikçi bir politika izlemeye başlamıştır. Bölgeye daha fazla asker ve güvenlik kuvveti gönderilerek "alan hakimiyeti" adı verilen bir konsept uygulanmaya başlanmış, yol güzergahları 24 saat kontrol altına alınmaya çalışılmış, temel hizmetlerin verildiği her yerleşim biriminde silahlı güçler (karakollar) teşkil edilmiştir. Bölge halkını sürece dahil etmek için devlet yanlısı olduğu düşünülen kişilerden "Geçici Köy Korucusu" adı altında bir yapılanma oluşturulmuş ve güvenlik kuvvetleriyle birlikte terörle mücadele etmeye başlamışlardır.

11 Eylül 2001 İkiz Kule saldırısı terör örgütlerinin eylemsel taktik ve tekniklerinde değişime, devletlerin de güvenlik algısında ve stratejinde değişime neden olmuştur. 11 Eylül saldırısı basit bir sabotaj ya da suikast olmayıp, teknolojinin yoğun olarak kullanıldığı bir saldırı olması, adeta güvenli bir ada durumunda olan ABD'nin güvenlik sistemini sorgulanır duruma getirmiştir. Bu saldırı sonrası küresel kamuoyunda en iyi korunan bir ülkenin en kritik merkezlerine saldırı yapılabileceği, hiç kimsenin ve hiçbir ülkenin kendisini güvende hissetmemesi gerektiği algısı oluşturulmuştur. Bu tehdidin yok edilmesi ve oluşan algının değiştirilmesi için devletler farklı bir strateji geliştirerek tehdidi bulunduğu yerde bertaraf etme stratejisini uygulamaya başlamıştır. Bu strateji doğrultusunda yapılan operasyonlar terör örgütlerinin barındığı ülke halkı üzerinde travmalar yaratırken, aynı zamanda terör örgütleri için de bir eleman

temin olanağı sağlamıştır. Bu operasyonları ilk başta kendi silahlı güçleriyle yapan devletler verdikleri insan kayıpları ve ekonomik kayıplar sebebiyle kendi kamuoyunun tepkisini çekmiş ve bunun üzerine operasyonlar, hedef bölgelerde vekalet savaşı adı verilen devlet-altı örgütler ya da kendileri tarafından oluşturulan ama kendilerince terör örgütü olarak kabul edilmeyen örgütler tarafından yapılmaya devam edilmiştir. Tabii bu arada bu örgütlere verilen maddi desteğin yanı sıra silah ve malzeme desteğinin verilmesi gelişmiş teknoloji ürünü silahların terör örgütlerinin eline geçmesine neden olmuştur. Bununla birlikte yukarıda belirtilen yöntemlerle gelir elde eden terör örgütleri, bu gelirleri ile insansız hava araçları başta olmak üzere her çeşit silah malzeme temin eder duruma gelmiştir. Bu silahların eylemlerde kullanılması terör örgütlerinin etkililiği konusunda kamuoyunda korku algısının oluşmasına neden olmuştur. Yine yaptıkları eylemleri sosyal medya vasıtasıyla paylaşmaları toplumda korku algısına neden olmuştur. DEAŞ terör örgütünün tarihi yerleri yakma, mezarları yok etme, insanların kafasını kesme görüntülerinin sosyal medyada yayınlanması örgütün acımasızlığı konusunda dünya kamuoyunda korku algısını oluşturmuştur. Görüntüler ve oluşan algı terör örgütüne eleman temin etmede de yardımcı olmuştur. Kişilik bozuklukları olan ve baskı altında büyüyerek toplumda herhangi bir yer edinemeyen maceracı kitleyi de kendisine yöneltmiş, dünyanın her tarafından eleman temin eder duruma gelmiştir.

Sonuç

Teknolojik gelişmelere bağlı olarak terör örgütlerinin eylemlerinde uyguladıkları taktik ve teknikler ile devletlerin güvenlik bağlamında aldıkları tedbirlerin geliştirilmesi, yeni paradigmaların ortaya çıkması süreç içinde karşılıklı olarak birbirini etkilemektedir. Dinamik bir süreç içinde gelişen karşılıklı ilişkide taraflar birbirinden etkilenmektedir. Terör örgütlerinin stratejilerinde, eylemlerinin biçiminde ve eylemlerde kullanılan silah, malzemelerde görülen değişim devletlerin de aynı hususlarda değişimine ve gelişimine neden olmaktadır. Yine ulus devletler tarafından geliştirilen ve sahada kullanılan gelişmiş teknoloji ürünü silah ve malzemeler zaman içinde terör örgütlerinin eline geçmekte ve kullanılmaktadır.

Bütün bu etkileşimlerin toplum üzerinde etkisi olmuştur. Terör örgütlerinin toplum üzerinde oluşturmak istedikleri algı, gerçek dışı haber ya da eylemin görüntülerinin ve bilgilerinin sürekli olarak medyada yer almasıyla kitle iletişim araçları vasıtasıyla ya da sosyal medya vasıtasıyla oluşmaktadır. Toplum eylemlerin şiddetine ve sürekliliğine göre örgüt hakkında korku duymaya başlamakta ve seyahat başta olmak üzere bazı haklarının kullanılmasında kendi isteğiyle kısıtlamaya gitmektedir.

Terör örgütlerinin eylemle propaganda taktiklerine karşı oluşan korku algısı ve değişen toplumsal yaşantının yeniden bu algıya göre tanımlanmasının önüne geçebilmek amacıyla devletin tüm birimleriyle sürekli teyakkuzda bulunması, yetişmiş insan kaynaklarıyla mücadele içinde yer alması, teknolojisini sürekli geliştirmesi, sorunlu sahalarda ve çatışma bölgesinde sürekli psikolojik harekata yer vermesi gerekmektedir. Aynı zamanda kitle iletişim araçlarının terör olaylarına olan yaklaşımı haber verme-alma özgürlüğünün üstünde güvenliğin sağlanmasına yönelik olması gerekmektedir. Haberlerin verilmemesi ya da sansürlenmesinin çağımızın evrensel insan hakları değerlerine göre uygun olmadığı düşünüldüğünde, ilgili haberlerin terör örgütünün tanıtımına destek vermemesi, onun istediği algının oluşmasının önüne geçecek sürede olması gerekmektedir.

Kaynakça

Arı, T. (2010). *Uluslararası ilişkiler teorileri.* Bursa: MKM Yayıncılık.

Arıboğan, D. Ü. (2003). *Tarihin sonundan barışın sonuna.* İstanbul: Timaş Yayınları.

Aydın, M. (1990). *XIX. Yüzyılda Bulgar Meselesi.* V. Milletlerarası Türkiye Sosyal ve İktisat Tarihi Kongresi. Ankara.

Baldwin, D. (1995). Security studies and the end of the cold war. *World Politics.* 48, 119-125.

Baldwin, D. (2012). Power and international relations. in Handbook of International Relations. Erişim Adresi: http://www.princeton.edu/~dbaldwin/selecte%20articles/Baldwin%20(2012)%20Power%20and%20International%20Relations.pdf

Blumenwitz, D. (2003). *Küreselleşmenin hukuki boyutları ve güvenlik stratejilerine etkileri.* Birinci Uluslararası Sempozyum Bildirileri, Ankara. Genelkurmay Askeri Tarih ve Stratejik Etüt Başkanlığı Yayınları.

Callamari, P. ve Reveron, D. (2003). China's use of perception management. *International Journal of Intelligence and Counter Intelligence.* 16, 1-15.

Dedeoğlu, B. (2008). *Uluslararası güvenlik ve strateji.* İstanbul: Yeniyüzyıl Yayınları.

Elsbach, D. K. (1994). Managing organizational legitimacy in the California cattle industry: The Construction And Effectiveness of Verbal Accounts. *Administrative Science Quarterly.* Vol, 39, 57-88.

Ergil, D. (1992). Uluslararası terörizm. *Ankara Üniversitesi Siyasal Bilgiler Fakültesi Dergisi,* 47, 3, 139-143.

Gökçe, A. F. (2016). Adalet kavramı kapsamında geçmişle hesaplaşma ve uzlaşma: Türkiye. *Bilge Strateji,* 3, 15, 113-146.

Gökçe, A. F. (2018). *Terörizmle mücadele politikaları.* C. Babaoğlu, ve E. Akman (Ed.). *Kamu politikaları analizi. Türkiye uygulamaları* içinde (s. 367-395). Ankara. Gazi Kitabevi.

Karinyan, A. B. (2006). *Ermeni milliyetçi akımları.* (Arif Acaloğlu, Çev). İstanbul: Kaynak Yayınları.

Laquer, W. (1996). Postmodern terrorism. *Foreign Affairs.* Vol. 75, No. 5 (Sep. - Oct., 1996), pp. 24-36. Erişim Adresi: https://www.jstor.org/stable/20047741

Mango, A. (2005). *Türkiye'nin törörle savaşı.* İstanbul. Doğan Kitap.

McDonald, M. (2008). Constructivism. Paul D. Williams (Ed.), *Security Studies: An Introduction.* London. Routledge.

Morgan, P. M. (2006). *International security problems and solutions.* Washington DC. CQ Pres.

Nye, J. S. ve Armitage, R. L. (2007). *CSIS Commission on smart power: A smarter, more secure America.* Washington: Center for Strategic and International Studies.

Özcan, A. B. (2011). "Uluslararası güvenlik sorunları ve ABD'nin güvenlik stratejileri. *Selçuk Üniversitesi İİBF Sosyal ve Ekonomik Araştırmalar Dergisi*, 22, 451-470

Payam, M. M. (2018). Güvenlik bağlamında güç kullanma ve algı(lama) yönetimi. *Uluslararası Sosyal Bilimler Dergisi*, 3, 15-25.

Sancak, K. (2013). Güvenlik kavramı etrafındaki tartışmalar ve uluslararası güvenliği dönüşümü. *Sosyal Bilimler Dergisi*, 6, 123-134.

Stupak, R.J. (2000). Perception management: An active strategy for marketing and delivering academic excellence, business sophistication and communication successes. *public administration & management*. 5 (4), 250-260.

TRT Haber, (2016). 70 yıl içinde 2binden fazla nükleer silah denendi. 8 Ocak 2016, (Erişim Adresi: www.trthaber.com/haber/dunya/70-yil-icinde-2-binden-fazla-nukleer-silah-denendi-228220.html/amp.

Tunç, A., Atılgan A. (2017). Algı üzerinde kurulu yönetsel bir anlayış: Algı'nın yönetimi. *Idea Studies*, 3, 3, 228-238.

Türkiye Barolar Birliği. (2006). *Türkiye ve terörizm*. Ankara.

Yayla, A. (1990). Terör ve terörizm kavramlarına genel bir bakış. *Ankara Üniversitesi Siyasal Bilgiler Fakültesi Dergisi*. 45, 1, 335-385.

Waltz, K. N. (1979). *Theory of international politics*. New York: McGraw-Hill.

VIII. BÖLÜM
Algı Yönetimi ve Kişilerarası İletişim

KALIPYARGILI ALGI GERÇEKLİĞİMİZİ NASIL İNŞA EDER?: KİŞİLERARASI İLETİŞİM SÜRECİNDE DEĞERLENDİRENDEN DEĞERLENDİRİLENE KALIPYARGILI ÇIKARIMLAR

Derya GÜL ÜNLÜ[*]

Giriş

Algılama, duyularımıza bağlı fizyolojik bir süreç olmanın yanı sıra, algılananların zihnimizde toplumsal yapıda var olan değer ve normların rehberliğinde anlamlandırılmasını da içermektedir. Bu anlamlandırma sürecinde, bireyin toplumsal yaşama katıldığı andan itibaren öğrenmeye başladığı kalıpyargılar ise oldukça önemli bir rol oynamaktadır. Kalıpyargı, en genel anlamıyla, bireyin üyesi bulunduğu grubun çeşitli özelliklerine dair *"basit, aşırı genellenmiş ve toplumsal açıdan geniş düzeyde kabul edilen"* (Snyder, Tanke ve Berscheid, 1977, s. 659) ve *"kişilik özelliği olarak kendini gösteren"* (Ashmore ve Del Boca, 1981, s. 16) bir inanç sistemini ifade etmektedir. Bu inanç sistemi, söz konusu grubun üyesi olan her bir bireyin ne yapması, nasıl davranması ve nasıl gözükmesi gerektiğine dair çeşitli bilişsel şemalardan oluşmakta ve birey, tanımadığı birini görüp değerlendi-

---
[*] Dr. Öğr. Ü., İstanbul Üniversitesi İletişim Fakültesi, derya.gul@istanbul.edu.tr

rirken bu bilişsel şemalarından yararlanmaktadır (Bem, 1981; Mather, Johnson ve De Leonardis, 1999; Spaniol ve Bayen, 2002). Bireyin yararlandığı bilişsel şemalar, her ne kadar çevresini kategorize ederek anlamlandırmasını sağlasa da, bu kategorizasyona uygun beklentilere sahip olmasını da beraberinde getirmektedir. Kalıpyargılar doğrultusunda şekillenen bu beklentiler, farklı grup üyelerine dair var olduğu öne sürülen özellikler bütününü içermekle birlikte, bireyin kendini (iç-grup) ve diğerlerini (dış-grup) tanımlama ve onlara davranma biçimlerini de şekillendirmektedir (Baron, Schmander, Cvencek ve Maltzoff, 2014; Coats ve Smith, 1999; Howansky, Wilton, Young, Abrams ve Clapham, 2019; Martines-Marin ve Martinez, 2019; Rudman, Greenwald ve McGhee, 2010). Bu bakımdan, bireyin beklentilerine dayalı olarak, kendisini ve çevresini tanımlamasının, onun diğerleriyle olan ilişki ve iletişim kurma biçimleri üzerinde belirleyici olduğunu da söylemek mümkündür. Çünkü birey, kalıpyargılarına dayalı beklentileri doğrultusunda diğerlerini değerlenmekte ve çıkarımlarını karşısındakinin bu beklentilerine uygunluğu ya da uygunsuzluğuna bağlı olarak elde etmektedir.

Değerlendirilen bireyin değerlendirenin beklentilerine uygunluğu, bireyler arasındaki ortak anlam üretimini etkileyerek, iletişim sürecinin içeriği ve niteliği üzerinde belirleyici olmaktadır. Yani kalıpyargıların bireylere sunduğu bilişsel ve güdüsel işlevler, onların değerlendirdikleri diğerleri hakkındaki inanışlarını ve beklentilerini belirlemeleri nedeniyle iletişim kurma biçimlerini de etkilemektedir. Bu çerçevede değerlendirildiğinde, bireyin karşılaştığını diğerini algılayıp, zihninde anlamlandırırken kendisine rehberlik eden kalıpyargılarından yararlandığını ve bu kalıpyargılarına uygun beklentileri doğrultusunda çeşitli çıkarımlar elde ederek, kişilerarası iletişim sürecinde yer aldığını belirtmek mümkündür. Dolayısıyla, bireyin değerlendirdiği diğeri hakkında sahip olduğu bu kalıpyargılı çıkarımların kişilerarası iletişim süreci içerisinde önemli iletişim engellerine dönüşebileceklerini de söylemek yanlış olmayacaktır. Bu odak noktasından yola çıkan çalışma içerisinde, bireyin çevresindeki diğerlerini algılamasıyla birlikte başlayan anlamlandırma sürecinde, yararlandığı kalıpyargılarının hatalı çıkarımlara neden olarak bireyin gerçeklik algısını nasıl şekillendirdiği ve algılanan bu gerçekliğin kişilerarası iletişim engellerine nasıl dönüşebileceği literatürdeki araştırma bulguları üzerinden ele alınmaktadır.

Kalıpyargılara Dayalı Algılama

Duyumsal bir betimleme olarak ele alındığında algılama; duyma, tatma, görme, koklama, dokunma duyularından oluşan beş duyu organımız aracılığıyla ve bunlara ek olarak da hissetme duyusu yardımıyla dış dünyadan bilgi edinme sürecine karşılık gelmektedir (İnceoğlu, 2011, s. 86). Bununla birlikte, algılama sadece duyulara bağlı fizyolojik bir süreç değildir, duyular aracılığıyla merkezi sinir sistemine iletilen mesajların anlamlandırılmasını da içermektedir. Yani duyuların algıya dönüşmesi; bireyin merkezi sinir sistemine gelen duyusal mesajların, kendine özgü geçmişleri, gelecekleri, etkileri, değişimleri, gizli-açık çeşitli özellikleriyle, 'nesneler' yani ilişkilerimizde anlam taşıyan varlıklar olarak algılanmaları, aynı sürecin farklı yönleridir. Bu yolla, elektrokimyasal enerji, anlaşılabilir kavramlara, yani algılara 'tercüme edilmektedir' (İsen ve Batmaz, 2006, s. 96-97). Bu anlamlandırma, diğer bir adıyla 'tercüme etme' süreci, bireyin içinde bulunduğu toplumsal yapıdan bağımsız değildir. Bireyin duyularını anlamlandırmak için kullandığı her şey; toplumsal yapının kültürel değerlerini ifade etmektedir.

Algılamanın, dış dünyadan duyu organlarımız aracılığıyla edindiğimiz bilgilerin anlamlandırılmasına karşılık geldiği göz önünde bulundurulduğunda, bu süreçte sahip olduğumuz kalıpyargıların da önemli rol oynadığını söylemek yanlış olmayacaktır. Birey, duyu organları aracılığıyla eriştiği ve anlamlandırdığı her yeni bilgiyi zihninde kategorileştirerek, muhafaza etmektedir. Bu kategorileştirme işlemi ise bir anlamda, kalıpyargılama sürecini başlatmaktadır. Çünkü birey, ortak özelliklere sahip olduğunu düşündüğü diğerlerini belli kategoriler altında gruplamakta ve bu gruplara dahil olan kişilerin bireysel farklılıklarını göz ardı etmektedir. Söz konusu "kategorileştirme" hepimizin düşüncede kullandığı bilişsel bir araçtır. Her bir bireyin hangi algının hangi kategoriye girmesi gerektiğine dair değişik ölçütleri bulunmakta ve buna uygun olarak her algı, bireyin zihninde uyuştuğu şemanın ve ait olduğu kategorinin altında yer almaktadır. Ayrıca bu bilişsel kategoriler, bir hiyerarşi içerisinde örgütlenmektedir. Genel olarak, bireyin yaşam içerisinde daha sık karşılaştığı kategoriler, bu hiyerarşide daha üst sıralarda yer almakta, dolayısıyla diğer kategorilere nazaran daha fazla kullanılmaktadır (İsen ve Batmaz, 2006, s. 109). Bireyin algılama süreciyle birlikte zihninde gerçekleştirdiği bu kategorilendirme işlemi ise, kalıpyargıların temelini oluşturmaktadır.

Birey, edindiği her yeni bilgiyi zihninde anlamlandırırken söz konusu kategorilerden yararlanmakta (almış olduğu eğitim, içinde toplumsallaştığı kültürel ortam, sahip olduğu inanç, örf, adet, gelenek, görenek gibi çok sayıda etmene bağlı olarak bazı öncelikli kategorilerden daha fazla yararlanmakta) ve bu nedenle bazı özel durumları göz ardı etme ya da tüm gruba genelleme eğilimi göstererek (Aronson, Wilson ve Akert, 2012; Grant ve Holmes, 1981; 1982; Kunda ve Nisbett, 1988; Mullen ve Johnson, 1993; Stangor ve Lange, 1994), algılayarak anlamlandırdığı her yeni bilgiyi zihnindeki öncelikli kategorilerle eşleştirmektedir. Bu bağlamda değerlendirildiğinde, bireyin yaşam içerisindeki bireysel tavır, davranış ve yönelimlerinin özünü oluşturan bu etkenlerin kişilerarası ilişki ve etkileşim biçimlerini de büyük oranda etkilediğini söylemek mümkündür. Çünkü her birey olayları, nesneleri, durumları; içine doğduğu toplumsal ve kültürel ortam, içinde yer aldığı ilişkiler, içine girdiği etkileşim biçimleri, bireysel gereksinimler, beklentiler ve değer yargılarına göre farklı biçimlerde algılamaktadır (İnceoğlu, 2011, s. 101).

Algı Yönetimi

Bireyin çevresini kendi beklenti ve değer yargılarına göre algılaması ise kalıpyapyargıların işleyiş biçimini etkilemektedir. Örneğin; bireyin dünyayı algılayışında cinsiyet rolleri önemli bir yere sahipse, yani birey güçlü bir cinsiyet şemasına sahipse, ilgili kalıpyargılara daha fazla sahip olmaktadır (Dökmen, 2012, s. 111). Bu nedenle, bireyin algıladıklarını anlamlandırma biçiminin sahip olduğu zihinsel kategorilerin hiyerarşisiyle uyumlu olduğunu belirtmek mümkündür.

Duyu organlarımız aracılığıyla algıladığımız her yeni bilginin zihnimizde hiyerarşik bir biçimde organize olmuş kategoriler doğrultusunda anlamlandırıldığını düşündüğümüzde, söz konusu anlamlandırma eğilimimizin çevremizdeki diğerleriyle kurduğumuz etkileşim ve iletişim süreci üzerinde de belirleyici olduğunu söyleyebiliriz. Çünkü birey, karşısındaki diğerini anlamlandırırken bu kategorilerden yararlanmakta ve değerlendirdiğinin algıladığı her bir parçasını (çeşitli fiziksel görünüş, giyinme ya da konuşma biçimi bileşenleri gibi) bu kategorilerle eşleştirmektedir. Ancak bazı durumlarda bireyin zihninde gerçekleştirdiği eşleşmeler gerçeği yansıtmayabilmekte, değerlendirilen değerlendirenin önceliklerine, geçmiş deneyimlerine ya da dünyayı algılama biçimine bağlı olarak bu kategorilere dahil edilebilmektedir. Bu durum, değerlendirenin çevresini anlamlandırma sürecinde ona önemli bir işlev sağlamakla beraber (Abrams ve Hogg, 2006; Dökmen, 2012; Harlak, 2000), kalıpyargılara dayalı algılamanın da temelini oluşturmaktadır. Kalıpyargılar, "genellikle basit, aşırı genellenmiş ve toplumsal açıdan geniş düzeyde kabul edilen içeriklere sahip olmakla birlikte, çoğunlukla gerçeği yansıtmamaktadır" (Snyder ve diğerleri, 1977). Bu bakımdan, bireyin kalıpyargılarına dayalı algılarının da çoğunlukla kendi gerçekliğini inşa ettiğini söylemek mümkündür. Ayrıca, kalıpyargılar değerlendirene değerlendirilenin kişilik özelliği hakkında da gözle görülür ve ayırt edici bilgiler sunmakta, kalıpyargıların değerlendirene sunduğu bu bilgi kişilerarasında kurulacak sosyal etkileşim için bir başlangıç noktası oluşturmakta ve o birey hakkındaki bilgilerin işlenme sürecini de etkilemektedir. Bu nedenle kalıpyargılar, algılanan bireyin bilişsel ve davranışsal sonuçlarını değerlendirmek için ideal bir deneme ortamına olanak sağlaması bakımından da önem taşımaktadır (Snyder ve diğerleri, 1977). Söz konusu durum, kişilerarası iletişim perspektifinden ele alındığında ise iletişim sürecinde bulunan tarafların sahip olduğu kalıpyargılardan etkileneceğini ve kalıpyargılara dayalı algılama dolayısıyla bireyler arasında ortak anlam üretilmesinin ve paylaşılmasının zorlaşacağını belirtmek yanlış olmayacaktır. Bu çerçevede, aşağıda, kalıpyargıların bireyin gerçeklik algısını nasıl inşa ettiği ve bu inşanın kişilerarası iletişim engellerini nasıl beraberinde getirdiği üzerinde durulmaktadır.

Kalıpyargılı Algı Gerçekliğimizi Nasıl İnşa Eder?

Kalıpyargılar, bireyin kendisi ve çevresindeki diğerlerine ilişkin beklentilerine kaynaklık eden belirli özellikler ve davranış kalıplarını içermektedir. Bireyin toplumsal konumunu tanımlayan ve ondan beklenen gereklilikleri içeren bu davranış kalıpları, toplumsal yaşama katılan her yeni bireye aktarılarak, öğretilmekte ve bireyin çevresindeki diğerleriyle kurduğu tüm bireysel ve toplumsal ilişkiler üzerinde de belirleyici olmaktadır. Bireyin öğrendiği ve toplumun kendisi için uygun gördüğü bu kalıpyargılar onun hem kendisine ve dahil olduğu iç gruba hem de diğerlerini yerleştirdiği dış gruplara dair beklentilerini belirlemekte (Baron ve diğerleri, 2014; Coats ve Smith, 1999; Howansky ve diğerleri, 2019; Martines-Marin ve Martinez, 2019; Rudman ve diğerleri, 2010) ve birey hem kendi sosyal grubunu hem de bir arada bulunduğu dış grupları bu kalıpyargılı beklentilerine uygunluğu ya da uygunsuzluğu doğrultusunda değerlendirmektedir. Bununla birlikte, beklentiler, sadece bireyin diğerlerini değerlendirme standardını değil, diğerlerine dikkat etme biçimlerini, onları yorumlamasını ve bu yorumlamalar sonucunda onlar hakkında vardığı kanaati, davranışlarına olan tepkilerini ve hatta onlar hakkında sahip olduğu kanaatlerden ne kadarını hatırlayacağını da etkilemektedir (Ellemers, 2018; Hamilton, Stroessner ve Driscoll, 1994; Robinson, Johnson ve Shields, 1998). Yani birey, karşısındakinin çok sayıdaki özelliğinden bazılarına öncelikli olarak dikkat etmekte, bu özelliklerden kendisi için öne çıkan bazılarını kalıpyargılı beklentileriyle ilişkilendirerek bir kanaate ulaşmakta ve o birey hakkında ilişkilendirdiği yeni bilgilerini daha kolay çağırmaktadır. Tüm bu farklı mekanizmalar birlikte çalıştığında ise kalıpyargıları içeren beklentilerin, birey hakkındaki bilginin depolanması, organize edilmesi ve onun değerlendirilmesi süreçlerine eşlik ettiğini söylemek mümkündür. Ayrıca bireyin kalıpyargısını içeren beklentisiyle uyuşan yeni değerlendirmesi öncelikli olduğundan, kalıpyargılarla uyumsuz olan değerlendirmelerin fark edilme, değerlendirilme ve saklanma eşiği kalıpyargılarla uyumlu olan değerlendirmelerden yüksektir (Ellemers, 2008, s.283). Bu özellikleri dolayısıyla, kalıpyargılı beklentiler, bireyin çevresindeki diğerlerini algılama önceliklerini belirleyerek, günlük hayatını şekillendiren önemli çıktılara dönüşmektedir.

Kalıpyargılara dayalı beklentilerin değerlendiren kadar değerlendirilen üzerinde de belirleyici bir etkisi bulunmaktadır. Konuyla ilgili gerçekleştirilen çok sayıda çalışma, bireyin onu değerlendirenin beklentileri doğrultusunda, karşısındakiyle kurduğu etkileşimi şekillendirdiğini ve *kendini gerçekleştiren kehanete* neden olduğunu ortaya koymaktadır (Eccles, Jacobs ve Harold, 1990; Rubovitz ve Maehr, 1973; Rosenthal ve Jacobson, 1968). İlk kez Merton (1948) tarafından *"pygmalion effect"* olarak kavramsallaştırılan bu durum, bireyin kalıpyargılarına dayalı beklentilerinin değerlendirilen bireyin davranışları üzerinde de belirleyici olduğunu ifade etmekte ve *"gerçeğe dayanmayan beklentinin gerçeğe dönüşmesine neden olacak davranışların ortaya çıkması"* (Merton, 1948, s. 195) olarak tanımlanmaktadır. Buna göre, algılanan birey ya da grup üyeleri, çeşitli yaptırımlarla karşılaşmamak, sosyal normlara uyum sağlamak ya da değerlendirenin beklentisine uygun davranmak gibi çeşitli nedenlerden ötürü kendisi hakkında geliştirilmiş kalıpyargı ve beklentilere uygun davranabilmekte ve hatalı beklentilere dayanan kalıpyargıların gerçekliği devam ettirilebilmektedir. Yani, kendini gerçekleştiren kehanet, kalıpyargıyı onaylayan birçok davranışın gerçeğe dönüşmesine neden olmaktadır. Ayrıca bireyin diğerine dair sahip olduğu kalıpyargılı beklentilerin, karşı tarafın beklentilere uygun tercihlerde bulunmasıyla, değerlendirenin kendine dair algısını da etkilediği görülmektedir[1] (Eccles, 1987; Eccles ve diğerleri, 1990). Bu çerçevede ele alındığında, değerlendirilen bireyin nasıl algılandığının, algılayanın sahip olduğu kalıpyargılı inançlarından ve algılayıcının değerlendirdiği birey hakkında edindiği bilgileri kişiselleştirmesinden etkilendiğini söylemek mümkündür (Higgins ve Bargh, 1987; Hilton ve Fein, 1989; Rasinski, Crocker ve Hastie, 1985).

Kalıpyargılar, bireyin karşısındakinin çeşitli özelliklerinden yola çıkarak değerlendirip, onun hakkında bir kanaate varabilmesi için bireye bilişsel bir veri seti sunmaktadır. Kalıpyargıların bireye sağladığı bu destek, taraflar arasındaki sosyal etkileşimin başında, bireyin değerlendirilenin ne olması ya da nasıl davranması gerektiğine ilişkin çeşitli özellikler içerisinden ihtiyaç duyduğunu çağırmasını ve değerlendirdiğine ilişkin yorumlarını bu veri seti üzerinden kurgulayabilmesini olanaklı kılmaktadır. Dahası bu kalıpyargı temelli inanışlarımız değerlendirilenin gelecekteki davranışlarına yönelik tahminlerde bulunulmasının da bir nedeni olarak (Snyder ve diğerleri, 1977), kişilerarasında kurulan ve/veya kurulacak etkileşim üzerinde

---

[1] Örneğin; konuyla ilgili olarak, Eccles ve diğerleri (1990) tarafından gerçekleştirilen çalışma sonuçları, ebeveynlerin kız ve erkek çocuklarına dair sahip oldukları toplumsal cinsiyet kalıpyargılı beklentilerin çocuklarının matematik, spor gibi ilgi duydukları alanlara ilişkin tercihleri üzerinde belirleyici olduğunu ve bu durumun çocuğun kendine dair yeterlilik algısını da etkilediğini ortaya koymaktadır. Yani ebeveynin çocuğunun toplumsal cinsiyet kalıpyargısına ilişkin beklentisi, çocuğun ilgi duyduğu alanı ve bu alandaki öz yeterliliğine ilişkin algısı üzerinde belirleyici bir etken olarak ortaya çıkmaktadır.

de belirleyici olmaktadır. Bu durum ise algılayıcının kalıpyargılı inanışları doğrultusunda değerlendirilene ilişkin hatalı biçimde onaylanmış çıkarımlara sahip olmasını beraberinde getirmektedir. Yani, tarafların kalıpyargıları, kişilerarasında kurulan sosyal etkileşimi şekillendirerek, onların kendi gerçekliklerini yaratmakta ve algılayıcının kalıpyargılarının hem bilişsel hem de davranışsal olarak onaylanmasını mümkür kılmaktadır[2]. Bireyin içerisinde bulunduğu kişilerarası iletişim sürecinde, değerlendirdiği hakkındaki kalıpyargılarını onaylama eğiliminde olması, kalıpyargılarını destekleyen ipuçları aramasına da neden olmakta ve algılayıcının karşısındaki hakkında sahip olduğu bu hatalı izlenimler, onun kalıpyargılı algılarını gerçeğe dönüştürmektedir. Bu bağlamda Snyder ve diğerleri (1977) kalıpyargıların gücüne vurgu yapmakta, inanışlarımızın gerçekliğimizi yarattığının altını çizmektedir. Buna göre, kişilerarası iletişim sürecinde kalıpyargılı algınının karşımızdakiyle kurduğumuz etkileşimi biçimlendirerek gerçekliğimizi nasıl inşa ettiğini şöyle aktarmak olanaklıdır:

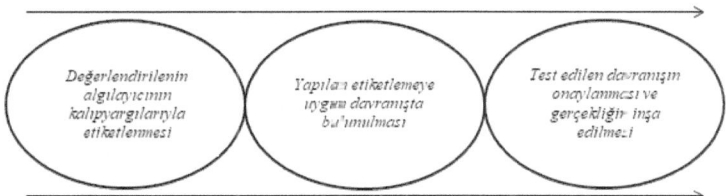

Şekil 1. Kalıpyargıların algılanan gerçekliği inşa etme süreci[3]

---

[2] Bu bağlamda, Synder ve diğerleri (1977) kalıpyargıların sosyal etkileşim süreci üzerindeki belirleyiciliğini, değerlendirilen bireyin çekici bulunma düzeyi üzerinden örneklendirmektedirler. Araştırmacılara göre, bir bireyin diğerine göre neden daha çekici bulunduğu onu değerlendirenin sahip olduğu kalıpyargılarına dayalı algı farklılıklarından kaynaklanmakta ve söz konusu durum değerlendirenin algılanan çekiciliğine bağlı olarak bireyin kendini sunma davranışını etkilediğinden, bireylerarasında kurulan etkileşim üzerinde de belirleyici olmaktadır.

[3] Detaylı bilgi için bknz. Snyder, M., Tanke, E.D. ve Berscheid, E. (1977). Social perception and interpersonal behavior: On the self-fullfilling nature of social Stereotypes. *Journal of Personality and Social Psychology*, 35(9), 656- 666.

Bireyler arasındaki bu etkileşim sürecini bir zincirin halkaları olarak ele aldığımızda, söz konusu etkileşimin ilk halkasının değerlendirilen bireyin değerlendirenin sahip olduğu kalıpyargılı inanışlarına uygun olarak, etiketlemesi olduğunu söylemek mümkündür. Birey, değerlendirerek hakkında çıkarım yaparak etiketlediği diğerine uygun olduğunu düşündüğü bir davranışta bulunmaktadır. Snyder ve diğerlerine (1977) göre, algılayıcının sahip olduğu kalıpyargılı inanış ve bu inanışa uygun davranışı arasındaki ilişki davranışsal onaylama sürecinin de ilk aşamasını oluşturmaktadır. Değerlendiren kalıpyargılarına uygun davranışta bulunarak, algıladığı gerçekliğini test etmektedir. Bu aşamada, değerlendirenin değerlendirdiğine dair etiketleme ya da atıfları, karşısındaki hakkındaki çıkarımları için temel oluşturarak, inanışlarının geçerliliği ya da geçersizliğine bağlı olarak tasarladığı davranışlarını harekete geçirmektedir. Yani aslında birey, karşısındakine dair kalıpyargılı çıkarımlarını sergilediği davranışları aracılığıyla test etmekte ve kalıpyargılı inanışlarına uygun sonuçlara ulaşma eğilimi göstermektedir. Bu nedenle de karşısındaki diğeriyle kurduğu etkileşimini bu inanışlarını doğrulayabileceği bir biçimde yapılandırmaktadır.

Birey, karşısındaki hakkında edindiği izlenime dayanarak, onun hakkındaki bilgilerini işlemektedir. Bu süreçte ise, algılayıcının bilişsel yapısı ve şemalarının kategorizasyonu onun değerlendirdiği birey hakkındaki (a) bilgiyi işleme biçimi, (b) yeni bilgiyi aramasını, (c) kurduğu etkileşim aracılığıyla elde ettiği çıktıyı şekillendirmektedir (Snyder ve diğerleri, 1977, s.11). Böylelikle, taraflar arasında kurulan etkileşim sürecinde bireyin değerlendirilen davranışları değerlendirenin inanışlarıyla tutarlı hale gelmektedir. Bu sürecin bir sonucu olarak ise test edilen gerçeklik algılayıcının inanışları doğrultusunda onaylanmakta ve bu da zincirin son halkasını oluşturan gerçekliğin inşasını beraberinde getirmektedir.

Bir Kişilerarası İletişim Engeli Olarak: Kalıpyargılı Çıkarımlar

Kişilerarası iletişim, iletişim sürecinde yer alan taraflar arasındaki anlam üretimi ve paylaşımına dayanmakta, bu nedenle bir kişilerarası iletişim engeli olarak ortaya çıkan (Gül-Ünlü, 2018a; Gül-Ünlü, 2018b) kalıpyargılarımız üzerinde durulmasını da gerekli kılmaktadır. Çünkü kalıpyargılar, öncelikle bireyin kendisini tanımlama biçimini etkileyerek (Spence, Helmreich ve Stapp, 1975), onun karşısındaki diğeriyle paylaştığı mesajın içeriğini şekillendirmekte, bu bakımdan da bireylerarasındaki ortak anlam üretim sürecinde aktif bir rol üstlenmektedir. Kişilerarası iletişim sürecinin, bireyin sahip olduğu kalıpyargılı düşüncelerinden bağımsız olmaması ve bireyin kalıpyargılı beklentilerini karşılama ihtiyacı, hem karşılaşılan iletişim kaynağının gözlemlenmesini ve onun birçok özelliğine yapılan atfı (Marsh, Cook ve Hicks, 2006), hem bireyin karşı tarafa sergilediği kendini sunma davranışını (Snyder ve diğerleri, 1977), hem de bireylerarasında paylaşılan bilginin içeriğini ve kendini açma davranışını (Cash, Winstead ve Janda, 1986) etkilemektedir. Dolayısıyla, bireyin karşısında yer alan bireyle gerçekleştirdiği ortak anlam üretiminin her iki tarafın kalıpyargılı beklentilerini içerdiğini ve tarafların bu beklentilerine uygun olarak, kendini açtığını ve bilgi paylaştığını, yani sahip olduğu kalıpyargıları doğrultusunda iletişim sürecine katıldığını söylemek mümkündür.

Diğer yandan, başlı başına kişilerarası iletişim sürecinin kendisinin de taraflar arasındaki kalıpyargıların sürdürülmesine kaynaklık edebildiği de görülmektedir (Brauer, Judd ve Jacquelin, 2001; Lyons ve Kashima, 2003; Ruscher, 1998; Schaller ve Conway, 1999; Thompson, Judd ve Park, 2000; Wigboldus, Semin ve Spears, 2000). Çünkü kalıpyargıları doğrultusunda kişilerarası iletişim sürecinde yer alan bireyler, kalıpyargılarını değiştirmek yerine, sürdürmeye daha eğilimli olmakta (Lyons ve Kashima, 2003, s.989), iletişim süreci içerisinde kalıpyargılarına dayalı çıkarımlarını doğrulayabilmek için çeşitli ipuçları aramaktadır. Buna ek olarak, iletişim sürecindeki tarafların karşısındaki hakkında sahip olduğu kalıpyargılı çıkarımların, kurulan iletişim sürecindeki dile de yansıdığını belirtmek gerekmektedir. Buna göre, bireyin karşısındakine hitap ederken kullandığı dil, onun kalıpyargılı çıkarımları doğrultusunda şekillenmektedir (Burgers ve Beukeboom, 2016).

Kişilerarası iletişim sürecinde kalıpyargılı çıkarım ve dil arasındaki ilişkiyi ele alan çok sayıda çalışma (Burgers ve Beukeboom, 2016; Collins ve Clement, 2012; Lee, 2007), tarafların birbirlerine hitap ederken kullandıkların dilin, sahip olunan kalıpyargılar hakkında ipuçları sunduğunun altını çizmektedir. Bu bakımdan değerlendirildiğinde, kalıpyargıların iletişim sürecine katılan bireylerin kullandığı dil aracılığıyla gün yüzüne çıktığını ve sürdürüldüğünü belirtmek olanaklıdır (Beukeboom, 2014; Maass, 1999; Wigboldus ve Douglas, 2007). Konuyla ilgili çalışmalar incelendiğinde, bireylerin karşısındaki diğeri hakkındaki kalıpyargıları ve bireyin davranışları arasında tutarsızlık olduğunda daha olumsuz (Beukeboom, Finkenauer ve Wigboldus, 2010), daha somut (Wigboldus ve diğerleri, 2000) ve daha fazla açıklama içeren (Sekaquaptewa, Espinoza, Thompson, Vargas ve von Hippel, 2003) kelimeleri kullanmayı tercih ettikleri görülmektedir. Tam tersi durumda (bireyin sahip olduğu kalıpyargı içeriği ve değerlendirdiği diğerinin davranışı arasında tutarlılık bulunduğunda) ise bireylerin değerlendirdiği diğeri hakkında çok daha kısa ifadeler kullanarak, daha az açıklamaya yer verdikleri ile karşılaşılmaktadır. Bu durumu değerlendiren Burgers ve Beukeboom (2016), bireyin kalıpyargısıyla tutarsız bir davranışla karşılaştığında daha fazla açıklama içeren ifadelere başvurmasının nedenini, karşılaştığı tutarsızlığı azaltma ihtiyacı ile açıklamaktadır. Ayrıca araştırmacılar, bireyin beklentisiyle tutarsız olan bu davranışının bir kereye mahsus olduğunu da düşünmeye eğimli olduğunu ve bu inançlarının kullandıkları dile de yansıdığını belirtmektedir. Bireyin içinde bulunduğu bu tutarsız durumun bir kereye mahsus olduğunu vurgulayan bir ifade kullanması[4] ise sonraki dönemlerde kalıpyargısıyla tutarlı davranışlarla karşılaştığında söz konusu kalıpyargının geçerliliğini koruyabilmesi açısından önem taşımaktadır. Bu bakımdan değerlendirildiğinde, kişilerarası iletişim sürecindeki bireylerin ortam anlam üretiminden ayrı olarak, değerlendirdikleri diğeri hakkındaki kalıpyargılarını onamaya odaklandıklarını ifade etmek mümkündür. Bu durum ise taraflar arasındaki kalıpyargılı beklentinin sürdürülmesini beraberinde getirmekte ve kalıpyargılar rehberliğinde şekillenen bir iletişim sürecinin nedenini oluşturmaktadır.

Değerlendirme ve Sonuç

Betimsel içeriklere sahip olan kalıpyargılar, bireyin beklentilerini belirleyerek karşısındakine ilişkin algısını şekillendirmekte ve bu nedenle kişilerarası iletişim sürecindeki ortak anlam üretimini olumsuz etkileyebilmektedir. Bu odak noktasından yola çıkan çalışma içerisinde, bireyin çevresindeki diğerlerini algılamasıyla birlikte başlayan anlamlandırma sürecinde, yararlandığı kalıpyargılarının hatalı çıkarımlara neden olarak bireyin gerçeklik algısını nasıl şekillendirdiği ve algılanan bu gerçekliğin kişilerarası iletişim engellerine nasıl dönüşebileceği literatürdeki araştırma bulguları üzerinden tartışmaya açılmıştır. Bu kapsamda değerlendirildiğinde, kalıpyargılı algılamanın özellikle algı yönetimi açısından büyük önem taşıdığını ve başarılı bir algı yönetimi için öncelikle kişilerarası düzeyde karşılaşılan kalıpyargılı algılamanın neden olduğu iletişim engellerinin anlaşılması gerektiğini söylemek mümkündür.

Kalıpyargılara dayalı algılama, bireyin gerçekliğini inşa etmekte ve birey bu kalıpyargılara dayanan gerçeklik üzerinden dış dünyasını anlamlandırmaktadır. Yani, *"günlük yaşantımızın*

---

[4] Buna göre (Burgers ve Beukebcom, 2016), bireyler kalıpyargılarıyla tutarsız olan bir durumla karşılaştıklarında söz konusu durumun geçerliliğini kabul etmek yerine, istisnai bir özellik gösterdiğini vurgulayan bir dil kullanmaktadırlar.

önemli bilişsel görevi olan kendimizi ve diğerini tanımlama" (Forgas, Bower ve Krantz, 1984, s. 497) kalıpyargılarımıza dayanan gerçekliğimize uygun olarak şekillenmekte ve bu durum, başta kişilerarası düzeyde olmak üzere, tüm iletişim süreçlerinde karşılaşılabilecek çok sayıda yanılsamayı da beraberinde getirebilecektir. Bu çerçevede, algı yönetiminin birey ya da bireylerin belirli hedefler doğrultusunda yönlendirilmesini içeren amaçlı bir iletişim sürecine işaret ettiği düşünüldüğünde, öncelikle bireysel düzeyde karşılaşılan kalıpyargılı algılama sürecine odaklanılmasının oldukça önem taşıdığını söylemek yanlış olmayacaktır. Çünkü bireysel düzeyde sahip olunan her bir kalıpyargı o topluma ait kültürel kodların bir yansımasıdır. Bu nedenle, öncelikle söz konusu kalıpyargı içeriklerinin bilinmesi, hem o toplumun kültürel kodlarının çözümlenebilmesi hem de kültürel yapıya en uygun algı yönetimi stratejisinin kurgulanabilmesi açısından bir gereklilik olarak karşımıza çıkmaktadır.

Kaynakça

Abrams, D. ve Hogg, M.A. (2006). *Social identifications: A social psychology of intergroup relations and group processes.* New York: Routledge.

Aronson, E., Wilson, T.D. ve Akert, R.M. (2012). *Sosyal psikoloji.* İstanbul: Kaknüs Yayınları.

Ashmore, R.D. ve Del Boca, F.K. (1981). Conceptual approaches to stereotypes and stereotyping. D.L. Hamilton (Ed.) Cognitive processes in stereotyping and intergroup behavior. (s. 1-35). London, New York: Psychology Press.

Baron, A.S., Schmander, T., Cvencek, D. ve Maltzoff, A.N. (2014). The gendered self-concept: How implicit gender stereotypes and attitudes shape self-definition. P.J. Leman ve H.R. Tenenbaum (Ed.). *Gender and development.* (s. 109-132). New York: Psychology Press.

Bem, S.L. (1981). Gender schema theory: A cognitive account of sex typing. *Psychological Review*, 88(4), 354-364.

Beukeboom, C.J. (2014). Mechanisms of linguistic bias: How words reflect and maintain stereotypic expectancies. J. Laszlo, J. Forgas ve O. Vincze (Ed.). Social cognition and communication. New York: Psychology Press.

Beukeboom, C.J., Finkenauer, C. ve Wigboldus, D.H.J. (2010). The negation bias: When negations signal stereotypic expectancies. *Journal of Personality and Social Psychology,* 99(6), 978-992.

Brauer, M., Judd, C.M. ve Jacquelin, V. (2001). The communication of social stereotypes: The effects of group discussion and information distribution on stereotypic appraisals. *Journal of Personality and Social Psychology,* 81(3), 463-475.

Burgers, C. ve Beukeboom, C.J. (2016). Stereotype transmission and maintenance through interpersonal communication: The irony bias. *Communication Research,* 43(3), 414-441.

Cash, T.F., Winstead, B.A., ve Janda, L.H. (1986). Body image survey report: The great American shape-up. *Psychology Today,* 20(4), 30-44.

Coats, S. ve Smith, E.R. (1999). Perceptions of gender subtypes: Sensitivity to recent exemplar activation and in-group/out-group differences. *Personality and Social Psychology Bulletin,* 25(4), 516-526.

Collins, K.A. ve Clement, R. (2012). Language and prejudice: Direct and moderated effects. *Journal of Language and Social Psychology,* 31(4), 376-396.

Deaux, K., ve Major, B. (1987). Putting gender in the context: An interactive model of gender related behavior. *Psychological Review,* 94(3), 369-389.

Dökmen, Z. (2012). *Toplumsal cinsiyet sosyal psikolojik açıklamalar.* İstanbul: Remzi Kitapevi.

Eccles, J.S. (1987). Gender roles and women's achievement-related decisions. *Psychology of Women Quarterly,* 11(2), 135-172.

Eccles, J.S., Jacobs, J.E. ve Harold, R.D. (1990). Gender role stereotypes, expectancy effects, and parents' socialization of gender differences. *Journal of Social Issues,* 46(2), 183-201.

Ellemers, N. (2018). Gender stereotypes. *Annual Review of Psychology,* 69, 275-298.

Forgas, P.J., Bower, G.H. ve Krantz, S.E. (1984). The influence of mood on perceptions of social interactions. *Journal of Experimental Social Psychology,* 20(6), 497-513.

Grant, P.R. ve Holmes, J.G. (1981). The integration of implicit personality theory schemas and stereotype images. *Social Psychology Quarterly,* 44(2), 107-115.

Grant, P.R. ve Holmes, J.G. (1982). The influence of stereotypes in impression formation: A reply to Locksley, Hepburn and Otriz. *Social Psychology Quarterly,* 45(4), 274-276.

Gül-Ünlü, D. (2018a). Gender-based stereotypes in interpersonal communication. *Media Literacy and Academic Research,* 1(2), 60-73.

Gül-Ünlü, D. (2018b). *Kişilerarası iletişim sürecinde toplumsal cinsiyet kalıpyargılarının belirlenmesi.* Doktora Tezi.

Hamilton, D.L., Stroessner, S.J. ve Driscoll, D.M. (1994). Social cognition and the study of stereotyping. P.G. Devine ve D.L. Hamilton (Ed.). Social cognition: Impact on social psychology. (s. 291-321). San Diego: Academic Press.

Harlak, H. (2000). *Önyargılar: psikososyal bir inceleme.* İstanbul: Sistem Yayıncılık.

Higgins, E.T. ve Bargh, J.A. (1987). Social cognition and social perception. *Annual Review of Psychology,* 38(1), 369-425.

Hilton, J.L. ve Fein, S. (1989). The role of typical diagnosticity in stereotyped-based judgements. *Journal of Personality and Social Psychology,* 57(2), 210-211.

Howansky, K., Wilton, L.S., Young, D.M., Abrams, S. ve Clapham, R. (2019). (Trans)gender stereotypes and the self: Content and consequences of gender identity stereotypes. *Self and Identity,* 1-18.

İnceoğlu, M. (2011). *Tutum, algı, iletişim.* Ankara: Siyasal Kitapevi.

İsen, G. ve Batmaz, V. (2006). *Ben ve toplum.* İstanbul: Salyangoz Yayınları.

Kunda, Z. ve Nisbett, R. E. (1988). Predicting individual evaluations from group evaluations and vice versa: Different patterns for self and other?. *Personality and Social Psychological Bulletin,* 14(2), 326-334.

Lee, E.J. (2007). Effects of gendered language on gender stereotyping in computer-mediated communication: The moderating role of depersonalization and gender-role orientation. *Human Communication Research,* 33(4), 515-535.

Lyons, A. ve Kashima, Y. (2003). How are stereotypes maintained through communication? The influence of stereotype sharedness. *Attitudes and Social Cognition,* 85(6), 989-1005.

Marsh, R., Cook, G., ve Hicks, J. (2006). Gender and orientation stereotypes bias source-monitoring attributions. *Memory,* 142(2), 148-160.

Martinez-Marin, M.D. ve Martinez, C. (2019). Negative and positive attributes of gender stereotypes and gender self-attributions: A Study with Spanish adolescents. *Child Indicators Research,* 12(3), 1043-1063.

Maass, A. (1999). Linguistic intergroup bias: Stereotype perpetuation through language. P.M. Zanna (Ed.). *Advances in experimental social psychology* içinde (s.79-121). San Diego: Academic Press.

Mather, M., Johnson, M.K., ve De Leonardis, D.M. (1999). Stereotype reliance in source monitoring: age differences and neuropsychological test correlates. *Cognitive Neuropsychology,* 16(3-5), 437-458.

Merton, R.K. (1948). The self-fulfilling prophecy. *The Antioch Review,* 8(2), 193-210.

Mullen, B. ve Johnson, C. (1993). Cognitive representation in ethnophaulisms as function of group size: The phenomenology of being in a group. *Personal and Social Psychology Bulletin,* 19(3), 296-304.

Rasinski, K.A., Crocker, J. ve Hastie, R. (1985). Another look at sex stereotypes and social judgemets: An analysis of the social perceiver's use of subjective probabilities. *Journal of Personality and Social Psychology,* 49(2), 317-326.

Robinson, M.D., Johnson, J.T. ve Shields, S.A. (1998). The gender heuristic and the database: Factors affecting the perception of gender-related difference in the experience and display of emotions. *Basic and Applied Social Psychology,* 20(3), 206-219.

Rosenthal, R. ve Jacobson, L. (1968). Pygmalion in the classroom. *The Urban Review,* 3(1), 16-20.

Rubovitz, P.C. ve Maehr, M.L. (1973). Pymalion black and white. *Journal of Personality and Social Psychology*, 25(2), 210-218.

Rudman, L.A., Greenwald, A.G. ve McGhee, D.E. (2010). Implicit self-concept and evaluative implicit gender stereoypes: Self and ingroup desirable tratits. *Personality and Social Psychology Bulletin*, 27(9), 1164-1178.

Ruscher, J.B. (1998). Prejudice and stereotyping in everyday communication. *Advances in Experimental Social Psychology*, 30, 241-307.

Sekaquaptewa, D., Espinoza, P., Thompson, M. Vargas, P. ve von Hippel, W. (2003). Stereotypic explanatory bias: Implicit stereotyping as a predictor of discrimination. *Journal of Experimental Social Psychology*, 39(1), 75-82.

Schaller, M. ve Conway, L. G. (1999). Influence of impression-management goals on the emerging contents of group stereotypes: Support for a socialevolutionary process. *Personality and Social Psychology*, 25(7), 819-833.

Snyder, M., Tanke, E.D. ve Berscheid, E. (1977). Social perception and interpersonal behavior: On the self-fullfilling nature of social stereotypes. *Journal of Personality and Social Psychology*, 35(9), 656- 666.

Spaniol, J., ve Bayen, U.J. (2002). When is schematic knowledge used in source monitoring?. *Journal of Experimental Psychology: Learning, Memory and Cognition*, 28(4), 631-651.

Spence, J.T., Helmreich, R. ve Stapp, J. (1975). Rating of self and peers on sex role attributes and their relationship to self-esteem and conceptions of masculinity and feminity. *Journal of Personality and Social Psychology*, 32(1), 29-39.

Stangor, C. ve Lange, J.E. (1994). Mental representations of social groups: Advances in understanding stereotypes and stereotyping. M.P. Zanna (Ed.). *Advances experimental social psychology* içinde (s. 375-416). New York: Academic Press.

Thompson, M.C., Judd, C.M. ve Park, B. (2000). The consequences of communicating social stereotypes. *Journal of Experimental Social Psychology*, 36(6), 567-599.

Wigboldus, D.H.J., Semin, G.R. ve Spears, R. (2000). How do we communicate stereotypes? Linguistic biases and interferential consequences. *Journal of Personality and Social Psychology*, 28(1), 5-18.

Wigboldus, D.H.J. ve Douglas, K. (2007). Language, stereotypes, and intergroup relations. K. Fiedler (Ed.). *Social communication* içinde (s. 79-106). New York: Psychology Press

Yazarlar Hakkında[1]

Doç. Dr. Ali Fuat Gökçe

1967 Van doğumlu, ilk ve orta öğrenimini tamamladıktan sonra 1981'de Kuleli Askerî Lisesine girdi. 1985 Kuleli Askerî Lisesi mezunu, 1989 yılında Kara Harp Okulundan Jandarma Teğmen olarak mezun oldu. 2008 yılında Binbaşı rütbesinden emekli oldu. 2006-2008 yılları arasında Konya Selçuk Üniversitesinde Kamu Yönetimi Anabilim Dalında yüksek lisans yaptı. 2007-2011 yılları arasına Malatya İnönü Üniversitesinde Kamu Yönetimi Anabilin Dalında doktorasını tamamladı. 2017 yılında Siyasal Hayat ve Kurumlar alanında Doçent unvanı aldı. 2012-2014 yılları arasında Gaziantep Üniversitesi İslâhiye İktisadi ve İdari Bilimler Fakültesinde Yrd. Doç. Dr. olarak görev yaptı. 2014-2018 yılları arasında Kilis 7 Aralık Üniversitesi İktisadi ve İdari Bilimler Fakültesinde görev yaptı. 2018 Şubat ayından itibaren ise Gaziantep Üniversitesi İktisadi ve İdari Bilimler Fakültesinde görev yapmaktadır. Siyasal rejimler, demokrasi, hükümet sistemleri, güvenlik ve terör ile ombudsmanlık konularında sempozyum ve kongrelerde sunulan bildiriler ile çeşitli dergilerde yayınlanan makaleleri bulunmaktadır. Silahlı Kuvvetler Üstün Cesaret ve Feragat Madalyası sahibidir.

Dr. Öğr. Üyesi Ali Yıldırım

Lisans ve yüksek lisansını Kocaeli Üniversitesi İletişim Fakültesi Halkla İlişkiler ve Tanıtım Bölümü'nde tamamlamıştır. İstanbul Üniversitesi İletişim Fakültesi Halkla İlişkiler ve Tanıtım Bölümü'nde 2018 yılında doktorasını bitirmiştir. 2010-2011 Eğitim ve Öğretim döneminde bir yıl Belçika Cent Üniversitesi'nde değişim öğrencisi olarak bulunmuştur. 2011-2013 yılları arasında halkla ilişkiler sektöründe iletişim danışmanı olarak çalışan Yıldırım, 2013 yılında üniversiteye geçerek akademik anlamda kendisini geliştirmiştir. "Sporda Halkla İlişkiler" isminde bir kitabı bulunar. Yıldırım'ın dijital iletişim, siyasal iletişim ve seçim kampanyaları, spor iletişimi ve halkla ilişkiler alanlarında makale ve bildirileri bulunmaktadır. Yıldırım, 2018-2019 eğitim-öğretim döneminde Milli Savunma Üniversitesi Kara Harp Okulu'nda askerlik görevini Dr. Öğr. Gör. olarak icra etmiş ve iletişim dersleri vermiştir. Yıldırım, halen Jandarma ve Sahil Güvenlik Akademisi'nde Dr. Öğr. Üyesi olarak çalışmaktadır.

---

[1] Alfabetik sıraya göre hazırlanmıştır.

Yazarlar Hakkında

Dr. Öğr. Üyesi Arif Yıldırım

Çanakkale 18 Mart Üniversitesi Gazetecilik Bölümü Bilişim Bilim Dalında görev yapmakta olup, "Bilişim Sistemlerinde Veri Güvenliği Yaklaşımı ve Şifreleme Algoritmaları: DNA Algoritması Önerisi" başlıklı tezi ile 2010 yılında Marmara Üniversitesi'nden Bilişim alanında doktora derecesine sahiptir. Gaziantep Üniversitesi İletişim Fakültesi'nde İletişim Enformatiği ve Gazetecilik Bölüm Başkanı, Sosyal Bilimler Enstitüsü Müdür Yardımcısı olarak görev yapmıştır. Ayrıca Gaziantep Üniversitesi, Sosyal Bilimler Enstitüsü Dergisi Editörlüğü yapmış ve halen de İngiltere'de Lincoln Üniversiesi bünyesinde yayın faaliyetlerini sürdüren "Journal of Media Critiques" adlı akademik derginin kurucu baş editörü olarak görev yapmaktadır. Yıldırım hem lisans hem de lisansüstü düzeyde "Sosyal Medya ile Nörohacking", "Sosyal Medya Gazeteciliği ve Hacktivizm" ve "Aktivizm, Dijital Aktivizm ve Hacktivizm" gibi dersleri vermektedir. Yıldırım; Sosyal Medya, Kriptografi, Sosyal Medya ile Nörohacking, Dijital Kültür ve Antropoloji, Hacktivizm, Mahremiyet, Çevrimiçi Davranış ve Kimlik, Sosyal Perkülasyon, Büyük Veri, Sanal Popüler Kültür, Siber Güvenlik konularında araştırmalar yapmakta olup, akademik yayınları bulunmaktadır.

Dr. Öğr. Üyesi Derya Gül Ünlü

İstanbul Üniversitesi, Halkla İlişkiler ve Tanıtım Bölümü'nden 2011 yılında mezun olmuş, aynı zamanda İstanbul Üniversitesi İletişim Fakültesi Gazetecilik Bölümünde Çift Anadal yapmıştır. 2014 yılında İstanbul Üniversitesi Halkla İlişkiler ve Tanıtım Anabilim Dalı'ndan "Halkla İlişkiler Sektöründe Toplumsal Cinsiyetçi Yaklaşımın Kurum Kültürü Bağlamında İncelenmesi" başlıklı yüksek lisans tezini tamamlayarak mezun olmuştur. 2018 yılında ise, aynı Ana Bilim Dalı'nın Doktora programından "Kişilerarası İletişim Sürecinde Toplumsal Cinsiyet Kimliğine İlişkin Kalıpyargıların Belirlenmesi" başlıklı doktora teziyle Doktor unvanını almıştır. Kişilerarası iletişim sürecinde toplumsal cinsiyet, cinsiyete dayalı ayrımcılık, toplumsal cinsiyet kimliği kalıpyargıları üzerine çalışan Derya Gül Ünlü, aynı zamanda İstanbul Üniversitesi İletişim Fakültesi Halkla İlişkiler ve Tanıtım Bölümü Araştırma Yöntemleri Anabilim Dalı'nda Doktor Öğretim Üyesi olarak görev yapmaktadır.

Doç. Dr. Ekmel Geçer

2004'te Marmara Üniversitesi İlahiyat Fakültesinden mezun olan Ekmel Geçer, 2007 yılında Din Psikolojisi alanında ilk yüksek lisans derecesini aldı. Bir süre özel sektörde iletişim departmanlarında çalışmasının akabinde "medya ve iletişim" çalışmaları için İngiltere'ye gitti. 2009 yılında Leicester Üniversitesi Yeni Medya, Demokrasi ve Yönetim bölümünde "siyasal iletişim" teziyle ikinci yüksek lisans derecesini aldı. Doktorasını 2014'te Loughborough Üniversitesi gazetecilik ve medya bölümünde "Türkiye'de Medya ve Demokrasi: Kürt Meselesi" teziyle bitiren Geçer, bir yandan "bağımsız gazetecilik" yapmaya devam etti. Geçer'in

Yazarlar Hakkında

haber ve yazıları Leicester Mercury, Radikal, Star, Taraf gibi ulusal/yerel gazetelerde ve haber sitelerinde; makale, röportaj ve şiirleri Türkiye'deki birçok dergide yayımlandı. Sakarya Üniversitesi İletişim Fakültesindeki dört yılın ardından Sağlık Bilimleri Üniversitesi Psikoloji Bölümünde öğretim üyeliği devam eden Geçer, Medya ve Popüler Kültür: Diziler, Televizyon ve Toplum, Türkiye Medyasını Anlamak: Demokratik Bir Yapı Mümkün mü?, Gerçekliğin Paradoksal Yenilgisi, Sosyal Medya ve İletişim Psikolojisi adlı kitapları yayımladı. Arapça, İngilizce ve Kürtçe bilen Geçer, evli ve 2 çocuk babasıdır.

Dr. Öğr. Üyesi Ergün Köksoy

İstanbul Üniversitesi İletişim Fakültesi'nden 2004 yılında mezun oldu. 2008 yılında Kocaeli Üniversitesi İletişim Bilimleri Ana Bilim Dalında yüksek lisansını, 2013 yılında İstanbul Üniversitesi Halkla İlişkiler ve Tanıtım Ana Bilim Dalında doktorasını tamamladı. İngiltere'de dil, halkla ilişkiler, reklamcılık ve pazarlama eğitimleri aldı. 2008-2017 yılları arasında İstanbul Büyükşehir Belediyesi'nde Strateji Uzmanı, Türk Hava Yolları'nda Halkla İlişkiler Uzmanı ve Marka Yöneticisi olarak görev yaptı. 2017 yılı itibariyle Marmara Üniversitesi İletişim Fakültesi'nde öğretim üyesi olarak görev yapmaktadır. Çalışma alanları arasında; halkla ilişkiler, kamu diplomasisi, siyasal iletişim ve marka yönetimi yer almaktadır.

Araş. Gör. Fatih Baritci

2014 yılında Marmara Üniversitesi İletişim Fakültesi Halkla İlişkiler ve Tanıtım Bölümü'nden mezun olmuştur. 2018 yılında Marmara Üniversitesi Sosyal Bilimler Enstitüsü Halkla İlişkiler Bölümü'nde "Kamu Diplomasisi Aracı Olarak Medya: TRT World Örneği" isimli yüksek lisansını tamamlamış olup yine aynı yıl içinde Selçuk Üniversitesi Sosyal Bilimler Enstitüsü Halkla İlişkiler ve Tanıtım Bölümü'nde doktoraya başlamıştır. Akademik kariyerine 2017 yılında Aksaray Üniversitesi İletişim Fakültesi Halkla İlişkiler ve Reklamcılık Bölümü'nde başlayan Baritci, 2018 yılının Mayıs ayında doktora çalışmaları için Selçuk Üniversitesi'ne görevlendirilmiştir. Temmuz 2019 itibarıyla asıl görev yeri olan Aksaray Üniversitesi'ne geri dönerek akademik çalışmalarını sürdürmektedir. Kamu diplomasisi, göç, iletişim sosyolojisi ve yeni iletişim teknolojileri gibi alanlarda yayınlanmış eserleri bulunmaktadır. Yazar, evli ve bir kız çocuğu babasıdır.

Doç. Dr. Fatma Çakmak

1982 yılında Samsun'da doğdu. 2005 yılında Selçuk Üniversitesi İletişim Fakültesi Halkla İlişkiler ve Tanıtım Bölümü'nden mezun oldu. Selçuk Üniversitesi Sosyal Bilimler Enstitüsü Halkla İlişkiler ve Tanıtım Ana Bilim Dalı'nda yüksek lisansını tamamladıktan sonra 2010 yılında Muğla Sıtkı Koçman Üniversitesi Muğla Meslek Yüksekokulu Radyo ve Televizyon Teknolojisi Progra-

Yazarlar Hakkında

mı'nda Öğretim Görevlisi olarak çalışmaya başladı. Bu süre içerisinde ayrıca Akdeniz Üniversitesi Sosyal Bilimler Enstitüsü İletişim Ana Bilim Dalı'nda doktorasını tamamladı. 2020 yılında Doçent unvanını aldı. Hâlâ Muğla Sıtkı Koçman Üniversitesi'nde görevine devam etmektedir. Siyasal iletişim ve iletişim araştırmaları alanlarında ulusal ve uluslararası yayınları bulunmaktadır.

Dr. Öğr. Üyesi Gözde Kurt

1986 yılında İstanbul'da doğan Gözde Kurt, lisansını 2009 yılında, Marmara Üniversitesi Fransızca Siyaset Bilimi ve Kamu Yönetimi Bölümü'nde tamamlamıştır. Galatasaray Üniversitesi Medya ve İletişim Çalışmaları Bölümü'ndeki yüksek lisans öğrenimini 2011'de tamamlamıştır. 2012-2014 seneleri arasında İstanbul Kültür Üniversitesi Sanat ve Tasarım Fakültesi İletişim Sanatları Bölümü'nde Araştırma Görevlisi olarak görev yapmıştır. Galatasaray Üniversitesi Medya ve İletişim Çalışmaları Bölümü'ndeki doktora öğrenimini "Dijital diplomasi" konusunda yazdığı doktora tezi ile 2016'da tamamlamıştır. 2018'de doktora tezinden ürettiği "Dijital Diplomasi" adlı kitabı yayınlanmıştır. Ekim 2016'da Beykent Üniversitesi İletişim Fakültesi İngilizce Yeni Medya Bölümü'nde Yardımcı Doçent Doktor olarak görev yapmaya başlayan Kurt, Ekim 2020'de aynı bölümde bölüm başkanı olarak görev yapmaya başlamıştır. 2020'de Milli Savunma Üniversitesi Stratejik İletişim Yüksek Lisans Programı'nda ders vermeye başlayan Kurt'un iletişim alanında kitap bölümleri, ulusal ve uluslararası makaleleri, bildirileri ve ders kitabı bölümleri bulunmaktadır.

Doç. Dr. Hatun Boztepe Taşkıran

Marmara Üniversitesi İletişim Fakültesi Halkla İlişkiler ve Tanıtım Bölümü'nden mezun olan yazar, Marmara Üniversitesi Sosyal Bilimler Enstitüsü İletişim Bilimleri Anabilim Dalı Halkla İlişkiler Bilim Dalı'nda 2008 – 2010 yılları arasında yüksek lisans eğitimini sürdürdü. 2010 yılında Marmara Üniversitesi Sosyal Bilimler Enstitüsü Halkla İlişkiler Anabilim Dalı'nda doktora eğitimine başladı ve 2013 yılında doktor unvanını kazandı. İstanbul Üniversitesi İletişim Fakültesi Halkla İlişkiler ve Tanıtım Bölümü Halkla İlişkiler Anabilim Dalı'nda araştırma görevlisi olarak başladığı akademik kariyerini aynı kurumda sürdürmektedir. Dijital iletişim, kurumsal iletişim, halkla ilişkiler, algı yönetimi ve marka iletişimi akademik ilgi alanları arasında yer almaktadır. Söz konusu alanlara ilişkin ulusal ve uluslararası düzeyde yayımlanmış eserleri bulunan yazarın, Kamusal Halkla İlişkiler, Halkla İlişkiler ve İlişki Yönetimi, Marka İletişimi ve Dijital Stratejiler isimli üç kitabı bulunmaktadır.

Dr. Kübra Ecer

1987 yılında Sivas'ta doğmuştur. Cumhuriyet Üniversitesi'nde lisans, İstanbul Üniversitesi Sosyal Bilimler Enstitüsü Avrupa Birliği Anabilim Dalı'nda

Yazarlar Hakkında

yüksek lisans ve İktisat Anabilim Dalı'nda doktora öğrenimini tamamlamıştır. 2009-2019 yılları arasında Sosyal Güvenlik Kurumu'nda Sosyal Güvenlik Denetmeni olarak başladığı çalışma hayatında birçok firmanın iş ve sosyal güvenlik hukuku açısından denetimini gerçekleştirmiştir. Aile, Çalışma ve Sosyal Hizmetler Bakanlığı içerisinde çeşitli görevlerde bulunmasının yanı sıra T.C. Cumhurbaşkanlığı Devlet Bilgi Koordinasyon Merkezi'nde Kurum Temsilciliği görevini de yürütmüştür. 2019 yılı itibariyle T.C. İletişim Başkanlığı'nda İletişim Uzmanı görevine atanan Ecer, halen bu görevini yürütmektedir. Ayrıca 2020 yılı itibarıyla Üsküdar Üniversitesi'nde Doktor Öğretim Üyesi (yarı zamanlı) olarak görev yapmaktadır. Ecer'in davranışsal iktisat, çalışma ekonomisi, göç ve Avrupa Birliği üzerine yayımlanmış makaleleri ve kitap bölümleri bulunmaktadır.

Dr. Öğr. Üyesi Mesut Aytekin
İstanbul Üniversitesi İletişim Fakültesi Radyo TV Sinema Bölümü'nü 2003 yılında birincilikle bitirdi. Aynı yıl İstanbul Üniversitesi Sosyal Bilimleri Enstitüsü Radyo TV Sinema Ana Bilim Dalı'nda lisansüstü eğitimine başlayan Aytekin, "Korku Sinemasında Vampir Filmleri ve Korku Sinemasının Tarihsel Sürecinde Değişen Vampir İmgesi" başlık teziyle 2006 yılında yüksek lisansını, "Türk Milliyetçiliğinin 2000 Sonrası Türk Sineması'na Yansıması (2005-2011)" başlıklı tezi ile 2012 yılında doktorasını tamamladı. İÜWEBTV'nin kurucuları arasında yer aldı ve içerik koordinatörü olarak farklı türlerde birçok programın çekilmesini sağladı. Kısa film ve belgesel çalışmaları olan Aytekin, Türk Sineması, korku sineması, senaryo, sinema-reklam ilişkisi, sinemada türler, yeni medya ve sinemanın farklı konularında makale, bildiri ve kitap çalışmalarında bulundu. 5 kitabın editörlüğünü üstlenmiş, 17 kitapta bölüm yazarlığı yapmıştır. Rengâhenk, Düşünce ve Lacivert dergilerinde sinema, medya ve iletişim ile ilgili olarak güncel yazılar yazmaktadır. Evli ve iki çocuk babası olan Aytekin, halen İÜ İletişim Fakültesi Radyo TV Sinema Bölümü Radyo Televizyon Ana Bilim Dalı'nda doktor öğretim üyesi olarak görev yapmaktadır.

Dr. Nil Çokluk
1987 yılında Hatay Antakya'da doğmuştur. İlk ve orta öğrenimini Hatay'da tamamlayan Nil Çokluk 2012 yılında Marmara Üniversitesi İletişim Fakültesi Halkla İlişkiler ve Tanıtım bölümünden dereceyle mezun olmuştur. Burada devam eden lisans eğitimi sırasında Anadolu Üniversitesi'nde başladığı Felsefe lisans eğitimini ise 2014 yılında tamamlayarak lisans derecesi almaya hak kazanmıştır. 2016 yılında İstanbul Üniversitesi İletişim Fakültesi Halkla İlişkiler ve Tanıtım bölümünde TÜBİTAK desteğiyle hazırladığı "Kitle Psikolojisi ve Yönetimi Bağlamında 2014 Yerel Seçimleri" adlı tezi ile yüksek lisans derecesini almıştır. İstanbul Üniversitesi Halkla İlişkiler ve Tanıtım bölümünde 2016 yılında doktoraya başlayan Çokluk. "Nörosiyaset: Siyasal Karar Oluşturmada

Yazarlar Hakkında

Siyasal İletişimin Bilinçdışına Etkileri" başlıklı doktora tezini de 2020 yılında TÜBİTAK desteğiyle tamamlamıştır. Siyasal iletişim, dijital iletişim, yeni iletişim teknolojileri, toplumsal cinsiyet gibi konularda ulusal ve uluslararası akademik çalışmalar yapan Çokluk, İngilizce ve Arapça dillerini bilmektedir. Mustafa Kemal Üniversitesi'nde başladığı araştırma görevliliğine İstanbul Üniversitesi'nde devam eden Nil Çokluk halen Hatay Mustafa Kemal Üniversitesi'nde araştırma görevlisi olarak çalışmaktadır.

Dr. Oğuz Kuş

İstanbul Üniversitesi, İletişim Fakültesi'nde araştırma görevlisi olarak çalışmakta olan Dr. Oğuz Kuş'un araştırma konuları yeni medyada nefret söylemi, eleştirel veri çalışmaları, büyük veri, metin madenciliği ve içerik pazarlama gibi başlıkları kapsamaktadır. Yazar, lisans eğitimini Marmara Üniversitesi, İletişim Fakültesi'nde; yüksek lisans ve doktora eğitimini ise İstanbul Üniversitesi'nde tamamlamıştır. Oğuz Kuş, yüksek lisans eğitimini sürdürürken Vilnius Üniversitesi'ne araştırma ziyaretinde bulunmuş, Litvanya ve Türkiye'deki içerik pazarlama ajansları üzerine ve kültürel arkaplanın içerik pazarlama pratiği üzerindeki etkisi üzerine karşılaştırmalı araştırmalar gerçekleştirmiştir. Yazar, doktora tezi yazarken Tartu Üniversitesi bünyesindeki Centre for Migration and Urban Studies isimli araştırma merkezinde misafir araştırmacı olarak bulunmuştur. Oğuz Kuş, 2015 – 2018 yılları arasında İstanbul Üniversitesi, DOBA Faculty of Applied Business and Social Studies ve School of Journalism and Public Relations ortaklığıyla gerçekleştirilen Avrupa Birliği destekli E-PROFMAN isimli projede araştırmacı olarak görev üstlenmiştir. Yazar, 2018 yılından bu yana European Communication Research and Education Association üyesidir.

Doç. Dr. Oğuz Göksu

Aralık 1989'da İstanbul'da doğdu. İstanbul Üniversitesi İletişim Fakültesi Halkla İlişkiler ve Tanıtım Bölümü ile Radyo Televizyon ve Sinema Bölümünü 2012'de birlikte tamamlayarak çift anadal yaptı. Eylül 2012'de Gaziantep Üniversitesi'nde Araştırma Görevlisi olarak akademik hayatına başladı. 2013-2016 döneminde İstanbul Üniversitesi İletişim Fakültesinde çalışmalarını sürdürdü. İstanbul Üniversitesi'nde Haziran 2014'te yüksek lisansını, Ocak 2018'de "Siyasal İktidar İnşasında Lider Olgusu: Lider Tipolojileri Bağlamında Recep Tayyip Erdoğan İncelemesi" başlıklı teziyle doktorasını tamamladı. Ocak 2019'da Dr. Öğr. Üyeliğine atandı. Haziran 2020'de 'İletişim Çalışmaları' bilim alanında Doçent oldu. 2018-2020 yılları arasında KONDA Araştırma ve Danışmanlık Şirketinin Gaziantep il sorumlusu olarak görev yaptı. Çalışma alanları; siyasal iletişim, kamu diplomasisi, siyasal liderlik, sosyal medya, algı yönetimi ve spor iletişimidir. Göksu, ulusal ve uluslararası 6 kitap, 14 makale, 15 bildiri, 15 kitap bölümü yayınladı ve ulusal projelerde görev aldı. Aralık 2019'dan beri Türkiye

Yazarlar Hakkında

Cumhuriyeti İletişim Başkanı Danışmanı olarak İletişim Başkanlığında görev yapıyor. Göksu, evli ve iki çocuk babasıdır.

Dr. Öğr. Üyesi Oğuz Güner

1989 yılında Kırşehir'de doğmuştur. Yıldız Teknik Üniversitesi'nde lisans, İstanbul Üniversitesi Sosyal Bilimler Enstitüsü Avrupa Birliği Anabilim Dalı'nda ise yüksek lisans ve doktora öğrenimini tamamlamıştır. 2012-2018 yılları arasında Fatih Sultan Mehmet Vakıf Üniversitesi'nde öğretim görevlisi olarak çalışmıştır. 2018 yılında Aalborg Üniversitesi Toplum Bilimleri Fakültesi'nde misafir araştırmacı olarak bulunmuştur. 2019 yılında ise Avrupa Birliği Komisyonu'nun Jean Monnet Burs Programı ile Strasbourg Üniversitesi'nde Avrupa Toplumları, Aktörleri ve Hükümetleri Araştırma Merkezi'nde (*Sociétés, Acteurs, Gouvernement en Europe*) misafir araştırmacı olarak bulunmuş ve "Fransa Bilim ve Araştırma Altyapısının Yenilikçi Rekabetçiliğinin Avrupa Birliği'ndeki Yeri" adlı araştırma projesinde yer almıştır. Güner, 2019 yılı itibarıyla Amasya Üniversitesi'nde Doktor Öğretim Üyesi olarak görev yapmaktadır. Güner'in Avrupa Birliği'nde dijitalleşme, bilim ve yenilik, medya ve Balkanlar üzerine yayımlanmış makaleleri ve kitap bölümleri bulunmaktadır.

Dr. Öğr. Üyesi Onur Akyol

1981'de İstanbul'da dünyaya geldi. İÜ İletişim Fakültesi Radyo TV Sinema Bölümü'nü 2003 yılında bitirdi. Aynı yıl İÜ Sosyal Bilimler Enstitüsü Radyo TV Sinema Ana Bilim Dalı'nda yüksek lisansa başlayan Akyol, 2006'da yüksek lisansını, 2012 yılında "Gelişen Televizyon Yayın Teknolojileri ve Etkileşimli Yayıncılık Uygulamaları" isimli teziyle doktorasını tamamladı. 2009-20014 yılları arasında İÜ İletişim Fakültesi'nde Öğretim Görevlisi olarak çeşitli dersler verdi. 2013 yılında İstanbul Arel Üniversitesi'nde Yardımcı Doçent unvanı alan Akyol, akademik faaliyetlerini sektörle iç içe sürdürerek yürütmüştür. Birçok kısa film ve belgesel çalışmasının yanı sıra 2007-2011 yılları arsında Canon Türkiye Distribütörü Erkayalar Fotoğrafçılık'ta ürün müdürü olarak görev almış, 2011-2015 Yılları arasında Canon Pro Video Yetkili İş Ortağı Teknomaks Bilişim Teknolojileri firmasında çalışmıştır. 2015'te İÜ İletişim Fakültesi Radyo Televizyon Anabilim Dalı'na Doktor Öğretim Üyesi olarak atanan Akyol, halen Radyo Televizyon ve Sinema Bölüm Başkan yardımcısıdır. Akyol, evli ve iki çocuk babasıdır.

Doç. Dr. Samet Kavoğlu

Marmara Üniversitesi İletişim Fakültesi Halkla İlişkiler ve Tanıtım Bölümü öğretim üyesidir. Lisans eğitimini Ankara Üniversitesi İletişim Fakültesi Halkla İlişkiler ve Tanıtım Bölümünde tamamlamıştır. Yüksek Lisans derecesini 2009 yılında Trakya Üniversitesi Sosyal Bilimler Enstitüsü İşletme Anabilim Dalında, doktora derecesini 2016 yılında Gazi Üniversitesi Sosyal Bilimler Enstitüsü

Yazarlar Hakkında

Halkla İlişkiler ve Tanıtım Anabilim Dalında almıştır. 2020 yılında Halkla İlişkiler Bilim Dalında doçent unvanı almaya hak kazanmıştır. Başlıca çalışma alanları halkla ilişkiler, siyasal iletişim, kamu diplomasisi ve itibar yönetimidir. Kaleme aldığı Türk Kamu Diplomasisi - Halkla İlişkiler Eksenli Model Arayışları, editörlüğünü yaptığı ve bölüm yazarı olarak yer aldığı Political Propaganda, Advertising, and Public Relations, Teoriden Uygulamaya Siyasal İletişim ve Yeni Medyada Güncel Yaklaşımlar kitaplarının yanı sıra ulusal ve uluslararası akademik dergilerde yayımlanmış çok sayıda makalesi ile ulusal ve uluslararası kongrelerde sunulmuş tebliğleri bulunmaktadır.

Dr. Öğr. Üyesi Süleyman Şahan

1982 yılında Osmaniye'de doğdu. 2007 yılında Ankara Üniversitesi İletişim Fakültesi Halkla İlişkiler ve Tanıtım Bölümü'nde lisans eğitimini tamamladı. 2013 yılında Ankara Üniversitesi'nden yüksek lisans derecesi aldı. Nisan 2020'de "Liderin Siyasal Kimliğinin ve İmajının Seçmenin Oy Verme Davranışındaki Rolü: Gaziantep" başlıklı araştırmasıyla Gazi Üniversitesi Sosyal Bilimler Enstitüsü Halkla İlişkiler ve Tanıtım Ana Bilim Dalı'nda doktorasını tamamladı. Bir süre kamuda görev yaptıktan sonra 2016-2020 yılları arasında Gaziantep Üniversitesi Sosyal Bilimler Meslek Yüksek Okulu'nda Öğretim Görevlisi olarak çalışmıştır. Gaziantep Üniversitesi Cerablus Meslek Yüksekokulunda Kurucu Bölüm Başkanı olarak görev almış ve doktora eğitiminin ardından Ağustos 2020'de Gaziantep Üniversitesi İletişim Fakültesi Reklamcılık Bölümüne Dr. Öğr. Üyesi olarak atanmıştır. Politikanın bilimselleşmesi, profesyonellerin ve uzmanların politik alandaki rol ve etkileri, siyasal propaganda, siyasal liderlik, imaj, seçmen davranışları ve medyatikleşme konularında çalışmalarını sürdürmektedir.

Dr. Öğr. Üyesi Zühal Fidan Baritci

2006 yılında Selçuk Üniversitesi İletişim Fakültesi Halkla İlişkiler ve Tanıtım Bölümü'nden mezun olmuştur. 2009 yılında "Kurum İmajının Oluşum Sürecinde Sponsorluk Faaliyetlerinin Rolü Üzerine Teorik ve Uygulamalı Bir Çalışma" adlı yüksek lisans tezini; 2015 yılında ise Siyasal İletişim Kampanyalarında Yeni İletişim Teknolojilerinin Kullanımı: "2015 Genel Seçimleri Dönemi Web Sayfaları ve Sosyal Medya Kullanımları" adlı doktora tezini Selçuk Üniversitesi Sosyal Bilimler Enstitüsü Halkla İlişkiler ve Tanıtım Bölümü'nde tamamlamıştır. 2010 yılında Mardin Artuklu Üniversitesi'nde başladığı akademik hayatını, 2016 yılından itibaren Aksaray Üniversitesi İletişim Fakültesi Halkla İlişkiler ve Reklamcılık Bölümü'nde öğretim üyesi olarak devam ettirmektedir. Siyasal iletişim, sosyal sorumluluk, şehir markalama ve yeni iletişim teknolojileri gibi alanlarda yayınlanmış eserleri ve "Teknoloji ve Siyasal İletişim" adlı bir kitabı bulunmaktadır. Yazar, evli ve bir kız annesidir.

www.ingramcontent.com/pod-product-compliance
Lightning Source LLC
LaVergne TN
LVHW040036080526
838202LV00045B/3366